Bernd Harder
Das Lexikon der Großstadtmythen

Zu diesem Buch

Ob neueste »Fakten« über Weltverschwörungen und Computerviren, angreifende Aliens und ausländische Finsterlinge – die unübersichtliche Welt der Gegenwart ist anfällig für die absurdesten Geschichten, Mythen und Legenden. Immer gibt es einen »guten Freund«, der glaubhaft versichert, dass bei Ikea kleine Kinder verschwinden, schwarze Panther durch die Wälder der Oberpfalz schleichen oder Alligatoren im Abwassersystem der Großstädte hausen. Schwarz auf weiß kann man im Internet lesen, dass in Teddybären aus Fernost giftige Skorpione lauern. Und dass der Teufel persönlich hinter Osama Bin Laden steckt, ist für viele ohnehin bewiesene Tatsache. Bernd Harder geht in diesem umfassenden Lexikon den schillernden Blüten des Informationszeitalters auf den Grund und erklärt, warum wir allzu gerne selbst das Unglaublichste glauben möchten.

Bernd Harder, geboren 1966, studierte politische Wissenschaften, arbeitet als Journalist für die Zeitschrift Skeptiker und hat zahlreiche kritische Bücher zum Thema Übersinnliches veröffentlicht. Zuletzt erschienen von ihm »Das Lexikon der Großstadtmythen«, »Warum die Waschmaschine Socken frisst« und »Der große IGeL-Check«. Er lebt im bayerischen Friedberg.

Bernd Harder
Das Lexikon der Großstadtmythen

Von Alligatoren in der Kanalisation und
andere unglaubliche Geschichten

Ein Eichborn.
Lexikon

Piper München Zürich

Ungekürzte Taschenbuchausgabe
Piper Verlag GmbH, München
Oktober 2006
© 2005 Eichborn AG, Frankfurt am Main
Umschlag/Bildredaktion: Büro Hamburg
Heike Dehning, Charlotte Wippermann,
Alke Bücking, Daniel Barthmann
Foto Umschlagvorderseite: Mauritius Images/Age fotostock
Satz: Fuldaer Verlagsanstalt, Fulda
Papier: Munken Print von Arctic Paper Munkedals AB, Schweden
Druck und Bindung: Clausen & Bosse, Leck
Printed in Germany
ISBN-13: 978-3-492-24660-6
ISBN-10: 3-492-24660-5

www.piper.de

INHALT

Vorwort 9

1. Außerirdisches

Alien-Autopsie 15 · Alien-Entführungen 17 · Area 51 19 · Astronautengötter 22 · Das Bermuda-Dreieck 24 · Das Greifswald-Rätsel 26 · Der Hühnermensch von Waldenburg 27 · Kornkreise 28 · Das Marsgesicht 30 · Men in Black 31 · Die MJ-12-Dokumente 33 · Die Partherbatterie 35 · Der Roswell-Crash 36 · Das Sirius-Rätsel 38 · Ufos 40 · Die Ufo-Verschwörung 43

2. Computer und Internet

Die Afrika-Connection 47 · Gewinnspiele/Geschenk-Aktionen 51 · Glückskette 53 · Petitionen 57 · Schneeballsysteme 58 · Tränendrüsen-Briefe 59 · Virus-Warnungen 62

3. Esoterik

Astrologie 65 · Aura 70 · Channeling 72 · Feng-Shui 74 · Feuerlaufen 77 · Hexen 78 · Intuition 80 · Kristallschädel 81 · Ley-Linien 84 · Lichtnahrung Mond 85 · Palmblatt-Bibliotheken 88 · »Die Prophezeiungen von Celestine« 90 · Reinkarnation 91 · Wassermann-Zeitalter 95

4. Gesellschaft

Angriffe mit Aids-Spritzen 97 · Asbest in Tampons 98 · Attentats-Warnungen 99 · Blut-Schokolade und -Wein 101 · Busenstarren hält Männer fit 102 · Döner-Wurm 103 · Dosentod 104 · Freitag, der 13. 105 · Ikea-Horror 107 · »Licht aus!« 108 · LSD-Klebebilder 109 · Maria im Spiegel 111 · Phantomclowns 112 · Tödliche Briefumschläge 113

5. Medien

Amityville Horror 115 · Backward-Masking 117 · Blair Witch Project 121 · »Der Exorzist« 122 · Harry Potter 127 · Lukas – Vier Jahre Hölle und zurück 128 · »Poltergeist«-Fluch 131 · Ramona und »The black Omen« 132 · Science oder Fiction? 136 · Snuff-Filme 137 · Star Trek 141 · Subliminale Beeinflussung 144

6. Medizin

Augentraining 149 · Bach-Blüten 150 · Biorhythmus 153 · Blutgruppendiät 154 · Entschlacken 157 · Fünf Tibeter 158 · Geistchirurgie 159 · Haiknorpel 161 · Heilsteine/Hildegard-Medizin 163 · Homöopathie 165 · Nierenklau 170 · Positiv denken 173

7. Paranormales

Astralreisen 175 · Der Fluch des Pharao 178 · Geister 180 · Uri Geller 182 · Mühlhiasl, der Waldprophet 186 · Nostradamus 190 · Die Papst-Weissagungen des Malachias 192 · Parapsychologie 194 · Pendeln 197 · Poltergeister 198 · PSI-Agenten 202 · Spiritismus 204 · Spontane menschliche Selbstentzündung 207 · Tonbandstimmen 210 · Wahrsagen 212 · Wünschelrute 214

8. Prominente

AC/DC 219 · Christina Aguilera 220 · Blondie 221 · Mariah Carey 223 · Cher 223 · Jamie Lee Curtis 225 · John Denver 227 · Mel Gibson 228 · Kiss 229 · Jennifer Lopez 230 · Paul McCartney 232 · Eddie Murphy 234 · Ozzy Osbourne 236 · Sylvester Stallone 237

9. Religion

Der Bibel-Code 239 · Blut- und Tränenwunder 241 · Das dritte Geheimnis von Fatima 245 · Shaolin-Mönche 249 · Bill Gates, Antichrist 250 · Die Hölle angebohrt? 252 · Die Jedi-Religion 253 · Der Jesus-Klon 254 · Lichtkreuze 255 · Procter&Gamble und die Satanskirche 256 · Das 6. und 7. Buch Mosis 258 · Stigmata 259 · Das Turiner Grabtuch 262 · Unverweste Leichname 268

10. Sex

Akt im All 275 · Neil Armstrong und »Mr. Gorsky« 276 · »Bettmann« 277 · Liebes-Hummer 278 · »Mausen« 280 · Mündliche Befriedigung 281 · Scheidenkrampf 282

11. Tiere

Alligatoren in der Kanalisation 285 · Bigfoot 286 · Bonsai-Katzen 288 · Geisterkatzen 289 · Godzilla und Co. 292 · Nessie 293 · Yeti 295

12. Wissenschaft und Technik

Benzinspar-Mythen 299 · Eis-Bomben 300 · Graham Hancock und die versunkene Superzivilisation 302 · Kalte Kernfusion 307 · Kugelblitze 308 · Magnetberge 310 · Philadelphia-Experiment 311 · Radarblitz-Mythen 313 · Tachyonen 314 · Der Zehn-Prozent-Mythos 316 · Zombies 317

VORWORT

Schon gehört?

Durch die Wälder der Oberpfalz streift ein gefährlicher schwarzer Panter.

Echt wahr.

Er soll etwa 1,80 Meter groß sein und einen langen Schwanz haben, heißt es.

Falls Sie ihm begegnen, bleiben Sie am besten ganz ruhig stehen und schauen Sie dem Tier in die Augen, raten Experten. Spätestens dann wird die Raubkatze weglaufen.

Apropos Gefahr: Bei einer Schifffahrt auf dem Genfer See ist gerade neulich erst eine Frau gestorben, weil sie aus einer alten Cola-Dose getrunken hat, deren Rand mit Rattenurin verseucht war.

Und noch was Erfreuliches: ARD und ZDF müssen nach einem Gerichtsurteil Rundfunkgebühren in Milliardenhöhe an die Fernsehzuschauer zurückzahlen. Da wir gerade beim Thema Geld sind: Wussten Sie, dass jeder Verbraucher, der Waschmittel oder Kosmetikprodukte der Firma Procter& Gamble kauft, damit die amerikanische Satanskirche unterstützt?

Dass Pop-Sirene Christina Aguilera einen Porno gedreht hat?

Oder dass wir seit kurzem im »Wassermann-Zeitalter« leben?

Natürlich wissen Sie das.

Es stand ja schließlich in der Zeitung. Oder in einer E-Mail, die heute Morgen in Ihrem elektronischen Postfach aufgelaufen ist.

Oder jemand hat es Ihnen erzählt. Und dieser jemand wiederum weiß es vom Lebensgefährten der Nichte seines Nachbarn.

Eine andere Frage: Glauben Sie das alles?

Dass Tampons lebensgefährliches Asbest enthalten.

Dass Menschen plötzlich in Flammen aufgehen und von innen heraus verbrennen.

Dass Teeny-Star Britney Spears bei einem Autounfall ums Leben gekommen ist.

Dass im Döner-Sandwich eine tödliche Wurmart lauert, die sich durch den ganzen Körper bis ins Gehirn frisst.

Oder dass Touristen in exotischen Ländern einer Niere beraubt werden.

Sagen wir mal so: Wir neigen ausgesprochen gern dazu, solche Storys und Gerüchte für bare Münze zu nehmen. Und wir empfinden einen angenehmen Kitzel dabei, sie weiterzuerzählen. Wieso eigentlich?

»Weil sie eine Menge darüber aussagen, wer wir sind und was wir fürchten«, meint der Produzent der TV-Serie »Akte X«, Chris Carter, der eine ganze Reihe von seltsamen Geschichten, die angeblich das Leben schrieb, in seine kultigen Düster-Dramen eingebaut hat.

Und nicht nur er.

In dem Hollywood-Hit »Men in Black« verkörpern Tommy Lee Jones und Will Smith zwei coole Alien-Jäger, die die Erde »vor dem Abschaum des Universums beschützen«. Im Klartext: »Agent K« und »Agent J« bringen Außerirdische zur Strecke, die von den Regierungen heimlich geduldet wurden, sich aber als asozial geoutet haben und zu viel öffentliche Verwirrung auf unserem blauen Planeten stiften. So weit der Plot der abgefahrenen Space-Komödie.

Doch es gibt auch einen echten Mythos um die »Männer in Schwarz«. Und der wabert schon seit den 1950ern um die Welt – als so genannte Wandersage oder Großstadtlegende, als FOAF-Erzählung (»Friend of a Friend«), deren Urheber meist der Freund eines Freundes sein soll, aber selten ausfindig zu machen ist.

Das ist nichts Ungewöhnliches.

Viele »Urban Legends« sind im Kern uralt, werden aber immer wieder neu ausgemalt und modernisiert.

Die aktuellen Nachkommen der alten Legenden, Sagen, Märchen und Balladen ranken sich zum Beispiel um Verrückte, die mit einer »Aids-Spritze« durch Diskotheken ziehen und wahllos unschuldige Szene-Gänger infizieren.

Oder um einen Schauspieler, der sich nach autoerotischen Experimenten eine lebendige Maus in der Klinik-Notaufnahme aus dem Rektum entfernen lassen muss.

Oder um außerirdische Besucher, die nächtens Frauen kidnappen und an Bord ihrer Raumschiffe verschleppen.

Oder um einen anonymen Geschäftsvorschlag, beim Transfer von vielen Millionen US-Dollar aus einem fremden Land Hilfestellung zu leisten – üppig entlohnt natürlich.

Mit anderen Worten:

Es geht um Abenteuerlust, Habgier, Schadenfreude, Machbarkeitsdenken, Eifersucht, Ressentiments, Vorurteile oder aber um die Wiederverzauberung unserer »kalten«, rationalen Welt – um zeitlose Erzählstoffe also, die vagabundierende Ängste, Wünsche und Befindlichkeiten in eine Form gießen.

Schon vor dem Internet-Zeitalter hat der Volkskundler Rolf Wilhelm Brednich viele klassische Wandersagen analysiert und in Büchern wie »Die Spinne in der Yucca-Palme« beschrieben.

Doch die mündlich oder in den Tageszeitungen überlieferten »düsteren Legenden« haben starke Konkurrenz aus der virtuellen Realität bekommen: durch so genannte »Rumors«, zu Deutsch: Internet-Gerüchte.

Nehmen wir nur den 11. September 2001, den Tag der »Terror-Apokalypse«. In Windeseile rumorten nach der WTC-Katastrophe in New York undurchsichtige Verschwörungstheorien – die in diesem Buch nicht Thema sein können.

Wohl aber die bald darauf folgende Wander-Warnung, am 30. und 31. Oktober keine Einkaufszentren oder andere öffentliche Einrichtungen zu betreten, denn es könne dort weitere Anschläge geben. Die Quelle hierfür: ein angeblicher Abschiedsbrief, den ein Araber seiner Freundin in Süddeutschland geschrieben haben soll, die das Ganze wiederum ihrem Cousin erzählte …

War es ein Zufall, dass sich dieses Gerücht ausgerechnet an den 31. Oktober festkrallte? An diesem Tag wird nicht nur in Amerika Halloween begangen, das Fest der Masken und Geister.

Höchstwahrscheinlich war es kein Zufall. Aus unverstandenen Ereignissen erwachsen unverarbeitete Gefühle. Mit einem Mal waren die Terroristen der neue »Boogeyman«, der »schwarze Mann« aus unseren Kindertagen, eine archetypische Schreckensgestalt. Und sind sie noch immer. Denn nach dem 11. September 2001 begann der anhaltende »Krieg gegen den Terror«, und aus den wild kursierenden Web-Mythen lässt sich wohl auch die Sehnsucht nach irgendeiner Art von Ordnung im Chaos ablesen, nach einer ganz eigenen Weltsicht, gleichberechtigt neben den neuesten Agenturmeldungen.

Viele Zeitgenossen hätten »zunehmend Schwierigkeiten, Gerüchte und Realität zu unterscheiden«, wunderte sich die »New York Times«. Doch mit Leichtgläubigkeit hat das Phänomen der elektronischen Enten nur wenig zu tun. Das Faszinierende an Mythen bleibt trotz aller logischen Erklärungen bestehen: Es könnte ja doch etwas dran sein …

Wandersagen passieren mehr oder weniger ungefiltert den kritischen Verstand, weil sie sich an eine andere, überlegene Instanz richten: an unser Gefühl. Eine Studie im renommierten »Journal of Personality and Social Psychology« kommt zu dem Schluss, dass eine Urbane Legende die weiteste Verbreitung findet, wenn sie an starke Emotionen appelliert wie Angst, Ekel oder Empörung.

Kennen Sie etwa nicht die Geschichte von den Alligatoren in der Kanalisation?

Doch, natürlich.

Und es fällt uns auch überhaupt nicht schwer, sie zu glauben.

Wieso auch nicht? Viele unserer Großstädte sind anscheinend längst zu einem gefährlichen Dschungel geworden. Und dazu passt denn auch irgendwie die Vorstellung, dass darunter ein Hades fließt und Furcht erregende Bestien sich darin tummeln.

Mit dem Internet hat die Verbreitung von Mythen und anderen Luftnummern eine ganz neue Dimension erreicht. Denn mit dem World Wide Web steht erstmals ein Medium zur Verfügung, das die Wiedergabetreue des Schreibens und die Langlebigkeit der mündlichen Überlieferung mit der Geschwindigkeit des Telefons kombiniert.

Und nicht nur das.

»Scham- und Peinlichkeitsgrenzen sinken in der anonymen Netzstruktur«, stellt der Medienwissenschaftler Axel Becker von der Uni Mannheim fest. Nirgendwo kocht die Gerüchteküche so schnell und heiß wie im Internet.

Willkommen im Desinformationszeitalter.

Apropos Internet:

Wussten Sie schon, dass skrupellose Geschäftemacher neugeborene Miezen in Einmachgläser quetschen und sie später als »Bonsai-Kätzchen« feilbieten?

Dass so genannte »Snuff«-Filme kursieren, in denen Menschen real und nur für die Kamera getötet werden?

Dass ein Geologen-Team in Sibirien die Hölle angebohrt hat?

Dass man Menschen mit einem »Zombie-Pulver« zu willenlosen Sklaven machen kann?

Wie gesagt: Wir haben unleugbar ein Bedürfnis, solche Geschichten zu hören – und zu erzählen.

Denn in solchen Momenten werden wir selbst zu einer Art Stephen King, mit der einzigartigen Fähigkeit des berühmten Grusel-Autors, das Merkwürdige, Skurrile, Empörende, Unvorhersehbare und Schreckliche in den banalen Alltag einbrechen zu lassen.

Manche der modernen Mythen nehmen sich absurd aus.

Andere recht plausibel.

Wie die Geschichte vom schwarzen Panter in einheimischer Wildbahn.

Vielleicht ist das Raubtier ja aus einem Tierpark oder einem Wanderzirkus ausgerissen.

Es wird aber nirgendwo eine Raubkatze vermisst?

Macht nichts.

Manchmal klingen Großstadtsagen einfach zu gut, um falsch sein zu können.

Oder zu gut, um wahr zu sein?

Egal.

Eins von beiden eben.

1. AUSSERIRDISCHES

Alien-Autopsie

»Das Kleine aus dem Weltraum ist ziemlich lädiert. Blut sickert aus der Wunde, während das Skalpell den zerfetzten Oberschenkel zertrennt. Als der kahle Wasserkopf aufgesägt ist, rückt ein Gehirn wie ein Kilo Kalbsleber ins Bild. Nun schwenkt die Kamera auf die dünnen Ärmchen mit den sechs Fingern pro Hand ...«

Mit einer Mischung aus Gänsehaut und Belustigung beschrieb das Schweizer Nachrichtenmagazin »Facts« die »Alien-Autopsie«, die Mitte der 1990er weltweit für Furore sorgte. Mehr als 30 TV-Stationen auf der ganzen Welt strahlten zur besten Sendezeit einen Film mit dem gewissen »ET« was aus. Der 18-minütige Schwarzweiß-Streifen zeigt angeblich die authentische Obduktion eines abgestürzten außerirdischen Lebewesens auf einem US-Militärstützpunkt bei Roswell in der Wüste von Neu-Mexiko im Jahr 1947.

Was der Betrachter sieht, sind zwei Personen, die durch weiße Schutzanzüge und Kopfhauben mit Sichtfenstern völlig unkenntlich sind. Mit einem Skalpell machen sie sich in einem geheimen Autopsieraum an der Leiche eines zwergenhaften, menschenähnlichen Wesens zu schaffen. Sie entnehmen das Gehirn und die inneren Organe.

Doch immer, wenn es um wichtige Details geht, wird die Schocker-Szenerie so unscharf, dass kaum mehr etwas zu erkennen ist.

Der englische Film- und Musikproduzent Ray Santilli will bei der Suche nach seltenen Elvis-Presley-Aufnahmen einem ehemaligen amerikanischen Militär-Kameramann namens Jack Barnett die vermeintliche Weltsensation abgekauft haben. In Deutschland zeigte RTL in seinem Magazin »Extra« Ausschnitte aus dem Film-Dokument der extraterrestrischen Klasse – im Anschluss an einen Bericht über Bakterien in Speiseeis.

»Ich selbst war und bin immer noch hin- und hergerissen«, bekundete indes klugerweise sogar »Ufo-Baron« Johannes von Buttlar Misstrauen gegenüber der Echtheit des interstellaren Bruchpiloten, »tendiere aber eher zur Annah-

me, dass eine raffinierte Fälschung im Spiel ist. Entweder aus nackter Geldgier – oder um das wahre Geschehen des Roswell-Zwischenfalls (*siehe Eintrag*) zu vertuschen beziehungsweise zu diskreditieren.«
Erstere Vermutung sollte sich schließlich als richtig herausstellen.

»Gemäß durchgesickerter Informationen«, munkelte schon 1996 der österreichische Ufo-Freak René Coudris in seinem Buch »Die Botschaft von Roswell«, habe Ray Santilli die allermeisten der von ihm erworbenen 22 Filmrollen der Öffentlichkeit vorenthalten – darunter eine weitere Leichenöffnung, die in einem mit Paraffinlampen erleuchteten Zelt stattgefunden haben soll.
Diese so genannte Zelt-Szene gelangte im Dezember 1998 in die Hände des US-Networks FOX. Endlich kam die wie ein simples Homevideo wirkende, zweite überirdische Geschichte doch noch zur Ausstrahlung. Und zwar in einer Sendung mit dem zungenbrecherischen Titel »The Greatest Myths on Earth to be exposed in the All-New Special World's Greatest Hoaxes: Secrets Finally Revealed«, moderiert von »Millennium«-Star Lance Henriksen. Santilli hatte standfest behauptet, das 16-Millimeter-»Zelt«-Material auf Grund des schlechten Zustands erst aufwändig restaurieren lassen zu müssen.
FOX nahm ihm diese Arbeit ab und hellte mittels einer speziellen Videobearbeitungs-Software die rauschende All-Nacht so weit auf, dass die hier ohne Tarnkappen agierenden Protagonisten deutlich zu erkennen waren.
Ergebnis: Das wasserköpfige Wesen zerschnipseln keine Ärzte. Die beiden Auf-Schneider waren nie in Roswell und überdies 1947 noch gar nicht auf der Welt. Es handelte sich nämlich um den englischen Techniker Elliot Willis von der Firma AK Music Ltd., der in der Fake-Produktion aus dem Jahr 1994 den Dr. Quincy für abgewrackte Außerirdische gab.
Heruntergekurbelt wurde das bizarre Machwerk laut FOX nahe London. An Willis' Seite agierte der örtliche Schlachter, und das tote Alien war der zwölfjährige Sohn von AK-Music-Gründer Andy Price-Watts. Anscheinend stellte die Zelt-Szene eine Art Probeaufnahme dar, die Santilli bei der Firma in Auftrag gab, um danach seine Vorstellungen über das angestrebte Endprodukt zu präzisieren.
Dieses warf er dann 1995 als »Roswell – The Footage« den internationalen Medien zum Fraß vor. Über den Preis verlautbarte RTL-Sprecher Andreas Hahm nur, dass er selbst für den deutschen Erfolgssender »ein etwas größerer Brocken« gewesen sei.

Wiewohl die »Zelt-Szene« nicht eins zu eins mit dem berühmten Alien-Autopsiefilm identisch ist, kann sie als hinreichendes Indiz für einen Schwindel Santillis gewertet werden. Denn dieser hatte mehrfach beteuert, die Zelt-Szene und den deutlich professionelleren Dreh in klinischer Umgebung vom selben Kameramann erhalten zu haben.

Recht behielten damit all jene, die von Anfang an in dem sechsfingrigen ET ohne Geschlechtsmerkmale eine Latex-Puppe sahen. Der Filmtrick-Experte Rolf Giesen hatte der »Hamburger Morgenpost« am 30. August 1995 erklärt: »Solche Wesen werden in Hollywood alle Tage geknetet – das könnte auch eine Maske aus den ›Ghostbusters‹ gewesen sein.«

»Alien Autopsy Hoax«, Skeptical Inquirer, Vol. 19, No. 6/1995; Jonathan Vankin/John Valen: Die 50 größten Verschwörungen aller Zeiten, Heel-Verlag, Königswinter 1999

Alien-Entführungen

»Plötzlich, mitten in der Nacht, kam das merkwürdige helle Licht. Um mich herum standen blendend weiße Gestalten. Ich habe mich gefürchtet. Dann haben sie mich mitgenommen …«

So oder so ähnlich sieht eine unheimliche Begegnung der vierten Art, also ein außerirdisches »Entführungserlebnis« (»Abduktion«) aus, wie es auch in Deutschland einigen Menschen widerfahren sein soll. Und sogar eher betuliche Krimireihen wie »Tatort« oder »Der Bulle von Tölz« schlachteten die Angst vorm grauen Mann quotenfördernd aus.

Durchaus angesehene Wissenschaftler wie John Mack von der Harvard Medical School und David Jacobs von der Temple University in Philadelphia ziehen die gewagte Schlussfolgerung, Aliens wollten eine Mischrasse aus Menschen und Außerirdischen züchten. »Was Mack und Jacobs über den Klapperstorch denken, ist nicht bekannt«, kommentiert der amerikanische Bühnenmagier und Aberglauben-Aufklärer James Randi die unorthodoxen Ansichten der beiden.

Andere Skeptiker wundern sich darüber, wie lächerlich plump und technisch simpel die von den Entführten beschriebenen Untersuchungsmethoden der hoch entwickelten Besucher aus dem All sind: Meist führen sie eine sehr lange, dünne Nadel in den Körper der Opfer ein.

Sind Alien-Entführungsszenarien also nur Produkte einer überaktiven, aber unterentwickelten menschlichen Fantasie? »Abduktionsgeschichten sind heute in unserer Gesellschaft so verbreitet, dass jemand, den man fragt, was geschehen würde, wenn er von Außerirdischen entführt würde, von selbst auf ein identisches Szenario kommen würde«, hält die Skeptikerin Scully in der pfiffig arrangierten »Akte X«-Folge »Andere Wahrheiten« ihrem gläubigen Kollegen Mulder vor.

Das mag sein.

Aber neben Schwindelberichten gibt es viele Betroffene, die nicht wissentlich lügen und ehrlich von dem Vorfall überzeugt sind.

Volkskundler sehen in solchen Berichten eine modernisierte Form uralter Sagen und Legenden, denn ein konkreter Beweis für eine Alien-Abduktion konnte noch nie angetreten werden.

Psychologen wie Dr. Susan Blackmore von der University of the West of England (Bristol) wiederum wollen den Schlüssel zu derartigen Erlebnissen im Phänomen der Schlafparalyse oder Schlaflähmung gefunden haben:

»Im Traumschlaf sind die meisten unserer Muskeln gelähmt, sodass wir unsere Träume nicht ausleben können. Wenn wir aufwachen, ist diese Lähmung gewöhnlich abgeklungen, und wir wissen nichts davon. Die Mechanismen, die Wachen und Schlafen getrennt halten, können jedoch manchmal fehlgehen, insbesondere bei Schichtarbeitern oder Menschen mit häufigen Schlafunterbrechungen.

Manchmal wachen sie auf, können herumschauen, klar denken und sich dennoch nicht bewegen. Häufig werden diese Lähmungen von Empfindungen wie summenden Geräuschen, Vibrieren von Körper und Bett, einem deutlichen Gefühl, dass irgendjemand oder irgendetwas im Raum ist, und seltsamen, umhertanzenden Lichtern begleitet. Da sexuelle Erregung in Träumen häufig ist, kann sie auch in die Schlaflähmung hinein andauern. Manchmal haben die Betroffenen das Gefühl, berührt oder gezogen zu werden.«

Wenn man nicht weiß, wie einem geschieht, kann eine solche Erfahrung außerordentlich erschreckend sein.

Blackmore weiter: »Einige Menschen besitzen nur vage Erinnerungen an verstörende Erlebnisse und fragen sich hinterher, was wohl passiert sein könnte. Wenn sie dann einem Hypnotiseur über den Weg laufen, der darauf spezialisiert ist, ›verschüttete Erinnerungen‹ über Entführungen durch Aliens wiederauszugraben, werden sie angehalten, ihre Erfahrung wieder und wieder zu durchleben, bis die Geschichte, die sie erzählen, schließlich voll von Details über die Aliens und ihr Raumschiff ist und sich von echten Erinnerungen nicht mehr unterscheiden lässt.«

In früheren Zeiten gebar die Schlafparalyse Mythen um Geister und Dämonen wie »Sukkubus« und »Inkubus«, die Männer und Frauen nächtens sexuell belästigten. Dieselbe Erzähl-Struktur finden wir bei mittelalterlichen Geschichten um Kobolde, Zwerge, Feen, Elfen oder Nachtmahre. »Das ist kein neues Phänomen«, erklärt denn auch der Harvard-Psychologe Richard J. McNally: »Leute, die sich viel mit New Age beschäftigen, interpretieren die Halluzinationen eben als Aliens.«

Was kann man tun, wenn man so genannte hypnopompe Halluzinationen als Symptom einer »Sleep Paralysis« bemerkt? Versuchen, einen kühlen Kopf zu behalten, sich zu entspannen und abzuwarten. Die Lähmung verschwindet nach ein bis zwei Minuten.

»Ufos und Elfen landen stets am Waldrand«, Illustrierte Wissenschaft, Nr. 1/1995; Susan Blackmore: Die Macht der Meme. Spektrum Akademischer Verlag, Heidelberg/Berlin 2000; »Abduction by Aliens or Sleep Paralysis?«, Skeptical Inquirer, Vol. 22, No. 3, May/June 1998; Christoph Bördlein: Das sockenfressende Monster in der Waschmaschine. Alibri-Verlag, Aschaffenburg 2002; Ulrich Magin: Von Ufos entführt. Beck'sche Verlagsbuchhandlung, München 1991; Elaine Showalter: Hystorien – Hysterische Epidemien im Zeitalter der Medien. Aufbau Taschenbuch Verlag, Berlin 1999

Area 51

Eine Schlüsselszene des Hollywood-Knallbonbons »Independence Day« spielt mitten in einem ufologischen Allfahrts-Ort: »Es gab nie abgestürzte Raumschiffe!«, versucht der US-Präsident im Brustton der Überzeugung einen aufgebrachten Bürger zu beruhigen, der sich über die Verschleierungsstrategie der Regierung in Sachen fliegende Untertassen erregt. Da nimmt ein Sicherheitsberater den mächtigsten Mann der westlichen Welt beiseite und raunt ihm sichtlich unwillig zu: »Das ist leider nicht ganz richtig, Sir …«

Wenige Filmminuten später befindet sich die zusammengewürfelte Gruppe von Überlebenden der Alien-Attacke auf die Hauptstadt Washington auf einem mysteriösen Stützpunkt in der Wüste von Nevada – und kann sich dort nicht nur von der geheim gehaltenen Existenz außerirdischer Raumschiff-Wracks, sondern auch von tiefgekühlten »grünen Männchen« überzeugen. Und jeder Zuschauer, der auch nur entfernt mit der aktuellen Ufo- und Verschwörungsliteratur vertraut ist, weiß sofort: Hier ist die geheimnisumwitterte »Area 51«, rund 150 Kilometer nördlich von Las Vegas, gemeint.

»Dreamland«, Land der Träume, wird das hermetisch abgeriegelte Hochsicherheitsgelände um den ausgetrockneten Salzsee Groom Lake auch genannt. Und tatsächlich fliegen hier die Träume der Ufologen ganz besonders hoch:

»Nach Rücksprache mit der ›Geisterbasis‹ drohte man mir mit Gefangennahme bei weiterem Vordringen, bläute mir wiederholt ein, nicht weiterzugehen, nichts aufzuzeichnen, nichts zu fotografieren und das Gelände möglichst schnell zu verlassen.«

So schildert der deutsche Ufologe Andreas von Rétyi seinen Versuch, sich der scharf bewachten Militäranlage zu nähern. Die Gründe für diese rigorosen Sicherheitsmaßnahmen liegen für von Rétyi und die gesamte Pro-Ufo-Fraktion auf der Hand: »Hier also sollen nicht nur ultramoderne irdische Geheimflugzeuge entwickelt und erprobt werden, sondern darüber hinaus sogar extraterrestrische Technologie!«

Eine ganze Flotte aus neun Fluggeräten von jenseits des Weltalls lagert in den unterirdischen Hangars der »Area 51« – behauptet jedenfalls der amerikanische Konstruktionsingenieur Robert Lazar. Lazar will im Abschnitt »S 4« der Luftwaffenbasis gearbeitet und dabei an der Analyse des Antriebssystems eines außerirdischen Diskus mitgewirkt haben. Sogar von einem Eingriff der Aliens in die menschliche Entwicklung geheimniste Lazar in einem Interview mit dem Fernsehsender KLAS-TV. Weder der Präsident noch der Kongress wüssten etwas davon.

Tatsächlich tut die US-Regierung ihr Bestes, um eine »X-Akte« zur Akte XXL aufzublasen. Während der Clinton-Präsidentschaft erließ Luftwaffenministerin Sheila Widnall eine weit reichende Geheimhaltungsvorschrift. Um lästige Fragen nach dem Stützpunkt abzuwehren, ist die Verbreitung jedweder Informationen, ja selbst die Verwendung fiktiver Namen wie »Dreamland«, untersagt.

Ohnehin wurde allein die bloße Existenz von »Area 51« lange geleugnet. Auf Landkarten ist das Gebiet offiziell als »nicht vermessen« eingezeichnet. Erst seit dem 31. Januar 2001 findet sich auf den Internet-Seiten des Weißen Hauses der »Text of a letter from the President to the Speaker of the House of Representatives and the President of the Senate«, in dem von der Militärbasis die Rede ist (www.whitehouse.gov/news/releases/20010201-4.html).

Warum die Geheimniskrämerei? »Area 51«, die während des Kalten Krieges von dem Lockheed-Chefkonstrukteur Clarence Johnson errichtet wurde, ist eine Art Institution bei Geheimdiensten und Rüstungsproduzenten. Das legendäre Spionageflugzeug U 2 und der Stealth-Bomber wurden hier gebaut. Beobachter vermuten, dass zurzeit ein hyperschnelles Spionageflugzeug mit achtfacher Schallgeschwindigkeit und eine methangetriebene Kreuzung aus Rakete und Düsenjäger mit dem Projektnamen »Aurora« auf der »Area 51« entwickelt und erprobt werden.

Und die Flugkörper, die nicht von dieser Welt stammen sollen?

Nur wenige Ufologen drückten weiterhin beide Augen zu, als Bob Lazars akademische Qualifikationen sich als falsch, seine Uni-Abschlüsse als unauffindbar und seine früheren Jobs als nicht nachweisbar herausstellten.

Sogar der exzentrische Leiter des subversiven »Area 51 Research Center« in dem Wüstennest Rachel (Nevada) namens Glenn Campbell, der wie ein reales Abziehbild der drei paranoiden Verschwörungsfanatiker »The Lone Gunmen« aus »Akte X« wirkt, meint trocken: »Ich persönlich glaube, dass die einzige unheimliche Begegnung hier draußen mit verirrten Rindern stattfindet. Aber die Leute wollen sehen, was sie sehen wollen.«

Johannes Fiebag (Hrsg.): Das Ufo-Syndrom. Knaur-Verlag, München 1996; »Area 51 – Der geheimste Ort der Welt«, P.M., April 1999; David Darlington: Die Dreamland-Akte. Knaur-Verlag, München 1999; Stefan Maiwald: Ungelöst. Knaur-Verlag, München 1999; »Area 51 – Zwischen Schwerkraft und Unendlichkeit«, Skeptiker, 2/2001; »Area 51 existiert«, Magazin 2000plus, Nr. 176

Astronautengötter

Außerirdische Besucher retten das Berner Oberland. Erst einmal nur im übertragenen Sinne, wohlgemerkt. Seit Mai 2003 ist die Region um Eiger, Mönch und Jungfrau um eine Attraktion reicher, die dem eidgenössischen Fremdenverkehr zu enormem Aufschwung verhelfen soll: der Mystery-Park des Erich von Däniken in Interlaken. Die einzelnen Themen-Pavillons sind u.a. den ägyptischen und mittelamerikanischen Pyramiden gewidmet, den steinernen Monumenten von Stonehenge, der peruanischen Stadt Nazcy – und natürlich der Begegnung früher, »primitiver« Kulturen mit himmlischen Lehrmeistern.

»Die geheimnisvollen Maya hatten Kontakt zu Außerirdischen. Die Entwicklung der amerikanischen Kulturen war kein Zufall. Ihr rätselhafter Aufstieg und Untergang erfolgte nach einem exakten Plan. Die Beweise für die Eingriffe außerirdischer Intelligenzen liegen in Mexiko, Guatemala und den USA.« – So steht es auf dem Umschlag des Buches »Der Götterplan« von Peter Fiebag zu lesen, das neben den Werken von Dänikens in der Mitte des Mystery-Parks, in einem Komplex von Läden und Gaststätten, feilgeboten wird.

Die Götter waren Astronauten, lautet kurz gesagt die Idee der Fiebags und von Dänikens und anderer Prä-Astronautik-Schreiber. Ihre Hypothesen mutieren zu der Gewissheit, dass die »Großen Lehrmeister« mit gentechnischen Methoden das menschliche Erbgut verändert und den frühen Hochkulturen, wie jene der Ägypter und der Maya, ihr überlegenes Wissen vermittelt hätten. Inspiriert von der ersten Mondlandung Ende der 1960er und einer entsprechenden spacigen Aufbruchstimmung gibt Star-Götterbote von Däniken sich seit nunmehr fast vier Jahrzehnten felsenfest überzeugt, »dass es vor Jahrtausenden außerirdische Besuche auf der Erde gab. Dafür gibt es zu viele Indizien. Ich brauche es nicht zu glauben, ich weiß es!« Im Vorfeld seiner Park-Eröffnung (Kosten: etwa 86 Millionen Franken) wurde von Däniken nicht müde zu betonen, dass er gar nichts behaupte, sondern lediglich Fragen stelle. Und doch wird gegen Ende seiner Ausführungen aus der anfänglichen Spekulation über einen Alien-Besuch stets die Gewissheit eines solchen. Die großflächigen indianischen Scharrzeichnungen der südamerikanischen

Nazca-Ebene? Natürlich Landebahnen von außerirdischen Raumschiffen. Die abstrakte Abbildung auf der Grabplatte des Maya-Herrschers Pacal? Natürlich eindeutig ein Raumfahrer. Wissenschaftliche Erklärungsansätze verschweigt der ehemalige Hotelier in den meisten Fällen – und erweckt damit nicht ungeschickt den Eindruck, als verfüge er allein über die Lufthoheit der Deutungsgabe.

Doch die Beweisführung der Prä-Astronautik-Fans von einem archäologischen »Rätsel« hin zu außerirdischen Besuchern hat einige Haken: Die »Rätsel« existieren nämlich nur, wenn die wissenschaftlich gesicherten Fakten rund um den betreffenden Fund oder die historische Stätte schlicht ausgeblendet und prähistorische Ruinenstädte, Pyramiden, Megalithe oder Statuen wie eine leere Leinwand betrachtet werden, die man zwanglos mit eigenen Fantasien und Wunschvorstellungen ganz neu bemalen kann. Auch wenn das so entstandene Bild völlig schief hängt.

Archäologen wissen, dass z.b. die unzähligen Bildelemente auf der Pascal-Grabplatte – in anderer Zusammenstellung – auch auf Dutzenden anderer Grabplatten vorkommen und dort als Elemente der Maya-Mystik zu identifizieren sind.

Viele der von den Vertretern der Prä-Astronautik vorgebrachten Belege existieren darüber hinaus schlichtweg gar nicht. Antike Raumschiffskulpturen entpuppten sich in Wahrheit als plumpe Gipsabdrücke moderner Kinderspielzeuge, Unterwasser-»Straßenzüge« vor der Bahama-Insel Bimini als wohl bekannte natürliche Verwitterungsstrukturen.

Mittlerweile nennen sich die Vertreter der Prä-Astronautik »Paläo-SETI-Forscher«. Das klingt schön wissenschaftlich, ändert aber kaum etwas an dem, was die »Süddeutsche Zeitung« über deren Arbeitsweise anmerkte: »Man nehme irgendwelche Tatsachen, die nichts miteinander zu tun haben, setze sie in Beziehung, suche Analogien und klopfe alles auf einen scheinbar verborgenen Sinn ab. Schon sieht man sich mit Mysteriösem, Unerklärlichem konfrontiert, man sieht bedeutsame Zusammenhänge, die bisher keinem Menschen aufgefallen sind.«

Und nicht zuletzt: Bei all den vielen Fragen, die von Däniken den Besuchern seines Mystery-Parks stellt, hat er leider eine vergessen, stellte der Züricher Historiker Christian Ruch bei der Eröffnung nüchtern fest: »Was oder wem würde es eigentlich nützen, wenn man wüsste bzw. beweisen könnte, dass die menschliche Zivilisation außerirdischen Ursprungs ist? Solange die intergalaktischen Entwicklungshelfer uns mit den drängenden Problemen der Gegenwart, die diesen Planeten und seine Bewohner belasten, alleine lassen, dürfte sich ein solcher Erkenntnisgewinn in engen Grenzen halten.«

»Dänikens Disney-Land – Der Mystery-Park im Berner Oberland«, Materialdienst der Evangelischen Zentralstelle für Weltanschauungsfragen, 8/03; Gerald L. Eberlein: Kleines Lexikon der Parawissenschaften. Beck'sche Verlagsbuchhandlung, München 1995; »Raumschiff-Skulptur war gefälscht«, Skeptiker, 2/1995; Ulrich Dopatka: Die große Erich-von-Däniken-Enzyklopädie. Econ&List-Verlag, München 1998

Das Bermuda-Dreieck

»Schiff weg, Flugzeug weg, Mann und Maus weg. Und zwar spurlos.«
So oder so ähnlich lesen sich die Schlagzeilen der Boulevard-Presse, wenn es um die gefürchtetste Gegend aller sieben Weltmeere geht. Hunderte einschlägiger Fälle aus dem Triangel zwischen Puerto Rico, Südflorida und den Bermuda-Inseln sind überliefert, nachzuschlagen etwa bei Charles Berlitz in seinen Bestsellern »Das Bermuda-Dreieck« und »Spurlos«.
»Wir wissen nicht, wo Westen ist. Alles ist verkehrt. Seltsam. Wir haben kein Richtungsgefühl mehr. Sogar der Ozean sieht nicht so aus, wie er eigentlich sollte …« Gruselig, was da beispielsweise der Staffelführer der berüchtigten »verschwundenen Patrouille« (»Flug 19«) am 5. Dezember 1945 an die Bodenstation gefunkt haben soll. Unmittelbar darauf sei der Kontakt abgebrochen, und fünf Torpedobomber der US-Marine vom Typ »Avenger« mit mehr als 20 Crewmitgliedern lösten sich buchstäblich in Luft auf. Ist das »Teufelsdreieck« im Atlantik das Tor zu einer anderen Welt?
Oder haben die submarinen Bewohner von Atlantis ihre Hände im Spiel?
Oder geht es um besonders dreiste »Space-Nappings« außerirdischer Intelligenzen?
Weder – noch.
Der Mythos ums Bermuda-Dreieck ist eine Mischung aus Hype und Hoax

(englisch für »Jux«, »Streich«, »Verarschung«). Die Versicherung Lloyds in London bestätigt, dass in dem ungefähr dreieckigen Meeresgebiet nicht mehr Schiffs- und Flugzeugunglücke passieren als in anderen viel befahrenen Regionen. Weit gefährlicher sind nach dem Lloyds-Schiffsregister die Arabische See oder die Sundasee in Indonesien.

Viele Fallberichte aus dem Bermuda-Dreieck kursieren nur gerüchteweise oder sind frei erfunden. »Schiffe, von denen Berlitz behauptet, sie seien bei strahlend blauem Himmel verschwunden, gerieten tatsächlich in einen Orkan. Andere sanken gar nicht im Bermuda-Dreieck, sondern im Pazifik. Wieder andere scheinen gar nicht existiert zu haben«, stellte der Uni-Bibliothekar und Autor Lawrence D. Kusche (»The Bermuda Triangle Mystery Solved«) fest, als er die Angaben seines Kollegen akribisch nachprüfte, nachdem er von Studenten der Arizona State University immer wieder um Material zu dem Thema gebeten worden war.

Auch der oben zitierte Funkverkehr der »Avenger«-Staffel findet sich so in keinem Marine-Dokument. Nach heutigen Erkenntnissen verlor das Übungs-Geschwader auf Grund eines fatalen Fehlers des 28-jährigen Fluglehrers, Leutnant Charles C. Taylor, völlig die Orientierung und stürzte bei Dunkelheit und rauer See irgendwo östlich von Florida ins Meer.

Einige Fälle von verschwundenen Schiffen und Flugzeugen im »Teufelsdreieck« bleiben mysteriös, weil zu wenig konkrete Informationen darüber zur Verfügung stehen. Aber genauso wenig, wie sich sämtliche Verkehrsunfälle in Deutschland auf eine einzige Ursache zurückführen lassen, gibt es »die« Erklärung für alle Havarien im Bermuda-Dreieck.

»Das Bermuda-Dreieck«, Wochenpost, Nr. 48 vom 23. November 1995; »Gas im Bermuda-Dreieck?«, Skeptiker, 4/2000; Irmgard Oepen/Krista Federspiel/Amardeo Sarma/Jürgen Windeler (Hrsg.): Lexikon der Parawissenschaften. Lit-Verlag, Münster 1999; Markus Pössel: Phantastische Wissenschaft. Rowohlt-Verlag, Reinbek bei Hamburg 2000

Das Greifswald-Rätsel

24. August 1990: Von Greifswald bis nach Rostock und auf der Insel Rügen beobachten hunderte Augenzeugen, wie am Abendhimmel weißlich glühende Lichtertrauben erscheinen. Sie gleiten lautlos und gemächlich auf und ab, bilden Formationen und lösen sich nach etwa einer halben Stunde in Luft auf. »Bild« schreibt von »leuchtend weißen Tellern im Formationsflug«.

Die »Super Illu« wähnt »Außerirdische unter uns«, und für das esoterische »Magazin 2000« handelt es sich schlicht um die »best bezeugte Ufo-Sichtung in Deutschland«. In den Fernsehsendungen »Phantastische Phänomene« und »Ufos – Es gibt sie doch« werden die Greifswald-Lichter zur echten Sensation geadelt.

Auch Skeptiker stehen vor einem Rätsel. Bis sich vier Jahre später auf einen Aufruf der lokalen Medien hin ein Arzt und passionierter Segler aus Stralsund bei der kritischen Ufo-Forschungsgruppe CENAP (Centrales Erforschungsnetz außergewöhnlicher Himmelsphänomene) meldet: »Diese Erscheinung ist dem Nachtsegler in unserem Revier bekannt. Außerdem habe ich als ehemaliger NVA-Offizier selbst mehrfach daran teilgenommen, wenn man diese – bei uns im Insiderjargon ›Tannenbäume‹ genannten – Ziele hochschoss.«

Im Klartext: Bei den mysteriösen Erscheinungen handelte es sich um Leuchtkugeln, die vom Militär als Übungsziele für Infrarotspürkopf-Boden-Luft-Raketen aufgelassen wurden. Der ehemalige Pressesprecher der ostdeutschen Luftwaffe, Franz-Lorenz Lill, bestätigte auf Nachfrage denn auch, dass das Sichtungsgebiet über der Ostsee, östlich von Rügen und nördlich von Usedom, einst die Luftschießzone II des Warschauer Paktes gewesen war. Erwartungsgemäß geben sich die Ufo-Fans mit dieser simplen Erklärung bis heute nicht zufrieden.

Die MUFON-CES-Gruppe (Gesellschaft zur Untersuchung von anomalen atmosphärischen und Radar-Erscheinungen) konterte u.a. mit dem Einwand, man habe noch nie Leuchtfackeln gesehen, die 30 Minuten und länger brennen. Antwort: Die gibt es auch nicht. Tatsächlich wurden verschiedene Formationen beobachtet und gefilmt, über eine Gesamtdauer von 45 Minuten.

»Das Ufo-Phänomen von Greifswald. Ein deutscher Klassiker«, Skeptiker, 4/1999; »Greifswald – Ufos im Formationsflug«, P.M. Perspektive: Wunder – Rätsel – Phänomene, 1999

Der Hühnermensch von Waldenburg

Ein riesiger Kopf mit einem seltsamen Auswuchs an der Stirn. Keine erkennbaren Ohren. Lange Finger und Zehen mit krallenartigen Nägeln. Große hellgraue Augen. Ein abnorm überdimensioniertes Herz: Der missgebildete Fetus im Naturalienkabinett der Kleinstadt Waldenburg bei Chemnitz sieht eher einem Huhn als einem Menschen ähnlich. In Spiritus konserviert, regt die seltsame kleine Gestalt bis heute die Fantasie der Betrachter an. Von einem »Alien-Hybrid« raunen verschiedene Ufo-Autoren. Der so genannte Hühnermensch sei das Resultat eines fehlgeschlagenen Gen-Experiments, das Außerirdische an einer sächsischen Bäuerin vornahmen.

Tatsache ist: »Einen solchen Fetus hat die Forschung noch nicht gesehen«, erklärt auch der Chefarzt der Chemnitzer Säuglingsklinik, Dietmar Müller. Aus einer alten medizinischen Schrift mit dem Titel »Monstrum Humanum Rarissimum« geht hervor, dass das Kind anno 1735 in Taucha als Totgeburt im achten Monat zur Welt kam. Ein Leipziger Arzt nahm eine Untersuchung vor und übereignete schließlich den Fall »künftigen Ärztegenerationen, die mehr davon verstehen«.

Zufällig stieß in den frühen 90er Jahren des 20. Jahrhunderts Dietmar Müller auf den »Hühnermenschen«, als er im Waldenburger Heimatmuseum nach einem Keuschheitsgürtel für einen historischen Vortrag stöberte. Mit modernsten Untersuchungsmethoden fand Müller heraus, dass das Wesen zwei X-Chromosomen besitzt und demnach ein Mädchen ist. Bedeutsamer ist indes: Große Teile des Chromosoms 17 sind nicht vorhanden.

»Den Verlust von genetischem Material in diesem Umfang muss man als Ursache für die schwer wiegende seltene Fehlbildung ansehen«, ist Müller gewiss.

Das Besondere am »Hühnermenschen« von Waldenburg sei, dass bisher keine weiteren Fälle dieser Chromosomen-Anomalie beobachtet worden seien.

Man muss also annehmen, dass solche Feten normalerweise schon in einem sehr frühen Entwicklungsstadium absterben.

Und noch etwas hat die Untersuchung des Chemnitzer Kinderarztes erbracht: Nämlich »dass es sich hier ganz klar um menschliche DNS handelt.«

»Monstrum Humanum«, Der Spiegel, 27/1994; Hartwig Hausdorf: X-Reisen. Lokaltermine an den geheimnisvollsten Stätten unserer Welt, Herbig-Verlag, München 1998; Dietmar Müller: »Monstrum Humanum – Die anatomische Sammlung«, In: Sächsische Landesstelle für Museumswesen (Hrsg.), Heimatmuseum und Naturalienkabinett Waldenburg, Chemnitz 1999

Kornkreise

Eigentlich war es gar kein Korn-, sondern ein Maisfeld, in dem »Reverend Graham Hess« alias Mel Gibson von Aliens heimgesucht wurde. Trotzdem erklomm »Signs« in Deutschland Platz zehn der erfolgreichsten Filme des Jahres 2002. Fast 2,5 Millionen Zuschauer wollten sehen, wie sich der Leinwand-Smartie in der Rolle eines Farmers mit außerirdischen Wesen herumschlug, die ausgerechnet seinen Grund und Boden als Schiefertafel-Ersatz benutzten. Ihre Botschaft?

Vielleicht: »Guckt mal, wie leichtgläubig manche Leute sind!« Denn es brauchte in der Tat einen Hollywood-Superstar, der das Blut spendete, um einem tot geglaubten Mythos neue Vitalität zu verleihen.

3500 Kornkreise (»crop circles«) in 45 Ländern will das »Magazin 2000plus« seit den 1970ern gezählt haben. Und bis zum Kinostart von »Signs« glaubten nur noch ganz eingefleischte »Croppies« (oder »Cerealogen«) an einen intergalaktischen Fingerzeig. Denn immer wieder demonstrierten jugendliche oder auch jung gebliebene Scherzbolde wie die beiden berühmten englischen »Korn-Greise« Douglas Bower und David Chorley (in der Szene fortan als die fitten Ruheständler »Doug&Dave« berüchtigt), dass sie auch komplexe Piktogramme schnell und ungesehen ins Getreide trampeln können – sogar mit diversen »Anomalien«: »Gespräche mit Farmern und Bauern ergaben, dass frühzeitig umgelegtes, noch elastisches Getreide in der Lage ist, sich an Knotenstellen (einer Art pflanzlichem Gelenk) wieder aufzurichten«, verlautbarten zwei Mitglieder der Forschungsgemeinschaft Kornkreise (FGK). »Dies erklärte die Biegung von Halmen in der Mitte oder nach zwei Dritteln der Halme beziehungsweise den Umstand von gebogenen Halmen allgemein. Durch Umlegeversuche erkannte man, dass sich – je nachdem, ob Getreide in Kreisbahnen von außen nach innen oder umgekehrt umgelegt wurde – spezifische Halmlagen, Verdrillungen und Muster ergaben.« Widerwillig gaben gläubige Kornkreis-Enthusiasten zunächst zu, dass es sich bei »10 Prozent« der pittoresken geometrischen Muster um menschengemachtes Landschafts-Graffiti handeln könnte. Dann waren es plötzlich »50 Prozent« und schließlich sogar »80 Prozent«. Heute erscheint es hinreichend sinnlos, sich näher mit dem Phänomen zu befassen, da die Croppies keine Kriterien mehr benennen können, nach denen »echte« und »falsche« Kornkreise voneinander zu unterscheiden wären.

Einmal zeichnete ein BBC-TV-Team seltsame Töne inmitten eines riesigen Kornkreises auf. »Trilling noise« aus anderen Sphären? Nein, sondern ein scheuer Vogel namens »Grasshopper Warbler« (Heuschrecken-Rohrsänger oder Feldschwirl), der als »Bauchredner« der Vogelwelt gilt.

Im Herbst 2002 berichteten deutsche Tageszeitungen von »unerklärlichen Siliziumfragmenten« in einem Kornkreis bei Schönwalde. Aber das Silizium war per Hand ausgestreut worden, und das grafische Vorbild für ihr ästhetisch eindrucksvolles Piktogramm hatten sich die Faker von einer Salami-Pizza abgeschaut.

Dennoch avancierte »Signs« bei den Unverdrossenen zum Kultfilm. Irgendwie verständlich, setzt doch der Mystery-Streifen den herbeigesehnten Paradigmenwechsel und das »Wir sind nicht allein«-Gefühl recht furios in Szene.

»Kornkreise im Wandel der Zeit«, Skeptiker, 3/1999; »Ufos und Kornkreise«, Magazin 2000plus, Nr. 176/2002; »Crop Circles: The Full Story«, The Skeptic, Vol. 8, No. 1/1994

Das Marsgesicht

Freundlich schaut es nicht gerade, weist aber unverkennbar menschliche Züge auf: das so genannte Mars-Gesicht. Eine etwa 1,5 Kilometer große Felsformation auf dem Roten Planeten, die im Sommer 1976 von einer Viking-Sonde fotografiert wurde.

Die niedrige räumliche Auflösung der Bilddaten erweckte in der Tat den Eindruck eines künstlichen Gebildes, einer Art »Mars-Sphinx« in einem Wüstengebiet der Cydonia-Region, die unentwegt gen Himmel starrt. Mit nur wenig Fantasie konnte der Betrachter auf den Fotos eine Augenhöhle, Nase, Mund sowie Kinn und Haaransatz ausmachen. Der amerikanische Sciencefiction-Fan Richard Hoagland schwang sich kühn zum Schliemann der Sterne auf und entdeckte auf den unscharfen NASA-Aufnahmen eine ganze Stadt, einen »künstlich erbauten marsianischen Komplex«.

Das »Mars-Gesicht« erklärte Hoagland kurzerhand zu einer gigantischen Werbetafel, die uns Erdlinge darüber informieren solle, dass antike Astronauten auf dem Mars eine Basis hatten, unsere Vorfahren dorthin entführten und eine Mischrasse aus Menschen und Außerirdischen kreierten.

Vergebens wies der bekannte Astronom Carl Sagan darauf hin, dass ein »Nasenloch« des »Mars-Gesichts« nur ein schnöder Bildfehler sei, ein schwarzer Punkt, zurückzuführen auf verloren gegangene Daten bei der Funkübertragung vom Mars zur Erde.

Im April 1998 fotografierte die Mars-Sonde »Global Surveyor« noch einmal die geologische Formation in der Cydonia-Wüste, diesmal mit wesentlich höherer Auflösung, unter anderen Lichtverhältnissen und aus einem anderen Winkel.

Die neuen Fotos zeigten kein Gesicht mehr, sondern erinnerten nun an einen überdimensionalen Turnschuhabdruck auf einem 260 Meter hohen Berg. Das »Mars-Gesicht« von 1976 entpuppte sich als Laune der Natur, als optische Täuschung aus einem Zusammenspiel von Licht und Schatten und dem geringen Auflösungsvermögen der »Viking I«-Kamera, hervorgerufen durch erodiertes Felsmaterial und Ablagerungen. Auch Hoaglands andere »Bauwerke« und »Städte« fallen in diese Kategorie von zwar interessanten, aber ganz und gar natürlichen Landschaftsformen.

Nichtsdestotrotz: Mars-Interessierte suchen weiter nach Phänomenen, beispielsweise auf den Fotos, die von den Mars-Mobilen »Spirit« und »Opportunity« aufgenommen und von der NASA als Rohdaten ins Internet gestellt werden.

Und natürlich wiederholt sich dabei eine alte Erfahrung, schreibt »Die Zeit« dazu: »Wer beseelt ist von der Hoffnung, Spuren fremden Lebens zu entdecken, der muss nur lange genug auf die Bilder starren, und er wird sie finden.«

»Das Mars-Gesicht: Ende eines Mythos«, Skyweek, Nr. 12/1998; Carl Sagan: Der Drache in meiner Garage. Droemer-Knaur-Verlag, München 1997; »Mars Global Surveyor Photographs Face on Mars«, Skeptical Inquirer, Vol. 22, No. 4/1998; »The Face Behind the ›Face‹ on Mars«, Skeptical Inquirer, Vol. 24, No. 6/2000

Men in Black

Wer sie waren und woher sie kamen, erfuhr Albert Bender nie. Doch die drei ganz in Schwarz gekleideten Männer erschreckten den Hobby-Ufologen aus Connecticut dermaßen, dass er von seinem ehrgeizigen Vorhaben schnell wieder abließ: das Geheimnis um die fliegenden Untertassen zu lüften.

»Sie sahen aus wie Priester, trugen aber Zylinder«, berichtete Bender später. »Die Gesichter konnte ich nicht genau erkennen, weil die Hüte sie zum Teil verdeckten und Schatten warfen.« Erst wenige Monate zuvor hatte der Exzentriker Bender das »International Flying Saucer Bureau« (IFSB) gegründet. Man schrieb die frühen 1950er, und in Amerika schien plötzlich der Himmel voller Ufos zu hängen (siehe Eintrag).

Doch jetzt bekam es der IFSB-Chef mit der Angst. Denn seine namenlosen Besucher forderten ihn unmissverständlich auf, die Amateurorganisation aufzulösen und »niemandem die Wahrheit zu erzählen«. Für Bender stand fest: Bei den Männern in Schwarz handelte es sich um Außerirdische, die Ufo-Enthusiasten zum Schweigen bringen sollen.

Heute tragen die »Men in Black« Armani-Schick, Ray-Ban-Sonnenbrillen und hantieren mit modernsten High-Tech-Waffen wie unsereiner mit dem Handy.

Aus den mysteriösen und schlecht gekleideten Finsterlingen der Ufo-Historie sind coole Leinwandhelden geworden, die »die Erde vor dem Abschaum des Universums« beschützen. Ihren schleimigen Job für die etwas andere Einwanderungsbehörde erledigen Will Smith und Tommy Lee Jones wie geübte All-Artisten: Sie bringen Aliens zur Strecke, die von der Erd-Regierung heimlich geduldet wurden, sich aber als asozial geoutet haben und zu viel öffentliche Verwirrung auf unserem blauen Planeten stiften.

Im echten Mythos um die MIB hingegen sind diese selbst bedrohliche Widerlinge. 1956 vertraut sich Albert Bender einem guten Freund an, dem Film-Agenten, Schriftsteller und Ufo-Fan Gray Barker. Der strickt aus der unheimlichen Begegnung der dritten Art einen literarischen Reißer mit dem zugkräftigen Titel »They knew too much about Flying Saucers«, zu Deutsch: Sie wussten zu viel über die fliegenden Untertassen. Von nun an gehören die »Männer in Schwarz« zum festen Repertoire der Ufo-Folklore. Als äußerlich menschlich erscheinende, jedoch unheimliche und Angst einflößende Eindringlinge in das bisher wohl geordnete Leben von zufälligen Ufo-Zeugen.

1983 bringt Gray Barker ein weiteres Buch über die außerirdischen Dunkelmänner heraus: »MIB – The secret terror among us.« Ein ganzes Kapitel darin ist einem gewissen »Dr. Richard H. Pratt« gewidmet, der es als Ufo-Forscher ebenfalls mit den Männern in Schwarz zu tun bekommen habe. Doch »Richard Pratt« ist in Wahrheit der amerikanische Journalist John C. Sherwood vom »Wilmington News Journal« in Delaware.

Sherwood hatte Barker (der insgesamt sechs Ufo-Magazine herausgab und 1983 starb) eine frei erfundene Geschichte über zeitreisende Aliens angeboten und war von diesem gedrängt worden, der Fantastik-Story einen realen Anstrich zu geben sowie einen wissenschaftlichen Gewährsmann dafür zu erfinden. Sherwood spielte mit. »Mein einziges gefaktes journalistisches Werk«, wie er mittlerweile bekennt. Der Grund: Dankbarkeit. Es war Gray Barker gewesen, der 1967 Sherwoods erstes Buch verlegt und dem damals 17-Jährigen zu einem guten Zeitungsjob verholfen hatte.

Aus jener Zeit datiert auch ein erhellender Briefwechsel zwischen Barker und Sherwood. Daraus geht hervor, dass der »MIB«-Autor die meisten Ufo-Fans für Neurotiker hielt und sich einen kommerziell einträglichen Jux mit ihnen erlaubte. Vieles spricht dafür, dass auch die schauerliche Begegnung des IFSB-Chefs Albert Bender ein von Barker inszenierter Ulk gewesen ist.

Die unheimlichen Besucher im Priester-Outfit waren wohl Barker selbst sowie zwei seiner Freunde. Und mit Barkers Buchveröffentlichung über den Vorfall mutierten die Men in Black zur modernen Wandersage. Filmreif ist die Geschichte der MIB mithin allemal, und zur Erleichterung der Skeptiker hat Hollywood aus der ursprünglichen Düster-Mär eine abgefahrene Space-Komödie gemacht.

»Gray Barker: My Friend, the Myth-Maker«, Skeptical Inquirer, Vol. 22, No. 3/1998; »Finstere Gestalten«, Skeptiker, 1/2001; Die UFOs, Time-Life-Books, 1988; Jonathan Vankin/John Whalen: Die 50 größten Verschwörungen aller Zeiten, Heel-Verlag, Königswinter 1999

Die MJ-12-Dokumente

Nicht nur in der populären TV-Serie »Dark Skies« spielen sie eine Schlüsselrolle, sondern in der gesamten Ufo-Szene: die geheimnisumwitterten MJ-12-Dokumente.

Ende 1984 will der amerikanische Filmproduzent Jamie Shandera einen Umschlag mit einer Kleinfilmdose in seinem Briefkasten vorgefunden haben – ohne Absender. Als das Material entwickelt war, enthüllte es eine Sensation. »Top Secret«-Papiere nämlich, aus denen hervorgeht, dass US-Präsident Harry Truman im September 1947 eine zwölfköpfige Spezialeinheit mit dem Code-Namen »Majestic 12« eingesetzt hat, um verschiedene Ufo-Crashs zu untersuchen und tote Aliens zu bergen.

Skeptikern wie Philip J. Klass vom »Committee for the Scientific Investigation of Claims of the Paranormal« (CSICOP) stachen sogleich einige Ungereimtheiten ins Auge, was Schreibstil und Typografie des angeblichen Regierungsdokuments betrifft. Doch ausgerechnet der Bürgerinitiative CAUS (»Citizens against UFO Secrecy«, zu Deutsch etwa »Bürger gegen Ufo-Geheimhaltung«) blieb es vorbehalten, »MJ-12« als Schwindel zu entlarven.

CAUS fand in den ehemaligen Geheimarchiven der USA tatsächlich Hinweise auf ein »MJ-12«-Papier. Doch dieses hatte nichts mit Ufos zu tun.

Die echte MJ-12-Durchführungsverordnung entpuppte sich als Notfallplan aus den 50er Jahren, den man für den Fall einer kriegerischen Auseinandersetzung zwischen Amerika und der damaligen Sowjetunion entworfen hatte. Die cleveren Ufo-Faker liehen sich den mysteriös-attraktiv klingenden Namen dieser Dokumente kurzerhand für ihre Zwecke aus.

Dennoch behaupten die Wortführer der Ufologie, wie der Atomphysiker Stanton Friedman, der Nationale Sicherheitsdienst (NSA) der USA halte »160 streng geheime Ufo-Dokumente« zurück. Zum Beweis wedelt Friedman in diversen Talkshows mit mehreren Seiten einer stark zensierten NSA-Schrift in Richtung Kamera – obwohl doch das amerikanische Gesetz zur Informationsfreiheit (FOIA – Freedom of Informations Act) die Geheimdienste verpflichtet, alle Informationen herauszurücken, die sie über Ufos haben.

Warum das so ist, dafür gibt es indes eine einfache und einleuchtende Erklärung: »Die NSA muss natürlich nicht ihre Methoden und Quellen preisgeben«, so der Astronom Carl Sagan. »Außerdem legt die NSA Wert darauf, andere befreundete oder feindliche Nationen nicht auf penetrante und politisch peinliche Weise auf ihre Aktivitäten hinzuweisen. Daher wird ein mehr oder weniger typisches Abhörprotokoll, das von der NSA auf Grund einer FOIA-Anfrage freigegeben ist, etwa so aussehen: Das erste Drittel einer Seite ist geschwärzt. Dann heißt es in einer halben Zeile, ›… berichtete von einem Ufo in geringer Höhe‹. Und anschließend sind die nächsten beiden Drittel der Seite wieder geschwärzt.«

Die NSA vertrete den Standpunkt, ein Freigeben der ganzen Seite würde möglicherweise Quellen und Methoden kompromittieren und zumindest die betreffende Nation darauf hinweisen, wie leicht ihr Luftfahrtverkehr abgehört wird.

»Aber wenn Leute, die an eine Ufo-Verschwörungstheorie glauben, auf ihre FOIA-Anfrage hin Dutzende von Seiten umfassenden Materials erhalten, das fast komplett geschwärzt ist, ziehen sie verständlicherweise die Schlussfolgerung, dass die NSA im Besitz ausführlicher Informationen über Ufos ist.« Und diese konspirativ verschweigt.

»Beiträge zur Ufo-Forschung«, hrsg. von der Gesellschaft zur Erforschung des Ufo-Phänomens (GEP), Band 3; »The New Bogus Majestic-12-Documents«, Skeptical Inquirer, Vol. 24, No. 3/2000; Carl Sagan: Der Drache in meiner Garage, Droemer-Knaur-Verlag, München 1997

Die Partherbatterie

Nutzte man vor 2000 Jahren schon elektrische Batterien? Ja – sagen Paläo-SETI-Forscher *(siehe Eintrag »Astronautengötter«)* und verweisen auf die so genannte Batterie von Bagdad oder »Urbatterie«.

1936 entdeckte der deutsche Maler und damalige Direktor des Archäologischen Museums von Bagdad, Wilhelm König, in einem Außenbezirk der irakischen Hauptstadt Ruinenstädte und verschiedene Gegenstände aus der Zeit der Parther, eines Reitervolkes um 250 v. Chr. Darunter befand sich ein kleiner Tonkrug, der einen Eisenstab, eine Kupferrolle und eine teerähnliche Masse enthielt. König fühlte sich durch die ungewöhnliche Anordnung an eine Art Batterie erinnert. Tatsächlich gelang es ihm, zwischen der Eisenkathode und der Kuperanode eine Spannung von einem halben Volt zu erzeugen. Erich von Däniken und andere Prä-Astronautiker zogen daraus die Schlussfolgerung, dass schon lange vor Christi Geburt die Völker des Zweistromlandes Elektrizität kannten. Doch das ist nicht zwingend.

Ein einfaches galvanisches Element (das chemische in elektrische Energie umwandelt) mit geringer elektrischer Spannung herzustellen, ist recht simpel. Man braucht dazu nur Objekte aus verschiedenen Metallen in eine Salzlösung zu tauchen. Theoretisch wären dazu auch die Parther in der Lage gewesen. Allerdings: Schon um eine Ein-Watt-Taschenlampenbirne einige Stunden lang zum Glimmen zu bringen, bräuchte man mehr als 1500 Stück der besagten »Partherbatterie«. Wozu hätte ein dermaßen schwacher Stromerzeuger im Alltag nützlich sein sollen? Zur elektrolytischen Vergoldung von Ziergefäßen mit einer sehr dünnen, feinen Schicht, vermutete König.

Allerdings gibt es keinerlei konkrete Belege dafür, dass die Parther Elektrizität genutzt hätten. Sehr viel wahrscheinlicher ist, dass die »Partherbatterie« ein Kult-Gegenstand war. Denn in der Mythologie dieses alten Volkes spielten Metalle wie Kupfer, Eisen und Bronze nachweisbar eine wichtige Rolle bei magischen Schutz- und Abwehrritualen.

»Das Rätsel der Partherbatterie«, Skeptiker, 1/1996; Rainer Köthe: Geklärte und ungeklärte Phänomene, Tessloff-Verlag, Nürnberg 1996; Markus Pössel: Phantastische Wissenschaft, Rowohlt-Verlag, Reinbek bei Hamburg 2000

Der Roswell-Crash

Ein kosmisches Watergate?

»1947 ereignete sich in einer Wüstengegend der Vereinigten Staaten ein Zwischenfall, der bedeutende Auswirkungen auf die gesamte Menschheit haben könnte. Dabei soll es durch das US-Militär zur Bergung von möglicherweise außerirdischem Material gekommen sein.« – So liest sich die Vorrede zur »Roswell-Deklaration«, die die Berliner Ufo-Autoren Joachim Koch und Hans-Jürgen Kyborg 1996 in dem Buch »Das Ufo-Syndrom« veröffentlichten.

Mehr als 3000 deutsche Ufo-Fans sollen das Papier unterschrieben haben. Weltweit seien es 20 000, und das obwohl sich der amerikanische Mit-Initiator Kent Jeffreys bald öffentlich von der bizarren Petition distanzierte, die sich gegen die Geheimhaltung der »Ufo-Wahrheit« durch das Pentagon richtet.

In der »Roswell-Deklaration« heißt es weiter: »Das Ereignis wurde durch US-Militärstellen am 8. Juli 1947 über eine Pressemitteilung bekannt gegeben, die dann durch Zeitungen im ganzen Land weiterverbreitet wurde. Sie wurde unmittelbar darauf wieder dementiert und durch eine andere Meldung ersetzt, von der angenommen wird, dass es sich dabei um eine Vertuschungsgeschichte handelt. Es wurde nunmehr behauptet, das Material sei nichts weiter als ein Wetterballon gewesen. Die Angelegenheit ist seither durch die Regierung mit dem Schleier des Geheimnisses zugedeckt worden.«

Nicht wirklich.

Statt um harte Fakten »geht es nur um Gerüchte, Hörensagen und den Onkel, der etwas gesehen hat, das aber nicht mehr bestätigen kann, weil er schon tot ist«, merkt der US-Kultautor Robert Anton Wilson (»Illuminatus!«) amüsiert an.

Aber gehen wir der Reihe nach: Unbestritten ist, dass Anfang Juli 1947 der Farmer William Mac Brazel seltsame Trümmerteile auf einem seiner Felder entdeckte, die er als eine Kombination aus »Folie von großer Quantität und Balsaholzstöckchen, mit Klebeband fixiert« beschrieb. Brazel brachte seinen Fund ins Büro des Sheriffs der Kleinstadt Roswell in New Mexiko.

Die lokale Luftwaffenbasis erklärte das Material zu Überresten eines Ufos, was höhere Militärs umgehend dementierten und von einem abgestürzten

Wetterballon sprachen. Damit schien die Sache eigentlich erledigt und niemand hätte vermutlich je wieder etwas von dem Wüstennest Roswell gehört. Erst 1977 ergriff ein älterer Mann bei einem ufologischen Vortrag das Wort und erinnerte sich vage daran, was 30 Jahre zuvor dort geschehen sein sollte. Den Ufo-Fans kam das gerade recht. Denn Mitte der 1970er drohte der Kult um die fliegenden Untertassen spürbar zu erlahmen. Geschäftstüchtige Autoren begaben sich auf die Suche nach Dokumenten und Zeitzeugen und fabulierten schließlich eine fantastische Geschichte um abgestürzte Alien-Raumschiffe und tot geborgene Insassen.

Allerdings hatten auch Militärs und Regierung gelogen. Erst 1994 gab man die völlig übertriebene Geheimniskrämerei auf: Was bei Roswell tatsächlich niederging, sei ein Aufklärungsballon gewesen. Das streng geheime Spionageprojekt namens »Mogul« sollte in der Stratosphäre die niederfrequenten Druckwellen sowjetischer Atombombenversuche in Sibirien aufzeichnen. Denn damals gab es noch keine Satelliten.

Was darüber hinaus gegen den Mythos von den abgestürzten Außerirdischen spricht, listet David Jacobs von der englischen Ufo-Gruppe YUFOF auf: »Die wissenschaftliche Analyse des aufgefundenen Objekts würde hunderte, wenn nicht tausende von Personen erfordern. Für die US-Regierung arbeiten viele erstklassige Wissenschaftler. Aber es würde notwendig sein, Spitzenkräfte einzusetzen, die keine Regierungstätigkeit ausüben. Um alle Fragen zu den technologischen Details der Raumschiffe und den biologischen Merkmalen der ETs zu klären, würden Archäologen und Anthropologen eingesetzt werden, ebenso Soziologen, Linguisten, Grafologen, Nachrichtendienstler und andere Spezialisten für kommunikative Informationselektronik. Eine breite Front akademischer Fachkräfte würde mit der Ufo-Analyse in Berührung kommen. Die Fachleute müssten sich untereinander beraten können und Kenntnisse und Erfahrungen weiter außenstehender Spezialisten anfordern.

Der Informationsaustausch unter den Experten würde weitaus komplexer als beim Atombomben-Projekt sein. Die Anzahl der Notizen und Dokumente wäre enorm und würde über die Jahre gewaltig anwachsen. Generationen von Forschern würden an diesem Projekt arbeiten. Die Forscher müssten in Abgeschiedenheit im Geheimen leben, was dazu führen würde, dass sie ihre Identität verlören.

Den ganzen Apparat könnte kein Geheimdienst der Welt unter Kontrolle halten. Bei weitaus geringeren Umständen versagten das Militär und der Geheimdienst kläglich. In unserem Fall würden nach und nach Dokumente, Fotos, Proben nach draußen gelangen. Je länger die Untersuchung dauern würde, desto schwieriger wäre es, das Geheimnis zu bewahren.«

Eine plausible Erklärung? In der »Akte X«-Folge »Täuschungsmanöver« lässt Drehbuchautor Glen Morgan den mysteriösen Informanten »Deep Throat« zu Agent Mulder sagen: »Roswell war ein Täuschungsmanöver. Wir hatten ein halbes Dutzend besserer Bergungsoperationen.« Morgan gibt zu, dass er sich ein wenig über die Ufo-Enthusiasten lustig machen wollte: »Wir wussten, das würde sie auf die Palme bringen.«

Er sollte sich nicht irren.

Johannes Fiebag: Das Ufo-Syndrom, Knaur-Verlag, München 1996; Der Untersuchungsbericht der US-Air-Force über den Roswell-Zwischenfall, in: Gero von Randow (Hrsg): Der Fremdling im Glas, Rowohlt-Verlag, Reinbek bei Hamburg 1996; Uli Thieme: 50 Jahre Roswell – Ein Ufo-Mythos stürzt ab, im Selbstverlag, Schwäbisch Hall 1997; »What Really Happened at Roswell«, Skeptical Inquirer, Vol. 21, No. 4/1997; »Roswell – Anatomy of a Myth«, Journal of Scientific Exploration, Vol. 12, No. 1/1998; »Nicht irdischen Ursprungs«, Berliner Morgenpost, 26. März 2000; Robert Anton Wilson: Das Lexikon der Verschwörungstheorien, Eichborn-Verlag, Frankfurt am Main 2000

Das Sirius-Rätsel

Der hellste Stern an unserem Nachthimmel, Sirius, hat einen Begleitstern, der mit bloßem Auge nicht zu sehen ist und erst 1892 von Astronomen entdeckt wurde. Sehr viel früher soll der westafrikanische Dogon-Stamm von diesem Himmelskörper (Sirius B) gewusst haben. Denn: Ein besonderes Fest zu Ehren eines »unsichtbaren Sterns«, die Sigui-Feier, wird von den Dogon in Mali angeblich alle 50 Jahre begangen. Das entspricht der Umlaufzeit von Sirius B um Sirius A.

Mehr noch: Die Eingeborenen nennen den verborgenen Sirius-Begleiter »po tolo«, kennen angeblich seine exakte Umlaufbahn und -zeit und wissen darüber hinaus auch über die Jupiter-Monde und die Saturn-Ringe Bescheid. Erich von Däniken folgert in einem seiner Bücher: »Da die Dogon-Neger behaupten, sie hätten ihr Wissen von einem Gott namens Nommo, liege ich doch wohl mit meiner Annahme richtig, dass dieser Herr Nommo ein außerirdischer Besucher gewesen ist.«

Na ja.

Alles, was Däniken und seine Prä-Astronautik-Mitstreiter über die Dogon wissen, stammt aus einem kurzen Aufsatz von 1951 der französischen Ethnologen Marcel Griaule und Germaine Dieterlen, die in den 30er Jahren des 20. Jahrhunderts den Stamm erforschten. Die Mythen und Überlieferungen der Dogon stellen sich in Griaules/Dieterlens Schilderungen außergewöhnlich komplex dar. Däniken (»Beweise«) und andere Sensationsautoren wie Robert Temple (»Das Sirius-Rätsel«) picken sich auch hier wieder nur jene Punkte heraus, die ihre Wunschträume von den Astronautengöttern zu belegen scheinen. So findet z.b. das »Sigui-Fest« in Wahrheit alle 60 Jahre statt, und die mystische Bedeutung dieser Zeremonie ist die Erneuerung der Welt. Die astronomischen Kenntnisse der Reis- und Hirsebauern sind außerdem seltsam lückenhaft und teilweise schlicht falsch.

Beispielsweise schreiben die Dogon dem Sirius die Farbe rot zu. Tatsächlich aber erscheint er am Nachthimmel bläulich. Die Sonne, der Sirius und andere Sterne haben bei den Dogon eine tiefe symbolische Bedeutung. Astronomisches Spezialwissen kann man mit etwas Fantasie zwar hineindeuten – sollte man aber nicht unbedingt.

Seriöse Wissenschaftler gehen davon aus, dass frühe Forschungsreisende den Dogon ein bescheidenes astronomisches Wissen vermittelt haben, welches in die Mythen und Rituale des Stammes einfloss – so etwa der Völkerkundler Robert Arnaud, der die Dogon 1921 besuchte, oder französische Kolonialbeamte und christliche Missionare, die eigene ethnologische Forschungen durchführten.

Eine weitere Quelle könnte eine astronomische Expedition um den Ungarn István Guman gewesen sein, der 1893 mehrere Wochen in Westafrika zubrachte, um mit Teleskopen und anderen Instrumenten eine Sonnenfinsternis zu beobachten. Der Ethnologe Walter van Beek, der zwischen 1979 und 1990 Forschungen bei den Dogon betrieb, fand heraus, dass auch Griaules Schilderungen aus den 30er Jahren mit Vorsicht zu genießen sind. Denn offenbar war dem Franzosen der Fehler unterlaufen, sein eigenes astronomisches Wissen in die Erzählungen der Dogon, mit denen er nur über Dolmetscher kommunizierte, hineinzuinterpretieren.

»Derzeit gibt es eigentlich nur eine wissenschaftlich nachprüfbare Option«, erklärt der kritische Prä-Astronautik-Experte Klaus Richter von der Berliner Humboldt-Universität: »Marcel Griaule hat die Dogon fehlerhaft befragt und so Informationen suggeriert. Astronomen haben das angeblich komplexe Siriussystem nicht bestätigen können. Das ist mehr als ein Grund, endlich Abschied vom ›Sirius-Rätsel‹ zu nehmen.«

»The Dogon People Revisited«, Skeptical Inquirer, Vol. 20, No. 6/1996; »Nachgefragt: Sirius-Rätsel«, Skeptiker, 4/1998; Die großen Rätsel unserer Welt, ADAC-Verlag, München 1999; Markus Pössel: Phantastische Wissenschaft, Rowohlt-Verlag, Reinbek bei Hamburg 2000

Ufos

Alles begann mit einem Missverständnis.

Am 24. Juni 1947 befand sich ein Vertreter für Feuerlöschgeräte namens Kenneth Arnold auf dem Rückflug von einem Kunden, als er beschloss, sich mit seinem kleinen Privatflugzeug an einer Suchaktion für eine verschollene Maschine zu beteiligen. Über dem Mount Rainier im US-Bundesstaat Washington bemerkte er plötzlich in 2800 Meter Höhe eine Formation von neun silbrig glänzenden Flugobjekten, die über die Berggipfel schossen. Nach seiner Landung diktierte Arnold dem UPI-Reporter Bill Bequette: »Sie flogen, wie wenn jemand eine Untertasse nimmt und sie übers Wasser wirft.« Der Privatflieger meinte damit das Flugverhalten der Objekte – nicht Form oder Aussehen, das er als pfeilförmig und flugzeugähnlich beschrieb. Doch am nächsten Morgen stand zum allerersten Mal etwas von »fliegenden Untertassen« in den Zeitungen.

Vermutlich wurde Kenneth Arnold Zeuge eines geheimen Testflugs der ersten F-84-Thunderjets der amerikanischen Luftwaffe oder er sah eine Luftspiegelung über einem fernen Gebirge. Doch mit rasender Geschwindigkeit breitete sich ein neuer Mythos aus: der von den Ufos (Unidentifiziertes fliegendes Objekt), wie ein Air Force-Offizier im Bemühen um Versachlichung das Phänomen benannte. Immer mehr Menschen meldeten Ufos.

Wieso? Der berühmte Schweizer Psychoanalytiker Carl Gustav Jung machte die bedrohlichen Spannungen des Kalten Krieges dafür verantwortlich, dass die »projektschaffende Fantasie der Menschen über den Bereich irdischer Organisationen und Mächte hinaus in den Himmel greift, wo einstmals die Schicksalsherrscher, die Götter, ihren Sitz hatten. Von dort wird das Heil erwartet.«

Dabei wussten die Spezialisten der US-Luftwaffe schon Mitte der 50er Jahre, dass 96 Prozent aller gemeldeten Ufo-Sichtungen auf Test- und Einsatzflüge ihrer eigenen Himmelsspäher zurückgingen. Vor allem das Aufklärungsflugzeug U2 sorgte häufig für Ufo-Alarm, weil die silberne Außenhaut das Sonnenlicht reflektierte und dadurch aus der Ferne wie ein unerklärlicher Feuerball wirkte.

Ganz gezielt nutzten und förderten CIA und Air Force die Untertassen-Manie, um die Existenz der U2 und anderer Geheimwaffen zu verschleiern. Aufklärungskampagnen und kritische Veröffentlichungen blockte die Regierung ab. Eigentlich also kein Wunder, dass überzeugte Ufologen bis heute Politikern und Militärs nicht über den Weg trauen.

Gibt es Ufos in der Bedeutung von »außerirdischen Raumschiffen«?

Wohl eher nicht.

Aber es gibt ein Ufo-Phänomen.

Theologen und Psychologen sprechen in diesem Zusammenhang von der »ersten technischen Religion«: »Der Ufo-Gläubige kann sich auf außerirdische, überlegene Mächte verlassen. Das gibt ihm Trost, denn außer der gewohnten Welt existiert noch eine andere, geheimnisvolle, fantastische. Und er als Ufo-Seher oder gar Entführter hat Zugang dazu.

Irgendwie ist er ein Auserwählter, wird von Gleichgesinnten deshalb anerkannt, kann seinem Leben nun einen Sinn geben. Und er hat den großen Vorteil, seine These nicht beweisen zu müssen.«

Daneben gibt es auch Ufo-Fans, die sich in erster Linie für neue Technologien und paranormale Ereignisse begeistern und mit den »fliegenden Untertassen« einem modischen »Space-Age«-Mythos huldigen.

Die Aufklärer dagegen haben es »wesentlich schwerer«, stellt das »P.M.«-Magazin fest: »Ihr Hauptwerkzeug bei der Erforschung des Ufo-Phänomens ist Occams Rasiermesser, ein in Deutschland ziemlich unbekanntes Instrument. William von Occam war ein mittelalterlicher Mönch, der in England lebte und eine Art Leitmotiv für die wissenschaftliche Forschung gefunden hat, das etwa so lautet: Erfinde nichts Neues (das heißt, keine neuen Hypothesen) ohne Notwendigkeit …

Der Skeptiker wird nicht anerkannt, sondern als Zerstörer oder Spießer verschrien. Er hat nicht den Rückhalt einer Gemeinde von Gläubigen, und er muss sich bei jedem neuen Fall rechtfertigen beziehungsweise die Ereignisse auf bekannte Erscheinungen zurückführen.«

Nach Auffassung von Ufo-Kritikern stanzen Filme wie »Independence Day« oder »Unheimliche Begegnung der dritten Art« die Schablonen vor, die unsere eigene Einbildungskraft ausfüllt und zum Leben erweckt. Und die uns in ganz natürlichen Himmelserscheinungen wie Sternen, Planeten, Satelliten, Ballons oder kreisenden Disco-Scheinwerfern Ufos erblicken lassen.

Das hat nichts »Spinnerei« zu tun.

Die weit überwiegende Mehrzahl der Ufo-Zeugen erzählt keineswegs bewusst die Unwahrheit, sondern sitzt einer Wahrnehmungstäuschung oder einer Verwechselung von Erinnerung und Fantasie auf. »Was wir sehen, ist immer ein von uns selbst konstruiertes Bild davon, was wir erwarten oder überzeugt sind zu sehen«, erklärt die Psychologin Susan Blackmore.

Gibt's nicht? Gibt's doch.

So lesen wir beispielsweise in der Bamberger Zeitung »Fränkischer Tag« folgende Space-Opera: »Landsberg am Lech, 31. Dezember 2003, kurz vor Mitternacht: Etliche Partygäste machten sich gerade bereit, um vor der warmen Wohnung, in der man bislang gefeiert hatte, ins Freie zu gehen, um das Feuerwerk besser beobachten zu können. Der Sohn des Gastgebers sah durch das Panoramafenster schon die ersten Neujahrsraketen aufsteigen, als plötzlich eine glühende Kugel heranschwebte. Immer größer wurde das seltsame Objekt – und keiner der Partygäste konnte sich erklären, was dieses Ding sein sollte, das so lautlos dahinschwebte. Vielleicht Neujahrsgrüße von einem fernen Planeten?«

Mitnichten. Sondern bloß ein so genannter Party-Gag-Miniaturballon, der von der Firma »Schorr Aviation« in Bad Staffelstein für ca. 30 Euro vertrieben wird – und der seit vielen Jahren als Ufo-Stimulus Nummer eins in Deutschland gilt.

»Irgendwo da draußen« liegt die Wahrheit über Ufos wohl nur in »Akte X«.

Carl Gustav Jung: Ein moderner Mythus – Von Dingen, die am Himmel gesehen werden, Rascher-Verlag, Zürich 1958; »Ufos – Gibt es sie wirklich?«, P.M., 6/1995; Werner Walter: Ufos – Die Wahrheit, Heel-Verlag, Königswinter 1996; Lars A. Fischinger/Roland M. Horn: Ufo-Sekten, Moewig-Verlag, Rastatt 1998; Hans-Werner Peiniger (Hrsg.): Das Rätsel: Unbekannte Flugobjekte, Moewig-Verlag, Rastatt 1998; »Ufos auf dem Prüfstand«, P.M. Perspektive: Wunder – Rätsel – Phänomene, 1999; Andreas Grünschloß: Wenn die Götter landen, EZW-Texte, 2000

Die Ufo-Verschwörung

Ufos existieren. Aber wir erfahren nichts davon, weil Regierung und Kirche die Existenz der Außerirdischen verheimlichen, da sonst das derzeit gültige Weltbild in sich zusammenfallen würde – und damit auch die Macht von Politik und Klerus. Warum erfahren wir nichts von der Verschwörung? Weil sie geheim ist. Warum sind Ufos noch unidentifiziert? Weil die Beweise geheim gehalten werden. Woher wissen wir von dieser groß angelegten Vertuschungsaktion? Weil Ufos existieren und wir noch immer keine Beweise haben. Und so weiter, und so fort …

Aber wieso eigentlich sollte das so sein?

»Mit Erlösung ist der ganze Kosmos gemeint, und nicht nur diese Erde«, stellt zum Beispiel der Sprecher der Diözese München-Freising, Winfried Röhmel, kurz und bündig klar. Die Katholische Bischofskonferenz erklärte ebenfalls bereits, die katholische Theologie werde durch intergalaktisches Leben »nicht tangiert«. Die Bibel schließe nicht aus, dass es Leben außerhalb der Erde geben könnte. Selbst der Schöpfungsbericht spreche von »Himmel und Erde« und meine damit den ganzen Kosmos.

Die Evangelische Kirche in Deutschland (EKD) hat zu extraterrestrischem Leben noch keine Stellungnahme abgegeben. Aus jüdischer Sicht gibt es dem Landesrabbiner zufolge in Gottes Schöpfung durchaus Dinge, die der Mensch noch nicht entdeckt hat: Wenn Außerirdische gefunden würden, dann seien sie Teil der Welt und ihre Entdeckung dann auch der Wille Gottes.

Zwar gibt es einige Zeitgenossen, die meinen, längst schon seien Außerirdische entdeckt, ja ihre Vertreter liefen bereits getarnt über unsere Erde, und die Regierungen hielten diese Erkenntnisse geheim, um die Bevölkerung nicht zu beunruhigen.

Kann das stimmen?

Die Entdeckung von Funkbotschaften außerirdischer Zivilisationen ließe sich ebenso wenig verbergen wie die Landung oder der Absturz eines außerirdischen Raumschiffs. Denn in kürzester Zeit gäbe es eine so große Anzahl von Mitwissern, dass kein Geheimdienst der Welt alle diese Zeugen unbemerkt zum Schweigen bringen könnte.

Und selbst wenn es geheime Verschwörung zwischen Außerirdischen, Kirchen und Regierungen mit nur wenigen Mitwissern gäbe: Uns Menschen fällt es außerordentlich schwer, etwas für uns zu behalten. Und es gibt viele eigennützige Leute, die neidisch werden. Oder wütend. Oder sich übervorteilt fühlen. Oder die aus ihrem Wissen Kapital schlagen wollen. Auf diese Weise kommt in der Regel doch irgendwann alles ans Licht.

Professionelle Astronomen haben sogar bereits ihr Vorgehen im Falle einer Entdeckung extraterrestrischer Signale hoch entwickelter Zivilisationen abgestimmt.

Es besteht Einigkeit darüber, dass eine solche Entdeckung zunächst aufs Sorgfältigste überprüft werden muss.

Die etwas umständlich formulierte Empfehlung lautet »Declaration of Principles Concerning Activities Following the Detection of Extraterrestrial Intelligence«, zu Deutsch etwa: »Deklaration der Prinzipien betreffs die Aktivitäten nach der Feststellung von außerirdischen Intelligenzen«. Erst nachdem mehrere astronomische Institute die Entdeckung unabhängig voneinander bestätigen, sollen die astronomische Gemeinschaft und dann die Behörden informiert werden – und erst dann über die Nachrichtenmedien die Weltbevölkerung.

Das zeigt, dass die radioastronomischen Institute mehr Sorge haben, sich mit einer »sensationellen« Falschmeldung über die Entdeckung Außerirdischer lebenslang zu blamieren, als dass sie sich Gedanken über eine Verschleierung machen.

Wenig bekannt ist auch, dass die Internationale Akademie für Astronautik in

Paris eine Liste hochkarätiger Experten führt, die bereit sind, den Regierungen zu helfen, falls E.T. erscheint – darunter zum Beispiel Jane Goodall (Spezialistin in Fragen der Kommunikation zwischen Menschen und intelligenten Tieren), Frank Drake vom SETI-Projekt (»Search for Extraterrestrial Intelligence« = »Suche nach außerirdischer Intelligenz«) und Ex-Astronaut John Glenn.

Wer wird der erste Erdling sein, der einem Alien die Hand oder was auch immer schüttelt? Jedenfalls nicht der Präsident der USA. Sondern ein FBI-Agent in einem Schutzanzug des »Biosafety Level 4« (wegen potenzieller Strahlenverseuchung) im Namen der amerikanischen Einwanderungsbehörde, enthüllte unlängst die amerikanische Fachzeitschrift »Popular Mechanics«. Ordnung muss auch hier sein. Niemand könne ja einfach so illegal in die USA einreisen, woher auch immer. Und danach müsse man abwarten, wie die Sache sich entwickelt.

»Kein Anschluss unter dieser Nummer?«, Skeptiker, 1/2003; »When Ufos Arrive«, Popular Mechanics, 2/2004

2. COMPUTER UND INTERNET

Die Afrika-Connection

Die E-Mail kommt angeblich aus Nigeria oder Togo, Südafrika, Ghana, Sierra Leone, von der Elfenbeinküste oder neuerdings auch aus dem Irak. Laut Betreffzeile geht es um einen interessanten »Geschäftsvorschlag« (»business proposal«), ein »Investment« oder schlicht um eine »vertrauliche Angelegenheit«. Sodann stellt sich ein seriös anmutender Mensch mit fremdländischem Namen vor, der in fehlerhaftem Englisch oder noch schlechterem Deutsch eine krimireife Geschichte erzählt:

Irgendwo in Afrika oder im Nahen Osten habe es da einen Flugzeugabsturz gegeben, bei dem ein sehr vermögender Kunde einer dortigen Großbank ums Leben gekommen sei. Da keine Verwandten ausfindig gemacht werden konnten, drohe das Kontoguthaben des Verstorbenen (meist eine Summe zwischen 15 und 25 Millionen US-Dollar) dem Staat anheim zu fallen. Das möchte der E-Mail-Schreiber verhindern, und deshalb suche er auf diesem Weg eine »zuverlässige und anständige Person« im Ausland.

Der Deal: Der Empfänger der Nachricht soll sein Bankkonto für die Transaktion des Geldes zur Verfügung stellen. Als Belohnung erhalte er einen hohen prozentualen Anteil an dem Betrag. Konkret liest sich das zum Beispiel so (Grammatik, Rechtschreibung und Interpunktion originalgetreu):

Von: AHMED DICKSON
Betreff: GESCHÄFTSVORSCHLAG

Zuerst muss ich Ihre Zuversicht in dieser Verhandlung bitten, dies ist auf Grund seiner lage als das Sein total VERTRAULICH und-GEHEIMNIS. Aber ich weiß, daß eine Verhandlung dieses Ausmaßes irgendeinen ängstlichen und besorgt machen wird, aber ich versichere Sie, dass aller Ordnung seien wird am Ende des Tages.
Wir haben entschieden Sie durch E-mail wegen der Dringlichkeit dieser Ver-

handlung zu erreichen, als wir davon zuverlässig überzeugt worden sind von seiner Schnelligkeit und Vertraulichkeit.

Lassen Sie mich zuerst Vorstellen. Ich bin Herr AHMED DICKSON ein rechnungspruefer bei der Union Bank Nigeria PLC, Lagos. Ich kam zu Ihrer Kontakt in meiner privaten Suchen für einezuverlässige und anständige Person, um eine sehr vertrauliche Verhandlung zu erledigen, die die Übertragung einer riesigen Summe von Geld zu einem fremden Konto, das maximale Zuversicht erfordert. DER VORSCHLAG:

Ein Ausländer, Verstorbene Ingenieur Manfred Becker, ein Öl Händler Unternehmer mit dem Bundes Regierung von Nigeria. Er war bis seinen Tod vor drei Jahren in einem grässlichen Flugzeug absturz als Unternehmer bei der regierung tätig, Herr Becker war unser Kunde hier bei der Union Bank PLC., Lagos, und hatte ein schließlich kontohaben von USD$ 18.5M (Achtzehn Millionen, Fünf Hundert Tausend, US Dollar) welcher die Bank erwartet jetzt fraglos, durch seine Verwandten behaupten zu werden oder Andererseit wird den ganzemenge als nichtzubehaupten deklarieren und wird zu einem Afrikanischen Vetrauen-Fond für waffen und Munitionbesorgung bei einer der freiheitbewegung hier in Afrika gespendet wird.

Leidenschaftliche wertvolle Anstrengungen werden durch die Union-Bank gemacht, um in Kontakt mit einem von der Becker Familie oder Verwandten feststellen aber hat bis jetzt zu keinem Erfoelg gegeben.

Es ist wegen der wahrgenommen Möglichkeit keiner Verwandte der Becker zu finden, (er hatte keine bekannte Frau und Kinder) daß das Management unter dem Einfluß dessen Sitzung Vorsitzender, General Kalu Uke Kalu (Ausgeschieden) der eine Anordnung für den Fond als NICHT ZUBEHAUPTEN deklariert werden sollte, und dann zum dem Vertrauen-Fond für Waffen und Munitionbesorgung ausgeben, die den Kurs von Krieg in Afrika infolgedessen gespendet werden. Um diese Negative-Entwicklung abzuwenden, ich und einige meiner bewährten Kollegen in der Bank haben abgeschlossen das geld nach ihrer zustimmung zu ueberweisen und suchen jetzt Ihre Erlaubnis damit Sie sich als der Verwandter der Verstorbene Engr. Manfred Becker deklarieren damit der Fond in der hoehe von USD$ 18,5M würden infolgedessen überwiesen werden und würden in Ihr Bank-Konto als der Nutznießer (Verwndter der Becker) gezahlt werden.

Alles beurkunden und beweis Ihnen zu ermöglichen, diesen Fond zu behaupten werden wir zu ihrer Verfuegung stellen damit alles geklappt worden ist, und wir versichern Sie ein 100% Risiko freie Verwicklung. Ihr Anteil wäre 30% von der totalen Menge. 10% ist für Aufwendungen bei der ueberweisung bearbeitung beseite gesetzt worden, während der restliche 60% für mich und meine Kollegen für Anlagezwecke in Ihrem Land wäre.

Wenn dieser Vorschlag bei Ihnen OK ist und Sie wünschen das Vertrauen ausnutzen, die wir hoffen, auf Ihnen und Ihrer Gesellschaft zu verleihen, dann netterweise senden Sie mir sofort über meinen E-mail adresse, Ihrem vertraulichsten Telefon nummer, Fax-nummer und ihrervertrautlichen E-mail anschrift, damit ich zu Ihnen die relevanten Details dieser Verhandlung senden kann. Danke im voraus.

Im Prinzip keine ungeschickte Taktik: Außer Gier zu wecken, wird zugleich an die soziale Verantwortung des E-Mail-Empfängers appelliert. Wer kann schon wollen, dass einer der zahlreichen Kriege in Afrika weitere Nahrung in Form von Waffen- und Munitionskäufen erhält? Doch wer auf diesen »Geschäftsvorschlag« eingeht, verschafft sich weder ein gutes Gewissen noch ein Millionenvermögen.

Denn hier geht es um kriminelle Machenschaften. Zwei »Focus«-Redakteure verfolgten die Angelegenheit weiter und stellten fest: »Nachdem die Deutschen ihr Interesse an einer derartigen Transaktion via E-Mail erkennen lassen, trifft prompt eine weitere Mail auf dem PC ein – Betreff diesmal ›urgent‹. Der Inhalt kann die Spannung leider nicht mehr steigern. Die Story wird erneut aufgewärmt, diesmal mit einigen weiteren Details ausgeschmückt … Dann möchte der Bankmanager Fragen beantwortet haben: Alter, Familienstand, Beruf …

Noch am gleichen Tag folgt der ›Musterbrief‹ zur Anmeldung des Erbschaftsanspruchs bei der Union Bank Nigeria in Lagos. Der Deal tritt in die heiße Phase ein. Am Tag darauf geht die Anweisung ein, welche Papiere wie ausgefüllt (›Textmuster‹ werden mitgeliefert) an eine Anwaltskanzlei in Nigeria gehen sollen. Und auch die Kanzlei beweist Sinn für geschäftsmäßiges Tempo. Umgehend faxt sie nach Deutschland zurück: eine auszufüllende Vertretungsvollmacht und eine Kostennote. Angesichts der zu erwartenden Summe von 18,5 Millionen Dollar scheinen Gebühren von zunächst insgesamt 10 050 Dollar nicht zu viel.«

Hier brachen die Journalisten die Sache ab. Aus vergleichbaren Fällen ist indes bekannt, wie das Ganze weitergegangen wäre: Die Überweisung des Millionen-Vermögens verzögert sich immer wieder wegen diverser »Schwierigkeiten«, die nur durch weitere Provisionszahlungen des deutschen »Geschäftspartners« für Gebühren, Transport, Sicherheitsvorkehrungen etc. zu beheben sind. Am Ende sind die Interessenten einem so genannten Vorschuss-Betrug (»Advance Free Fraud«) aufgesessen. Alle gezahlten Beträge sind verloren, zu einer Übergabe des angeblichen Bankguthabens kommt es nie. »In letzter Zeit nimmt diese Betrugsform via Internet rapide zu«, zitiert »Focus« Ralf Michelfelder vom bayerischen Landeskriminalamt (LKA).

Darüber hinaus sind der Polizei Fälle bekannt, in denen die Opfer der »Afrika-Connection« zu einem persönlichen Treffen nach Nigeria oder in ein anderes Land gelockt und dort gekidnappt oder gar ermordet wurden. Der Wirtschaftsprüfer Richard Lead aus Australien erklärte bei einem Vortrag zum »World Skeptics Congress« 2002 in Burbank/Kalifornien, etwa 20 Personen kämen jedes Jahr auf diese Weise zu Tode.

Im November 2003 konnte die Berliner Polizei einen Betrüger aus der »Afrika-Connection« in Friedrichshain festnehmen. Der 28-jährige Nigerianer hatte mindestens 30 Personen aus verschiedenen Ländern um mehrere Millionen Euro gebracht. Der Chef der Ermittlungsgruppe »Schwarzafrika« beim Landeskriminalamt schätzt die Zahl der Mitglieder des weltweit agierenden kriminellen Netzwerks allein in Berlin auf etwa 200. Der Schaden habe global ein Volumen von mehreren Milliarden Euro erreicht.

In verschiedenen Varianten der Abzock-Mail geht es um ein unverhofft aufgetauchtes Familienvermögen, Lotteriegewinne, unterschlagene Firmengelder oder um Erbschaften, für die ebenfalls eine üppige Vorauszahlung gefordert wird.

Außerdem ist zunehmend eine Tendenz zu beobachten, dass »die Täter sich von den klassischen Geschichten hin zu neuen Varianten orientieren, die speziell auf bestimmte Zielgruppen abgestimmt sind«, hat Frank Ziemann vom »Hoax-Info« der Technischen Universität (TU) Berlin festgestellt: »Dazu gehören Storys, die einen sehr gläubigen christlichen Hintergrund mit angeblich humanitären Absichten vortäuschen sollen ebenso wie vorgebliche Hinterlassenschaften von Flugzeugabstürzen in aller Welt, einschließlich des Lockerbie-Attentats Ende 1998 in Schottland. Man ist sich offenbar dessen bewusst, dass z.b. beim Stichwort Nigeria bei einer zunehmenden Zahl von potenziellen Opfern die Alarmglocken schrillen.« Grundsätzlich gilt: Nie antworten. Löschen.

»Nigeria-Connection«, im Internet unter http://finanzen.focus.de

Gewinnspiele/Geschenk-Aktionen

Schön wärs: »Wenn das klappt, sind wir reich …« springt es einem aus der Betreffzeile entgegen. Der folgende E-Mail-Text informiert den Empfänger über einen aktuellen Großversuch, der von den Firmen Microsoft und America Online durchgeführt werde – und mit dem »Bill Gates Sie zum Millionär« mache. Wie das? Ganz einfach. Jeder, der die Mail weiterleite, könne mit einer hohen Belohnung rechnen.

Microsoft und AOL sind jetzt die größten Internet-Gesellschafter. Um sicher zu gehen, dass der Internet-Explorer wirklich das am meisten verwendete Programm ist, haben Microsoft und AOL jetzt den E-Mail-Beta-Test gestartet. Wenn Du diese Mail an Freunde weiterschickst, kann und wird Microsoft das für eine Periode von zwei Wochen notieren. Für jede Person, der Du diese E-Mail schickst, wird Dir Microsoft $ 245 zahlen. Für jede Person, der Du das sendest und die es weitersendet, zahlt Microsoft $ 243. Und für jede dritte Person, die das bekommt, bekommst Du $ 241 von Microsoft. Innerhalb von zwei Wochen wird Microsoft Dich wegen Deiner Adresse kontaktieren und Dir dann einen Scheck senden.
Ich dachte selbst, das sei Blödsinn, aber zwei Wochen, nachdem mein Partner diese Mail bekam, kontaktierte ihn Microsoft, und innerhalb von ein paar Tagen erhielt er einen Scheck über $ 24 800,00. Du musst antworten, bevor der Beta-Test vorbei ist. Wenn sich irgendwer so was leisten kann, dann ist es Bill Gates, der Mann für so was. Das ist alles Marketing-Strategie von ihm. Ich wünsche viel Erfolg!

Kann irgendjemand ernsthaft glauben, dass gewinnorientierte Unternehmen solche Summen zu verschenken haben? Anscheinend.

Denn der Software-Konzern sieht sich mittlerweile zu einer offiziellen Stellungnahme genötigt. Diese fällt unmissverständlich deutlich aus: »Der Inhalt dieser Mail entspricht nicht den Tatsachen und entbehrt jeder Grundlage.« Es handelt sich um einen lupenreinen Hoax.

In einer anderen Variante wollen Microsoft und AOL (oder AOL und Intel oder …) fusionieren und jedem Internet-Nutzer, der diese frohe Kunde unter die Leute bringt, pro E-Mail eine kleine Prämie zahlen. Mit ein wenig gesundem Menschenverstand sollte einem eigentlich zu denken geben, dass a) jedes professionelle Nachrichtenmedium der Welt eine Wirtschaftsmeldung von dieser Bedeutung längst verbreitet hätte und b) es gar nicht möglich ist, die Weiterleitung von E-Mails zu zählen.

Aber halt, dafür soll es ja jetzt das brandneue, sensationelle »E-Mail-Tracking-System« von Microsoft geben …

Mitunter wird das »E-Mail-Tracking-System« auch im Zusammenhang mit angeblichen Hilfsaktionen genannt, etwa »SOLIDARIDAD CON BRIAN«. In diesem Beispiel geht es um einen frei erfundenen Jungen im Armenviertel von Buenos Aires, der unter einer Fehlbildung des Herzmuskels (oder an Krebs) leide. Ein Sponsor – meist ein Internet-Provider – habe sich bereit erklärt, jede kursierende Mail mit dem Betreff »Solidaridad con Brian« zu erfassen und pro Registrierung $ 0,01 für »Brians« Operation zu zahlen. Besonders kurios: »Man« habe »neben dem Jungen im Krankenhaus ein Notebook mit Modem installiert, um zu zählen«. Aha. Und wie?

Ähnliches steht in einem weit verbreiteten Kettenbrief mit dem Betreff: »Nimm Dir ein wenig Zeit und lese«. Hier wird behauptet, die US-Krebshilfe oder eine Wohltätigkeitsorganisation spende ein paar Cent an ein krankes Kind für jede Weiterleitung. All das ist natürlich barer Unsinn, ein »E-Mail-Tracking-System« gibt es nicht.

Ähnlich beliebte Hoaxes sind:

Nokia (oder Ericsson oder Siemens oder …) will ein bestimmtes Wap-Handy »über Mundpropaganda« bekannt machen und verschenkt ein Exemplar an jeden, der »diese Mail an 20 Freunde« weiterschickt.

ARD und ZDF haben im abgelaufenen Geschäftsjahr einen Gewinn von mehr als einer Milliarde Euro erzielt, der über die GEZ anteilig den Gebührenzahlern zurückerstattet wird. Disney verschenkt eine Alles-Inklusive-Reise nach Florida, Nike gibt kostenlos jede Menge Sportartikel ab, Microsoft Computerspiele oder CDs.

Und so weiter, und so fort.

Die Antwort der Presseabteilung von Ericsson auf eine entsprechende Anfrage kann wohl als allgemein gültig betrachtet werden: »Der Kettenbrief, den Sie erhalten haben, ist ein Schwindel. Wir sind zwar immer auf der Suche nach Marketing-Ideen; das Versenden von Ketten-E-Mails gehört jedoch nicht dazu.«

www.hoax-info.de; www.ruhrlink.de

Glückskette

Sogar ein wissenschaftlich denkender Redakteur der »Ärztezeitung« kam ins Grübeln: »Er erhielt die Post zwei Tage vor seiner geplanten Operation«, berichtete das Blatt später in eigener Sache über den Vorfall: »Sie erreichte ihn via Internet aus den USA und versprach ihm gleich im ersten Satz unerahntes Glück. Ein guter Mensch, dachte unser Kollege, dem der Verfasser des Briefs allerdings gänzlich unbekannt war … Also las er den Brief zu Ende und wurde von Satz zu Satz bleicher. Das Glück, stand da, sei sehr wählerisch und werde nur jene verzaubern, die die E-Mail innerhalb von vier Tagen 20(!)-mal weiterschickten. Und wehe den Nachlässigen unter ihnen! Menschen, die die Kette einst durchbrachen, erlitten unerwartetes Unheil. Einer verlor seinen Job, der andere seine Frau und der Dritte gar sein Leben. Soll ich – oder soll ich nicht?, dachte unser Kollege. Wie gesagt, in zwei Tagen stand seine Operation an. Hingegen ein gestandener Redakteur wie er, sollte der sich nicht ausschließlich an nachprüfbare Fakten halten?

Auch in der Redaktion wusste niemand Rat. Oder es traute sich bloß keiner der Kollegen, Stellung zu beziehen. Wer wollte schon dafür verantwortlich sein, wenn vielleicht doch …?«

Dieses Beispiel zeigt: Auch im digitalen Zeitalter haben wir Menschen die

Furcht vor magischen Automatismen noch keineswegs überwunden. In besonderen Lebenssituationen kann auch offenkundiger Nonsens erhebliche Irritationen auslösen.

Was besagten Redakteur so erschreckte, war dieser Kettenbrief (Orthografie und Interpunktion originalgetreu):

DIESE GLÜCKSMAIL KOMMT VON EINEM FREUND!!!

Dieses Mail wurde an Dich geschickt, damit Du Glück hast. Das Original ist in Neuseeland und neunmal um die Welt gereist.

Jetzt wurde das Glück an Dich gesandt.

Du wirst Glück haben, innerhalb der nächsten vier Tage, nachdem Du dieses Mail erhalten hast. Du musst sie allerdings weitersenden. Das ist kein Witz und auch kein kommerzielles Kettenmail.

Du wirst Glück erhalten per Post.

Sende kein Geld, sondern Kopien an Menschen, von denen Du meinst, dass sie Glück gebrauchen können.

Sende, wie gesagt, kein Geld, denn das menschliche Los hat keinen Preis!

Behalte diese Mail nicht in Deinem Besitz.

Du musst es innerhalb von 96 Stunden nach Erhalt weitersenden. Sende 20 Kopien und siehe, was geschieht.

Die Kette kommt aus Venezuela und wurde von Anthonie de Graup, einem Missionar aus diesem Land geschrieben, weil dieses Mail um die Welt gehen soll. Schicke bitte 20 Kopien an Freunde und Bekannte. Innerhalb weniger Tage gibt es mit Sicherheit eine Überraschung. Sogar wenn Du nicht abergläubisch bist.

Achte bitte auf folgendes: Björn Besser lernte die beste Freundin auf der ganzen Welt kennen. Er ist sehr glücklich darüber und freut sich jedes Mal mit ihr zu sprechen.

Constantin Diex erhielt dieses Mail 1993. Er bat seine Sekretärin 20 Kopien zu versenden. Einige Tage später gewann er im Lotto.

Ein anderer erhielt diese Mail und vergaß es innerhalb von 96 Stunden zu verschicken. Er verlor seinen Job. Nachdem er dieses Mail wiedergefunden hatte, kopierte er es 20 Mal und verschickte es. Er erhielt nach einigen Tagen eine bessere Arbeitsstelle.

Ein Offizier erhielt 47 Millionen Pfund. Jou Ekat kam zu 40 Millionen Pfund, verlor dieses Geld jedoch trotzdem, weil er dieses Mail nicht weitergegeben hatte. Bevor seine Frau verstarb, erhielt er 77.500.00 Pfund.

Darlon Falcheid glaubte nicht an dieses Mail und löschte es. Einige Tage später verstarb er. 1987 bekam eine junge Frau aus Kalifornien dieses Mail, das undeutlich und fast unleserlich geworden war. Sie versprach, dieses Mail neu zu schreiben und weiterzusenden. Sie hat es jedoch liegen gelassen und wollte es später machen. Daraufhin wurde sie mit diversen Problemen konfrontiert. Unter anderem mit teuren Reparaturen an ihrem Auto. Dieses Mail verließ ihre Hände nicht innerhalb von 96 Stunden. Letztlich schrieb sie es neu und bekam ein neues Auto.

Denke daran, sende kein Geld und ignoriere dieses Mail nicht. Es ist ein Privileg, es erhalten zu haben. Dieses Mail wurde durch jemanden gesandt, der Dir Glück wünscht!

P.S. Dies ist kein Mail mit Geldumlauf. Es ist lediglich ein Angebot positiver Energie und darum diese mit der daran gebunden Glücksform zu verbinden.

Wie auch immer VIEL GLÜCK

Die Namen und Zahlenangaben der »Glückskette« verändern sich von Jahr zu Jahr, was wohl auf Schreibfehler der Kopisten zurückgeht – und die makabre Angelegenheit in die Nähe des Kinderspiels »Stille Post« rückt.

So heißt »Constantin Diex« auch »Constantina Diax«, »Xantania Dias«, »Constintine Dine« oder »Conctaneido Dino«. Der angebliche Missionar »Anthonie de Graup« mutiert mal zu »Saul Andrew Kedruff« oder »Paul Anthal Doror«, und »Darlon Falcheid« heißt auch »Dolon Fairchild« oder »Dalin Nairchild«. Mal kommt das Ganze aus Venezuela, dann wieder aus den Niederlanden oder aus »Neu-England«.

Und die Mail ist neunmal um die Welt gegangen oder auch dreimal, dreizehnmal, achtmal oder elfmal. Kurios: Mal verliert »Jou Ekat« sein Leben, in einer anderen Version seine Frau. Was vermutlich daran liegt, dass »life« (Leben) und »wife« (Ehefrau) im Englischen recht ähnlich klingen.

Von wem und aus welchen Motiven heraus wurde dieser Glückskettenbrief tatsächlich gestartet?

Das älteste bekannte Exemplar (in Postkartenform) datiert aus dem Jahr 1922. Volkskundler wollen einen amerikanischen Offizier als Urheber ausfindig gemacht haben, der während des Ersten Weltkriegs begann, möglichst vielen Menschen auf diese Weise Glück zu wünschen. Der ursprüngliche Text ist allerdings sehr kurz, ohne monetäre Verheißungen, Drohungen oder Fallbeispiele.

Anscheinend flossen später andere populäre Kettenbriefe in die »Glückskette« mit ein, so z.B. ein Gebets- und Segensspruch (»Oh, Lord Jesus Christ, we implore Thee, Oh Eternal God, to have mercy upon mankind. Keep us from all sin and take us to be with Thee eternally. Amen.«) von 1905, als dessen Urheber man den Bischof von Massachusetts vermutete. Denn noch bis in die 70er Jahre des 20. Jahrhunderts hinein begann der obige Kettenbrief mit einer Art Präambel, einer frommen Aufforderung zum Gottvertrauen in englischer Sprache.

Erst im »New Age«-Zeitalter zog Geheimnisvolles oder kosmisches Geraune besser, und die Einleitung wurde mit Chiffren wie »Chinesisches Gebot« oder »Das Universum unterstützt Dich« oder »Mit Liebe ist alles möglich« versehen.

Auch das Aufkommen staatlicher Lotterien und das große Interesse an Geld- und Gewinnspielen aller Art in den letzten drei Jahrzehnten bereiteten der »Glückskette« in ihrer heutigen Form den Weg.

Doch das Ganze ist kaum mehr als ein übles Unterfangen, das »im Zusammenhang steht mit einer magisch-okkulten Weltdeutung«, urteilt die Evangelische Zentralstelle für Weltanschauungsfragen (EZW).

Insofern stellt auch diese Kettenmail sowie diverse Varianten (»Worte des Dalai Lama«, »Liebeskettenbrief«, »Küsse jemanden, den Du liebst«, »Totem«, »Glücks-Tantra« etc.) eine Belästigung der Empfänger und eine unnötige Belastung von Netzressourcen dar. Allerdings hat man auch schon gehört, dass manche Zeitgenossen die »Glückskette« gezielt an Personen weiterleiten, die sie nicht mögen – um sie zu nerven oder zu verunsichern.

www.silcom.com/~barnowl/chain-letter/evolution.html; Ärztezeitung, Nr. 56, 25. März 1996; EZW-Materialdienst, Nr. 11/1990

Petitionen

Die hohen Benzinpreise? Klar, sehr ärgerlich.

Die Bären in China, die unter grausamen Bedingungen gehalten werden, um an ihr Gallensekret zu gelangen? Gewiss, eine schlimme Sache.

Die Rechte der Frauen, die vor allem in einigen islamischen Ländern systematisch missachtet werden? Natürlich sollte man sich dafür engagieren. Aber wie? Etwa unter eine entsprechende E-Mail-Petition den eigenen Namen hinzufügen und das Ganze an viele Freunde und Bekannte weiterleiten? Nein, das besser nicht.

Zum einen ist es schwierig bis unmöglich, den Ursprung solcher vorgeblich gutmeinenden Aufforderungen auszumachen und Fakten von Fehlinformationen zu trennen. Beispiel: Eine weit verbreitete Petition, die zum Boykott des Films »The Beach« mit Leonardo di Caprio aufrief, weil bei den Dreharbeiten ein Naturschutzgebiet auf einer thailändischen Insel verwüstet wurde, beruht vermutlich auf Tatsachen. Der seit langem kursierende Protestbrief gegen einen angeblich geplanten Hollywoodstreifen mit einem schwulen Messias (»Gay Jesus«) jedoch ist eine Wandersage.

Zum anderen sind »Kettenbriefe kein adäquates Medium zur Kommunikation seriöser Anliegen, so ehrenwert diese zum Teil auch sein mögen«, warnt der Computerspezialist Frank Ziemann von der TU Berlin: »Kettenbriefe ändern nichts. Niemand, der etwas ändern könnte, nimmt Kettenbriefe ernst oder auch nur zur Kenntnis.«

Exemplarisch verweist Ziemann auf eine Petition für die Rechte afghanischer Frauen: »Dieser Aufruf ist zwar echt, wie meine Nachforschungen ergaben, aber längst nicht mehr aktuell. Der Initiatorin wurde von der Uni Brandeis (USA) der E-Mail-Account entzogen, die angegebene E-Mail-Adresse ist also nicht mehr gültig. Alle dort einlaufenden E-Mails für diesen Account werden ungelesen gelöscht.«

Fazit des Experten: »Dies war wieder ein untauglicher Versuch, mithilfe des Internet ein Ziel zu erreichen, der der Sache am Ende mehr geschadet als genützt hat.«

Hinzu kommt, dass solche Aufrufe häufig aus dem Ausland (in erster Linie aus den USA) stammen und – wenn überhaupt! – auch nur dort ein Zusammenhang mit der Realität hergestellt werden könnte. So suchte zum Beispiel das TIME-Magazine den »Man of the Century«, also die Persönlichkeit, die das 20. Jahrhundert am meisten prägte. Prompt befürchteten viele Deutsche, dazu könnte Adolf Hitler gewählt werden – »und nahmen fälschlicherweise an, dass man diese Wahl irgendwie beeinflussen könnte«, berichtet Ziemann. Per E-Mail zum Beispiel.

Richtig ist: Viele Nichtregierungsorganisationen wie etwa Amnesty International versenden zunehmend lieber elektronische Mails statt teurer Faxe oder Briefe. Allerdings rufen seriöse Gruppen darin nur auf, ihre Homepage zu besuchen, um dort für einzelne Aktionen zu unterschreiben. Absender und Zeitraum sind also klar ersichtlich. Das ist der Unterschied zu einer Wandersage, einem Hoax oder einer gut gemeinten, aber völlig sinnlosen Petition.

www.hoax-info.de

Schneeballsysteme

Mit fünf Euro zum Millionär?

Ganz einfach: Man bekommt per E-Mail eine Liste mit mehreren Namen und Adressen, setzt den eigenen Namen an die letzte Stelle, schickt demjenigen, der an der Spitze steht, fünf Euro und streicht diesen Namen. Dann kopiere man den Brief fünfmal und schicke ihn mit elektronischer Post weiter, um eine Hand voll weiterer Teilnehmer anzuwerben. Nach einiger Zeit rückt man selbst in die Kopfzeile und bekommt nun von zahllosen Menschen fünf Euro zugeschickt.

Das Problem ist nur: Mit jeder Runde verfünffacht sich die Anzahl der E-Mails, die gerade im Umlauf sind. Am Anfang sieht das noch harmlos aus: 5, 25, 125, 625 ... Aber das Anwerben muss bis in alle Ewigkeit weitergehen, damit niemand sein Geld verliert. Im elften Durchgang spielt man mit 48 Millionen Personen, in Runde 14 sind es sechs Milliarden, und danach 30 Milliarden. So viele Menschen gibt es aber gar nicht auf der Welt, und deshalb bricht das ganze System zusammen, lange bevor die Teilnehmer zu ihrem Gewinn gekommen sind.

Wenn überhaupt haben nur diejenigen eine Chance, die das Schneeballsystem angefangen haben. Selbst wenn die gesamte Erdbevölkerung mitspielen würde, könnten sich nach mathematischen Berechnungen am Ende nur 13 Prozent der Personen als Gewinner fühlen. Oder umgekehrt: Nahezu 90 Prozent der Mitspieler verlieren und sehen nicht einmal ihren Einsatz wieder.

Kettenspiele sind zudem illegal und werden strafrechtlich verfolgt, weil Menschen getäuscht werden, um an ihr Geld zu gelangen. Denn natürlich wissen die Initiatoren, dass die Teilnehmerzahl gar nicht anwachsen kann wie ein Schneeball, der den Hang hinunterrollt. Also greifen manche von vorneherein zu unlauteren Mitteln: Sie beginnen den Brief mit zehn Adressen, die allesamt eigene Deckadressen sind. Und sie starten nicht eine, sondern viele Lawinen gleichzeitig, um ausreichend Geld zu sammeln, bevor der Staatsanwalt zugreift oder der Schneeball geschmolzen ist.

»Schneeballsysteme und Kettenbriefe«, www.skeptischeecke.de; »Zinsen und betrügerische Spiele«, http://www.tu-berlin.de/www/software/hoax/amuesant/amuesant223.html; »Kein wirksamer Verbraucherschutz gegen Schneeballsysteme«, EZW-Materialdienst, Nr. 2/2003

Tränendrüsen-Briefe

Mit neun Jahren hatte Craig Shergold nur einen Wunsch: Eine fantastische Aktion sollte ihn »unsterblich« machen. Von überall auf der Welt erbat er sich Genesungskarten, um damit ins »Guiness Buch der Rekorde« zu kommen. Das war 1989, und zu diesem Zeitpunkt litt der Junge aus Carshalton (England) an einem Gehirntumor.

Mittlerweile ist Craig Shergold wieder gesund und hat nur einen Wunsch: Bitte keine Postkarten mehr!

Noch immer trifft über das Postamt Carshalton säckeweise Mitleid ein. Eine Recycling-Firma kauft die bunte Papierflut auf, der Erlös geht an verschiedene Krankenhäuser wie zum Beispiel das Londoner Royal Marsden Hospital, in dem Craig 1989 zum ersten Mal operiert wurde. »Ich weiß, sie meinen es alle nur gut«, seufzt der junge Computerfachmann. »Aber mittlerweile gehen mir diese Karten wirklich auf die Nerven.«

Schon vier Wochen nach dem Aufruf Ende der 1980er hatte Craig Shergold sein Ziel erreicht. Mit drei Millionen Karten und Briefen stellte er einen »Post-Rekord« auf und schaffte so den ersehnten Eintrag. Mittlerweile hat die »Guiness«-Redaktion seinen Namen ohne Angaben von Gründen wieder gelöscht. Trotzdem ist Craig nicht nur unsterblich geworden, sondern geradezu ein Mythos: nämlich als gesichtsloser Rekordhalter »im Neun-Jahre-alt-und-krebskrank-Sein«, schreibt die österreichische Zeitung »Volksstimme«.

Mehr als 300 Millionen Genesungswünsche haben seit 1989 die Postbeamten in Carshalton sowie Craig und seine Eltern mit Arbeit überhäuft, und ein Ende der Briefflut ist nicht abzusehen.

Auch in Deutschland geht der Shergold-Kettenbrief nach wie vor um – mit der gut gemeinten Bitte, »einem krebskranken Jungen den Wunsch zu erfüllen, ins »Guiness Buch der Rekorde« aufgenommen zu werden« und den Schrieb an zehn Personen oder Institutionen weiterzuleiten.

Nur der Name des Betroffenen hat sich im Laufe der Jahre durch Fehler beim Abschreiben verändert. Aber ob nun »Draig Enold«, »Greg Shelford« oder »Grag Reynolds« – gemeint ist immer Craig Shergold aus der Shelby Road in Carshalton bei London, der seine liebe Not mit dem Kartenmüll hat.

Ganz ähnlich ergeht es Sonia-Christina Magalhaes aus Porto:

Sonia-Christina ist ein kleines Mädchen von sieben Jahren und ist unheilbar an Krebs erkrankt. Ihr größter Wunsch ist es, in das Guiness Buch der Rekorde zu kommen. Um das zu erreichen, versucht sie, die größtmögliche Anzahl von Visitenkarten zusammenzutragen (nur eine Karte pro Firma oder Organisation).

Diese Ketten-E-Mail kursiert in Deutschland seit 1997. Doch wer auf den Aufruf reagiert, bereitet damit niemandem eine Freude. Im Gegenteil. »Bitte schreiben Sie in Ihrer Zeitung: Meine Schwester will keine Briefe mehr!«, appellierte Sonia-Christinas Bruder José Armando in der Schweizer Zeitung »Beobachter«. Vergebens. Die Lawine, die eine Nachbarin des kranken Mädchens losgetreten hatte, war nicht mehr zu stoppen. Etwa 5000 Visitenkarten trudeln immer noch pro Tag bei dem Mädchen ein.

In der Tat habe Sonia-Christina mit sieben Jahren einen Hirntumor bekommen, berichtete José Armando Magalhaes weiter: »Aber einen gutartigen. Sie steht nicht an der Schwelle des Todes, wie es in dem Brief heißt.« Mittlerweile haben sich die Eltern von Sonia-Christina ans portugiesische Außenministerium gewandt, damit dieses über seine Botschafter in der Welt zum Schreibstopp aufrufen möge.

Sowohl die Deutsche Krebshilfe wie auch die American Cancer Society oder die Make-A-Wish-Foundation distanzieren sich regelmäßig von solchen Aktionen und raten dringend davon ab, Kettenbriefe oder -Mails weiterzuleiten. Und zwar ganz unabhängig vom zweifellos ernsten Hintergrund einiger Fälle. Es gibt seriösere und wirksamere Formen der Hilfe.

Außerdem, hat der Hoax-Kenner Frank Ziemann von der TU Berlin festgestellt, ist in den seltensten Fällen klar, ob das Geschriebene zutrifft und ob die genannte Familie diese Aktion so gewollt hat oder überhaupt davon weiß. Möglicherweise mischen auch Betrüger oder kommerzielle Adress-Händler mit, um im großen Stil an Visitenkarten, Titel, Durchwahlen oder E-Mail-Adressen zu gelangen.

Da zudem nie ein »Verfallsdatum« angegeben ist, kann der Empfänger die Aktualität nicht einschätzen, weswegen solche Kettenbriefe oft jahrelang die Runde machen. Denn jeder Aufruf, jeder Hoax und jede Luftnummer bekommen im Internet ein Eigenleben.

Das gilt auch für dubiose »Suchmeldungen« nach vermissten Personen oder für Aufrufe zur Knochenmarkspende für ein an Leukämie erkranktes Kind – von denen die meisten überdies frei erfunden sind und als schlechte Scherze durchs Internet geistern:

Hi Leute,
ich wende mich an euch, weil ich ziemlich verzweifelt bin. Ich hoffe, ihr könnt mir und meiner Freundin helfen, und lest diesen Brief.
Das Problem ist, dass meine Freundin an Leukämie erkrankt ist. Es hat sich herausgestellt, dass sie nur noch wenige Wochen zu leben hat.
Aus diesem Grund seid ihr meine letzte Chance, ihr zu helfen. Wir benötigen dringend einen Spender mit der Blutgruppe AB Rhesus negativ, der bereit wäre, Knochenmark zu spenden. Dies ist für euch nur ein kleiner ärztlicher Eingriff, kann aber meiner Freundin zu Leben verhelfen. Wenn jemand diese Blutgrup-

pe hat, möchte er/sie sich doch bitte mit mir in Verbindung setzen. Alles weitere besprechen wir dann. Sendet bitte diesen Brief an alle, die ihr kennt!!!

Was ist hier faul?
Die Blutgruppe ist für die Eignung als Knochenmarkspender irrelevant. Übereinstimmen müssen die so genannten HLA-Werte (eine Art genetisches Strickmuster), nicht die Blutgruppe. Der Empfänger übernimmt die Blutgruppe des Knochenmark- bzw. Blutstammzellenspenders.

Kein wirklich Betroffener, kein Angehöriger und kein Arzt würde so etwas in einem ernst gemeinten Aufruf schreiben. Wer wirklich an Leukämie erkrankten Menschen helfen will, sollte sich bei einer Knochenmarkspenderdatei registrieren lassen.

»Stoppt die Gutmeinenden!«, Tagesanzeiger, 7. Januar 1997; »Gute Menschen mit Visitenkarten«, Volksstimme, 4. September 1997; »Falsche Tränen für Portugal«, Beobachter, 13. Februar 1998; »Wer ist Craig wirklich?«, neue bildpost, 22. Oktober 1998; »Leben zwischen Postsäcken«, Focus, 45/1999; www.hoax-info.de

Virus-Warnungen

Die Nachricht klingt dramatisch und in höchstem Maße beunruhigend:

Virus WOBBLER trifft per E-Mail mit dem Titel »California« ein. IBM und AOL haben mitgeteilt, dass dieser Virus praktisch »tödlich« ist, schlimmer als Virus MELISSA. Virus CALIFORNIA löscht alle auf der Festplatte gespeicherten Informationen, zerstört Netscape, Navigator und Microsoft Internet Explorer. Keine Post mit diesem Titel öffnen! Bitte diese Information auch an alle Bekannten, Mitarbeiter usw. weitergeben, die per E-Mail arbeiten. Bisher sind wenige über diesen Virus informiert; daher bitte so schnell wie möglich alle anderen auch informieren.

Digitaler Super-GAU oder lästiges Netz-Ungeziefer?
Letzteres.

Wer dieser Aufforderung nachkommt, ist einer elektronischen Ente aufgesessen. Falsche Virus-Warnungen wie GOOD TIMES oder WIN A HOLIDAY sind die häufigsten Internet-Hoaxes überhaupt.

Computerfreaks mögen sich über die Scherzviren vielleicht totlachen, aber viele verunsicherte Netz-Neulinge lehren sie das Fürchten. »Good Times« und Co. werden hunderttausendfach vervielfältigt und verschickt, überlasten und blockieren die Mailserver mit sinnlosem Datenverkehr und beanspruchen Unmengen von Speicherkapazität.

Außerdem bedeutet der Digital-Schrott unnötigen Stress und Ärger sowie verlorene Zeit und Produktivität. Und für alle, die wissen, dass es bloß ein Scherz ist, ist es ein Ärgernis, die wiederholten Warnungen lesen zu müssen.

Kurz gesagt: Die »Warnung« selbst ist das angebliche »E-Mail-Virus«, und es befällt vornehmlich wenig informierte User und spielt mit deren Ängsten. Dies umso mehr, da es natürlich auch echte und sehr gefährliche Cyberspace-Viren gibt. Wie also erkennt man einen Hoax?

Das Subject (Betreff) enthält den Hinweis »Virus-Warnung« oder Ähnliches.

Der Empfänger wird aufgefordert, die Warnung schnell an viele Menschen weiterzuleiten.

Als Quelle wird häufig eine bekannte Firma oder Organisation (AOL, IBM, Bundeskriminalamt, Universitäten etc.) genannt, um die Glaubwürdigkeit zu erhöhen.

Die Wirkung des Virus wird sehr drastisch dargestellt und beinhaltet Dinge, die ein Computer-Virus gar nicht kann, z.B. Hardware wie Monitore oder Chips angreifen, Disketten und CD-ROM-Laufwerke infizieren.

Vorsicht ist bei HTML-formatierten Mails geboten und wenn sich an der eigentlichen E-Mail-Nachricht ein Anhang wie z.B. eine Grußkarte, eine persönliche Botschaft (»Liebesbrief« etc.) oder ein interessant und nützlich erscheinendes Programm (Bildschirmschoner, Spiel) befindet. Denn echte Viren sind in der Regel Bestandteil einer ausführbaren Datei wie »exe«, »com«, »bat«, »vbs«. Dagegen ist eine E-Mail an sich ein reiner ASCII-Text und kein Programmcode. Das simple Lesen eines E-Mail-Textes kann kein Programm aktivieren, was für eine Vireninfektion nötig wäre.

Im Zweifelsfall gilt: Nicht schneller klicken als denken, sondern eine zuständige Fachkraft kontaktieren, etwa den Systemadministrator des eigenen Mailsystems.

»Die meisten Hoaxes kommen von Kids, die zu doof sind, echte Viren zu programmieren«, ist Frank Ziemann von der TU Berlin überzeugt. Oder muss man solche Windei-Warnungen wie vor WOBBLER und Co. vielleicht als hilflosen Protest gegen die Eigendynamik der Computerisierung und unsere Abhängigkeit von der Technik begreifen?

Wie dem auch sei: Die Hotlines und EDV-Eingreiftruppen großer Firmen und Unternehmen haben mittlerweile mehr mit Hoaxes als mit echten Viren zu kämpfen. Denn selbst harmlose Scherze wie der »Honor-System«-Hoax können Netzneulinge verunsichern, wenn sie das Humorige daran nicht sogleich erkennen: »Dieser Virus funktioniert auf Vertrauensbasis. Schicken Sie diese Botschaft an jeden, den Sie kennen, und löschen Sie dann alle Dateien auf Ihrer Festplatte. Vielen Dank für Ihre Mithilfe.«

Willkommen im Desinformationszeitalter.

»Infektiöse Lügenbriefe«, Der Spiegel, 52/2000; www.hoaxbusters.org; www.hoax-info.de

3. ESOTERIK

Astrologie

Die Sterne lügen nicht? Stimmt.

Sie können gar nicht lügen, schließlich sagen sie über unser persönliches Schicksal nichts aus. Oder doch?

Der Ex-Playboy und Diplom-Mathematiker Gunter Sachs extrahierte aus »Millionen geprüfter Daten« (Klappentext) den Bestseller »Die Akte Astrologie«, der mit Pauken und Planeten den ultimativen Beweis liefern sollte: Und die Sterne haben doch Recht!

Neun Bereiche nahm Sachs unter die Lupe: Eheschließungen, Scheidungen, das Single-Dasein, Krankheiten, Selbstmorde, Studium, Beruf, Straftaten und Autofahren. Und überall fand der Lebemann statistisch auffällige Zusammenhänge, die er leichtfertig dem Einfluss der Himmelskörper zuschrieb.

Außer Acht ließ Sachs trotz Mathematikstudiums, dass aus dem umfangreichen Zahlenmaterial nicht einfach eine ursächliche astrologische Beziehung zwischen zwei Ereignissen gefolgert werden kann. Den zahlreichen Alternativ-Erklärungen schenkt der Sternkraftanhänger – bewusst oder wegen fehlender Kenntnisse? – keine Beachtung.

Ein Beispiel: »Zwillinge« glauben laut »Akte Astrologie« weniger an die Sterne als Personen anderer Tierkreiszeichen. Wieso? Weil es eine Buchreihe mit zwölf Astro-Geschenkbänden gibt und sich der Band für den »Zwilling« seltener verkauft als die übrigen.

Doch was sagt diese Beobachtung aus? Viel nahe liegender ist die Folgerung, dass das Verlegenheitsgeschenk zum Geburtstag von Freund/Freundin, Ehemann oder Ehefrau in der nebligen Jahreszeit eher ein Astro-Büchlein ist, im Juni (Tierkreiszeichen »Zwillinge«) jedoch zum Reiseführer für den anstehenden Urlaub oder zum Ferienschmöker gegriffen wird.

Auf Kritik reagierte Sachs in der ihm eigenen Diktion: Die Astrologie sei eben »eine feuerrothaarige, prallbusige Mätresse, die man begehrt und mit der man verkehrt – doch die man vor der kleinen und großen Welt verschämt versteckt«.

Aber was macht sie so attraktiv?

Wir alle wüssten gerne, was wird. Und wer wir sind. Und darauf findet die Astrologie Antworten wie: »Venus in Fische: Liebt alle Menschen, aber selten jemanden konkret. Ist verliebt in die Liebe und berauscht sich an Beziehungen. Kann mit allem verschmelzen, was schön ist.«

Das mag wie eine sanfte Liebesballade in den Ohren der im Zeichen der Venus Geborenen klingen. Jedoch: Astrologische Deutungsregeln beruhen durchaus nicht auf systematischen Himmelsbeobachtungen. Sie sind am Schreibtisch entstanden, und zwar nach einem sturen Schematismus, der auf recht naiven Analogieschlüssen auf Grund der Namen der jeweiligen Gestirne beruht.

Beispiel Pluto: Obwohl der neunte Planet unseres Sonnensystems erst 1930 entdeckt wurde, waren die Astrologen schon kurze Zeit später mit ihren Entsprechungen zur Hand: Die zufällige Namensgebung Pluto (nach dem griechischen Gott der Unterwelt) führte zu folgenden Charakteristika: Gewalt, Skrupellosigkeit, Verbrechen, Erdbeben, Vulkanausbrüche und Ähnliches mehr.

Eigentlich hätte man doch annehmen können, dass die astrologische Zunft erst einmal einen kompletten Pluto-Umlauf um die Sonne abwartet und etwaige Einflüsse des Himmelskörpers auf uns Menschen genau beobachtet und protokolliert. Das hätte allerdings 248 Jahre gedauert.

Und so lange wollte anscheinend keiner warten.

»Was wäre, wenn …«, fragt ganz konkret auch der Aufklärer Wolfgang Hund von der Gesellschaft zur wissenschaftlichen Untersuchung von Parawissenschaften (GWUP), »vor langer Zeit zwei Römer zum Nachthimmel hinaufgeschaut und folgendes Gespräch geführt hätten: ›Schau mal den Stern da oben! Der leuchtet rot. Weißt Du was? Rot ist die Farbe des Blutes, Blut erinnert an Krieg – nennen wir den Stern doch nach unserem Kriegsgott Mars!‹ Wenn nun aber der zweite Römer geantwortet hätte: ›Krieg? Blut? Nein, mich erinnert die Farbe Rot an die Liebe. Nennen wir den Stern doch Eros.‹ Wären damit schlagartig sämtliche Horoskope positiv geworden?«

Astrologie ist nicht die »Erfahrungswissenschaft«, zu der sie von ihren Fans gemacht wird, sondern ein Astralmythos. Für diese Einschätzung gibt es nach Hund viele gute Gründe:

An einem schönen, klaren Abend können wir am Himmel rund 2000 Sterne beobachten. Da nicht alle Sterne gleichzeitig über dem Horizont stehen, vergrößert sich die Anzahl der Sterne, die wir mit bloßem Auge sehen können, auf etwa 6000. Zählt man nun noch die Sterne hinzu, die wir nicht wahrnehmen können, weil sie zu dunkel sind, geht ihre Zahl in die Milliarden. Für die Astrologen sind aber nur 150 Sterne von Bedeutung – nämlich die, die auf dem so genannten Tierkreis (der imaginären Bahn, die die Sonne im Laufe des Jahres aus Sicht der Erde am Himmel durchläuft) liegen. Wieso eigentlich?

Was sehen wir, wenn wir mit bloßem Auge zum nächtlichen Sternenhimmel hinaufsehen? Nur viele helle Punkte – nicht aber die getreue Abbildung eines bekannten Objekts oder einer Figur. Nur die schöpferische Fantasie der Sterndeuter verbindet einzelne Sterne am Firmament zu einer »Waage«, einem »Skorpion« oder einem »Fisch«.

Mittlerweile tragen mehr als 90 solcher »Sternbilder« einen Namen. Wiederum aber zählen für die Astrologen nur die so genannten Tierkreiszeichen – also jene zwölf auf der scheinbaren jährlichen Sonnenbahn, dem »Tierkreis«. Und ignorieren dabei die Tatsache, dass »Sternbilder« nur optische Projektionen sind, also willkürliche Zusammenfassungen von einzelnen Sternen zu einer geometrischen Figur. Die dazu gehörigen Sterne bilden nicht wirklich eine Einheit, sondern sind unvorstellbar weit voneinander entfernt, ohne jede innere Verbundenheit.

Vor 2000 Jahren waren die zwölf astrologischen Tierkreiszeichen noch nahezu deckungsgleich mit den real am Himmel sichtbaren Sternbildern, von denen sie ihre Namen haben.

Was heißt das?

Die Erde bewegt sich mit einer Geschwindigkeit von 108 000 km/h um die Sonne. Von diesem rasanten Jahreslauf der Erde um das Zentralgestirn Sonne spüren wir jedoch nichts. Für uns Menschen bewegt sich vielmehr die Sonne relativ zu den Hintergrundsternbildern. Die Sternbilder, vor denen sich die Sonne scheinbar im Verlauf eines Jahres bewegt, gelten in der Astrologie als die allein maßgeblichen »Tierkreiszeichen«.

In der Reihenfolge, wie sie von der Sonne durchlaufen werden, benannten die alten Babylonier sie »Widder«, »Stier«, »Zwillinge«, »Krebs«, »Löwe«, »Jungfrau«, »Waage«, »Skorpion«, »Schütze«, »Steinbock«, »Wassermann« und »Fische«.

Heute aber ist das ganz anders.

Auf Grund der Anziehungskräfte von Sonne und Mond torkelt die Erde ähnlich wie ein Kinderkreisel durchs All. Das bedeutet zugleich, dass die Erdachse sich sehr langsam, aber stetig verschiebt.

Somit verändert sich in gleichem Maße die Ausrichtung der Erdoberfläche auf das Firmament – und damit auch auf die zu den Sternbildern zusammengefassten Fixsterne. Das bedeutet: Wenn wir heute zum Himmel blicken, haben wir ganz andere »Himmelsgegenden« vor Augen als die Menschen zur Zeit vor Christi Geburt.

Beispiel: Die »Fische« sind längst weitergewandert in das Tierkreiszeichen »Widder«. Und wo vor zwei Jahrtausenden das Sternbild der »Jungfrau« zu sehen war, befindet sich jetzt der »Löwe«.

Das, was wir heute tatsächlich am Himmel sehen, stimmt also nicht mit den astrologischen Berechnungen überein, die seit Anbeginn der Horoskopdeutung von einem vertrauten, aber mittlerweile veralteten und falschen Stand der Gestirne ausgehen – dem so genannten tropischen Tierkreis, der wie eine vor mehr als 2000 Jahren festgelegte »Himmelsuhr« verstanden wird. Die Astrologie kennt zwar auch den »siderischen« Tierkreis, der die Präzession berücksichtigt; de facto aber ist ihr der Himmel mit seinen Sternen abhanden gekommen.

Ähnliches gilt für die geheimnisvolle »Schicksalskraft«, die angeblich von den Sternen auf uns Menschen ausgehen soll. Kein Wissenschaftler behauptet, dass wir Menschen isoliert, ohne Beziehung zum Kosmos leben. Aber: Gerade die nachgewiesenen Zusammenhänge wie z.B. Sonnenaktivität, Gezeiten etc. sind weder von Astrologen entdeckt worden, noch spielen sie im astrologischen Lehrsystem die geringste Rolle.

Physiker und Astronomen kennen keine wie auch immer geartete Kraft oder »kosmische Rhythmen«, die die komplexe Struktur der menschlichen Erbanlagen bzw. Charakter und Wesenszüge formen oder beeinflussen könnten – ausgenommen vielleicht die sehr energiereichen Höhenstrahlen, die von kollabierenden Sternen kommen und möglicherweise im Laufe der Evolution für so manche (ungerichtete!) Mutation verantwortlich zeichneten.

So betrachtet, führt auch die häufig angemahnte Differenzierung zwischen »Vulgärastrologie« wie Zeitungshoroskopen und »seriöser« Astrologie kaum weiter. Denn der Unterschied zwischen einem ausgefeilten »persönlichen« Horoskop und einer dreizeiligen Sternsehvorschau in der Tagespresse liegt lediglich im Grad der Kompliziertheit. Individuelle astrologische »Persönlichkeitsanalysen« beziehen sehr viel mehr Daten und Geburtskonstellationen des Klienten mit ein, es wird mehr gerechnet, verglichen, analysiert etc. Doch das sagt rein gar nichts darüber aus, wie seriös das zu Grunde gelegte Wissen ist. »Seriosität« ist mithin kein taugliches Unterscheidungsmerkmal. Zu fragen ist vielmehr, ob es auch nur eine einzige der zahlreichen Varianten und Schulen der Astrologie gibt, die funktioniert.

Ja – sagen die Astrologen, denn es gehe nicht um Ursache und Wirkung, sondern um eine Analogie: Die Sterne zwingen nicht, sie machen nur geneigt.

Nein – sagen Astro-Skeptiker wie der Soziologe Edgar Wunder von der Gesellschaft für Anomalistik (GfA). Eine solche Aussage sei wenig mehr als Teil einer Immunisierungs-Strategie. Viele Astrologen glauben, sich jedweder Kritik entziehen zu können, indem sie ihr Fach zu einem rein symbolischen Denksystem erklären, das nur »subjektiv« oder »intuitiv« erfasst werden könne. Doch ähnlich könnte man argumentieren: »Fliegende Kühe sind deshalb unsichtbar, weil sie sich auf einer höheren Schwingungsebene befinden. Höhere Schwingungsebenen gibt es, weil wir sonst die fliegenden Kühe ja sehen könnten.« Heißt: Auch »Symbolsysteme« oder »Philosophien« können irrig oder falsch sein.

Summa summarum kann man sagen: Wissenschaftliche Untersuchungen konnten die astrologische Hypothese – nämlich dass eine Korrelation zwischen astronomischen Konstellationen und dem Geschehen auf der Erde besteht – nicht stützen. Diesen Studien stehen so genannte Evidenzerlebnisse praktizierender Astrologinnen und Astrologen gegenüber – das heißt die Erfahrung, dass das Horoskop oft genau zu stimmen scheint. Könnte es sein, dass der wissenschaftliche Nachweis des »Oben-unten-Zusammenhangs« zwangsläufig scheitern muss, weil die Untersuchungen der »Komplexität« des astrologischen Systems nicht angemessen sind? Oder sind gar besondere mediumistische Fähigkeiten bei der Horoskopdeutung ins Kalkül zu ziehen? Nicht wirklich.

Auch mit einem falschen bzw. willkürlich gewählten Geburtsdatum bekommt man von Astrologen ein überaus »stimmiges« Horoskop erstellt. »In jedem Horoskop ist prinzipiell jede Charaktereigenschaft enthalten«, erklärt Edgar Wunder. Berücksichtigt man alle Komponenten wie den Aszendenten, die Aspekte, Häuser etc., gibt es nahezu unendlich viele Deutungsmöglichkeiten. Das Geheimnis astrologischer »Treffsicherheit« liegt also in uns selbst. Wir akzeptieren bereitwillig eine Beschreibung unserer Person als zutreffend, auch wenn diese nur aus vagen, vieldeutigen und relativierenden Aussagen besteht, die auf fast alle Menschen zutreffen: »Sie haben ein großes künstlerisches Talent, aber vielleicht leben Sie es nicht aus und wissen auch gar nicht darum ... Positiv: geistreich, geheimnisvoll – und sehr sexy. Negativ: zu sexy. Anlagen zum Kontrollfreak und zur Geheimniskrämerei.« Wow, zu sexy! Wer hört das nicht gerne über sich?

»Die ›Akte Astrologie‹ von Gunter Sachs aus Sicht der Mathematischen Statistik«, Skeptiker, 3/1998; »Die 20 häufigsten Argumente für die Astrologie. Wie glaubwürdig sind sie?«, Regiomontanusbote, Zeitschrift der Nürnberger Astronomischen Arbeitsgemeinschaft (NAA); Wolfgang Hund: Okkultismus. Materialien zur kritischen Auseinandersetzung, Verlag an der Ruhr, Mülheim 1998; »Vom Sternenkult zum Computerhoroskop«, Evangelische Zentralstelle für Weltanschauungsfragen, Berlin 1999; »Sind Skorpione sexy?«, Der Tagesspiegel, 7. Januar 1999

Aura

Heilige werden auf Gemälden oft mit einem »Heiligenschein« dargestellt. Manchmal umgibt dieser Lichtkranz auch den ganzen Körper, dann wird er als »Aureole« bezeichnet. Gewiss: Von großen Persönlichkeiten geht etwas aus. Vermutlich sind »Heiligenscheine« und Aureolen in der christlichen Kunst ein Symbol für diese Ausstrahlung, also für die besondere »Aura« der dargestellten Personen.

Auf dem Markt der heutigen Gebrauchsesoterik jedoch hält man sich nicht lange mit ungreifbaren Erfahrungen auf, sondern konstruiert daraus eine »greifbare« Realität. Aura-Heiler behaupten, um jeden Menschen herum eine Art Schutzhülle wahrzunehmen, die in den Farben des Regenbogens leuchtet. Für den ungeübten Laien hält der Esoterik-Fachhandel spezielle »Aura-Brillen« bereit. Auch mittels »Kirlian-Fotografie« (benannt nach dem russischen Elektroingenieur Semjon D. Kirlian) soll die wolken- oder lichtkranzförmige Aura sichtbar gemacht werden können.

Dass »Aura-Sehen« stark nach Scharlatanerie riecht und es keine Beweise für dessen Aussagekraft gibt, kann jeder selbst testen. Z.B. auf einer der zahlreichen Esoterik-Messen im Lande. Die »Diagnose« von zwei, drei oder mehreren »Aura-Beratern«, die aus Form und Farbzusammensetzung der angeblichen »Lebensenergie« Rückschlüsse auf körperliche und seelische Störungen ziehen wollen, widerspricht sich unmittelbar nacheinander bei ein- und demselben Patienten völlig.

Die Vorstellung von der sichtbaren »Körperaura« ist also rein spekulativ und birgt zudem die ernste Gefahr, dass eine bestehende Krankheit gar nicht erkannt und daher nicht fachgerecht behandelt wird.

Sehr eindrucksvoll und scheinbar beweiskräftig sehen dagegen »Aura-Fotos« aus. Doch diese zeigen in Wahrheit weder die »Aura« noch etwaige Krankheiten. Skeptiker haben auch von eingefrorenen und sogar mumifizierten Körperteilen schöne Fotos von umgebenden Farbwolken gemacht.

Denn die »Aura« ist lediglich ein bekannter Effekt aus der Hochfrequenzfotografie. Das Ergebnis hängt nicht von der Verfassung des Patienten ab, sondern von Film, Unterlage, Anpressdruck, Belichtungszeit, Spannung und Frequenz, Hautdurchblutung, Schweißabsonderung und Luftfeuchtigkeit.

Christa Federspiel/Vera Herbst: Die andere Medizin. Nutzen und Risiken sanfter Heilmethoden, Stiftung Warentest. Berlin 1996; Eine »andere« Wahrnehmung – Qualitative Untersuchung der Ontogenese und individuellen Repräsentation des Aura-Sehens als paranormales Phänomen, im Internet unter http://people.freenet.de/soleil7/aura.html

Channeling

Channeling ist eine moderne Form spiritistisch-medialer Kontaktaufnahme mit außer- und übermenschlichen Wesenheiten. Dabei wird angeblich ein geistiger Kanal (engl. »channel«) geöffnet, durch den ein Medium telepathische Nachrichten empfängt. Ein berüchtigtes Channel-Medium ist die Chefin der Fiat-Lux-Sekte, Erika Bertschinger-Eike (Uriella), die sich nicht eben unbescheiden zum »Sprachrohr Gottes« aufplustert.

Andere Kanal-Arbeiter wollen mit der 1997 tödlich verunglückten Prinzessin Diana in Kontakt stehen. Deren Botschaften aus dem Jenseits lesen sich so: »Viele Gedanken und Gefühle erreichen mich, wenn ich möchte, höre ich hin, und es sind Wesen wie ich. Die Menschen in ihren Körpern kommen mir vor wie eingesperrt und blind. Ich war auch in diesem Gefängnis und habe gesucht, mich gesehnt, gekämpft – den ewigen Kampf, die ewige Suche nach Liebe.« Die Channeling-Anhänger scheint nicht zu stören, dass solch ungelenker Biedersinn in seiner diffusen Vagheit eher an Kalendersprüche erinnert: »Den Frauen dieser Erde möchte ich gerne sagen: Lernt anzunehmen, ohne euch demütig und verpflichtet zu fühlen!«

Die tödlich verunglückte »Prinzessin der Herzen« ist jedoch nicht die einzige Prominente, die über »Channels« mit dem Diesseits kommuniziert. Das österreichische Ehepaar Mirabelle und René Coudris rühmt sich, mit Marilyn Monroe, John F. Kennedy und Carl Gustav Jung in Kontakt zu stehen. Sogar zu toten Außerirdischen haben die Beiden einen heißen Draht. So interviewten sie zum Beispiel die Aliens, die 1947 bei Roswell (*siehe Eintrag bei »Außerirdisches«*) abgestürzt sein sollen:

René und Mira: Warum habt ihr so einen großen Kopf in Relation zu uns?
Antwort: Haben mehr Gehirnmasse.
René und Mira: Und was bedeuten eure viel kleineren Ohren?
Antwort: Brauchen sie kaum – wegen Telepathie.
René und Mira: Eure Augen sind …
Antwort: Müssen gehen. Medium kann Kontakt nicht weiter verkraften.
René und Mira: Warum denn?
Antwort: Ihm wird schlecht …

Ob dieser ungewöhnliche Zwischenfall eine direkte Folge der an »Rotkäppchen und der böse Wolf« erinnernden Simpelei von René und Mira war, blieb leider unbeantwortet. Ebenso wie die Frage, warum es beim Channeling bloß um banalen Plausch geht, nicht aber um wirklich neue oder gar bahnbrechende Erkenntnisse?

Eine gewisse J.Z. Knight aus dem US-Bundesstaat Washington behauptet, mit einer geistigen Wesenheit namens »Ramtha« in Kontakt zu stehen. »Ramtha« ist angeblich 35 000 Jahre alt und bedient sich der Lippen und Stimmbänder von Mrs. Knight – allerdings nur, um recht dünnes Wortgeklingel loszuwerden. Wo »Ramtha« gelebt hat, wie zu seiner Zeit das Klima war, welche Gesellschaftsordnung es gab – das erfahren wir nicht, ebenso wenig wie technische, historische, linguistische oder andere Details.

Womöglich deswegen, weil sein »Kanal« zum Diesseits, Mrs. Knight, von solchen Dingen keine Ahnung hat?

Denn Psychologen sind sich darüber einig, dass hinter den Einflüsterungen der vermeintlich Höheren unbewusste, verdrängte oder abgespaltene Anteile des eigenen Seelenlebens stecken. Channeling beruht auf einer Art Trance, die entweder per Selbst- oder Fremdhypnose oder durch eine bestimmte Atemtechnik (Hyperventilation) hervorgerufen wird. Pausenloses, beschleunigtes Atmen führt durch einen Abfall der Kohlendioxid-Spannung im Blut und durch eine massive Störung des Säure-Basen-Haushaltes zu Schwindel und Bewusstseinsstörungen. Zugleich verengt sich die Wahrnehmung, und eine enorme Fantasietätigkeit setzt ein.

So genannte Halbtrance-Medien halten den Kontakt zu einer Verbindungsperson aufrecht, deren suggestive Einflüsterungen und Anweisungen sie aufnehmen und in ihre Fantasiekonstrukte einbauen. »Volltrance-Medien« sind sich ihrer Durchsagen meist nicht bewusst – weisen allerdings durchwegs die charakteristischen Symptome schwerer schizophrener Persönlichkeitsstörungen auf, hat der Leiter des »Forums Kritische Psychologie«, Colin Goldner, immer wieder festgestellt.

Übrigens ist es auch den bekanntesten Channel-Medien nicht möglich, eindeutig zu klären, ob Prinzessin Diana nun ermordet wurde oder nicht. So greint eine Akteurin in dem Büchlein »Diana lebt!« hilflos: »Wenn du dann als nächstes versuchst, den Mörder oder die Mörderin aufzurufen, ist es so, dass zwar viele Ideen da sind, aber nichts greifbar ist.«

Brauchbare Informationen von Drüben? Fehlanzeige. Bloß ein Fischen im Trüben.

Carl Sagan: Der Drache in meiner Garage, Droemer-Knaur-Verlag, München 1997; Colin Golder: Die Psycho-Szene, Alibri-Verlag, Aschaffenburg 2000; Wolfgang Hund: Falsche Geister, echte Schwindler?, Echter-Verlag, Würzburg 2000; »Kommunikation mit dem Göttlichen? Zum Phänomen Channeling«, Materialdienst der Evangelischen Zentralstelle für Weltanschauungsfragen, 10/2000

Feng-Shui

Schreibtische müssen nach Norden zeigen, Betten nach Osten, Kinderbetten allerdings nach Westen. Die Toilettentür sollte beim Hausbau architektonisch gut versteckt werden, und ein Aquarium in der Wohnung ist immer ratsam. Das sind fünf von unzähligen Prinzipien des Feng-Shui (chinesisch: »Wind« und »Wasser«). Dahinter verbirgt sich die alte asiatische Lehre, wie ein Gebäude, eine Landschaft oder eine stadträumliche Situation im Einklang mit den traditionellen Vorstellungen des Taoismus »richtig« zu gestalten sind.

Seit den 1990ern experimentieren auch gestresste europäische Großstädter mit Beleuchtungskörpern, Spiegeln, Bambusflöten, Windspielen und anderen Accessoires zur »kosmischen« Wohnraumgestaltung. Denn »gutes« Feng-Shui soll ausgeglichen, produktiv, gesund, wohlhabend und glücklich machen.

Wie? Die chinesische Naturphilosophie geht von der Existenz einer alles durchdringenden, unsichtbaren Lebenskraft namens Qi (»Atem des Drachens«) aus. Ziel der Feng-Shui-Lehre ist es, gutes Qi zu sammeln. »Wird ein Haus gebaut, muss man es so platzieren und Türen und Fenster ausrichten, dass Qi hineinfließen kann und auch wieder abfließt, damit kein schlechtes, abgestandenes Qi entstehen kann«, erklärt der Psychologe und China-Kenner Gereon Hoffmann. In Deutschland wurde erstmals 1998 für das Baugebiet Massing-West bei München ein komplettes Planungskonzept auf Feng-Shui-Basis erstellt.

Doch was selbst ernannte westliche Feng-Shui-Berater verschweigen: Feng-Shui ist im Kern ein elementares Ritual der chinesischen Begräbnissitten und des Ahnenkults. Hoffmann: »Die Verehrung der Ahnen spielt bis heute in China eine große Rolle. Um selbst Glück und Erfolg zu erlangen, ist die Gunst der Ahnen von großer Wichtigkeit, denn die Verstorbenen wirken auf das Schicksal der Lebenden ein. Deshalb müssen die Gräber der Toten gutes Feng-Shui haben. Weil der Einfluss der Verstorbenen so wichtig ist, wird dafür einiger Aufwand getrieben. Es kann Tage dauern, bis ein Geomant das geeignete Grab am geeigneten Platz in der geeigneten Ausrichtung ermittelt hat.«

Aber oft gehen die Schwierigkeiten dann erst richtig los. Wenn es mehrere Kinder gibt, kommt es zur Konkurrenz, denn durch jede Grabposition wird jeweils ein Kind den größten Vorteil haben. Es gibt Geschichten, wonach zwei Brüder so lange um den endgültigen Grabplatz ihres Vaters gestritten haben, bis sie schließlich selbst gestorben sind. Bei Konfliktfällen kam es regelmäßig vor, dass die eine Partei die Ahnengräber der Gegenpartei aufspürte und verwüstete, um so dauerhaftes Unglück über den Gegner zu bringen. Andere Experten zögern daher nicht, Feng-Shui »amoralisch« zu nennen – weil es die Interessen des Einzelnen höher gewichte als die der Gemeinschaft. Anders gesagt: In Asien erlaubt Feng-Shui Konkurrenz, die ansonsten nicht offen gezeigt werden kann. Gleichzeitig kann durch Feng-Shui erklärt werden, warum manche Familien reich werden, andere nicht. Soziale Ungleichheit wird damit legitimiert.

Feng-Shui orientiert sich also nicht an nachgewiesenen naturwissenschaftlichen Gesetzmäßigkeiten, sondern wurzelt in magischen und religiösen Riten. So soll etwa die Qi-Energie in besonderen Kanälen und beim Menschen durch die so genannten Meridiane fließen. Doch diese Vorstellung geht zurück auf eine Zeit, als es in China verboten war, Leichen zu medizinischen Zwecken zu öffnen und die Gelehrten praktisch keine Kenntnisse über die Anatomie des Menschen, über Blutkreislauf und Nervensystem hatten.

In Europa hat sich mittlerweile ein seltsames Potpourri von hiesigen esoterischen und fernöstlichen Feng-Shui-Praktiken herausgebildet.

»Wer hat sich noch nicht die Frage gestellt: Wo ist der beste Platz für meine neue Vase?«, erklärt der Architekt Gerd Aldinger von der »Gesellschaft zur wissenschaftlichen Untersuchung von Parawissenschaften« (GWUP) deren

Faszination: »Auf dem Ecktischchen im Wohnzimmer, auf der Kommode im Schlafzimmer oder doch auf der Fensterbank? Wer es wirklich richtig machen will, merkt schnell, dass es viele Möglichkeiten gibt und keine eindeutigen Regeln ... Das Bestechende an der Feng-Shui-Lehre ist die Behauptung, etwas anzubieten, was ganz exakt und individuell für den konkreten Nutzer gestaltet wurde – und dies auch noch quasi als Ausdruck einer höheren, kosmischen Ordnung. Dem Anwender wird somit Sicherheit vorgetäuscht, verbunden mit geradezu wunderbaren Versprechungen.«

Natürlich kann eine harmonisch gestaltete Wohnsituation das subjektive Wohlbehagen erheblich steigern. Fragwürdig an Feng-Shui sind jedoch bedenkliche, weil wirkungslose Ersatzhandlungen, während objektiv notwendiges Tun womöglich unterbleibt.

»Nicht ich muss mich ändern«, kritisiert Aldinger, »sondern ich muss meine Umgebung ändern. Folgt man gängigen Feng-Shui-Ratgebern, so genügt es oft schon, an der richtigen Stelle einen Spiegel aufzuhängen, den Klodeckel geschlossen zu halten oder das Bett umzustellen. Veränderungen an uns selbst sind meistens mühsam, manchmal schmerzhaft und immer langwierig. Dank Feng-Shui ist damit Schluss. Man muss nur die Blumenvase am richtigen Platz aufstellen.«

Tatsächlich liest man in einem Feng-Shui-Büchlein lapidar: »Eine Frau wünschte sich, nachdem sie kurz zuvor geschieden worden war, eine Affäre. Eine Feng-Shui-Beraterin riet ihr, ein Aquarium im Beziehungsbereich ihres Hauses aufzustellen ... Kurz danach traf diese Frau einen reizenden Mann, mit dem sie eine kurze, aber befriedigende Affäre hatte. Wann immer diese Frau nun eine Beziehung beenden und eine neue anfangen will, reinigt sie ihr Aquarium und setzt eine neue Pflanze ein.«

»Feng-Shui – Entstehung und Entwicklung geomantischer Überzeugungen in China«, Skeptiker, Nr. 4/1998; »Feng-Shui in modernen westlichen Gesellschaften«, Skeptiker, Nr. 4/1998; »Magisch-religiöse Vorstellungen in der Architekturtheorie«, Skeptiker, Nr. 2/2002

Feuerlaufen

Feuerlaufen – ein heißer Tipp in der Esoterik- und Psychoszene. Nach stundenlanger Einstimmung überqueren die Teilnehmer barfuß einen Glutteppich von vier bis sechs Metern Länge, ohne sich zu verbrennen. Diese Erfahrung, etwas scheinbar Unmögliches zu schaffen, soll sich positiv auf die Bewältigung sämtlicher Alltagsprobleme auswirken.

Nicht nur die augenfällige Tatsache, dass die Kicker von Bayer Leverkusen trotz Feuerlauf-Seminaren unter Trainer Christoph Daum die Deutsche Meisterschaft bei jeder sich bietenden Gelegenheit verspielten, entlarvt das Ganze als Strohfeuer. Aus physikalischer Sicht ist ein schadloses Überqueren der Holzglut auch ohne jedes spirituelle Brimborium jederzeit möglich.

Holzasche weist nämlich nur eine sehr geringe spezifische Wärme auf. Das heißt: Sie speichert weniger Hitze als andere Materialien. Würden die Feuerläufer stattdessen in eine heiße Bratpfanne treten, könnte auch eine tagelange mentale Vorbereitung sie nicht vor schwersten Verletzungen bewahren.

Das Max-Planck-Institut für Verhaltensphysiologie hat nachgewiesen: Unsere Füße heizen sich beim Kontakt mit Holzkohle oder Holzasche auf höchstens 100 Grad auf, was die schützende Hornhaut problemlos verkraftet – vorausgesetzt, die Feuerläufer gehen zügig über die Glut und heben bei jedem Schritt die blanken Sohlen nach weniger als einer Sekunde wieder vom Boden ab.

Eine Selbstüberwindung ist der Feuerlauf trotzdem allemal; ein Beweis für den Triumph des Geistes über Materie indes nicht. Auch als Motivationsschub für die Alltagsbewältigung taugt das Ritual kaum. Denn wer kann schon über einen längeren Zeitraum die Erinnerung daran immer wieder so plastisch heraufbeschwören, dass sich das kurze seelische Feuerwerk jedes Mal wieder aufs Neue einstellt? Experten stellen die Nachhaltigkeit von diversen »Outdoor«-Trainings wie Feuerlaufen und Ähnliches denn auch in Frage: Die Frustration vieler Personalentwickler und Führungskräfte sei groß, wenn es »draußen« ganz toll war, aber der Effekt nach einigen Wochen schon wieder verpufft ist.

Irmgard Oepen/Krista Federspiel/Amardeo Sarma/Jürgen Windeler (Hrsg.): Lexikon der Parawissenschaften, Lit-Verlag, Münster 1999

Hexen

Jung, attraktiv, funky – mit einem Wort: Hexe.

Unglaublich? Aber wahr. Keine alten, knöchernen Gestalten mit ungepflegtem Äußeren und dubiosen Absichten prägen die Hexe der neuen Generation – sondern junge Mädchen und Frauen mit Sexappeal und Power. »Buffy« aus der gleichnamigen TV-Serie zum Beispiel. Oder »Sabrina«. Oder die drei Schwestern Prue, Piper und Phoebe aus »Charmed – Zauberhafte Hexen«. Im Mittelpunkt der Comic-Geschichten »w.i.t.c.h.« stehen die Hexen Will, Irma, Taranee, Cornelia und Hay Lin – »fünf Mädchen, 13 und 14 Jahre alt, jede ein echt starker Typ, einzigartig … genau wie du!«, buhlt die Werbung für das »magische Mädchenmagazin« um kaufkräftige Leserinnen.

Eine »arrogante Anmaßung« sieht dagegen der Okkultismusbeauftragte des bayerischen Lehrerverbands, Wolfgang Hund, im kessen Treiben der Junghexen – angesichts der in früheren Zeiten als Hexe ermordeten Frauen.

Blicken wir also erst einmal zurück:

1775 wurde mit Anna Schwägelin in der Fürstabtei zu Kempten im Allgäu die letzte Frau als Hexe auf deutschem Boden hingerichtet.

Der Hexenwahn mit geschätzten 110 000 Angeklagten und 60 000 verurteilten weiblichen und männlichen Opfern von Mitte des 15. Jahrhunderts bis ins 18. Jahrhundert hinein hatte viele verschiedene Ursachen: Reformation, Glaubenskriege und religiöser Fanatismus – aber auch Klimaveränderungen und damit katastrophale Missernten und Hungersnöte, Seuchen, Teuerungswellen, soziale und politische Verwerfungen und instabile wirtschaftliche Verhältnisse.

Diese Krisen schufen die Stimmung für große Hexenjagden. Mythos Nummer eins: Der Aberglaube wucherte mitnichten nur innerhalb, sondern auch außerhalb der Kirche – die Verurteilungen wurden stets von den weltlichen Landesfürsten ausgesprochen, Hand in Hand mit theologisch gebildeten Inquisitoren, die marodierend durch die Lande zogen.

Zwei Jahrhunderte nach Anna Schwägelins Tod kehrte die Hexe als Gallionsfigur der feministischen Bewegung wieder: »Tremate, tremate, le streghe sono tornate!« schallte es 1977 durch die Straßen Roms, als tausende Frauen gegen die italienischen Abtreibungsgesetze protestierten. »Zittert, zittert, die

Hexen sind zurück!« Diesmal als Symbol für die Unterdrückung des Weiblichen, aber auch für weibliche Intuition, Stärke und Macht.

Mythos Nummer zwei: Den an »weißer Magie« interessierten modernen Hexenzirkeln geht es nicht um Satanismus oder einen Pakt mit dem Teufel (wie ihnen oft unterstellt wird), sondern um eine Art mystisches Selbsterfahrungstraining gegen den banalen Alltag, bei dem sie ihre inneren Kräfte freisetzen und stärken wollen.

Verbunden fühlen sie sich der »Großen Mutter allen Lebens« des vorchristlichen Wicca-Kults.

Mythos Nummer drei: Tatsächlich ökologische oder feministische Verantwortung für eine bessere, lebenserhaltende Welt zu übernehmen, wird indes zumeist gar nicht erst angestrebt. Letztendlich geht es um kaum mehr als einen modischen Egotrip – die »Hexe« als Identifikationsfigur, um sich der eigenen Bedeutung zu vergewissern.

Daneben gibt es auch einzelne »schwarzmagische« Okkult-Hexen, die sich selbst als Satanspriesterin bezeichnen und ihren Klienten für viel Geld »Schadenszauber« oder gar »magische Ferntötungen« oder Ähnliches versprechen.

Wie ernst muss man solche Behauptungen nehmen?

Amerikanische Wissenschaftler sind den Geschichten von Menschen nachgegangen, die verflucht wurden und kurz danach tatsächlich gestorben sind. Die Forscher fanden heraus, dass es keinen Fall gibt, in dem das Opfer völlig ahnungslos gewesen ist. Anscheinend kann allein die Angst, die durch die Überzeugung hervorgerufen wird, sterben zu müssen, tödlich sein.

»Psychogener Tod« lautet der Fachausdruck dafür. Mediziner erklären psychogene Todesfälle u.a. damit, dass bei starkem Stress, schwerem Schock oder extremer Furcht Blutzirkulation und Stoffwechsel sich verringern und zugleich bestimmte Hormone ausgeschüttet werden, die das Herz schädigen können. Kurz gesagt: Zu Tode gefürchtet ist halb gestorben.

Vor »Sabrina«, »Buffy«, »Sailor Moon« und Co. dagegen braucht niemand sich zu fürchten – den Girlie-Hexen der Spaßgesellschaft geht es allenfalls darum, mit bestimmten Ritualen und Techniken »mehr aus seinem Typ zu machen« und sich auf möglichst lässige Art und Weise durch Schule und Alltag zu »zaubern«.

Doch selbst wenn die meisten modernen Hexen für sich und andere nur Gutes wollen – fragwürdig ist der faule Zauber trotzdem. Denn letztendlich werden immer einfache Antworten auf sehr komplizierte Fragen versprochen, die den Anwender solcher okkulter Praktiken von der Verantwortung für das eigene Leben entlasten sollen, kritisiert Wolfgang Hund weiter. Neugier, Lebensängste oder Glückssehnsucht mögen verständliche Motive für die Hinwendung schon sehr junger Mädchen zur Hexerei sein – ungefährlich ist das Ganze trotzdem nicht.

»Magische Glücksbändchen« oder »Zaubersprüche für freche Mädchen«, wie sie in Zeitschriften als Gimmick zu finden sind, mögen nett aussehen, scheinbar witzig sein. Sie haben aber absolut keinen Einfluss auf das »Schicksal«, sondern machen allenfalls passiv, ängstlich und fremdbestimmt.

Mythos Nummer vier: Ein »Liebeszauber« sei doch etwas Positives, reklamieren junge Hexen gerne für sich.

Stimmt nicht. »Wenn ein 15 Jahre altes Mädchen auf Pendeln und Hexenkünste setzt, um den richtigen Freund für sich zu finden, und wenn sie das ernsthaft tut, blockiert sie die Entwicklung ihrer sozialen Kompetenz«, warnt Hansjörg Hemminger vom Weltanschauungsreferat der Evangelischen Landeskirche Baden-Württemberg: »Sie ist in einem Alter, in dem sich die Beziehungs- und Bindungsfähigkeit zum anderen Geschlecht hin allmählich entwickeln sollte – aber nicht durch Magie, sondern durch soziales Lernen.« Die Magie, die das Ergebnis vorwegnehmen will, verhindert es.

»Magisch, mystisch, mädchenstark«, EZW-Materialdienst, Nr. 12/2001; Hansjörg Hemminger: Geister, Hexen, Halloween, Brunnen-Verlag, Gießen 2002; »Die neuen Hexen«, Esotera, Nr. 1/2002; »Satans Buhlen und Gespielen«, Chrismon plus, Nr. 5/2002

Intuition

Natürlich kann es sein, dass das Herz seine Gründe hat, die der Verstand nicht kennt. Und wir alle kennen Menschen mit der bemerkenswerten und fast übernatürlich erscheinenden Fähigkeit, Tatsachen und Details in Bezug auf Personen und Umstände zu erahnen.

Streng wissenschaftlich ist Intuition bzw. der berühmte »sechste Sinn« nur die

Fähigkeit, aus begrenzten Informationen die richtige Schlussfolgerung zu ziehen.

»Ahnungen« dürften für gewöhnlich auf Fakten und Beobachtungen beruhen, die wir knapp unterhalb der Schwelle unserer bewussten Wahrnehmung irgendwie registrieren.

Vermutlich ist dies ein archaisches Erbe. Unsere Vorfahren in der Frühzeit der Menschheitsgeschichte lebten um Einiges gefährlicher als wir heute. Ständig mussten sie auf der Hut sein vor Angriffen aus dem Hinterhalt und unsichtbaren Bedrohungen. Und diese unbewusste Intuition ist anscheinend auch in uns noch verwurzelt: Soldaten und Polizisten »wittern« Gefahren, Broker entwickeln ein »Feeling« für das Auf und Ab an der Börse, manche Intendanten »einen Riecher« für den Geschmack des Publikums.

Es spricht also durchaus nichts gegen Intuition – solange sie nicht verabsolutiert wird. Denn Gefühle sind eben mitunter auch fehlbar. Wer hat sich zum Beispiel noch nie zielsicher genau in den falschen Mann oder in die falsche Frau verliebt?

Etwas bloß zu fühlen, offenbart also noch keine höhere Wahrheit. Wissen und Lebenserfahrung hat nicht nur etwas mit dem Gefühl zu tun. Sondern in gleichem Maße mit dessen beständiger Überprüfung, um die Spreu der Intuition von ihrem Weizen zu trennen.

Marcus Hammerschmitt: Instant Nirwana. Das Geschäft mit der Suche nach dem Sinn, Aufbau-Verlag, Berlin 1999

Kristallschädel

Im British Museum in London wird ein Gegenstand aufbewahrt, der gerüchteweise jeden Abend mit einem Tuch verhüllt werden muss, weil sich sonst die Putzkolonne weigere, den Ausstellungsraum zu betreten. Ein Schleier des Geheimnisses liegt auch über Alter und Ursprung des Exponats: »Möglicherweise aztekischer Herkunft« sei es; mehr erfährt das Publikum nicht. Die Rede ist von einer äußerst kunstvollen Schädelnachbildung aus durchsichtigem Bergkristall. 1898 hat das Museum den Kristallschädel für 120 Pfund vom New Yorker Juwelier Tiffany erworben – ohne Herkunftsnachweis. Mindestens ein Dutzend (manche sprechen von 21) der mysteriösen Objekte soll es auf der Welt geben. Der berühmteste davon ist der so genannte Mitchell-Hedges-Schädel (»Skull of Doom«; »Schädel des Unheils« oder auch »Lubaantum-Schädel), um den sich ebenfalls das British Museum in den 1940ern vergebens bemühte.

Das kostbare Stück befindet sich nach wie vor im Besitz der Familie des Abenteurers und Archäologen Mike Mitchell-Hedges. Dessen Adoptivtochter Anna will den Kristallschädel 1927 bei einer Expedition in den Ruinen der Maya-Stadt Lubaantum in Belize (Mittelamerika) entdeckt haben. Die 300 Indios, die an den Ausgrabungsarbeiten beteiligt waren, seien beim Anblick des Artefakts auf die Knie gefallen und hätten zwei Wochen lang »geweint und gebetet«, behauptete die damals 17-Jährige.

Der kanadische Konservator Frank Dorland untersuchte den Kristallschädel – und berichtete ebenfalls Wundersames: Eine Art Aura oder Heiligenschein habe manchmal den Ausgrabungsgegenstand umgeben, glockenartige Klänge seien zu hören gewesen, und im Inneren des Kristall-Kunstwerks will Dorland seltsame Schleier, Lichter und holografische Bilder erblickt haben.

Sein Fazit: Der Schädel sei mindestens 3600 Jahre alt und auf völlig unerklärliche Weise von den Maya zu magischen Ritualen hergestellt worden.

Auch Spiritisten und »Sensitive« mit übersinnlicher Begabung lasen in dem Kultgegenstand wie in einer Kristallkugel und förderten angeblich bildhafte Eindrücke aus der Vergangenheit – und auch aus dem versunkenen Atlantis – zu Tage. Eine große deutsche Sonntagszeitung machte ihre Leser 2003 mit einer alten Maya-Legende bekannt, nach der es 13 gleiche Schädel gebe, die »sprechen und singen konnten, wenn man sie zusammenbrachte«, und die eines Tages wieder auftauchen sollen, »um den Menschen die Geheimnisse des Wissens zu offenbaren«.

Keine Frage: Als Kunstobjekt und Projektionsfläche für unsere Fantasie ist der aus einem einzigen Stück Bergkristall meisterhaft geschliffene, 13 Zentimeter hohe und fünf Kilogramm schwere Schädel absolut faszinierend. Welche Mysterien sich nun tatsächlich um den Mitchell-Hedges- und andere Kristallschädel ranken, ist jedoch unklar.

Als Mike Mitchell-Hedges 1954 seine Biografie veröffentlichte, erwähnte er den angeblichen Sensationsfund von Belize nur in einem Nebensatz – nämlich dass er Gründe habe, »die Umstände, die ihn in meinen Besitz brachten, nicht zu enthüllen«.

Das British Museum veranlasste 1995/96 eine aufwändige Untersuchung seines Kristallschädel-Exponats. Unter einem Elektronenmikroskop zeigten sich an den Zähnen winzige Schnittspuren, die auf ein Stahlwerkzeug hindeuten, möglicherweise den Bohrer eines Juweliers. Oder ein modernes Schleifrad. Das würde bedeuten, dass der Kristallschädel irgendwann in den vergangenen 150 Jahren gefertigt worden sein muss.

Das bestätigt auch der ehemalige Leiter der so genannten »Schatzkammer« des Wiener Kulturhistorischen Museums, Rudolf Distelberger, der schon Anfang der 1980er für einen österreichischen Dokumentarfilm »Das Geheimnis von Lubaantum« um ein Statement gebeten worden war. Neben den Schleifspuren gibt Distelberger zu bedenken, dass der Schädel archäologisch betrachtet viel zu naturalistisch für die Maya-Kultur sei – und also schlicht eine Fälschung, ein Artefakt aus dem ausgehenden 18. oder 19. Jahrhundert. Möglicherweise aus Paris, der damaligen Schleiferhochburg.

Oder auch aus Deutschland.

In der rheinland-pfälzischen Edelsteinstadt Idar-Oberstein verfügt eine alteingesessene Schleiferfamilie nachweislich über das Wissen und das technische Know-how (Arbeitsschablonen etc.) zur Fertigung von Lubaantum-identischen Kristallschädeln. Mit öffentlichen Auskünften darüber hält man sich verständlicherweise zurück – wegen der exklusiven Klientel des Unternehmens.

Weltalmanach des Übersinnlichen, Heyne-Verlag, München 1982; Joe Nickell: Secrets of the Supernatural, Prometheus-Books, Buffalo 1991; Peter James/Nick Thorpe: Halley, Hünen, Hinkelsteine, Sanssouci-Verlag, Zürich 2001; »Die sieben größten Rätsel unserer Zeit«, Bild am Sonntag, 6. Oktober 2002; »Crystall Skulls«, www.skepdic.com

Ley-Linien

Prähistorische Ufo-Flugrouten? Kraftströme einer unbekannten Energie? Astronomische Fixierlinien vorchristlicher Priesterkulte? Oder »pulsierende Adern« des »lebendigen und atmenden Organismus Erde«? Um die so genannten Ley-Linien ranken sich eine Vielzahl von Spekulationen und New Age-Fantasien.

In den frühen 1920ern entdeckte der englische Kaufmann, Naturfreund und Hobby-Archäologe Alfred Watkins, dass Kirchen, Grabhügel, Burgen, Quellen, Wegkreuzungen, vorgeschichtliche Denkmäler und andere altehrwürdige Stätten seiner Heimat Herefordshire durch ein virtuelles Netz gerader Linien miteinander verknüpft sind.

Mit topografischen Karten, einem Lineal und viel Eifer und Geduld versuchte Watkins zu belegen, dass so weit das Auge reicht alle heiligen oder herausragenden Stätten des Altertums an geraden Pfaden positioniert waren. Diese Netzwerke nannte der damals 66-Jährige »Ley-Linien« oder »Leys« – in Anlehnung an die Wortendung »ley«, »lee«, »lea« oder »leigh«, die in vielen Ortsnamen entlang dieser Linien vorkommt (abgeleitet vom keltischen Wort »Llan« = heiliger Hain).

In seinem Buch »The Old Straight Track« vertrat Watkins 1925 die nüchterne Auffassung, bei den Leys handele es sich wohl um uralte Handelsstraßen, deren Verlauf durch einfache Steinhaufen markiert worden war, ehe spätere Generationen diese Wegweiser durch Steinkreise, Menhire, Hünengräber, Sakralbauten etc. ersetzten. Heutige »Ley-Jäger« bringen dagegen Ufos, geheimnisvolle Erd-Energien, »Magnetadern«, auf denen sich Elfen und Kobolde fortbewegen, steinzeitliche Priesterastronomen und vieles mehr ins Spiel, um Wesen und Funktion der Ley-Linien zu erklären.

Neuere Forschungen zeigen jedoch, dass die meisten Leys ganz einfach durch Zufall entstanden sind und es nie ein flächendeckendes System aus sich überkreuzenden Pfaden gab, das bis in die Steinzeit zurückreicht. Manche »geraden Wege« stammen nachweislich sogar erst aus der Zeit Napoleons, als Landvermesser Grabhügel und Kirchtürme als Visiermarken beim Straßenbau benutzten.

Und dort, wo echte Ley-Linien auftreten, stehen sie offenbar in Verbindung mit dem Ahnen- und Totenkult oder entstanden aus rein ökonomischen und strategischen, teils aus ästhetischen Erwägungen heraus. Netze gerader Linien gab und gibt es nämlich in vielen Kulturen, etwa bei den Mayas, in alten nordindianischen Siedlungen oder in China.

Auch in zahlreichen deutschen Sagen ist von geradlinigen, unsichtbaren Straßen die Rede. Sie verlaufen immer gleich über Berg und Tal, durch Wasser und Sümpfe, sogar mitten durch Häuser hindurch, und sind den Geistern der Verstorbenen vorbehalten.

Hinter diesen volkstümlichen »Geister-« oder »Totenwegen« steht wahrscheinlich die Vorstellung, dass die Seele, sobald sie den Körper verlässt, auf geradem Weg »dahinfliegt«. Also verband man Friedhöfe, Grabhügel, Kirchen etc. untereinander durch Linien, um die Kommunikation unter den Toten oder ihr Zusammentreffen zu erleichtern.

Umgekehrt folgte der Weg vom Dorf zum Friedhof oft einer umständlich gewundenen Strecke – um zu verhindern, dass die Seelen der Toten geradewegs in ihre Häuser zurückkehren.

Faszination des Unfassbaren, Verlag Das Beste, Stuttgart-Zürich-Wien 1983; Ulrich Magin: *Geheimwissenschaft Geomantie – Der Glaube an die magischen Kräfte der Erde*, Beck'sche Verlagsbuchhandlung, München 1996; Peter James/Nick Thorpe: *Halley, Hünen, Hinkelsteine*, Sanssouci-Verlag, Zürich 2001; »*Was sind die Ley-Linien?*«, P.M.-Sonderheft »*Fragen&Antworten*«, Nr. 4/2002

Lichtnahrung Mond

Es irrt der Mensch, solange er hinter dem Mond lebt – statt mit dem Mondkalender. Denn schlechte Gewohnheiten gewöhnt man sich am leichtesten bei Neumond ab. Vitaminpillen wirken besonders gut bei zunehmendem Mond.

Bei Vollmond gesammelte Kräuter sind am heilkräftigsten. Und eine Diät beginnt man am besten bei abnehmendem Mond.

Wer hingegen ein paar Pfunde zulegen will … Genau. Sogar Wäsche waschen soll man nur bei abnehmendem Mond, weil dann auch Flecken schneller abnehmen und weniger Waschpulver benötigt wird.

Klingt doch eigentlich logisch, was diverse »Mondratgeber« empfehlen. Schließlich bewegt der Mond die Meere; wieso also nicht auch unseren Körper, der zu zwei Dritteln aus Wasser besteht? Schlicht gesagt: Auf die Größe kommt es an.

In einer großen, verbundenen Wassermasse wie dem Ozean gibt es starke Gezeiten. Im Bodensee sind Gezeiten nur noch ganz knapp an der Nachweisgrenze messbar. In einem 50-Meter-Becken oder in der Badewanne gibt es überhaupt keine Gezeiten. Und beim Menschen schon gar nicht.

Wenn aber die Kräfte, um die es hier geht, wirklich derart klein sind, wie kommt es dann, dass die Ozeane so ungeheure Bewegungen vollführen? Nehmen Sie eine halb gefüllte Teetasse in die Hand. Kippen Sie sie um ein paar Grade – der Inhalt steigt an einer Seite um wenige Millimeter an. Stellen Sie sich das Ozeanbecken als riesige Teetasse vor und wiederholen Sie in Gedanken den gleichen Vorgang – der Anstieg des Tees (= Ozean) an den Rändern wäre enorm.

Ein anderer Vergleich: Die Gravitationswirkung des Mondes auf den Menschen ist geringer als die einer Stubenfliege, die auf ihm sitzt. Selbst der Mond im Zenit beeinflusst uns bloß in dem Ausmaß, dass wir um ein Dreihunderttausendstel unseres Körpergewichts leichter werden. Denselben Effekt erreicht man beim Erklimmen des Zehn-Meter-Sprungturms im Schwimmbad. Außerdem sind wir nun mal keine »Wassersäcke« – unsere Körperflüssigkeiten zirkulieren größtenteils nicht frei umher, sondern sind in den Zellen eingeschlossen.

Eine Art Mini-Ebbe-und-Flut, die während verschiedener Mondphasen durch Körper und Gemüt schwappt, ist also nur schwer vorstellbar. Apropos Mondphasen: Der Mond als Masse steht immer gleich am Himmel. Bei »abnehmendem« Mond verschwindet der bleiche Geselle nicht nach und nach, sondern er wird lediglich von der Sonne nicht mehr voll beleuchtet.

Kaum verwunderlich also, dass keine einzige wissenschaftliche Untersuchung zu Verkehrsunfällen, zu Komplikationen bei und nach Operationen, zur Geburtenrate, zur Mord- oder Selbstmordrate etc. je einen Zusammenhang mit den Mondphasen erbracht hat.

Wieso aber sagt dann jeder Polizist, befragt nach seinen Erfahrungen in Vollmond-Nächten: »Schrecklich!« Und jede Hebamme: »Stressig!« Der Bamberger Psychologe Christoph Bördlein erklärt die zahlreichen Mond-Mythen, an die nach einer Forsa-Umfrage 92 Prozent der Deutschen glauben, mit einer Art »Sinnsucht«: Menschen konstruieren ständig Zusammenhänge in ihrer Umwelt. Kann man in einer Nacht nicht schlafen, so wird sofort nach einer Ursache gesucht. Steht gerade der Vollmond groß und rund am Himmel, so muss es wohl daran liegen.

39 Prozent aller Bundesbürger sind fest davon überzeugt, dass Vollmond und Schlafstörungen zusammengehören. Alles nur geträumt? Fragen wir bei dem bekannten Regensburger Schlafforscher Jürgen Zulley nach.

Der verweist unter anderem auf eine Studie, bei der Menschen sechs Jahre lang ihren Schlaf in einer Art nächtlichem Tagebuch bewerten mussten. Mondeinflüsse? Fehlanzeige. Schlafstörungen seien längst eine Zivilisationskrankheit mit zahlreichen Ursachen wie Existenzsorgen, Stress, zu viel Fernsehen, meint Zulley.

Zum anderen erklärt sich die Anziehungskraft von Mond-Mythen aus unserer Neigung, in Analogien zu denken. Will heißen: »Nimmt der Mond ab, so wird es wohl auch mir leichter fallen, Gewicht abzunehmen.« Die Autoren derartiger Ratschläge kommen sich vermutlich recht geistreich dabei vor – genauer betrachtet sind es jedoch ziemlich platte Analogien.

Natürlich spricht uns vieles am Mond an, was weder Physik noch Psychologie erklären können. Das weiß jeder, der schon einmal in einer lauen Vollmondnacht aufs Meer geblickt hat.

Genau wie etwa ein Goethe-Gedicht über den wandelbaren »bleichen Gesellen« am Himmel nicht wissenschaftlich übersetzbar ist, so sind die ästhetischen Qualitäten von Frau Luna gewiss einfach »wahr«.

»Der gute Mond«, In: Gero von Randow (Hrsg.): Der Fremdling im Glas und weitere Anlässe zur Skepsis, Rowohlt-Verlag, Reinbek bei Hamburg 1996; »Ammenmärchen und Statistik«, Spiegel special, 8/1998; Christoph Bördlein: Das sockenfressende Monster in der Waschmaschine, Alibri-Verlag, Aschaffenburg 2002

Palmblatt-Bibliotheken

Die geheimnisvollsten Bibliotheken der Welt befinden sich in Indien. Dort soll man dem Schicksal ins Blatt schauen können. Denn die mehr als ein Dutzend »Palmblatt-Bibliotheken« auf dem Subkontinent verwalten keine Bücher, sondern ca. 48 Zentimeter lange und sechs Zentimeter breite getrocknete Palmblätter. Diese sind mit winzigen Schriftzeichen in Sanskrit oder Alt-Tamil übersät und sollen die exakten Lebensläufe der Besucher enthüllen.

Wie das?

Vor mehr als 5000 Jahren blickten zwei indische Eingeweihte nach langer Meditation in die so genannte »Akasha«-Chronik (sanskr. »Akasha« = »Äther«), eine Art energetisches Weltgedächtnis, in dem sämtliche Informationen aus Vergangenheit, Gegenwart und Zukunft gespeichert seien. Diese Weisen namens Brighu und Shuka schrieben daraufhin das Schicksal von jenen Menschen nieder, die sich eines fernen Tages auf die Reise machen und vor Ort nach dem für sie bestimmten Blatt suchen würden.

So weit der Mythos.

Konkret läuft ein Besuch der rätselhaften »Schicksalssammlungen« so ab:

Der Gast nennt dem diensthabenden Palmblatt-Deuter Name und/oder Geburtsdatum. Manchmal muss er auch einen Abdruck des rechten Daumens hinterlegen (bei Frauen ist es der linke). Mit diesen Angaben sucht der darin eigens geschulte Brahmanen-Priester das Palmblatt, das für den Klienten bestimmt ist. Nach dem Auffinden des einmaligen, persönlichen Palmblatts interpretiert der »Bibliothekar« die Inschriften mit seinen eigenen Worten. Wenn gewünscht, sorgt ein Dolmetscher für die Übersetzung.

Eine Lesung schlägt in der Regel mit etwa 30 Euro zu Buche. Manche Klienten sind von den Informationen verblüfft bis begeistert. Allerdings gibt es auch andere Erfahrungen, wie der folgende Internet-Erfahrungsbericht von Olaf Schreiber (www.olafschreiber.de/palmblatt) zeigt:

»Am 3. Dezember 1999 um zehn Uhr waren wir mit dem Nadi-Reader von Bangalore, Herrn Gunjur Sachidananda Murthy, verabredet. Von Berlin aus hatten wir unsere Geburtsdaten übermittelt. Eine Weile mussten wir warten, dann wurden wir ins Arbeitszimmer gerufen, und Herr Murthy setzte sich hinter seinen Schreibtisch und breitete einige Palmblätter vor sich aus … Wir hatten einen aufnahmefähigen Walkman mitgebracht, mit dem wir das Reading aufzeichneten.

Murthy sprach ein recht verständliches Englisch und wirkte an sich aufrichtig. Leider waren seine Aussagen recht bald enttäuschend. In solchen Fällen, wenn eine nette, vielleicht charismatische Person vor uns sitzt, tendieren wir leicht dazu, diese nicht enttäuschen zu wollen und ihren Aussagen eher mit einem ›Could be, yes, maybe‹ zu begegnen als mit einem schlichten, sachlich korrekten ›No‹. Außerdem wünschen wir uns möglicherweise, dass tatsächlich etwas Besonderes (Übernatürliches) stattfindet und biegen die Wahrheit ein Stück in die gewünschte Richtung. Ich kannte die Fallen und bemühte mich um Authentizität …

Nach einer groben Übersicht ging Murthy auf einzelne Phasen meines Lebens ein:

Murthy: When you was 14 to 17, it was a change of your lifestyle, you find some difficulties with your parents, are (?) they separated or you find some difficulties with your father. It's true?
O.S.: No, my father was dead then.
Murthy: Ok, your father was dead, mother was separated. When you was 14, father was dead.
O.S.: No, I was nine.
Murthy: Ok, you find a step-father when you was 14.
O.S.: I don't know when it was, maybe 13 or 14.
Murthy: Near. That time you had al lot of (?) disturbances. 17 or 18 you prepared to be independent. Practically you left home by 19.
O.S.: Yes.
Murthy: And you was worked in the military or you was worked in the social area?
O.S.: No.
Murthy: Or social work area?
O.S.: No.

Schreiber berichtet weiter:
»Der Anfang war nicht sehr überzeugend. Dass Jugendliche zwischen 14 und 17 Jahren Probleme mit den Eltern haben, ist nicht gerade eine sensationelle

Erkenntnis. Sichtbar wurde hier schon die Struktur der ganzen Lesung: Murthy machte eine Aussage, und wenn sie falsch war (was oft vorkam), bog er sie, bis sie gerade so passte.

Würde ich ihm den Versuch unterstellen, möglichst passende Allgemeinplätze von sich zu geben (was ich nicht tue), so könnte ich auf eine Menge verweisen: Mit 17 oder 18 Jahren den Versuch unternehmen, sich aus dem Elternhaus zu lösen, ist ebenso wenig ungewöhnlich wie die Aufnahme des Wehr- oder Zivildienstes mit 19. Wollte er seine Trefferchance optimieren, hätte er genau das Richtige gesagt ...«

Anscheinend kommen beim Besuch einer indischen Palmblatt-Bibliothek dieselben psychologischen Mechanismen zum Tragen wie bei jedem x-beliebigen Wahrsager (*siehe Eintrag »Wahrsagen« bei »Paranormales«*).

Der einzige Unterschied: Die exotische und wundersame Atmosphäre in Indien, wo Hellseher, Wunderheiler, Schamanen das ganze Land auf ihrer Seite haben, macht es viel leichter, an die »Vorhersagen« zu glauben.

Eine deutsche Journalistin erkannte bei ihren Recherchen in der bekanntesten Palmblatt-Bibliothek in der südindischen Stadt Bangalore treffend: »Dort ist eben alles wahrscheinlich.«

»Dem Schicksal ins Blatt geguckt«, P.M.-Perspektive: Wunder, Rätsel, Phänomene, 1999

»Die Prophezeiungen von Celestine«

Negatives meiden, das Zweifeln einstellen, seiner Intuition und seinen Eingebungen folgen, sich von Zufällen treiben lassen, an den Sinn aller Dinge glauben, seinen Gefühlen lauschen, andere auf ihrer Suche begleiten ...

Solche vagen Tipps für den Aufbruch in ein neues spirituelles Zeitalter haben das Buch »Die Prophezeiungen von Celestine« des amerikanischen Gelegenheitsschriftstellers James Redfield zu einem Superbestseller werden lassen.

Im Stil eines klassischen Abenteuerromans geht es darin um die Suche nach einer über 2000 Jahre alten Handschrift, die schließlich in den Ruinen des peruanischen Ortes Celestine entdeckt wird. Dieses Manuskript sagt neun Entwicklungsschritte der Menschheit voraus, an deren Ende ein kollektives Bewusstsein voller Liebe und Harmonie stehen soll.

»Die Prophezeiungen von Celestine« sind als eine Art Reiseführer für das New Age angelegt. Die Kernbotschaften: Die Wahrheit ist das, was wir daraus machen. Das Leben ist zu kurz und kompliziert, als dass man sich mit der Realität befassen könnte. Erschaffe deine eigene Realität. Subjektive Bestätigung und gegenseitige Bestärkung führen zur Seligkeit.

Kritiker sehen in dem »spirituellen Kultbuch« indes kaum mehr als »Allerweltsweisheiten aus dem Ramschladen der Spiritualität …, in schlechte Fiktion verpackt und unplausibel erzählt«.

Natürlich haben Subjektivismus, Vergeistigung und Fiktion ihren Platz in einem erfüllten Leben.

Aber Vernunft, Plausibilität und Fakten nun einmal ebenso.

Colin Goldner: Die Psycho-Szene, Alibri-Verlag, Aschaffenburg 2000; www.skeptischeecke.de

Reinkarnation

Wieso ist Shirley MacLaine Schauspielerin geworden? Der Ex-Hollywood-Star (»Das Mädchen Irma La Douce«) hat darüber so seine eigene Theorie: »Weil ich dadurch einigen Rollen, die ich in früheren Leben gespielt hatte, näher war.«

In ihrem Bestseller »Zwischenleben« zeigt sich die Aktrice überzeugt, ihr vormaliges Dasein unter anderem als Hofdame bei Ludwig XIV. (1643–1715) zugebracht zu haben. Auch andere Showbusiness-Größen wie Ruth-Maria Kubitschek, Inge Meysel oder Penny McLean lassen Sympathien für den Glauben an Seelenwanderung und Wiedergeburt durchblicken.

Und nicht nur sie: 20 bis 25 Prozent der Europäer und Nordamerikaner haben sich verschiedenen Umfragen zufolge mit der Reinkarnationsidee angefreundet. Einigermaßen kurios daran ist, dass unsere westliche Erlebnis- und Konsumgesellschaft etwas ganz anderes unter Reinkarnation (»Wiederverkörperung« oder richtiger »Wiederfleischwerdung«) versteht als die etwa zwei

Milliarden Anhänger der buddhistischen und hinduistischen Religionen: Hier zu Lande gilt Reinkarnation als eine Art »Reset«-Taste, mit der man das Spiel des Lebens noch einmal von vorne beginnen kann, mit neuen Chancen und Möglichkeiten.

Im Osten dagegen bedeutet jeder neue Lebensdurchgang eine Verlängerung der irdischen Mühsal – also keine wünschenswerte Erlösung vom Tod, sondern ein Verhängnis. Denn das Sterben wird zwar überlebt; aber nur, um wieder in ein neues Leben voller Leid zurückzukehren. Der Kern buddhistischer und hinduistischer Frömmigkeit ist daher, eben nicht wiedergeboren zu werden, sondern der endlosen Folge von Geburten und Wiedergeburten zu entkommen.

Ganz anders bei uns, wo »Reinkarnations-Therapeuten« ihre Klienten bereitwillig per Hypnose in »frühere Leben« zurückführen – und man unter den »Rückgeführten« jede Menge von ehemaligen Maria Stuarts oder Alexandern der Große kennen lernen kann – aber sehr selten eine einfache Liese Müller oder einen Hans Maier.

Als Beweis präsentieren Reinkarnations-Therapeuten eindrucksvolle Erlebnisberichte, die ihre Klienten während der Hypnose-Rückführung aus ihrem früheren Dasein erzählen. So zum Beispiel der esoterische Bestseller-Autor Thorwald Dethlefsen. In seinem Buch »Das Leben nach dem Leben« schildert er die Rückführung eines Mannes namens Rudolf T. in die Zeit vor dessen Geburt. Dabei berichtete der Hypnotisierte von einem früheren Leben im Elsass zur Zeit des deutsch-französischen Krieges.

Nach und nach holte Dethlefsen aus Rudolf T. die Lebensgeschichte eines gewissen Guy Lafarge aus Wissembourg heraus, der als Stallknecht und Gemüsehändler 1880 gestorben und später in Rudolf T. wiedergeboren worden sei.

Der Psychologe und Wissenschaftsjournalist Holger Platta wollte es genau wissen. Und überprüfte akribisch die Angaben des Mannes. Dabei stieß er auf zahlreiche Ungereimtheiten zwischen dem Hypnose-Bericht und der historischen Wirklichkeit.

In keinem Tauf-, Heirats- oder Sterberegister von Kirche und Standesamt zu Wissembourg – vollständig erhalten seit dem Jahr 1793 – fand sich der Name Guy Lafarge. Auch sämtliche Angaben des »Rückgeführten« zu Lebensumständen, Einwohnerzahl, regionalen Spezialitäten, Familienangehörigen etc. stellten sich als Fantasieprodukte heraus – und zwar anscheinend als gelenkte Fantasien: »Es gibt Menschen, die in Hypnose enorm suggestibel sind und schon den leisesten Wink des Therapeuten als Befehl hinnehmen«, erklärt etwa der Leiter des New Yorker Instituts für Psychotherapie, Dr. Jerome Schneck: »Wird ihnen gesagt, sie seien Dichter, so kann es geschehen, dass sie zu reimen beginnen, wie es ihnen im Wachzustand völlig unmöglich wäre. Ein Hypnotisierter kann eine unheimliche Begabung zeigen und alles tun, was ihm aufgetragen wird, da ihm das ganze riesige Reservoir der unbewussten Erinnerung zur Verfügung steht.«

Mit anderen Worten: Hypnose ist mitnichten ein verlässlicher Weg zur Wahrheitsfindung. Kein Hypnotisierter kann unterscheiden zwischen tatsächlichen Erinnerungen und bloßen Fantasien und Wunschvorstellungen, Gehörtem oder Gelesenem.

Außerdem lassen sich solche zunächst vagen Vorstellungen vom Hypnotiseur problemlos gezielt verstärken und in eine bestimmte Richtung lenken. Eine Hypnose-Sitzung kann sogar dazu führen, dass fehlerhafte Erinnerungen sich verfestigen. Denn: Sobald sie für die betreffende Person einmal »wahr« geworden sind, sind falsche Erinnerungen nicht mehr von realen zu unterscheiden. Sie sind von großer emotionaler Intensität, können von Panik und Tränen begleitet werden.

Viele Anhänger des Reinkarnationsgedankens ließen sich durch ein einflussreiches Buch des US-Psychiatrieprofessors Ian Stevenson von der University of Virginia überzeugen. Stevenson sammelte und dokumentierte »20 überzeugende und wissenschaftlich bewiesene Fälle« von Wiedergeburt. Auf den ersten Blick scheint seine Arbeit tatsächlich sehr gründlich und glaubhaft. Doch bei eingehender Betrachtung fallen zahlreiche Fehler und Ungereimtheiten auf, etwa suggestive Fragestellungen und falsche Übersetzungen, Geltungsbedürfnis oder religiöse Erwartungshaltung bei den jeweiligen Eltern. Oder schlicht Geschäftemacherei. Wollte Stevenson die Wiedergeburt beweisen, anstatt sie zu erforschen?

Zu seinen besten Fällen zählt Stevenson den eines libanesischen Jungen namens Imad Elawar. Es ist darüber hinaus der einzige, den der renommierte Psychiater wirklich selbst untersucht hat. Imad behauptete – unter tatkräftiger Mitwirkung seiner Eltern –, in seinem vorigen Leben als »Mahmoud Bouhamzy« in der Stadt Khriby gelebt zu haben. Skeptiker indes fanden dort nur einen Ibrahim Bouhamzy. Und dessen Lebensgeschichte deckt sich kaum mit Imads Fabulierungen.

Auch die meisten der übrigen »20 überzeugenden Fälle« drehen sich um kleine Kinder, die sich auf den Wunsch von Erwachsenen hin gerne und bereitwillig »zurückerinnerten«. Auffällig ist auch, dass der zeitliche Abstand zwischen dem Tod der Identifikationsfigur und ihrer angeblichen »Wiedergeburt« recht kurz ist – im Durchschnitt gerade mal fünf Jahre. Auch Sprachbarrieren und Landesgrenzen überspringen die »wandernden Seelen« auffallend selten: Die geografische Distanz zwischen dem Wohnort des Verstorbenen und des »Wiedergeborenen« beträgt in den Fallbeispielen höchstens 150 Kilometer.

In neun der 20 ausgewählten Fälle erfolgte die angebliche Wiedergeburt sogar in der Familie des Verstorbenen. Möglicherweise beruhen die angeblichen Erinnerungen der Kinder an ihr »früheres Leben« auf zufällig aufgeschnappten Informationen.

Außerdem: Alle 20 Fälle stammen aus Kulturen, in denen Reinkarnation zum tradierten Glaubensgut gehört. In keinem einzigen von Stevensons Paradebeispielen geschah die »Wiedergeburt« in einem anderen Land bzw. in einer fremden Kultur. Kritiker geben zu bedenken: Wäre Reinkarnation tatsächlich ein Teil der menschlichen Existenz, müssten sich die Fälle eigentlich ohne Rücksicht auf die Religion ereignen.

Wie es scheint, ist die einzige Form von »Reinkarnation« die Weitergabe des eigenen Gen-Materials an die Nachkommen.

Übrigens: In der christlichen Kirchengeschichte stand die Lehre von der Wiedergeburt zu keinem Zeitpunkt ernsthaft zur Debatte – auch wenn eine viel geglaubte esoterische Wanderlegende dies behauptet: Erst bei einem Konzil in Konstantinopel im 6. Jahrhundert sei die Reinkarnationslehre »durch Akklamation aus den christlichen Lehren gestrichen« worden. Die Bibeltexte, die vorher von der Wiedergeburt der Seele gesprochen hätten, habe man daraufhin »bereinigt«.

In Wahrheit ging es bei dem besagten Konzil im Jahr 553 um die Theologie des Origenes, der Präexistenz der menschlichen Seele (also deren Existenz noch vor der Zeugung des irdischen Leibes) lehrte. Der Philosoph war der Überzeugung, die Seelen seien ewig und bei Gott, bis dieser sie – allerdings nur einmal – auf die Erde sende. Die Reinkarnationslehre lehnte Origenes ausdrücklich ab.

Seine Präexistenz-Theorie wurde vom Konzil in der Tat verworfen. Stattdessen setzte sich die Auffassung durch, dass Leib und Seele zusammen von Gott erschaffen werden. Mit diesem Ergebnis erwies es sich als unnötig, die Bibel dafür umzuschreiben – denn das entspricht bis heute der biblischen, schöpfungsorientierten Theologie.

Reinhard Hummel: Reinkarnation, Quell-Verlag, Stuttgart/Mainz 1988; Mark C. Albrecht: Reinkarnation – Die tödliche Lehre, Schulte&Gerth-Verlag, Asslar 1988; Michael Shermer: Skeptisches Jahrbuch 1997, IBDK-Verlag, Aschaffenburg 1996; »Löchriges Gedächtnis«, Focus, Nr. 35/2001; »Fürchtet die Kirche den Reinkarnationsglauben?«, Materialdienst der Evangelischen Zentralstelle für Weltanschauungsfragen, 11/2002

Wassermann-Zeitalter

»1. Sagen Sie immer die Wahrheit. 2. Übernehmen Sie immer die volle Verantwortung. 3. Halten Sie sich peinlichst genau an Abmachungen. 4. Klatschen Sie nie. Und geben Sie bekannt, dass Sie Klatsch strikt ablehnen. 5. Nehmen Sie täglich eine kreative Pause. 6. Stellen Sie am Morgen eine Liste aller zu erledigenden Dinge auf und arbeiten Sie danach. 7. Gehen Sie allen Dingen auf den Grund. Nur zehn Minuten klare Kommunikation lösen die meisten Probleme. Und hören Sie gut zu!«

Diese »7 Verhaltensregeln für das Wassermann-Zeitalter« gab der Star-Astrologe Winfried Noé in der Zeitschrift »Bunte« aus. Das war 1998, und in den Medien wurde wieder einmal über den Anbruch des so genannten Wassermann-Zeitalters spekuliert – weil der Planet Neptun in das Tierkreiszeichen Wassermann eintrat.

Na und?

Um dies zu verstehen, müssen wir etwas weiter ausholen:

Es ist eine nahezu unbekannte Bibelstelle, auf die sich die Verfechter des »New Age« (»Neues Zeitalter«) berufen. Im Lukas-Evangelium heißt es: »Wenn ihr in die Stadt kommt, wird euch ein Mann begegnen, der einen Wasserkrug trägt. Folgt ihm in das Haus, in das er hineingeht« (Lk 22,10).

Diese Passage interpretieren einige New Age-Vordenker als Beweis dafür, dass Jesus selbst vom kommenden »Wassermann-Zeitalter« gesprochen habe. Und eben das sei mittlerweile angebrochen. Doch die genaue Begründung ist mitnichten biblisch, sondern der Astrologie entlehnt.

Kurz gesagt: Der »Wassermann« ist eine der zwölf Sternbildfiguren auf dem Tierkreis, also jenem Teil des Himmels, durch den Sonne, Mond und Planeten sich vor dem bestirnten Hintergrund zu bewegen scheinen. Damit gehört er zu den Tierkreiszeichen.

In der Astrologie *(siehe Eintrag)* gelten die Tierkreiszeichen eher als »Orte« denn als Figuren. Und diese »Orte« scheinen zu wandern.

Als eine Art Kompassnadel zur Bestimmung der »Himmelsgegenden« gilt der so genannte Frühlingspunkt. Dort befindet sich die Sonne zur Zeit der Frühlings-Tagundnachtgleiche am 20. oder 21. März. Vor 2000 Jahren zeigte der Frühlingspunkt zum Sternbild »Fische«. Wegen der Erdpräzession bewegt er sich seitdem auf den Wassermann zu. Insgesamt braucht der Frühlingspunkt 25 800 Jahre, um den Tierkreis einmal komplett zu durchwandern, also rund 2000 Jahre für jedes der zwölf Tierkreiszeichen.

Astrologen leiten daraus ab, dass alle 2000 Jahre ein »neues Zeitalter« unter einem neuen Tierkreiszeichen anbreche. Das »Fische-Zeitalter« sei von Jesus Christus und dem Christentum geprägt gewesen. Im »Wassermann-Zeitalter« dagegen werde es zu einer »Wiederverzauberung der Welt« und zu einer neuen Spiritualität kommen.

Leben wir nun also seit 1998 im Wassermann-Zeitalter?

Durchaus nicht. Der tatsächliche Zeitpunkt ist von Wissenschaftlern der Internationalen Astronomischen Union exakt berechnet worden – und zwar auf das Jahr 2600.

4. GESELLSCHAFT

Angriffe mit Aids-Spritzen

Wie sicher ist das Nachtleben in unseren Großstädten?

Gerüchte kursieren, wonach ein Verrückter mit einer »Aids-Spritze« durch die Diskotheken zieht und damit wahllos Partygänger infizieren soll. Der Unbekannte pikse, so heißt es, seine Opfer unbemerkt in den Arm und klebe ihnen einen Zettel mit der Aufschrift »Willkommen im Club!« auf den Rücken oder auf die Schulter.

In München etwa häuften sich entsprechende Anfragen von besorgten Eltern bei Behörden und Medien so massiv, dass das Polizeipräsidium mit einer offiziellen Stellungnahme reagierte: Alles erstunken und erlogen – Angriffe mit Aids-Spritzen habe es nie gegeben. Keines der angeblichen Opfer habe Anzeige erstattet. Stattdessen nahm die Kripo Ermittlungen gegen Unbekannt wegen Störung des öffentlichen Friedens auf. Denn das Party-Gerücht verbreitete sich in der bayerischen Landeshauptstadt wie ein Lauffeuer und drohte zeitweise zu einer Massenhysterie zu eskalieren.

Schnell kursierten via Internet auch Kettenbriefe mit Warnungen und dem wohlmeinenden Hinweis: »Seid auf der Hut und informiert eure Freunde!« Bezeichnend war indes, dass jeder, der die »Warnung« ungeprüft an Freunde und Bekannte weitergab, die Geschichte selbst nur aus zweiter oder dritter Hand kannte – von Freunden, die dies wiederum über Freunde von Freunden gehört hätten.

Mittlerweile wird als Herausgeber der Warnmeldung häufig ein nicht näher bezeichnetes »LKA« angegeben, Abteilung »Öffentlichkeitsarbeit«. Das Landeskriminalamt (LKA) Nordrhein-Westfalen in Düsseldorf reagierte darauf mit einer offiziellen Pressemitteilung: Es gebe »keinerlei Hinweise« auf einen entsprechenden Sachverhalt. Und: Anliegen der Polizei würden »grundsätzlich nicht per E-Mail verbreitet«, sondern über Presse, Rundfunk und Fernsehen.

Tatsächlich sind solche »Needle-Attack-Legends« in Amerika und Europa schon seit Mitte der 80er Jahre des vorigen Jahrhunderts im Umlauf. Nur die Namen der Städte und Diskotheken wechseln alle paar Monate.

Diverse Variationen dieser modernen Wandersage handeln von Benzin-Zapf-säulen, Theatersitzen oder den Telefonhörern öffentlicher Münzfernsprecher, die mit spitzen Nadeln und Aids-verseuchtem Blut präpariert seien.

Bei einer Tagung amerikanischer Erzählforscher 1999 in Neufundland interpretierte die Wissenschaftlerin Diane E. Goldstein Gerüchte um »Aids-Angriffe« als Versuch, die HIV-Aufklärungskampagnen zu konterkarieren, nach dem Motto: Was brauche ich ein Kondom beim Sex, wenn die »wahre« Gefahr ganz woanders lauert?

»Angriffe mit Aids-Spritzen – ein übles Gerücht«, Süddeutsche Zeitung; Jan Harold Brunvand: Encyclopedia of Urban Legends, ABC-CLIO Inc., Santa Barbara, 2001

Asbest in Tampons

»Ich habe gerade ein E-Mail aus den USA erhalten. Darin schreibt eine Wissenschaftlerin, dass in Tampons und Binden von manchen Firmen Asbest enthalten ist, damit die Frauen mehr bluten und so mehr Tampons kaufen. Außerdem ist noch Dioxin drin durch den Bleichvorgang. Dioxin ist ein karzinogener Stoff, der Gebärmutterhalskrebs und Gebärmutterkrebs verursachen kann. Dioxin ist Gift für unser Immunsystem …«

Mit diesem Eintrag im Internet-»Frauenklatsch-Forum« informiert eine Unterzeichnerin namens Kunigunde ihre Mitleserinnen über einen vermeintlichen Produkt-Skandal. Doch besagte Kettenmail, die seit 1998 auch in Deutschland kursiert, weist alle Merkmale einer unwahrhaftigen »FOAF-(»Friend of a Friend«)Story auf, deren Urheber angeblich der Freund eines Freundes sein soll, aber nie ausfindig zu machen ist:

»A friend of mine, getting her Ph. D. at University of Colorado, Boulder, sent it to me. Read on if you value your health … I am writing this because women

are not being informed about the dangers of something most of us use: tampons …

(zu Deutsch etwa: *»Eine Freundin von mir, die ihren Abschluss an der Universität von Colorado, Boulder, gemacht hat, schickte mir diese Nachricht … Ich leite sie weiter, weil viele Frauen völlig unzureichend über die Gefahren von etwas informiert sind, was die meisten von uns benutzen: Tampons …)«*

Behauptung eins ist leicht zu entkräften: Tampons enthalten kein Asbest und haben nie solches Material enthalten.

Etwas anders sieht es mit Behauptung zwei aus: Tatsächlich ist unbehandelte Rohbaumwolle gelblich-braun. Das makellose Weiß von Watte, wie sie der Verbraucher kennt, ist nur durch Bleichmittel zu erreichen. Außerdem müssen die Fasern von Unreinheiten befreit und die Saugfähigkeit verbessert werden.

Noch 1989 veröffentlichte die Umweltschutzorganisation Greenpeace Analyse-Ergebnisse, nach denen sich auch in hygienisch besonders sensiblen Produkten wie Windeln oder Tampons Spuren von Chlorverbindungen und Dioxin aus der Zellstoffbleiche fanden. Mittlerweile jedoch werden die für den Intimbereich gedachten Watte-Artikel weitestgehend chlorfrei hergestellt. Stattdessen kommt harmloser Sauerstoff als Bleichmittel zum Einsatz.

www.urbanlegends.about.com

Attentats-Warnungen

Ist auch ein Freund Ihres Freundes von einem Araber vor einem Terroranschlag gewarnt worden? Oder haben Sie eine E-Mail wie diese bekommen?

»Hallo, ihr Lieben,
folgendes Erlebnis der Freundin meines Bruders nur vorsichtshalber als Info:
Daniela war vor einigen Tagen im Oberhausener »Centro«. Sie begegnete einer Gruppe von Moslems bzw. Arabern, von denen einer unbemerkt ein Porte-

monnaie aus seiner Tasche verlor. Sie machte ihn darauf aufmerksam, und er
bot ihr 1000 Euro als Finderlohn an. Als sie dies ablehnte, war seine Antwort:
»Dann sehen Sie zu, dass Sie vor Weihnachten keinesfalls mehr hierher kom-
men.«
Die Polizei ist verständigt und nimmt die Sache sehr ernst.
Also Weihnachtseinkäufe nicht unbedingt in Oberhausen erledigen!«

Mal zirkuliert dieses Gerücht in Oberhausen (»Centro«), dann in Saarbrücken (»McDonald's«), Trier (»Weihnachtsmarkt«), Hannover (»Kaufhaus Horten«), München (»Stachus«), Köln (»Karneval«) oder Berlin (»KaDeWe«).

Der Anlass (11. September, Afghanistan-Krieg, Irak-Krieg etc.) und die Anschlagsziele variieren von Stadt zu Stadt. Eines jedoch bleibt sich überall gleich: Die Schauer-Mär vom dankbaren Araber ist eine Fama – oder »reine Panikmache«, so der genervte Kommentar der Münchner Polizei.

»Die Araber-Wandersage ist eine erzählerische Reaktion auf die Ereignisse vom 11. September«, erklärt auch der emeritierte Frankfurter Germanistikprofessor Helmut Fischer. Die bis heute nachwirken. »Die Menschen haben Angst. Das Bedrohliche wird auf dem Weg der Kommunikation verarbeitet.«

Die Geschichte vereinigt drei klassische Komponenten einer Sage und somit einer guten Story: die Lust am Grusel, das Spiel mit fremdenfeindlichen Elementen und einen starken Warneffekt.

Gleich nach den unfasslichen Bildern der Terroranschläge vom 11. September 2001 ging bereits eine ähnliche Story um. Darin war von einem Abschiedsbrief die Rede, den ein Araber seiner deutschen Freundin geschrieben haben soll, bevor er verschwand.

Und in diesem Brief warnte er sie davor, an Halloween U-Bahn zu fahren oder Einkaufszentren zu betreten oder aber Coca-Cola (oder Pepsi) nach einem bestimmten Datum zu kaufen bzw. zu trinken.

Die zahllosen Informationen, Halbwahrheiten, Gerüchte und Verschwörungstheorien um die Katastrophe von New York und ihre anhaltend virulenten Folgen, wie etwa der »Krieg gegen den Terror«, sind in Gestalt des »bösen Muslimen« zu einem Phantom geronnen, das gesellschaftliche Befindlichkeiten personifiziert.

Derlei Flüsterpropaganda kennen wir u.a. von Pearl Harbour, vom Mord an US-Präsident Kennedy und vom Tod Prinzessin Dianas.

Letztendlich geht es um die Angst vor unklaren, nicht genau fassbaren Bedrohungspotenzialen. Das ist begreiflich. Aber wer solche »Warnungen« vorschnell weiterleitet, steigert bloß die Unsicherheit.

»Die schnellsten Gerüchte der Welt«, Tagesspiegel, 23.9.2001; »Die Angst hat tausend Zungen«, Focus, 2/2003; www.hoax-info.de

Blut-Schokolade und -Wein

Dass zur Herstellung von Schokolade Ochsen- oder Schweineblut verwendet wird, ist schon ein recht betagter Mythos. Neuerdings soll es auch Rotwein mit Blut geben, meldete z.b. die Zeitschrift »Business Week«: Weil die Europäer genmanipuliertes Getreide aus Amerika nicht importieren wollten, habe die US-Regierung ausländische Weine verboten, die Blut enthalten.
Wie bitte?
Gehen wir der Reihe nach: Wie der »Zeit«-Redakteur Christoph Drösser für seine »Stimmt's?«-Rubrik recherchiert hat, enthält Schokolade außer der Milch überhaupt keine tierischen Bestandteile – wenn man von ein bisschen Eierlikör in manchen Pralinen absieht. Das Gerücht von der Blut-Schokolade habe zwei mutmaßliche Hintergründe: Zum einen gab es in der ehemaligen DDR ein Forschungsprojekt, bei dem es darum ging, mit getrocknetem Blut der Schokolade eine kräftigere Farbe zu geben.
Ob das jemals umgesetzt wurde, sei nicht bekannt. Zweitens habe ein Tüftler einmal einen Patentantrag eingereicht für ein Verfahren, mit dem man den Einweißgehalt von Lebensmitteln durch den Zusatz von Blut erhöhen könnte. Das Patent wurde jedoch nie erteilt.
Was nun Blut im Wein angeht: Die fachkundige Web-Seite http://wine.about.com weist darauf hin, dass »vor Jahrhunderten« in der Tat hin und wieder Blut zur so genannten Schönung der edlen Tropfen verwendet worden sei. Rot- und Weißwein muss chemisch stabil gemacht, also »geschönt« oder »geklärt« werden.
Dazu gehört, dass die im Wein enthaltenen Schwebteilchen ebenso entfernt

werden wie gelöste Proteine, Enzyme und andere Polymere. Schönungsmittel arbeiten nach dem Prinzip der elektrischen Ladungen: Positiv geladene Mittel ziehen negativ geladene Trübteilchen an und sinken mit ihnen zu Boden. Positiv geladene Trübteilchen werden von negativ geladenen Schönungsmitteln angezogen und abgelagert.

Dazu verwendet man z.B. Tonerde, Gelatine oder Kieselsol; in früheren Zeiten auch Fischleim – oder eben Blut, wie http://wine.about.com behauptet. Wie dem auch sei: Diese Praxis ist vollkommen in Vergessenheit geraten und wäre darüber hinaus heutzutage strikt verboten.

Weshalb urbane Legenden um blutigen Wein oder Schokolade, um Spinneneier in Kaugummi, LSD-Rauschgiftköder in Süßigkeiten, Backmittelzusätze im Brot aus zerkleinerten Haaren von Asiaten oder Konservendosen mit Haarbällen aus Rindermägen so populär sind, ist indes unschwer zu verstehen: Leben wir doch in einer Zeit, da das Böse aus der Friteuse kommt (»Acrylamid« genannt) und der wehrlose Verbraucher nur noch auf Warnhinweise wie »Gebäckessen gefährdet Ihre Gesundheit« oder »Mürbekekse töten« wartet.

www.debatte.zeit.de; Herbert Feldkamp: Wein hausgemacht, Ludwig-Verlag, München 1997; Jens Priewe: Wein – Die neue große Schule, Zabert/Sandmann-Verlag, München 1998; »Grüne Tomaten schlafen wütend«, Live-Magazin, 1/2003

Busenstarren hält Männer fit

… meldete die »Bild«-Zeitung begeistert: »Zehn Minuten verbessern die Blutzirkulation wie 30 Minuten Aerobic!« Schöne Aussichten für die Herren der Schöpfung? Leider nicht. Die Quelle dieser sensationellen Erkenntnis ist das US-Witzblatt »Weekly World News«, dem wir Schlagzeilen verdanken wie: »Pizza Prostituto – Neuer Service: Prostituierte bringen Pizza ins Haus«. Oder: »Neues Gesetz – Blinde müssen Sturzhelm tragen«.

Auch eine Kettenmail, in der »Dr. Karen Weatherby« vom »New England Journal of Medicine« detailliert die Auswirkungen der im wahrsten Sinne des

Wortes spannenden Männer-Sportart auf Blutdruck und Herz-Kreislauf-System erklärt, ist ein Hoax. Es existiert keine Dr. Karen Weatherby, und ihr besagter Artikel findet sich in keiner medizinischen Datenbank der Welt.

www.urbanlegends.about.com

Döner-Wurm

Erschreckend:

»*Eine Studie der deutschen Lebensmittelkontrolle hat bei Qualitätsüberprüfungen festgestellt, dass in jedem zehnten Kebab Wurmeier zu finden sind. Diese Eier und entstehende Larven sind gegen Magensäure resistent! Sie haben die gleichen Eigenschaften wie unser heimischer Fuchsbandwurm, das heißt sie fressen sich langsam durch den Körper zum Gehirn. Diese Eier entstehen durch das lange Warmhalten am Spieß.*«

Tatsächlich? Glaubt heutzutage noch jemand an Ur-Zeugung? Anscheinend, denn ansonsten hätte dieser Kettenbrief kaum eine beachtliche Verbreitung finden können. Es mag sein, dass die tierischen Kebab-Fleischlieferanten hin und wieder Bandwurmeier mit der Nahrung aufnehmen. Und in der Tat widerstehen solche Parasiten der zersetzenden Wirkung von Magensäure – jedoch nur, wenn sie die Zubereitung des Fleisches am Spieß überleben, was äußerst unwahrscheinlich ist.

Außerdem: Auf dem farbigen Schock-Foto, das der Döner-Warnung meist als Attachment angehängt ist, frisst sich kein Wurm durch ein menschliches Auge, sondern eine tropische Insektenlarve, nämlich die der Dasselfliege (*Dermatobia hominis*). So gesehen gehört der Tod bringende Wurm im Döner wohl in dieselbe Kategorie wie Rattenzähne oder Fingernägel im Hamburger, von denen diverse Großstadtlegenden seit langem erzählen.

Andere zeitgenössische Fastfood-Mythen ranken sich z.B. um genmanipuliertes, künstliches Hühnerfleisch bei »Kentucky Fried Chicken« oder um

103

»Mayonnaise« aus Sperma, für die ein masturbierender Angestellter bei »Burger King« oder »Pizza Hut« verantwortlich ist. Möglicherweise bricht sich in solchen Ekel-Storys das latent schlechte Gewissen vieler Schnellimbiss-Fans Bahn.

Dosentod

Quatsch mit Dose oder Ernst zu nehmende Warnung?

»Kürzlich verstarb eine Frau unter absurden Umständen. Sie trank von Mineralgetränkebüchsen (Fanta, Cola etc.), als sie auf dem Genfer See war. Montags wurde sie ins Hospital in Lausanne eingeliefert, und am Mittwoch verstarb sie. Die Autopsie ergab, dass sie an Leptospirose fulgurante verstorben war. Sie hatte kein Glas mit aufs Schiff genommen und direkt von der Büchse getrunken. Eine Kontrolle der Büchsen hatte ergeben, dass die Büchsen mit Rattenurin, also Leptospiras, verunreinigt waren.
Die Frau hatte wahrscheinlich den oberen Rand der Büchse nicht gereinigt, bevor sie trank. Diese war mit trockenem Rattenurin infiziert, welche giftige, tödliche Substanzen, so das Leptospiras, enthält, welche die Leptospirose auslöst. Diese Büchsen werden in Lagern aufbewahrt, welche voll Ratten sind, und kommen dann ungewaschen in den Handel. Die Büchsen sollten nach dem Kauf, bevor Sie sie in den Kühlschrank tun, mit Geschirrspülmittel gründlich gereinigt werden. Gemäß einer Untersuchung in Spanien sind die Büchsen stärker verseucht als öffentliche Toiletten!!! Diese Mitteilung sollte an so viele Leute wie möglich weitergeleitet werden.
Mitteilung vom Kantonsspital Genf.«

Natürlich ist es aus hygienischen Gründen angeraten, Dosen und andere Verpackungen zu reinigen, bevor man sie zum Mund führt. Eine Krankheit namens »Leptospirose fulgurante« gibt es aber gar nicht – höchstens »Leptospirose«, auch »Stuttgarter Hundeseuche« oder »Weilsche Krankheit« genannt. Leptospirose zählt zu den so genannten Zoonosekrankheiten, das heißt: Es handelt sich um eine bakterielle Infektionskrankheit, die von Tieren vornehmlich auf Menschen übertragen wird, die beruflich mit Tierpflege oder Tierhaltung zu tun haben. Durch getrockneten Rattenurin kann man sich allerdings nicht anstecken. Außerdem beträgt die Inkubationszeit sieben bis elf Tage, die Infektion ist mit Medikamenten heilbar, ein Krankheitsverlauf wie oben geschildert nicht möglich.

Am Rande sei noch vermerkt, dass Getränkedosen in Gebinden transportiert und gelagert werden, die in Plastikfolie eingeschweißt sind.

»Unfug kennt keine Grenzen«, verlautbarte das Berliner Robert-Koch-Institut in einer offiziellen Stellungnahme, nachdem es »mehrfach Anfragen von besorgten Bürgern« gegeben habe. Als typische Anzeichen für eine elektronische Ente stechen vier Punkte hervor: 1. Der Wahrheitsgehalt wird in der Meldung besonders hervorgehoben. 2. Ort und Zeitpunkt des Ereignisses sind nicht nachvollziehbar. 3. Wissenschaftliche Institutionen, Behörden etc. werden als Zeugen aufgeboten, ohne dass die Quelle nachprüfbar ist. 4. Im Text wird Wert darauf gelegt, dass die Nachricht möglichst rasch und an viele Personen weiterverbreitet wird.

Epidemiologisches Bulletin, Nr. 30/2002

Freitag, der 13.

Triskaidekaphobie?
Mit diesem Fachbegriff ist die weit verbreitete Angst vor der Zahl 13 geadelt worden. Ex-»Dallas«-Star Audrey Landers leidet angeblich ebenso an Triskaidekaphobie wie der Soft-Pianist Richard Clayderman oder der Schauspieler Al Corley (»Denver Clan«). In vielen Hotels folgt auf den 12. Stock gleich der 14. Auch in Flugzeugen fehlt oft die Reihe 13.

Genaue Zahlen darüber, wie weit die Angst vor Freitag, dem 13. verbreitet ist, gibt es nicht. Die aktuellste Umfrage dazu (vom Institut für Demoskopie, Allensbach) stammt aus dem Jahr 2000 und zeigte, dass 19 Prozent der Männer und 26 Prozent der Frauen der Zahl 13 eine besondere Bedeutung beimessen. Dem Freitag übrigens nur sieben bzw. zehn Prozent.

Wieso eigentlich? Statistisch gesehen passieren an den berüchtigten »schwarzen« Freitagen nicht mehr Unfälle als an normalen Freitagen. Eine anderslautende Studie des ADAC aus dem Jahr 1984 ist längst als methodisch fehlerhaft widerlegt: Von den drei dreizehnten Freitagen, die der Automobilclub in jenem Jahr unter die Lupe nahm, zeigten zwei den normalen Durchschnittswert der freitäglichen Unfallhäufigkeit auf unseren Straßen. Verantwortlich für das vermeintliche Desaster war allein Freitag, der 13. Juli. An diesem Tag begannen in mehreren Bundesländern die Sommerferien, und das stark erhöhte Verkehrsaufkommen führte natürlicherweise auch zu mehr Unfällen. Freitag, der 13. – das ist kaum mehr als »ein Kokettieren mit dem Unglück«, hat auch der Volkskundler Dr. Gunther Hirschfelder von der Uni Bonn festgestellt. Ähnlich wie Muttertag oder Halloween ist Freitag, der 13. eine modische Erfindung, die keineswegs auf uraltes Erfahrungswissen und Überlieferungen zurückgeht.

In früheren Zeiten maßen die Menschen nahezu allen Zahlen und Wochentagen eine spezifische Symbolik zu – und sowohl der Freitag wie auch die Zahl 13 waren je nach Region ebenso häufig positiv wie negativ besetzt. Erst im 20. Jahrhundert machte Freitag, der 13. als Unglückstag und postmoderner Markierungspunkt Karriere, als findige Journalisten ihn mit dem Börsencrash vom Mai 1927 und der beinahe gescheiterten Apollo 13-Mission von 1970 in Verbindung brachten.

Die Krimi-Autorin Patricia Highsmith dagegen bringt eine beachtliche Fähigkeit zur kritischen Selbstreflexion auf: »Mir brachte dieser Tag nur dann Pech, wenn ich ihn überhaupt bemerkte. Und das war selten.« In der Tat sorgt die unheimliche Macht der so genannten selektiven Wahrnehmung dafür, dass bestätigende Ereignisse und eingetroffene Orakel erheblich besser in Erinnerung bleiben als Nieten.

»Das ist so wie mit unseren Schwammerl-Fundstellen im Wald«, erklärte der Journalist Reinhold Dörrzapf in der »Münchner Abendzeitung«: »Stellen, an denen wir einmal vor 20 Jahren drei Steinpilze auf einem Fleck aufgespürt hatten, halten wir noch immer für einen erstklassigen Steinpilz-Platz, auch wenn wir danach 19 Jahre lang vergebens vorbeigeschaut haben.«

Höchstwahrscheinlich ist es nur unsere innere Einstellung, die an einem Freitag, dem 13. diffuse Ängste so verstärkt, dass wir tatsächlich möglicherweise vom Fahrrad fallen oder irgendwo ausrutschen. Und so wird wohl nicht nur das Schlagersternchen Pia Zadora (»When the rain begins to fall«) am Freitag, dem 13. auch weiterhin im Bett bleiben und den grausigen Tag verschlafen. Ob sie jemals ein 13. Monatsgehalt zurückgewiesen hat, ist nicht bekannt.

»Freitag, der 13. – ein Unglückstag?«, Skeptiker, 1/2002

Ikea-Horror

Eine Mutter streift mit ihrem fünfjährigen Sohn durch die Kinderabteilung des schwedischen Möbelhauses Ikea. Als sie einen Mitarbeiter um eine Auskunft bittet, lässt sie den Jungen kurz aus den Augen. Plötzlich ist der Kleine verschwunden. Panik bei der Mutter, Aufregung bei den anderen Kunden. Der Abteilungsleiter lässt alle Ausgänge absperren, die Angestellten durchkämmen Verkaufsräume und Toiletten.

15 Minuten später findet man den Jungen. Er kauert verstört und mit teilweise abrasierten Haaren auf einem Klodeckel, hat einen anderen Anorak an und ist offenbar unter Drogen gesetzt worden.

Immer wieder müssen die Ikea-Geschäftsleitung und Polizei-Pressestellen besorgten Anrufern versichern, dass dieses horrible Drama nie passiert ist. Es handelt sich um eine lupenreine Großstadtsage. Der US-Erzählforscher Jan Harold Brunvand kann sie bis in die 70er Jahre des 20. Jahrhunderts zurückverfolgen. Die Schauplätze sind mal Disneyland, mal die Spielzeug-Kette »Toys R Us« oder »Sam's Club«, ein Tochterunternehmen des Wal-Mart-Konzerns. Oder aber marokkanische Märkte und algerische Basare. Sogar im düsteren »Akte X«-Universum begegnet uns dieser Plot, und zwar in der Episode »Rotes Museum«.

Doch die Geschichte ist noch sehr viel älter.

Der Volkskundler Rolf Wilhelm Brednich von der Universität Göttingen hat eine Legende aus dem 17. Jahrhundert ausfindig gemacht, die fatale Ähnlichkeit mit dem Ikea-Grusical aufweist. Es geht darin um eine Taufgesellschaft, die so betrunken ist, dass sie nicht mitbekommt, wie bei der Schlittenfahrt von der Kirche zurück nach Hause der Täufling verloren geht. Als man ihn wiederfindet, haben Krähen ihm die Augen ausgehackt.

Das klingt nach einem hoch moralischen Lehrstück – und sollte es wohl auch sein. Und eben diese Tatsache macht die »Verschwindikus-Geschichte« in verschiedenen Varianten unsterblich.

»Hort des Horrors«, Stern, 11/2000; Jan Harold Brunvand: Encyclopedia of Urban Legends, ABC-CLIO Inc., Santa Barbara, 2001

»Licht aus!«

Was tun wir, wenn uns nachts auf der Straße ein Auto ohne Licht entgegenkommt? Ganz automatisch betätigen wir ein-, zweimal die Lichthupe. In dem Teen-Horrorfilm »Düstere Legenden« wird genau dieses Verhalten Auslöser für eine blutige Mordserie. Und auch im wirklichen Leben kursieren per Fax oder E-Mail ominöse Warnungen, in einer solchen Situation auf keinen Fall aufzublenden.

Wieso nicht?

Weil der entgegenkommende Fahrer Mitglied einer berüchtigten Gang ist und ein grausames Spiel treibt: Jeder, der auf die absichtsvolle Provokation reagiert und die Scheinwerfer des Fernlichts betätigt, hat damit sein Todesurteil unterschrieben. Denn der bösartige Verrückte hinterm Steuer auf der Gegenfahrbahn wendet sogleich und attackiert das Auto so lange, bis der freundliche Fahrer tödlich verunglückt. Oder er folgt ihm bis nach Hause und erschießt ihn dort.

Zahllose Polizisten, Juristen, Journalisten, Sozialwissenschaftler und Experten für Jugend-Subkulturen und Verbrechergangs haben sich mit dieser sehr populären Geschichte beschäftigt. Sie fanden keinen einzigen Fall, der sich tatsächlich so zutrug.

Anscheinend spielt der so genannte »Lights Out!«-Mythos mehr in die Domäne der Psychologen und Volkskundler hinein.

Denn wie alle urbanen Legenden sagt er eine Menge darüber aus, wer wir sind und was wir fürchten. Stets geht es in den kurzen Düster-Dramen um Schadenfreude, Eifersucht, Rache, Ressentiments und Vorurteile. Um zeitlose Erzählstoffe also, die vagabundierende Ängste, Wünsche und Befindlichkeiten in eine Form gießen.

Was will uns die »Lights Out!«-Story sagen?

Sie passt perfekt in eine Zeit, in der das Verkehrsgeschehen viele Autofahrer zunehmend aggressiver macht – bis hin zu Parkplatzstreitigkeiten, die nach Polizeiberichten mit Messer oder Pistole ausgetragen werden.

Spiel bloß nicht den Kavalier der Straße, lautet die »Lights Out!«-Botschaft. »Denn das könnte dich umbringen.«

»Lights Out! – A Faxlore Phenomenon«, Skeptical Inquirer, Vol. 19, No. 2/1995

LSD-Klebebilder

Sie sehen putzig aus – und sind hochgefährlich: Klebebildchen mit Clown-Motiven oder Disney-Charakteren, die Kinder sich als Körperschmuck auf die Haut pappen können. Denn die Gummierung der Tattoos enthält LSD, und skrupellose Drogendealer wollen auf diese perfide Weise schon kleine Jungen und Mädchen »anfixen«.

Behauptet jedenfalls ein Kettenbrief, der in unregelmäßigen Abständen immer wieder starke Ängste bei Eltern hervorruft:

»Bitte ausdrucken und an alle Haushalte verteilen!
Eine neue Droge ist auf dem Markt!
Sie wird auf Schulhöfen und Spielplätzen an ahnungslose Kinder verteilt – Vielleicht ist Ihres auch schon betroffen! So harmlos – (Abbildung) – sehen die unscheinbaren Klebebilder aus, die von Dealern als Lockmittel für ihre zukünftige Kundschaft benutzt werden. Aber lassen Sie sich nicht täuschen:
Diese Bildchen enthalten das tödliche Rauschgift mit dem Namen LSD (das unter Süchtigen auch Ecstasy [sprich: Ekstäsi, dt. Rauschzustand] genannt wird), wurde von skrupellosen, geldgierigen Wissenschaftlern aus Russland er-

funden. Es macht sofort süchtig und führt innerhalb kürzester Zeit zum siche-
ren Tod!
Das Gefährliche daran: LSD wird über die Haut aufgenommen – zum Beispiel
durch das Berühren dieser Klebebildchen! Die Bilder können auch Strychnin
enthalten.«

Welcher Humbug in dieser und ähnlich lautender Form verbreitet wird, hat
die Berliner Senatsverwaltung für Bildung, Jugend und Sport in einer Lehrer-
Handreichung zusammengefasst:

– *»Eine neue Droge ist auf dem Markt.«*
LSD ist aber keine neue Droge, sondern ein seit vielen Jahrzehnten bekanntes Halluzinogen.

– *»Durch die Berührung dieser Bildchen wird die Droge über die Haut in die*
Blutbahn gebracht.«
Das ist nicht möglich; LSD-Moleküle können nicht über die Haut aufge-
nommen werden, die Moleküle sind zu groß. Abziehbilder eignen sich schon
wegen ihrer glatten Oberfläche nicht als Trägermaterial für LSD oder andere
Drogen.

– *»Die Abziehbilder werden von größeren Kindern an die Kleinen verschenkt.«*
Mit welchem Interesse sollte ein Dealer Drogen verschenken? Er will Gewinn
machen und hat nichts zu verschenken.

– *»Die Kleinen sind dann für die Erwachsenen die neuen Kunden.«*
LSD wirkt auf einen Konsumenten nur dann positiv, wenn dieser ganz darauf eingestellt ist und die Wirkung kennt und anstrebt. Erwachsene Erstkon-
sumenten berichten meist von Übelkeit, Erbrechen und Angstzuständen als
unmittelbarer Folge des Konsums. Bei Kindern würde dieser Effekt umso
mehr auftreten (wenn die Aufnahme überhaupt über die Haut funktionieren
würde). Diese Kinder würden angesichts der Wirkungen wohl kaum als zukünftige Konsumenten infrage kommen.

– »Die Bilder können auch Strychnin enthalten.«
Auch dieser Stoff kann nicht über die Haut aufgenommen werden, und kein
Dealer hätte ein Interesse, seine Kundschaft zu vergiften.

Kettenbriefe in Sachen »LSD-Bilder« gehen in den USA und in Deutschland
schon seit Mitte der 1970er um – und verstärken die Sorgen von Eltern über
den entwicklungsbedingten Verlust ihrer Einflussmöglichkeiten auf ihre Kinder und über deren »schlechten Umgang«.

Tipp der Sucht-Experten der Berliner Senatsverwaltung: »Sprechen Sie miteinander über Probleme in konfliktreichen Phasen der Kindheits- und Ju-
gendentwicklung! Nicht die Droge sollte im Mittelpunkt des Dialoges stehen,
sondern der Mensch.«

www.senbjs.berlin.de/schule/suchtprophylaxe/suchtprohylaxehandreichung/teil5_b.asp;
www.snopes.com/horrors/drugs/bluestar.htm

Maria im Spiegel

Eins, zwei, drei … Maria kommt vorbei?

Ein geheimnisvolles »Spiegelritual« schickt sich an, das Repertoire der okkulten Praktiken wie Pendeln oder Gläserrücken um eine aufregende Variante zu
erweitern und Jugendlichen den übersinnlichen Kick zu verschaffen.

Und das geht so: Man stelle sich in einem verdunkelten Raum (höchstens einige Kerzen dürfen flackern) vor einen Spiegel und spreche sieben Mal laut
und konzentriert den Namen »Maria« aus.

Nach kurzer Zeit erscheint das Antlitz der heiligen Jungfrau im Spiegel. In anderen, gruseligeren Versionen zeigt »Maria« bedrohliche Qualitäten, wird dar-
ob »Bloody Mary« gerufen, und der schauerliche Geist der besagten Mary
krallt nach ihren Beschwörern, greift sie mit einem Messer an oder »zerfetzt
ihnen das Gesicht«.

In Amerika ist dieser Mythos seit mehr als 30 Jahren in über 100 Spielarten
ein ausgesprochen beliebter Bestandteil spätabendlicher Schauerrunden.

Mal geht es um eine »Mary Worth«, dann wieder um »Mary Lou«, »Mary Jane«, »Mary Johnson«, »Mary Worthington« oder »Mary Whales«, die jeweils mit einem passenden lokalen Hintergrund versehen wird. Angeblich handelt es sich dabei um eine junge Frau, die bei einem Autounfall verblutete und nun als böser Geist umgeht.

Die implizierte Herausforderung, das Ritual selbst auszuprobieren und die entstellte »Bloody Mary« heraufzubeschwören, macht die Legende nahezu unwiderstehlich attraktiv. Aus US-Sommercamps ist sie über Filme wie »Candymans Fluch«, »Nightmare on Elm Street« oder die Akte X-Folge »Energie« auch nach Deutschland geschwappt.

Dass bei der horriblen »Spieglein, Spieglein an der Wand«-Abwandlung tatsächlich etwas »passiert«, ist durchaus möglich – und hinreichend durch die autosuggestive Erwartungshaltung in einer emotional aufgeladenen Atmosphäre verstehbar.

www.mythology.com/bloodymary.html; Jane Goldman: Die wahren X-Akten, Band 2, vgs-Verlag, Köln 1997

Phantomclowns

Die Sache ist bis heute rätselhaft.

Ein Clown, der Kindern aus diversen Gebüschen heraus aufgelauert haben soll, beschäftigte 1997 in Ahlen mehr als 100 Polizeibeamte. Psychologen rätselten, ob der Übeltäter ein Fantasiegespinst oder tatsächlich einem Wanderzirkus in der Nähe entwichen sei.

Oder markierte die Kleinstadt im Nordrhein-Westfälischen die Geburtsstätte einer neuen Wanderlegende?

In den USA und Großbritannien jedenfalls gehören »Phantomclowns«, die Kinder entführen oder gar ermorden, seit den frühen 80er Jahren des 20. Jahrhunderts zum festen Repertoire des modernen Sagenschatzes.

Verwunderlich? Keineswegs. Nicht nur Hollywood-Star Johnny Depp bekennt sich dazu, an »Clownophobie« zu leiden. Der Berliner »Tagesspiegel«

adelte »Clownophobie« gar schon zur Volksneurose: »Das rote Haar. Diese grinsende Wunde von Mund. Die Kleidung, wie von Gichtkranken in der Hölle genäht … Horden von fröhlichen Clowns sind aus ihren Zirkusgehegen ausgebrochen und belästigen Menschen in Schnellrestaurants, Fußgängerzonen und Krankenhäusern. Sie benehmen sich fröhlich, aber es ist eine Fröhlichkeit am Rande der Hysterie, eine manische Fröhlichkeit – nur einen Herzschlag davon entfernt, in mörderischen Zorn umzukippen?«

Ist das ironisch gemeint?

Nicht unbedingt. Kein Geringerer als Horror-König Stephen King hüllt in »Es« das leibhaftige Böse in ein bauschiges Clownskostüm mit roten Pompons und einer schlaffen Fliege um den Hals.

Und er muss es eigentlich wissen.

»Das Phantom von Ahlen«, Focus, 41/1997; »Gesichter des Schreckens«, Tagesspiegel, 25.2.2001; Jan Harold Brunvand: Encyclopedia of Urban Legends, ABC-CLIO Inc., Santa Barbara 2001

Tödliche Briefumschläge

»Lecken Sie Briefumschläge nie mit der Zunge, um sie zuzukleben«, warnt eine Kettenmail aus den USA. Eine junge Frau sei daran gestorben, und der Gerichtsmediziner habe Spuren von Zyanid im Mund der Toten gefunden.

Das ist natürlich ein Hoax – und eigentlich nicht der Erwähnung wert. Wenn da nicht eine rätselhafte Tatsache wäre, die fast jedem von uns schon mal aufgefallen ist: Wenn man Briefumschläge nicht aufreißt oder aufschneidet, sondern die gummierten Flächen auseinanderzieht, ist ganz kurz eine violette Leuchterscheinung zu sehen. Sie kann wiederholt werden, wenn man den Umschlag erneut zuklebt und wieder öffnet. Was hat es damit auf sich?

Keine Panik. Das farbige Leuchten heißt »Chemolumineszenz«. Es handelt sich um Energie in Form harmlosen sichtbaren Lichts, die frei wird, wenn die Anziehungskräfte zwischen den Molekülen des Klebstoffs aufgebrochen werden.

Mick O'Hare: Warum fallen schlafende Vögel nicht vom Baum?, Piper-Verlag, München 2000

5. MEDIEN

Amityville Horror

In dem Haus 112 Ocean Avenue in Amityville ist der Teufel los. Aus den Toiletten quellen stinkende Flüssigkeiten, grüner Schleim rinnt von den Wänden, überall erklingen unheimliche Geräusche, rot glühende Augen schweben körperlos in der Dunkelheit, eine solide Tür fliegt wie unter einem mächtigen Druck aus den Angeln ...

So jedenfalls schildert der Hollywoodfilm »Amityville Horror« jene Ereignisse, die im Dezember 1975 George Lutz und dessen Familie widerfahren sein sollen.

Das schmucke Gebäude auf Long Island (New York) war zum Schnäppchenpreis von 80 000 Dollar in den Besitz des Landvermessers übergegangen. Denn wenige Monate zuvor hatte darin ein 23-jähriger Amokläufer namens Ronald DeFeo seine Eltern und vier Geschwister erschossen.

Doch das vermeintliche Traumhaus entpuppt sich schnell als Albtraum. Nach dem Einzug der Familie Lutz häufen sich unerklärliche und Schrecken erregende Vorfälle, die darauf hinzuweisen scheinen, dass das Böse höchstselbst am Werk ist. Durch den Bestseller »The Amityville Horror – A true Story« von Jay Anson und die besagte Verfilmung erfährt die ganze Welt von dem mysteriösen Spuk.

So auch Dr. Joe Nickell. Der ehemalige Privatdetektiv und heutige »Researcher« (Fall-Untersucher) der amerikanischen Skeptiker-Organisation CSICOP begibt sich zum Ort des Geschehens und überprüft sorgfältig die Details des Grusicals. Schnell wird Nickell stutzig: Die angeblich von bösen Geistern malträtierte Tür weist noch die Originallackierung und keinerlei Spuren einer Reparatur auf. Erkundigungen bei der lokalen Polizeidienststelle ergeben, dass keiner der Beamten je von Familie Lutz zu Hilfe gerufen worden ist – wie im Buch behauptet wird.

Weder die Nachbarn noch die übrigen Anwohner der Ocean Avenue oder die Vor- und Nachmieter der Lutz' haben je etwas von dämonischen Manifestationen mitbekommen. Der Ortspfarrer Rev. Ralph J. Pecoraro, der bei einem Besuch der spukgeplagten Familie angeblich unerklärliche Wunden und Brandblasen an den Händen davontrug, hat nach eigener Aussage des Haus nie betreten.

Auch mysteriöse, klauenartige Fußabdrücke im verschneiten Garten kann es nie gegeben haben. Wie Nickell recherchierte, herrschten an dem in Rede stehenden Tag milde Witterungsverhältnisse ohne Schneefall auf Long Island vor.

Der »Amityville Horror« entpuppt sich schließlich als Amityville-Hoax. Der Anwalt des Mörders Ronald DeFeo, William Weber, hatte sich mit George und Kathy Lutz die medienwirksame Schauergeschichte ausgedacht. Weber: »Ich weiß nicht mehr genau, wie viele Flaschen Wein wir an jenem Abend intus hatten, aber es waren sicher mehr als vier. Und irgendwann fingen wir gemeinsam an, Ideen zu spinnen …«

Das Motiv des Anwalts: Weber versuchte zu dieser Zeit, ein Wiederaufnahmeverfahren für seinen verurteilten Klienten »Ronnie« DeFeo anzustrengen. Und »Geisterstimmen« im Haus oder eine Art dämonische Besessenheit des 23-jährigen Täters schienen ihm dafür hinreichend gute Argumente zu sein.

George und Kathy Lutz wiederum hatten Schulden und brauchten Geld. Am Ende machten sie lediglich etwa 300 000 Dollar mit ihrem Schwindel. Das ganz große Geschäft teilten diverse Buchautoren und Filmproduzenten unter sich auf.

Bis heute übrigens. Mittlerweile existieren sechs Sequels des Films von 1978, in denen alte Standuhren, Spiegel und sonstige Relikte des berüchtigten Amityville-Hauses die Hauptrolle spielen.

Ob dieser dreisten Geldmacherei wenden sich sogar die Autoren eines »Lexikons des Horrorfilms« mit Grausen: »Es bleibt nur zu hoffen, dass in Zukunft nicht noch weitere dubiose Einrichtungsgegenstände für weitere – lediglich auf die schnelle Mark mit einem bekannten Titel bedachten – Fortsetzungen herhalten müssen.«

Gordon Stein: Encyclopedia of Hoaxes, Gale Research Inc., Detroit/Washington/London, 1993; Joe Nickell: Entities, Prometheus-Books, Bufallo 1995; »Gesponnene Lügen«, X-posé, Nr. 3/1997; »The ABC-ville Horror«, Skeptical Inquirer, Vol. 27, No. 1/2003

Backward-Masking

Einen Tag vor Weihnachten, am 23. Dezember 1987, beschließen Raymond Belnap (18) und James Vance (20) zu sterben. Sie hören stundenlang Musik der englischen Hardrockband »Judas Priest«, trinken Bier und rauchen Marihuana. Dann greifen sie sich eine abgesägte Schrotflinte. Ray ist sofort tot. Sein Freund nimmt die Waffe, presst den Lauf unters Kinn und drückt ebenfalls ab. Doch das Jagdgewehr rutscht ab. Die Kugeln zerschmettern sein Kinn, den Rachen und die Nase. Auf der Intensivstation retten Ärzte sein Leben. Doch James bleibt für immer entstellt.

Für die Eltern ist der Fall klar: Hardrock hat ihre beiden Söhne so weit gebracht. Sie strengen einen Prozess gegen »Judas Priest« und deren Plattenfirma CBS an, klagen auf Schadenersatz in Millionenhöhe. Denn der »Judas Priest«-Song »Better by you, Better than me« auf dem Album »Stained Glass« sei mit der rückwärts in den Text eingespielten Selbstmordaufforderung »Do it!« (»Tue es!«) unterlegt.

»Backward-Masking« nennt sich dieser Dreh, zu Deutsch etwa: Rückwärtsmaskierung. Das Prinzip ist folgendes: Wenn ein Musiker eine Platte oder eine CD aufnimmt, verwendet er ein Band mit 24 oder 32 verschiedenen Tonspuren. Das ist deshalb notwendig, weil jedes Instrument und die Gesangsstimmen einzeln aufgenommen und erst ganz am Schluss durch entsprechenden Sound-Mix auf ein breites Band übertragen werden.

Beim Backward-Masking wird nun auf einer der 24 oder 32 Tonspuren eine bestimmte, rückwärts gesprochene Botschaft verewigt. Und angeblich sei unsere rechte Gehirnhälfte als Zugang zum Unterbewusstsein in der Lage, solche verzerrten und verdrehten Wörter automatisch zu erfassen, »umzudrehen« und zu entschlüsseln.

Für die Existenz eines solchen neurologischen Mechanismus gibt es keinerlei Beweise – zumal die verwerflichen Textbotschaften in der Lage sein sollen, »über kurz oder lang das Grundwasser der menschlichen Persönlichkeit in eine brackige Kloake zu verwandeln«. Ein Konzept, das nach allen Erkenntnissen der Kognitionspsychologie nur als völlig absurd bezeichnet werden kann. Eine andere Methode des Backward-Masking soll darin bestehen, die normalen, verstehbaren Texte der Lieder so auszuwählen, dass sie rückwärts abgespielt einen anderen Wortlaut ergeben. Mehr als 50 Liedern wird vor allem in christlich-evangelikalen und anthroposophischen Zeitschriften und Büchern der Vorwurf gemacht, satanistische, destruktive und Gewalt verherrlichende Rückwärtsbotschaften zu vertreiben.

Sogar das einstige Disko-Sternchen »Sandra« soll an der Masche mitstricken. In ihrem Hit »Hey Little Girl« stimme sie rückwärts »Evil is in me« (»Das Böse ist in mir«) an. Und der sozial engagierte Bruce Springsteen schmähe in »Born in the USA« rückwärts Jesus Christus: »Oh Christ, you're dirt and mess« (»Oh Christus, du bist Dreck und Mist«).

Der Klassiker »Stairway to Heaven« von »Led Zeppelin« wiederum weise die Rückwärtsmaskierung auf: »Ich möchte in das Reich, ich möchte in die Hölle hinabsteigen, westlich der flachen Erde. Ich singe im Einklang mit Satan. Alle Macht meinem Satan. Er wird uns die dreimal Sechs geben. Ihr müsst für Satan leben.«

Doch was es mit dem geheimnisumwitterten Backward-Masking wirklich auf sich hat, ist umstritten. Der spektakuläre »Judas Priest«-Prozess im Sommer 1990 vor einem Bezirksgericht in Reno im US-Bundesstaat Nevada endete mit dem Freispruch für die Musiker.

Richter Jerry Whitehead entschied: Bei dem angeblichen Selbstmordappell »Do it!« handele es sich wohl nur um ein gepresstes Atmungsgeräusch. Außerdem kam zu Tage, dass Ray und James erhebliche Alkoholprobleme hatten und unter Gewalttätigkeiten in ihren Familien litten. 1989 starb auch der überlebende Suizident James Vance an den Folgen eines Methadon-Komas.

Am letzten Tag der Verhandlung in Reno erschienen die beiden »Judas Priest«-Gitarristen Glenn Tipton und K.K. Dowing sowie Sänger Rob Halford persönlich vor Gericht. Und zwar mit einer Kassette, auf der sie ihre umstrittene LP »Stained Glass« zu Demonstrationszwecken rückwärts aufgenommen hatten. »Auf entlarvende Art und Weise«, so der Psychologe und Heavy-Metal-Kenner Reto Wherli, machten sie deutlich, »dass aus nahezu jedem rückwärts ablaufenden Sprachstück ein sinnvoller Vorwärtssatz erlauscht werden kann.« Im Song »Invader« z.B. stießen sie auf die Botschaften »It's so fishy, personally I'll owe it« (»Es ist so fischig, ich werde es persönlich schulden«) und »Hey look, Ma, my chair's broken« (»Hey, schau mal, Mutti, mein Stuhl ist kaputtgegangen«). Wherli: »Der ganze Gerichtssaal brüllte vor Lachen, die Anklage brach in sich zusammen.«

Gitarrist Downing kommentierte den Vorwurf der Rückwärtsbotschaften so: »Wenn schon, dann hätten wir einen Text platziert, der uns wenigstens etwas gebracht hätte – zum Beispiel ›Kauft mehr Platten!‹«

Für sein Buch »Backward-Masking: Fluch oder Flop?« nahm der Deutsche Dierk Heimann nahezu sämtliche Songs unter die Lupe, in denen irgendein Autor irgendeine Rückwärtsmaskierung entdeckt haben will – insgesamt 46, deren stilistische Bandbreite von Madonnas »Act of Contrition« über Led Zeppelins »Stairway to Heaven« bis zu »Zarah« von Nina Hagen reichte. Auf 29 der Musikstücke fand Heimann keinerlei rückwärts eingemischte Textpassagen. Die anderen 17 enthielten ein so genanntes technisches Backward-Masking.

Das heißt: Die rückwärts eingemischten Botschaften haben mit Gewalt und Satanismus nichts am Hut, sondern sind als Ausdruck der Kreativität der Künstler anzusehen. Auf der B-Seite »Rain« der »Beatles«-Single »Paperback Writer« zum Beispiel erklingt der Anfang des Liedes am Ende noch einmal, allerdings rückwärts eingespielt.

Auch der Pop-König der 1980er, »Prince«, baute in sein Album »Purple Rain« eine unverhüllt erkennbare Rückwärtspassage ein.

Unbestritten ist darüber hinaus, dass Musiker sich mit Backward-Masking derbe Scherze erlauben oder es als Werbegag entdeckt haben. Die britische Düster-Band »Venom« mischte einige Passagen »satanischen« Gebrülls rückwärts in eine ihrer Nummern ein. »Iron Maiden«, die »Plasmatics«, das »Electric Light Orchestra«, »Pink Floyd« und die »Böhsen Onkelz« platzierten auf verschiedenen Platten ironische Seitenhiebe auf die »Backward-Masking«-Kontroverse.

Auch der Hamburger Musikprofessor Helmut Rösing untersuchte die in einschlägigen Schriften genannten Lieder im Labor und kam zu dem Schluss: »Verschlüsselte Texte in Rock- und Popmusik gibt es durchaus, allerdings bei weitem nicht in dem Umfang wie erwartet. Die Angaben zu den einzelnen Stücken sind nicht nur fehlerhaft und teilweise recht widersprüchlich, sie sind vor allem auch größtenteils nicht nachweisbar. Hier scheinen nach dem Motto ›Wer suchet, der findet‹ Inhalte in die Stücke hineingehört worden zu sein, die objektiv nicht gegeben sind.«

Anders ausgedrückt: Man hört das, was man hören will. Wahrnehmungspsychologen wissen, dass unsere Sinne mitnichten wie eine Videokamera exakt die äußere Wirklichkeit aufnehmen und wiedergeben, sondern sehr stark von dem beeinflusst werden, was wir glauben oder in bestimmten Situationen erwarten.

Als Rösing 29 Studenten der Musikhochschule Kassel »Another One Bites The Dust« von »Queen« rückwärts vorspielte, konnte kein Einziger etwas Sinnfälliges heraushören. Erst als sie gesagt bekamen, dass in der Geräuschkulisse die »Botschaft« mitschwinge »Start to smoke Marihuana!«, identifizierten fast drei Viertel der Studenten diese Textzeile »eindeutig«.

Wie abhängig unsere Wahrnehmung von unseren Überzeugungen und inneren Einstellungen ist, kann jeder selbst ausprobieren:

Man setze den Keilriemen, der den Plattenteller der Stereoanlage antreibt, verkehrt herum ein und lege den Tonarm des Plattenspielers am Ende der Platte auf.

Dann spielt die Platte rückwärts und man kann zum Beispiel »Stairway to Heaven« auf Rückwärtsmaskierungen abhören. Steht nur ein CD-Player zur Verfügung, kann man das Stück auf Tonband aufnehmen und dieses im »Rückwärtsgang« abspielen – den allerdings nur sehr gute Geräte haben.

Aber auch ohne Profi-Ausrüstung kann man ein File des Songs anfertigen und mit geeigneter Software auf dem PC rückwärts abspielen.

Was ist dabei zu hören? Ein unverständliches Gebrabbel, aus dem sich je nach Intensität des Zuhörens und nach persönlicher Stimmungslage alles Mögliche herausdeuten lässt.

Auch die meisten »Betroffenen«, die jugendlichen Musikfans selbst, gehen die Sache unverkrampft an.

Im Internet finden sich hunderte Beispiele von falsch verstandenen Songtexten, etwa unter www.amiright.com/misheard/index.shtml.

Bei http://gruel.uchicago.edu/Backmask/music.html diskutieren Kids augenzwinkernd darüber, was wohl die angeblich zu hörende Rückwärtszeile »Please, touch my bird, Patty Sue« in dem ABBA-Oldie »Dancing Queen« zu bedeuten habe.

Bei www.kissthisguy.com bekennt ein Teenager, sich sogar im Vorwärtsgang drastisch verhört zu haben. Und zwar bei Bryan Adams' »Summer of 69«. Statt »Got my first real six string, bought it at the five-and-dime« kam bei ihm an: »Got my first real sex dream, I was five at the time.«

Dierk Heimann: Backward-Masking: Fluch oder Flop?, Memra-Verlag, Weichs 1990; Helmut Rösing: Rückwärtsbotschaften im Queen-Song »Another One Bites The Dust« – Absicht, Zufall oder Missverständnis? In: Studien zur Musikgeschichte. Eine Festschrift für Ludwig Finscher, Bärenreiter-Verlag, Kassel 1995; »Scientific Consensus and Expert Testimony: Lessons from the Judas Priest Trial«, Skeptical Inquirer, Vol. 20, No. 6/1996; Wolfgang Hund: Was wir wahrnehmen, ist nicht wahr: Pink Floyd&Co., Vortragsmaterialien zu den Bereichen akustische Täuschungen und optische Illusionen, Pädagogischer Verlag Lehr- und Lernmittel Gabriele Hund, Hersbruck 1998; Reto Wherli: Verteufelter Heavy-Metal, Telos-Verlag, Münster 2001; »Heavy Metal in der Kritik christlicher Fundamentalisten und selbst ernannter Jugendschützer«, MIZ – Politisches Magazin für Konfessionslose und Atheisten, Nr. 3/2002

Blair Witch Project

Reingefallen!

An »The Blair Witch Project« ist rein gar nichts authentisch. Die Filmemacher Daniel Myrick und Eduardo Sanchez machten aus der Not eine Tugend und realisierten mit nur 30 000 Dollar einen Kassenschlager, der vor allem durch die geschickt um ihn herumgewobene Legende funktioniert.

Der »Stern« etwa schrieb: »Im Oktober 1994 gingen drei junge Film-Studenten in die Wälder bei Burkittsville im US-Bundesstaat Maryland, um einen Dokumentarfilm über eine lokale Hexenlegende zu drehen. Sie kehrten nie zurück. Ein Jahr später wurden Teile ihrer Ausrüstung gefunden, darunter drei Filmrollen. Dieses Material ist jetzt in kleiner Auflage in den USA unter dem Titel ›The Blair Witch Project‹ veröffentlicht worden. Die den Film gesehen haben, sind sich weitgehend einig: Die Aufnahmen der Kommilitonen Heather Donahue, Michael Williams und Joshua Leonard gehören zum Nervenzerrendsten, das es je zu sehen gab. Ein außergewöhnlicher Dokumentarfilm, der vom 7. Oktober an auch in deutschen Kinos gezeigt wird.«

Natürlich wusste der »Stern«-Autor genau, dass die kleine Produktionsfirma Haxan-Film es bloß verstanden hatte, die Grenzen zwischen Realität und Fiktion geschickt zu verschleiern. Die Webpage www.blairwitch.com verbreitete die Mythologie der Hexe, die in der Wildnis der Wälder rund um das Städtchen Burkittsville umgeht, lange bevor der Film in die Kinos kam. Das Internet regte Neugier und Fantasie des Publikums an, indem es »Beweise« wie Zeitungsartikel, Bilder und Tagebuchauszüge ausstellte, die den Eindruck von einer Kette übernatürlicher Vorgänge erweckten.

Die elektronische Flüsterpropaganda funktionierte.

Das 200 Seelen-Dorf Burkittsville wird seither von Teenagern, Fans, Journalisten und Touristen regelrecht belagert. Hier sollen die drei Studenten spurlos verschwunden sein. Und auf dem Friedhof sollen sich die Gräber der Kinder befinden, die von der Blair-Hexe ermordet wurden.

»Wie laufen denn die Untersuchungen?« oder »Habt ihr schon weitere Leichen gefunden?« wird der örtliche Sheriff Tom Winebrenner von besorgten Bürgern aus allen Teilen Amerikas und der ganzen Welt täglich gefragt.

»Selbst BBC aus Australien hat angerufen und nachgefragt, ob an den Geschichten was Wahres dran ist«, wundert sich Winebrenner. Die Standardantwort des geplagten Ordnungshüters: »Das Schlimmste, was in Burkittsville je passiert ist, war eine Geschwindigkeitsübertretung auf der Main Street.«

Trotzdem laufen jugendliche »Blair Witch«-Enthusiasten noch immer mit Videokameras durchs Dorf und filmen alles, was ihnen vor die Linse kommt. »Inzwischen schicken wir die Leute einfach in den Wald, beschreiben irgendeinen Weg«, erzählt Winebrenner. »Dann sind wir sie wenigstens los.«

»Kinostars wider Willen«, X-Mag, Nr. 11/2000; »Hexenjagd«, Cinema, Nr. 11/2000; »Blair Witch 2«, Presseinformation der Highlight Film und Home Entertainment GmbH; »Wie man eine Legende erschafft«, www.stern.de

»Der Exorzist«

Eine 12-Jährige spuckt Gift und Galle, entstellt das Gesicht zur Fratze, lässt den Kopf um 180 Grad rotieren und schleudert ihrer Umwelt blasphemische Schimpfwörter an den Kopf. Regan, so der Name des Mädchens, ist die zentrale Figur in »Der Exorzist«.

Der grausige Horror-Klassiker von 1973 startete im Jahr 2001 erneut in den Kinos, als »Director's Cut« mit elf zusätzlichen Filmminuten, die damals der Schere zum Opfer fielen. Aufgrund des neuerlichen großen Erfolgs wurde ein so genanntes Prequel gedreht, das noch vor den Ereignissen des ersten Teils spielt und Ende 2004 in die Kinos kam. Doch eines sahen die Zuschauer darin trotzdem nicht: Nämlich wie es wirklich war mit dem besessenen Jungen, der den »Exorzist«-Drehbuchautor William Peter Blatty zu seiner Story inspirierte.

Wieso auch?

Schließlich führte die kassenträchtige Hysterie um den Film »sogar zu Ohnmachtsanfällen im Kino und schien durch Exorzismen gedeckt, die keine Erfindung der Filmemacher sind, sondern gelegentlich auch im wirklichen Leben für Schlagzeilen sorgen«, erinnerte der katholische »film-dienst« bei der Wiederaufführung.

In der Tat weist auch das deutsche Presseheft der Verleihfirma Warner Bros. darauf hin, Drehbuchautor Blatty habe sich von einem Bericht über den Exorzismus an einem 14-jährigen Jungen, der 1949 in Maryland durchgeführt worden sein soll, inspirieren lassen: »Einen Zeitungsbericht über dieses Ereignis las er während seines Studiums an der Georgetown Universität in Washington, vergaß ihn dann aber, doch sein Unterbewusstsein förderte es irgendwann wieder zu Tage, und schließlich begann er die Recherchen zum Thema, die er in seinem 1971 veröffentlichten Roman umsetzte.« So will es bis heute die Legende um den »erschreckendsten Film aller Zeiten« (Verleihwerbung).

Was hat es damit wirklich auf sich?

Der Psychologe Gereon Hoffmann ging für die Zeitschrift »Skeptiker« der Sache nach: 1974 veröffentlichte Blatty das Buch »William Peter Blatty on the Exorcist: From Novel to Film«. Darin berichtete er, als 20-jähriger Student an der Georgetown Universität sei ihm der Zeitungsartikel »Priest Frees Mt. Rainier Boy Reported Held in Devil's Grip« vom 20. August 1949 in die Hände gefallen.

Verfasser war Bill Brinkley von der »Washington Post«, der »eines der vielleicht bemerkenswertesten Ereignisse dieser Art in der jüngsten Geschichte der Religion« aufgedeckt haben wollte: Ein 14-jähriger Junge sei von einem katholischen Priester durch Exorzismen aus dem »Griff des Teufels« befreit worden. Erst nach 25 bis 30 Sitzungen, die in Washington und St. Louis stattfanden, habe das Böse den Körper des Besessenen verlassen.

Der Junge aus Mount Rainier, einer Kleinstadt bei Washington, sei bei den Austreibungen gewalttätig geworden, habe übel geflucht und lateinische Phrasen rezitiert – obwohl er diese Sprache nie gelernt hatte.

Der Priester sei zwei Monate bei dem Jungen geblieben und habe mit eigenen Augen gesehen, wie sich das Bett, in dem der Junge schlief, »von selbst« durch den Raum bewegt habe, hieß es in dem Artikel weiter.

Blatty war von den Schilderungen fasziniert. In seinem Buch schreibt er, er habe selbst mit dem beteiligten Exorzisten und schließlich durch dessen Assistenten, Father Raymond J. Bishop, Einsicht in ein Tagebuch erhalten, das der Kirchenmann über die schauerlichen Ereignisse führte.

Auch die US-Zeitschrift »Fate« zitierte in einem Artikel von 1975 aus diesem Dokument. Der Autor des »Fate«-Artikels, Steve Erdman, schrieb dem besessenen Jungen den Namen »Roland Doe« zu, sein Geburtsdatum wurde mit dem 1. Juni 1935 angegeben. Erdman gab folgenden Bericht:

Zu Beginn des Jahres 1949 sind im Schlafzimmer des Jungen erstmals »tropfende Geräusche« zu hören. Ein Christusbild an der Wand bewegt sich, mysteriöses Kratzen und Scharren unter dem Bett ängstigen Roland. Seine Mutter vermutet einen Zusammenhang zwischen den seltsamen Ereignissen und dem Tod von Rolands Tante Tillie am 26. Januar und versucht, mit spiritistischen Praktiken Kontakt zu der Verstorbenen aufzunehmen.

Tante Tillie war es auch gewesen, die Roland beibrachte, wie man ein Quija-Brett zur Geister- und Totenbeschwörung gebraucht. Als schließlich Zeichen und Wörter auf dem Körper des Jungen erscheinen, zieht Mrs. Doe den katholischen Geistlichen Father Albert Hughes von der St. James-Kirche in Mount Rainier zu Rate. Der rät zu Weihwasser, geweihten Kerzen und besonderen Gebeten. Doch nun wird alles noch schlimmer. Gegenstände fliegen durch die Luft, und das Bett mit Roland und Mrs. Doe darauf gleitet quer durch den Raum.

Am 11. März betritt erstmals der spätere Exorzist den Schauplatz: Father William S. Bowdern. Ihm zur Seite stehen Father Raymond F. Bishop und Father Walter Halloran. Am 16. März erteilt Erzbischof Joseph E. Ritter ihnen die Erlaubnis zur Dämonenaustreibung. Tag und Nacht sitzt Father Bowdern an Rolands Bett.

Der Junge wehrt sich vehement, spuckt, erbricht, uriniert und verhöhnt den Priester mit obszönen Ausdrücken. Vier Wochen lang kämpfen Bowdern und seine Assistenten ihren einsamen Kampf.

Am 18. April, schon spät am Abend, zwingt der Geistliche Roland, eine Kette mit geweihten Medaillons anzulegen und ein Kruzifix in die Hand zu nehmen. Der Junge bleibt daraufhin unerwartet ruhig und fragt nach der Bedeutung verschiedener lateinischer Gebete. Bowdern setzt das Ritual fort und fragt nach dem Namen des Dämons. Roland bekommt einen Wutanfall und schreit, er sei ein gefallener Engel. In derselben Nacht sagt Roland plötzlich: »Er ist ausgefahren.«

In Mount Rainier, Ecke Bunker Hill Road und 33. Straße, ist die Hölle los. Teenager pilgern in Scharen zu dem Grundstück, das in einer sonst ruhigen Wohngegend liegt. Kichernd und kreischend stecken sie, vom Dosenbier beschwipst, kleine Holzkreuze in den Rasen des Anwesens, wo »der Besessene« wohnt.

Seltsam ist nur, dass keiner der älteren Einwohner von Mount Rainier sich an diese Vorkommnisse in der Stadt erinnert.

1999 beginnt der Journalist Mark Opsasnick für das »Strange Magazine«, ein Fachblatt für »paranormale und seltsame Phänomene«, zu recherchieren. In einem Adressbuch aus der fraglichen Zeit (1949/1950) stößt Opsasnick auf den Eigentümer des besagten Hauses in der Bunker Hill Road 3210. Doch jener Joseph Haas weist keinerlei Verbindung zu einer Familie Doe auf. Von den Mount Rainier-Bürgern kennen einige die Geschichte vom »Besessenen«, sind sich aber sicher, dass der Schauplatz des Geschehens der Nachbarort Cottage City gewesen ist.

In Cottage City blättert Opsasnick, ausgehend vom bekannten Geburtsdatum des Jungen und seiner Heimatpfarrei, in den Jahrbüchern der Schule. Und wird fündig. Roland Doe hat nicht in Mount Rainier gelebt, sondern in Cottage City, einer 1200-Seelen-Gemeinde etwa zwei Meilen von Washington D.C. Zum ersten Mal seit der Publikation der »Exorzisten«-Story kommen Zeitzeugen zu Wort. Und am Ende kann der »Strange«-Reporter sogar Roland Doe selbst aufspüren.

»Er war nie ein normaler Junge«, zitiert Opsasnick zunächst Rolands Jugendfreund »B.C.« Roland sei ein Einzelkind gewesen, das seine fanatisch religiöse Mutter und Großmutter »fast erstickten«. Seine Klassenkameraden hätten

ihn gemieden. Er habe zu Wutanfällen und zu gewalttätigen Auseinandersetzungen geneigt. Gegenüber anderen Jugendlichen sei er grausam, ja sadistisch
gewesen. »Er war ein gemeiner Bastard«, meint »B.C.« und erzählt, wie Roland einmal nur aus Jux seinen Hund auf ihn gehetzt habe.

Sein älterer Bruder »J.C.« kann sich ebenfalls an Roland erinnern. Er habe mit
ihm zusammen oft »Zielspucken« geübt – daher sei es kein Wunder gewesen,
dass Roland über mehrere Meter hinweg genau treffen konnte. Das rasende
Bett sei ebenfalls leicht zu erklären: Damals sei es üblich gewesen, Betten auf
Rollen zu stellen. Schon leichtes Schaukeln habe genügt, um die Schlafstatt
in Bewegung zu versetzen. Rolands Vater habe wohl um die wahren Hintergründe gewusst, sich aber nie öffentlich dazu geäußert. In vielen Berichten sei
zudem »maßlos übertrieben« worden.

Father Albert Hughes von der örtlichen Kirchengemeinde, der Roland zuerst
besuchte, ist nicht mehr am Leben. Dessen ehemaliger Assistent Bober aber
wird in verschiedenen Berichten als »extrem zuverlässige« Quelle genannt
und gibt auch Opsasnick bereitwillig Auskunft.

Der spricht ihn zunächst auf Widersprüche in seinen Darstellungen an. So
hatte Bober behauptet, Father Hughes sei von Roland schwer am Arm verletzt worden. Zeitzeugen sagen indes übereinstimmend aus, ihnen sei nie eine Verletzung aufgefallen, der sportliche Priester habe zu keinem Zeitpunkt
sein Training aussetzen müssen.

Schließlich gibt Bober zu, persönlich gar nicht in den Fall involviert gewesen
zu sein. Er habe nur das weitergegeben, was Hughes ihm erzählt habe.

Ergiebiger ist ein Gespräch Opsasnicks mit einem der beiden Assistenten des
Exorzisten Bowdern, Father Walter Halloran. Halloran sagt aus, er selbst habe den Jungen nie als »besessen« bezeichnet. Es stimme, dass Roland Latei-
nisch gesprochen habe. Halloran ist sich jedoch sicher, der Junge habe lediglich »nachgeäfft«, was er in den (damals noch auf Latein gehaltenen)
Gottesdiensten gehört habe.

Weder übermenschliche Kraft noch eine sich verändernde Stimme bei Roland
Doe will Halloran bestätigen. Er habe zwar von ihm einen Schlag auf die Nase
bekommen, aber das nie weiter problematisiert. Gespuckt habe der Junge oft,
an Erbrechen oder Urinieren kann Halloran sich nicht erinnern. Die Zeichen
auf dem Körper des Jungen habe er gesehen, allerdings seien sie schwer zu deuten oder zu entziffern gewesen: »Sie sahen auch mehr wie Lippenstift aus.«

Zum Abschluss seiner Recherchen ruft Opsasnick bei Roland Doe selbst an. Der will sich aber nicht äußern, reagiert sehr aufgebracht und erklärt, er wolle auf keinen Fall wieder auf die Geschichte von damals angesprochen werden.

Was bleibt also von einem »der vielleicht bemerkenswertesten Ereignisse dieser Art in der jüngsten Religionsgeschichte« (»Washington Post«)?

»Ein Junge, der von einer überfürsorglichen Mutter mit verquasten okkult-religiösen Vorstellungen erzogen wurde und dessen Tante ihn in spiritistischen Praktiken unterwiesen hatte«, urteilt der deutsche Psychologe Gereon Hoffmann abschließend.

»Geistliche, die mit ihrem naiven Dämonenglauben auf Roland Doe hereingefallen sind. Und schließlich ein begabter Autor und ein Filmemacher, die gemeinsam einen der erfolgreichsten Schocker aller Zeiten produzierten.« Der Rest ist Medien-Hype.

»Er war ein gemeiner Bastard«, Skeptiker, 2/2000; »The Haunted Boy of Cottage City – The cold hard facts behind the story that inspired The Exorcist«, www.strangemag.com; »Exorcism! Driving out that nonsense«, Skeptical Inquirer, Vol. 25, No. 1/2001

Harry Potter

Kinder, die sonst nie ein Buch in die Hand nehmen, stehen plötzlich Schlange vor einem Buchladen. Und das um Mitternacht. So geschehen an den Erstverkaufstagen der Harry Potter-Bände »Der Feuerkelch« und »Der Orden des Phönix«.

Kann das mit rechten Dingen zugehen? Oder steckt da eine finstere Machenschaft der Autorin Joanne K. Rowling dahinter, die ihre jungen Leser mit Magie und Okkultem regelrecht verzaubert?

Tatsächlich kursiert auch in Deutschland ein angeblicher amerikanischer Zeitungsartikel mit der Überschrift »Harry Potter-Bücher lassen Satanismus unter Kindern ansteigen«. Ein »Pastor Roger Lynn« warnt darin, Mrs. Rowling sei praktizierende Satanistin, und Kinder würden reihenweise die Sonntagsschule verlassen, um Hexe oder Schwarzmagier zu werden. »Pastor Lynn« beruft sich dabei auf ein Selbstbezichtigungs-Interview der Bestsellerautorin in der »London Times«.

Doch im Archiv der »London Times« ist dieses Gespräch nicht aufzufinden – weil es nie stattgefunden hat.

Besagter Warn-Artikel ist eine Übersetzung aus dem satirischen Online-Magazin »The Onion« (»Die Zwiebel«). Die Zahlen und Zitate des Textes wurden von den Netz-Komikern frei erfunden. Offenkundig wollte »The Onion« sich mit der Satire über Christen lustig machen, die sich vor Harry Potter fürchten.

Das fragwürdige Spott-Produkt geriet für seine Erfinder zu einem vollen Erfolg. Viele besorgte Eltern und konservative Gläubige nahmen es für bare Münze, und Passagen des vermeintlichen Rowling-Interviews finden sich sogar hin und wieder in den Leserbriefspalten deutschsprachiger Medien, etwa der »Aargauer Zeitung«.

Durch einen Zitationszirkel ist der Satanismusvorwurf an die Harry Potter-Autorin zur Wandersage mutiert.

http://www.theonion.com; http://www.urbanlegends.about.com; Hansjörg Hemminger: Geister, Hexen, Halloween, Brunnen-Verlag, Gießen 2002

»Lukas – Vier Jahre Hölle und zurück«

Endstation Psychiatrie. Nachdem er sich Messer an die Hände gebunden hatte, bevor er schlafen ging, wird Lukas in die geschlossene Abteilung einer Nervenklinik eingeliefert. Hier beginnt er, einer Sektenexpertin namens »Marlies« Details über einen Satanskult zu erzählen. Nach Gesprächen über Tage und Wochen bündelt die sich unter dem Deckmantel der Anonymität versteckende Frau die Erfahrungsberichte zu einem Buch.

Unter dem Titel »Lukas – Vier Jahre Hölle und zurück« kommt es in einem renommierten deutschen Großverlag heraus und hat bis heute eine zweistellige Zahl von Neuauflagen erreicht.

Viele jugendliche Möchtegern-Satanisten lassen sich von dieser Geschichte »inspirieren«, stellen Sektenexperten in ihrer Beratungspraxis immer wieder fest. Irgendwie verständlich, denn Satanismus ist bei »Lukas« ziemlich cool.

Er, ein Heimkind und Sonderschüler, steigt zur Führungspersönlichkeit eines internationalen Satanskults auf, darf ohne jede Fremdsprachenkenntnisse finstere »Schulungen« in Florida, Kalifornien und andernorts besuchen und hat ständig Sex mit »bildhübschen« oder »sehr gut aussehenden« oder zumindest »attraktiven« jungen Frauen.

»Auf den Gedanken, dass einem Satanskult auch normale und vor allem auch ältere Frauen angehören können, scheint Lukas nicht zu kommen«, merkt der Schweizer Weltanschauungsbeauftragte Georg Otto Schmid von der »Evangelischen Informationsstelle Kirchen – Sekten – Religionen« (Schweiz) nur milde belustigt an.

Schmid hat sich eingehend mit Lukas' angeblichem Höllentrip beschäftigt. Sein Fazit: »Lukas legt sich offenbar eine satanistische Geschichte zurecht, die allerdings auf Außenstehende recht wirr wirkt. Dass er sie während eines Klinikaufenthalts ›nach und nach, Brocken für Brocken‹, erzählt, macht ein Entstehen dieser ›Erinnerungen‹ zum Zeitpunkt des Sich-Erinnerns im Sinne des False-Memory-Syndroms äußerst wahrscheinlich. Die ›Erinnerungen‹ spiegeln denn auch die Ideenwelt von Lukas wider: Gewaltfantasien, Bilder aus Massaker-Filmen, pubertäre sexuelle Fantasien.«

Zu den zahllosen Unwahrscheinlichkeiten der als authentisch ausgegebenen Geschichte gehört ein »Schafopfer«, bei dem die Teufelsanbeter das Herz des Tieres roh verschlingen. Rohe Tierherzen sind in jeder Metzgerei zu haben.

»Man versuche, von einem solchen ein Stück abzubeißen und ›genießerisch‹ zu verzehren«, stellt Schmid anheim. »Das geht nicht. Das Gebiss des Menschen ist zum Verzehr von rohem Fleisch, insbesondere eines kompakten Muskels, wie das Herz einer ist, schlicht nicht in der Lage.«

Darüber hinaus verwechselt Lukas in seinen Schilderungen fortwährend die biedere Okkultschwarte »6. und 7. Buch Mosis« *(siehe Eintrag bei »Religion«)* mit einer »Satansbibel«, beschreibt äußerst fragwürdige liturgische Geräte wie etwa eine »offene Weinflasche« oder »vier schwere Eisenketten« auf dem Altar für die schwarze Messe und schildert die rituelle Ermordung von zahllosen Menschen, die seltsamerweise von niemandem vermisst zu werden scheinen und nach denen keiner sucht. Immerhin: »Wie das sein kann, verstehe ich bis heute nicht«, räumt Lukas selbst ein.

Ist ein Satanskult, wie Lukas ihm angehört haben will, überhaupt plausibel? Nein, sagt Sektenexperte Georg Otto Schmid: »Wer sich auch nur am Rande mit Sekten beschäftigt, dem fällt ein fundamentaler Unterschied zwischen den tatsächlich existierenden Gruppen und der von Lukas beschriebenen Gemeinschaft auf: nämlich die Methodik. Während Sekten ihre Mitglieder psychisch beeinflussen und mehr oder weniger subtil manipulieren, schlagen Lukas' Satanisten einfach zu. Wo Sekten beachtliche Raffinesse an den Tag legen, sind Lukas' Satanisten von erschreckender Plumpheit. Jedes Problem wird mit Prügel oder zumindest der Androhung solcher ›gelöst‹.

Das mag durchaus Lukas' Kindheitserfahrung entsprechen. Ob sich allerdings die geschilderten ›Ärzte, Politiker, Wissenschaftler, Rechtsanwälte etc.‹ durch Schläge und physische Brutalität in einen Kult einbinden ließen, muss mehr als bezweifelt werden. Unwahrscheinlich, dass eine Sekte, wie Lukas sie zeichnet, auch nur drei Tage funktionsfähig wäre.«

Nichtsdestotrotz: Könnte das Buch »Lukas – Vier Jahre Hölle und zurück« nicht trotzdem geeignet sein, Jugendliche von satanistischer Betätigung abzuhalten – gerade wegen seiner unrealistischen Krassheit und Plattheit?

Auch dieses Argument lässt sich nicht halten. Schmid: »Zwar ist Lukas' Buch zweifellos keine Einladung zu satanistischer Praxis. Als Warnung vor den faktisch existierenden Satanisten indes taugt es nichts. Da Lukas den Satanismus völlig falsch schildert, ist es für echte Satanisten ein Leichtes zu beweisen, dass sie doch ›ganz anders‹ sind als in den Medien dargestellt. Nicht so schlimm und dumm wie bei Lukas, sondern ›nett und vernünftig‹. Eine Sekte kann problemlos darlegen, dass übertriebene Darstellungen wie die von Marlies und Lukas inkorrekt sind – und damit zugleich Kritik im Ganzen als unseriös und wahrheitswidrig zurückweisen.«

Und auch beim aufmerksamen Teil der Leserschaft, der Lukas' Darstellung aufgrund der zahllosen Widersprüche nicht so einfach glauben mag, ergibt sich möglicherweise ein nachteiliger Effekt: »Wer feststellen muss, dass viele angebliche Insiderberichte über den Satanismus erfunden sind, kann geneigt sein, die Existenz satanistischer Gruppierungen insgesamt anzuzweifeln.«

Dieser Reflex wäre das Beste, was den real existierenden Satanisten passieren kann.

www.relinfo.ch/satanismus/lukas.html

»Poltergeist«-Fluch

Die unheimliche Geschichte der Familie Freeling hat ihren festen Platz im Olymp des modernen Gruselfilms. Zwei Fortsetzungen zog die Mischung aus Spuk, Horror, Spielbergschem Humor und Family-Kitsch von 1982 nach sich: »Poltergeist 2 – Die andere Seite« (1985) und »Poltergeist 3 – Die dunkle Seite« (1987).

Einen vierten Teil wird es wohl nicht mehr geben – denn »über den Produktionen der ›Poltergeist‹-Filme scheint kein guter Stern zu schweben«, munkelt nicht nur das Fachblatt »Cinema«: »Erst wurde Dominique Dunne, Carol Annes ältere Schwester aus Teil 1, ermordet. Dann starb der Indianer-Darsteller Will Sampson aus Teil 2, und kurz nach den Dreharbeiten erlag auch der Kane-Darsteller Julian Beck einer Krankheit. Nach der Fertigstellung des dritten Teils setzte sich die Todesserie fort. Die Darstellerin der Carol Anne, Heather O'Rourke, starb an einer mysteriösen Infektionskrankheit.«

Grund genug für die amerikanische Presse zu behaupten, die »Poltergeist«-Serie sei verwunschen. Jedenfalls scheint angesichts einer so tragischen Häufung von Todesfällen keiner mehr Lust zu haben, die Geschichte der Familie Freeling weiterzuerzählen. Schauen wir uns die Umstände der ungewöhnlich hohen Sterblichkeitsrate der Darsteller etwas näher an:

Will Sampson, weltbekannt geworden durch seine Rolle als »Chief« in »Einer flog über das Kuckucksnest«, war seit längerer Zeit schwer herzkrank und schon einmal notoperiert worden. Er starb mit 53 Jahren am 3. Juni 1987 nach einer Herz-Lungen-Transplantation.

Julian Beck, der sinistre »Reverend Kane«, litt unheilbar an Magenkrebs. Der Tod ereilte den 60-Jährigen nach 18-monatigem Siechtum am 14. September 1985.

Heather O'Rourke wurde am 31. Januar 1988 mit Grippe-Symptomen in eine Klinik in San Diego eingeliefert, wo sie einen Tag später starb. Die Todesursache: Darmverengung (Stenose).

Die Ärzte hatten übersehen, dass die 12-Jährige die Crohn-Krankheit hatte, eine chronische Darmentzündung, die zumeist im Teenager-Alter auftritt. Die Grippe war lediglich eine Nebenerscheinung der Crohn-Krankheit gewesen, die auch das Immunsystem schwächt. Heathers Eltern strengten einen Prozess gegen die Klinik an, den sie gewannen.

Dominique Dunne (22) wurde am 4. November 1982 von ihrem gewalttätigen Ex-Freund auf einem Driveway in Los Angeles mit dem Wagen gerammt und verunglückte dabei tödlich. Mysteriös oder unerklärlich war mithin keiner der vier Todesfälle.

Außerdem: Welchen Grund sollte es für einen Fluch geben? Trotz einiger harter Horror-Szenen hat die »Poltergeist«-Trilogie nichts Dämonisches, sondern ist in erster Linie eine Filmreihe ganz im Stil der sanften Steven Spielberg-Spezialeffekte.

Oder soll man ernsthaft glauben, die »Geister« hätten an ihrer Leinwand-Darstellung etwas auszusetzen und seien deshalb den Darstellern gram?

Dirk Manthey/Jörg Altendorf: Der Horror-Film II, erschienen im Cineshop – Nachschlag für Kinogänger, www.cinema.de; Andreas Bertler/Harry Lieber: Hölle auf Erden, Bertler&Lieber-Verlag, München 1997; Richard Roeper: Hollywood Urban Legends, The Career Press, Franklin Lakes 2001

Ramona und »The black Omen«

»Der Cult T.B.O. ist, glaube ich, einer der schlimmsten, die ich kenne. Denn ich war mal Mitglied von ihm und weiß, von was ich spreche. Das Schlimmste, was ich durchmachen musste, war das Lösen von dieser Gruppe. Die Jahre, die ich damit verbracht habe, den Teufel anzubeten, waren meist fürchterlich. Warum? Weil es mehr und mehr zu einer Sucht wurde, wie Zigaretten.«

So fängt das Tagebuchprotokoll der damals 14-jährigen Ramona K. über ihre Mitgliedschaft in dem Satanskult »The black Omen« (T.B.O.) an. 1992 will die Schülerin aus einer Kleinstadt bei Osnabrück von Bekannten zunächst aufs Gläserrücken angesprochen worden sein. Da ihr an jenem Nachmittag langweilig war, ging sie mit. Bei der Sitzung waren zehn Jungen und Mädchen im Alter von 13 bis 18 Jahren anwesend. »Ich war natürlich wild darauf, mehr zu erfahren und stimmte zu, an einer schwarzen Messe teilzunehmen.« Die Geschichte nimmt ihren Lauf.

»Der Fall T.B.O.« gilt als der meist zitierte Bericht aus dem Bereich des Jugendsatanismus. Namhafte Experten nehmen bis heute darauf Bezug. Auch Zeitungen und Zeitschriften berichteten ausführlich. Als angeblicher Insiderreport ist die Geschichte des jungen Mädchens in zahllose Info-Broschüren, Vorträge, Referate und Schüleraufsätze eingeflossen. Und doch hält auch Ramonas Tagebuch einer kritischen Überprüfung nicht stand.

Von einem »Super-Gau für die seriöse Sektenarbeit« spricht gar Georg Otto Schmid von der Evangelischen Informationsstelle Kirchen – Sekten – Religionen, der auch diese satanistische Selbstbezichtigung genau abklopfte.

Anscheinend hatte Ramona um den Jahreswechsel 1991/92 ihre Mitgliedschaft in einem ominösen Kult erfunden, um ihre beste Freundin Yvonne enger an sich zu binden. Denn zu dieser Zeit erhielt Yvonne mehrere Briefe von einem gewissen »Thomas B. Ohlsen«. Zum Beispiel diesen:

»Ich muss euch beglückwünschen, dass ihr euch endlich von R. gelöst habt und ihr eingesehen habt, dass diese Freundschaft keinen Wert hat. Endlich steht uns nichts mehr im Wege, um sie ganz zu uns zu holen. Denn sie weiß nicht mehr, was sie tut oder sagt. Dank euch ist sie uns endlich gefügig geworden, sie gehört zu uns. Ich danke euch. Endlich können wir sie auf ihre (neue) Taufe vorbereiten. Dann gehört sie für immer uns. Endlich.«

Würde irgendeine Gruppierung einen solchen Brief an Personen verfassen, die sich endlich vom neu geworbenen Sektenmitglied abgewandt haben? Kaum denkbar. Wie ein Vergleich der Handschriften zeigt, hat niemand anderes als Ramona selbst die obigen Zeilen verfasst. Das Motiv ist unschwer zu erraten. Schmid: »Von einem ersten Schrieb erhoffte sich das Mädchen, dass Yvonne genau das Gegenteil dessen tun würde, was der böse Ohlsen ihr riet, nämlich ihrer Freundin Ramona beistehen. Als das nichts fruchtete, appellierte sie in diesem zweiten Brief an das schlechte Gewissen von Yvonne: Ihr habt mich verlassen, deshalb hat mich eine Sekte gepackt.«

Plötzlich aber gerät Ramona in die Bredouille. Denn eine ihrer Freundinnen wendet sich an die Klassenlehrerin, die wiederum einen kirchlichen Sektenbeauftragten einschaltet. Dieser rät dazu, Ramona solle ihre Erlebnisse in dem Satanskult aufschreiben. Ein Zurück gibt es jetzt nicht mehr – schließlich würden sich Yvonne und zwei weitere Mädchen aus Ramonas Clique zu Recht veralbert vorkommen.

Also setzt sich Ramona hin und schreibt. Und schreibt. Aus den Initialen von »Thomas B. Ohlsen« wird nun einfach »The black Omen«, das »Schwarze Omen«. Schließlich gibt es auch einen bekannten Horrorfilm, der das Wort »Omen« im Titel führt. Außerdem plündert Ramona, die so gut wie nichts über Satanismus weiß, sämtliche Vorurteile, die bei Schülern über Sekten so herumgeistern:

»Um neue Mitglieder zu gewinnen, zieht T.B.O. immer und immer wieder die gewohnte Masche ab. Anreden auf dem Schulhof oder auf der Straße. In einem das Interesse wecken, sich mehr für Okkultismus (zum Beispiel Kartenlegen oder Gläserrücken) zu interessieren. Versuchen, einen zu überreden, ob man nicht Lust hat, an einer schwarzen Messe teilzunehmen. Wenn der Kult das geschafft hat, einen zu überreden, dann es ist meistens schon zu spät.«

Auch die Mär von den hypnotisierten oder mit Medikamenten abgefüllten Sektenzombies tischt Ramona auf: »Falls einer der Jünger der Gemeinde die Lust am Anbeten des Satans verliert, wird er in Hypnose durch ein Pendeltrack versetzt. Mit einer Spritze wird ihm außerdem ein Serum gegeben, das sonderbare Wirkung hat. Und die ist so: Nachdem man ihm das Serum gegeben hat, wird er aus der Hypnose geholt. Bevor man ihn gehen lässt, wird ihm noch mit Worten gedroht wie zum Beispiel: ›Denke daran, dass Satan über große Macht verfügt‹. Oder: ›Bedenke, wir sind Diener des Satans und bestrafen diejenigen, die versuchen, uns und ihm nicht zu gehorchen.‹ Das Serum zeigt erst seine volle Wirkung, wenn man schläft. Man bekommt fürchterliche Albträume, die man vorher nie hatte. Ich hatte leider die Erfahrung damit gemacht.«

Schmids Urteil über Ramonas Geschichte(n): »Offen bleibt, was der Satan eigentlich für seine Anhänger tut. Er reist zwar über den Himmel und lässt sich einmal jährlich weihen und gelegentlich straft er auch, aber irgendeinen Nutzen scheint seine Verehrung nicht zu bringen. So fehlt denn auch jede Angabe zur Motivation der AnhängerInnen. Die dargestellte Gemeinschaft lebt nicht. Insgesamt ergibt sich ein Bericht, der reichlich Ungereimtheiten aufweist und mit tatsächlich existierendem Satanismus nicht viel zu tun hat.« Dennoch fand Ramona wohl bald Gefallen daran, Eltern, Lehrer, Mitschüler und Sektenexperten an der Nase herumzuführen. Denn in verschiedenen Gesprächen mit Fachleuten baute sie ihre Story noch erheblich aus – allerdings mit Elementen, die das Ganze nicht unbedingt glaubwürdiger erscheinen lassen. So berichtete sie u.a. von einem Buch namens »Testament Satans«, das verkehrt herum gedruckt sei und auch so gelesen werden müsse. Ein Exemplar dieser bislang unbekannten bibliophilen Rarität konnte sie natürlich nicht vorweisen.

Nichtsdestotrotz schrieb etwa das »Hamburger Abendblatt« sensationsheischend über die »14-Jährige in der Gewalt einer Teufelssekte«: »Die Verführer suchen ihre Opfer auf dem Schulhof. Sie beten den Teufel an, häuten junge Hunde bei lebendigem Leibe, trinken warmes Blut. Sie vergewaltigen, schlagen und drohen Kindern und Jugendlichen mit Mord. Es werden immer mehr, die der Faszination des Bösen verfallen. Eine Jüngerin der Satanssekte ›The black Omen‹ versucht, dem Teufelskreis zu entkommen. Das junge Mädchen hat seinen Leidensweg aufgeschrieben. Eine Warnung für alle.« Wirklich?

»Besonders problematisch ist die T.B.O.-Geschichte für die Sektenarbeit«, erklärt Georg Otto Schmid. »Denn sie bestätigt all die gegenstandslosen Vorurteile, die gerade bei Jugendlichen gehäuft anzutreffen sind und denen nicht genug widersprochen werden kann, wenn das Phänomen Sekte wirklich verstanden werden soll: Sektenmitglieder sind alle irgendwie doof, sie werden hypnotisiert und/oder mit Medikamenten vollgedröhnt.

Mitglied wird man, indem man so lange bequatscht wird, bis man nachgibt, und eigentlich möchte jeder aus der Sekte aussteigen, kann das aber nicht, weil die Sekte ihn bedroht. Alle diese Fehleinschätzungen werden in der Story um das Schwarze Omen mehr oder minder deutlich bestätigt.

Über Satanismus ist aus dem Berichteten gar nichts zu lernen, weil Ramona keine Ahnung davon hat. Es ist zu hoffen, dass diese Geschichte alsbald in der Versenkung verschwindet.«

»Vom Satan verführt«, Hamburger Abendblatt, 7. Juli 1992; www.relinfo.ch/satanismus/tbo.html

Science oder Fiction?

Die »Star Wars«-Filme findet er gar nicht mal schlecht. Manche Szenen liebt er geradezu, bekennt der US-Physiker und Astronom Phil Plait von der Sonoma State University in Kalifornien.

Etwa, wenn der junge Held Anakin auf Naboo versonnen zum Himmel aufblickt und sich fragt, wie viele Planetensysteme es im Universum wohl geben mag.

In solchen Momenten ist auch Plait begeistert von der poetischen Kraft aktueller Sciencefiction-Visionen. Doch als wenig später eine Raumschiffflotte von Naboo ins All entschwindet und im Hintergrund malerisch die Sterne blinken, ist der Wissenschaftler wieder ganz in seinem Element. Sieht schön aus, ist aber unmöglich: »Das helle Licht des Planeten würde in Wirklichkeit die Sterne völlig überstrahlen und unsichtbar machen.«

Wenn Jodie Foster in »Contact« per Kopfhörer den Signalen eines Radioteleskops lauscht oder Bruce Willis in »Armageddon« einen Asteroiden sprengt, um so die Erde zu retten, dann platziert der Astrophysiker flugs launige Kommentare dazu im Internet. Auf seiner »Bad Astronomy«-Seite stutzt er nicht nur Weltenretter Willis auf Normalgröße zurück.

Einen auf die Erde zurasenden Asteroiden im All kurz vor der Kollision mit einer Sprengladung zu versehen, wäre völlig sinnlos: »Die einzelnen Brocken fliegen exakt in der gleichen Richtung weiter«, weiß Plait. Statt eines großen Einschlags gäbe es mehrere kleine – mit denselben katastrophalen Folgen. Und um kosmische Botschaften aus dem weißen Rauschen eines Radioteleskops herauszufiltern, muss man es schon an einen sehr leistungsstarken Computer anschließen. Mitnichten aber, wie Jodie Foster es tut, an einen Kopfhörer.

Na und?

Film-Freaks wissen längst, dass Autos nach einem Unfall durchaus nicht so ohne weiteres explodieren wie im Kino. Oder dass Komparsen in einem Historien-Schinken manchmal eben schlicht vergessen, ihre Armbanduhr vor den Dreharbeiten abzulegen. Die so genannten »Bad Science-Seiten« im Internet ergehen sich daher nicht einfach in öder Besserwisserei. Sie sind eine Fundgrube für alle, die sich auf spannende und populäre Art mit filmischen Wissenschaftsmythen beschäftigen wollen.

Bei »Bad Meteorology« beispielsweise erfährt man, dass Regentropfen – im Gegensatz zu den Animationen im Wetterbericht – niemals die Form von Tränen annehmen. Der Paläontologe Michon Scott klärt über die Stars von »Jurassic Park« und Co. auf. Für Hollywoods Kino-Saurier Nummer eins, den Tyrannosaurus Rex, sind Menschen nur wandelnde Filetstücke. Urzeit-Experten halten es mittlerweile für wahrscheinlich, dass das Acht-Tonnen-Viech nur ein harmloser Aas-Fresser war, der gewiss keinem Jeep hinterherhecheln würde: wegen seiner kurzen Arme und den weit auseinander stehenden Zähnen. »Bad Science«-Seiten gibt es zu den Sparten:

Astronomie (www.badastronomy.com)

Chemie (www.princeton.edu/~lehmann/BadChemistry.html)

Physik (www.eskimo.com/~billb/miscon4.html)

Paläontologie (www.strangescience.net/goof.htm)

Mathematik (www.mathmistakes.com)

Meteorologie (www.ems.psu.edu/~fraser/BadMeteorology.html)

Snuff-Filme

Der Begriff »Snuff« ist auch für die Filmstudentin Angela neu. Eine Kommilitonin klärt sie auf: »Sie suchen sich jemanden aus. Entführen, foltern und ermorden ihn, und das nehmen sie mit der Videokamera auf. Ohne Schnitte, ohne Tricks, in einer einzigen langen Sequenz.« Angela ist entsetzt, forscht aber weiter – für ihre Diplomarbeit »Gewalt in den Medien«. Bis sie am Ende selbst von einem Snuff-Produzenten als unfreiwillige »Hauptdarstellerin« auserkoren wird …

Das ist der Plot des spanischen Psychothrillers »Tesis« (1996), der »geschickt die Thematik der Snuffmovie-Szene für seine Zwecke nutzt«, urteilte ein Kritiker. Drei Jahre später ermittelte Hollywood-Star Nicholas Cage als Polizist in »8MM« (»Acht Millimeter«) gegen die Macher von Todesfilmen. »Tesis« und »8MM« sind Leinwand-Fantasien.

Doch was dem Schauspieler Charlie Sheen widerfuhr, schien grausige Realität: In den frühen 1990ern fiel dem populären Mimen ein japanisches Import-Video mit dem Titel »The Flowers of Flesh and Blood« in die Hände. Inhalt: Die fachgerechte Ausweidung einer jungen Frau bei lebendigem Leib durch einen als Samurai kostümierten Mann.

Geschockt informierte Sheen das FBI. Am Ende stellte sich das scheinbar erste und einzige entdeckte Exemplar eines authentischen Snuff-Films als gut gemachte Fälschung heraus. Genauer gesagt: als erste Regiearbeit des japanischen Manga-Zeichners Hideshi Hino mit dem Originaltitel »Za ginipiggu – Akuma no jikken«.

Mittlerweile ist »The Flowers of Flesh and Blood« auch in Deutschland als DVD herausgebracht worden, und zwar als zweite Episode der fünfteiligen Ekel-Reihe »Guinea Pig«.

Über solche extrem verstörenden Kompilationen hinaus halten sich indes seit mehr als drei Jahrzehnten hartnäckig Gerüchte über die Existenz von echten Snuff-Filmen.

Das Wort »snuff« kommt aus dem Englischen und heißt soviel wie »auslöschen«. Damit ist die »Handlung« eines solchen Streifens bereits hinreichend beschrieben. Snuff-Movies sind Kurzfilme, in deren Verlauf Menschen gefoltert oder sexuell misshandelt und schließlich vor laufender Kamera exekutiert werden. Urbane Legende oder unfassbare Wirklichkeit? Darüber gehen die Einschätzungen weit auseinander.

Ursprünglich handelte es sich bei der Thematik um einen geschmacklosen Marketing-Gag der Verleihfirma »Monarch Releasing Corp.«: 1976 warb ein Filmplakat am New Yorker Times Square mit dem blutigen, zerschnittenen Foto einer nackten Frau für eine Low Budget-Produktion namens »Snuff« (in Deutschland: »Big Snuff – American cannibale – Bestialisch bis aufs Blut gequält«). Darunter stand zu lesen: »Das Blutigste, was jemals vor einer Kamera geschah! Dieser Film konnte nur in Südamerika gedreht werden, wo ein Menschenleben wenig zählt!« Zahlreiche Protestveranstaltungen und Medienberichte verhalfen dem »lachhaft schlechten Schund-Opus« (Cinema) zu unverdienter Publizität.

»Snuff« war in der Tat in Argentinien gedreht worden. Allerdings nur aus Kostengründen und schon fünf Jahre zuvor, 1971. Zu diesem Zeitpunkt hatte der Film von Alan Shackleton noch »The Slaughter« (»Das Gemetzel«) geheißen und war von »Monarch Releasing Corp.« als »nicht vermarktbar« zurückgehalten worden. Kein Wunder: »The Slaughter« war ein eher müdes Horrorfilmchen, das Morde, Folterungen und Verstümmelungen unter den Mitgliedern einer Hippie-Mädchensekte präsentierte.

Erst als Shackleton eine nachträglich eingefügte, zweiminütige Mordsequenz an einer jungen Frau als »authentisch« ausgab, avancierte sein Zelluloid-Desaster zum Geheimtipp und lief vor vollen Häusern.

Wieso konnte dieser unverschämte Schwindel funktionieren? Weil die Öffentlichkeit für Filme mit angeblich real mortalem Ausgang in hohem Maße sensibilisiert war. Denn 1970 hatte der Prozess gegen den berüchtigten Serienmörder Charles Manson begonnen, und Zeugen behaupteten, der bestialische Mord der »Manson Family« an der Schauspielerin Sharon Tate sei mit der Kamera festgehalten worden und der Streifen irgendwo versteckt.

»Fortan war Snuff als modischer Bestandteil der Subkultur nicht mehr wegzudenken«, schreibt das Fachblatt Cinema. Filme wie »Mondo Cane«, »Gesichter des Sterbens« oder »Gesichter des Todes« mit Aufnahmen von Autopsien, Verstümmelungen, Hinrichtungen, Geschlechtsoperationen und Ähnlichem mehr erlangten auch in Deutschland eine Art Kultstatus.

Die vorgeblichen Dokumentationen sind allerdings fast durchweg inszeniert bzw. stellen einen kruden Mix aus realen Gewalttaten, Obduktionsfotos, Unfällen, Kriegsbildern und nachgestellten Fakes dar – im Gegensatz zu »echten« Snuff-Movies.

Doch gibt es überhaupt echten Snuff? Szenekenner wie der international renommierte Kriminalbiologe und Forensiker Mark Benecke oder Manfred Kaltenwasser von der Fachabteilung »Kinderpornografie« beim Bundeskriminalamt (BKA) verweisen die Todesfilme ins Reich der modernen Mythen.

Unbestritten gibt es echte Tötungsvideos, etwa im Bereich Kinderpornografie. Der Belgier Marc Dutroux hielt einige seiner Morde auf Video fest. Auch das amerikanische Serienmörder-Duo Paul Bernardo und Karla Homolka beispielsweise filmte in den 1980ern seine Untaten. Der »Kannibalenmörder von Rotenburg«, Armin M., metzelte im Dezember 2002 sein Opfer ebenfalls vor laufender Videokamera – und während des Prozesses in Kassel sollen angeblich Millionen für die Kassette geboten worden sein, die die Kammer unter Ausschluss der Öffentlichkeit gesehen hatte.

Per definitionem sind das jedoch keine Snuff-Filme, da sie niemals käuflich oder gegen sonstige geldwerte Vorteile zu erwerben waren – von niemandem.

Fraglich ist also die Existenz von »Snuff«-Aufnahmen, die mit dem Vorsatz der Verbreitung angefertigt und unter Erzielung eines finanziellen Gewinns weitergegeben werden. Denn solche Filme in Umlauf zu bringen, würde für die Täter ein unkalkulierbares Risiko darstellen. Dr. Mark Benecke erklärt: »Bei Snuff gibt es keine mögliche Ausrede mehr.«

1998 gab der österreichische Bundesminister für Umwelt, Jugend und Familie auf eine Abgeordnetenanfrage hin bekannt, dass eine »verdeckte Recherche nach Materialien dieser Art« keinen Beweis für die Existenz von Snuff-Movies erbracht habe.

Auch bei der 80. Jahrestagung der Deutschen Gesellschaft für Rechtsmedizin 2001 in Interlaken war »Snuff« ein Thema. Zwei Arbeitsgruppen analysierten verdächtige Video-Sequenzen einer Erschießung aus dem Internet – kamen aber zu dem Schluss, dass die Szenerie wohl gestellt war.

Eine millisekundengenaue Analyse zeigte unter anderem, dass die Bilder vor einem Bluescreen aufgenommen wurden. Außerdem stimmte die Schussdynamik nicht, weil der Kopf des »Opfers« nach hinten schnellt, was bei Nahschüssen nicht passiert. Der Rauch aus der Waffe sah wirklichkeitsfremd nach Bildbearbeitung aus.

In einschlägigen Internet-Foren und im Usenet wird das Thema »Snuff« völlig offen diskutiert, unter Fans wie Gegnern. Erstere argumentieren, in solchen Filmen würden bloß Horror-Fantasien inszeniert, nichts sei echt. Die Gegner machen geltend, dass die Grenze durchaus oft überschritten werde – wie oft und ob überhaupt, weiß niemand.

Der »Zeit«-Journalist Christoph Drösser merkte in seiner Rubrik »Stimmt's?« zum Thema »Snuff« an: »Videos, in denen Menschen gefoltert und getötet werden und die kommerziell vertrieben werden, sind bisher ein Produkt der Fantasie … Ein fast schon beruhigender Gedanke: Nicht jede Monstrosität, die man sich vorstellen kann, wird auch in die Tat umgesetzt.«

Wobei diese Antwort »immer eine vorläufige bleiben muss – bis zum Beweis des Gegenteils«.

Yaron Svoray: The Gods of Death. One man hunts the truth about Snuff-films, Simon&Schuster, New York 1997; »Videos von privat gesucht«, Die Woche vom 15. April 1997; »Mord und Folter als Geschäft«, tele-welt, Nr. 11/1998; »The Snuff Film – The Making of an Urband Legend«, Skeptical Inquirer, Vol. 23, No. 3/1999; »Snuff – Filmhistorische Anmerkungen zu einem aktuellen The-

ma«, Archiv für Kriminologie; Vol. 209 (2002); Mark Benecke: Mordmethoden. Ermittlungen des bekanntesten Kriminalbiologen der Welt, Bastei-Verlag, Bergisch Gladbach 2002; »Mord vor laufender Kamera«, www.spiegel.de

Star Trek

Der Weltraum. Unendliche Weiten.
Im frühen 20. Jahrhundert wurde es den Sciencefiction-Autoren im Sonnensystem zu eng. E.E. Smith machte in seinem Roman »Die Abenteuer der Skylark« (1928) erstmals das ganze Universum zum Tummelplatz seiner aufrechten Helden und führte eine völlig neue Gigantomanie in das Genre ein: Riesige Maschinen, kilometerlange Raumschiffe und unvorstellbare Entfernungen faszinierten die meist jugendlichen Leser.

Später waren es vor allem die Space-Expeditionen der Mannen des Raumschiffs »Enterprise« um Captain Kirk, Spock, Sulu, Uhura, Chekov, Scotty und »Pille« McCoy, die den Rahmen einer Heft-, Taschenbuch- und TV-Serie bald sprengten. Vor allem die aufwändigen »Star Trek«-Kinofilme zeichnen sich durch eine Reihe von technischen Erfindungen und Wissenschaftsmythen aus, die insbesondere die Beherrschung der Materie betreffen und unzählige andere Sciencefiction-Romane und Leinwandabenteuer inspirierten. Und so mancher Fan mag sich fragen, ob das eine oder andere »Star Trek«-Phänomen vielleicht eines Tages realisierbar sein wird.

Auch der Physiker Stephan Matthiesen von der Universität Edinburgh hat sich mit dieser Frage eingehend beschäftigt und kommt zu folgendem Schluss:

– Beamen von Menschen:
Besatzungsmitglieder werden in »Star Trek« vom Raumschiff auf Planeten transportiert, indem sie auf technische Weise in Energie umgewandelt, dann körperlos gesendet und an einem anderen Ort wieder zusammengesetzt werden. Zwar kann man tatsächlich einzelne Elementarteilchen teleportieren, also den quantenmechanischen Zustand eines Teilchens so ändern, dass es eine exakte Kopie eines anderen Teilchens wird, dessen Zustand dabei zerstört wird.

Aber dem Transport (bzw. dem Zerlegen und Zusammenbauen) komplexerer Systeme stehen grundlegende quantenmechanische Regeln entgegen. Etwa die Heisenbergsche Unschärfetheorie, nach der eine exakte Positionsbestimmung der Atome weder beim Auflösen noch beim Zusammensetzen prinzipiell möglich ist. Bedeutet: Ein wirklicher Captain Kirk käme nur als unbrauchbarer Haufen von Atomen auf dem Planeten an – wenn überhaupt. Theologen fragen sich darüber hinaus, was bei der Dematerialisierung mit der Seele der Person geschähe. Schließlich baut Beamen auf einem rein physikalischen Vorgang auf.

– Warp-Antrieb:
Der »Warp-Antrieb« ist der Hauptantrieb der Enterprise, der es ihr ermöglicht, die enormen Entfernungen im Weltraum in kurzer Zeit zurückzulegen, ohne das fundamentale Gesetz der Lichtgeschwindigkeit als oberste Grenze zu durchbrechen. Erklärung: Der »Warp-Antrieb« verzerrt (engl. »to warp«) den Raum so, dass das All vor der Enterprise kürzer und dahinter länger wird. Tatsächlich sind solche Raumverzerrungen mit der Allgemeinen Relativitätstheorie konsistent. Um sie jedoch zu erzeugen, wären enorme Energiemengen nötig – möglicherweise mehr Energie, als das gesamte Universum enthält.

– Wurmlöcher:
Dabei handelt es sich um »Abkürzungen« zwischen verschiedenen Bereichen des Weltraums. Ein anschauliches zweidimensionales Beispiel dafür wäre ein gefaltetes Blatt Papier, in das man ein Loch bohrt und so von einer Ecke des Blattes zur anderen kommt, ohne die ganze Länge des Blattes durchlaufen zu müssen. Für den dreidimensionalen Raum wäre Ähnliches aufgrund der Allgemeinen Relativitätstheorie möglich.
Das Problem: Wenn das Universum gar nicht entsprechend gefaltet ist, sondern flach, dann kann es auch keine Wurmlöcher geben. Was nun tatsächlich in unserem Universum der Fall ist, ist ungeklärt. Und um Wurmlöcher künstlich zu erzeugen, müsste man den Raum selbst verbiegen – wiederum mit enormen Energieaufwand.

– Antimaterie:
Sie liefert die Energie für die Enterprise. Antimaterie ist aber keine Sciencefiction-Erfindung. Zu jeder Art von Elementarteilchen gibt es ein entsprechendes Antiteilchen, das dieselbe Masse, aber entgegengesetzte elektrische Ladung hat. Erzeugt wird Antimaterie z.B., indem Teilchenstrahlen hoher Energie aufeinander geschossen werden. Die Energie wird dabei in Paare von Teilchen und zugehörigem Antiteilchen umgewandelt.

Zur Energieerzeugung in der Enterprise wird der umgekehrte Vorgang genutzt: Wenn Materie mit derselben Menge Antimaterie zusammenkommt, vernichten sich beide gegenseitig, wobei ungeheure Energiemengen entstehen. Im Prinzip funktioniert diese Art der Energiegewinnung also. Fraglich ist allerdings, ob es im Universum größere Mengen von natürlich vorkommender Antimaterie gibt.

– Künstliche Schwerkraft:
Künstliche Schwerkraft lässt sich erzeugen, indem man das Raumschiff ganz einfach in Rotation versetzt und die Fliehkraft nutzt. Ob man künstliche Schwerkraft anders, etwa mithilfe elektromagnetischer Felder erzeugen kann, ist unklar. Die Vereinigung der Gravitation mit anderen fundamentalen Wechselwirkungen ist eines der großen ungelösten Probleme der theoretischen Physik. Doch selbst wenn es prinzipiell möglich ist, scheint bisher nichts darauf hinzudeuten, dass es mit vertretbarem Energieaufwand realisierbar wäre.

– Schwarze Löcher:
Auch Schwarze Löcher sind keine Erfindung der Sciencefiction-Literatur, sondern der Allgemeinen Relativitätstheorie. Massereiche Objekte kollabieren unter ihrer eigenen Gravitation, und das resultierende kleine, aber schwere Objekt erzeugt in seiner Umgebung ein so starkes Gravitationsfeld, dass selbst das Licht nicht mehr entweichen kann. Dies ist das Schicksal aller massereichen Sterne.

Wenn ihr Kernbrennstoff aufgebraucht ist und der Strahlungsdruck aus dem Inneren nachlässt, verlieren sie zunächst einen Großteil ihrer Masse in einer Supernova-Explosion und werden zu einem Neutronenstern, der – falls er mehr als zwei oder drei Sonnenmassen hat – weiter zu einem Schwarzen Loch kollabiert.

Schwarze Löcher dürften also theoretisch nicht selten sein, doch leider sind sie durch Beobachtungen nur schwer nachweisbar. Es gibt aber indirekte Hinweise auf mehrere stellare Schwarze Löcher von mehr als drei Sonnenmassen, und es verdichten sich die Indizien für ein supermassives Schwarzes Loch im Zentrum unserer Milchstraße mit etwa drei Millionen Sonnenmassen.

Hans J. Alpers/Werner Fuchs/Ronald M. Hahn/Wolfgang Jeschke: Lexikon der Sciencefiction-Literatur, Heyne-Verlag, München 1988; Lawrence M. Kraus: Die Physik von Star Trek, Heyne-Verlag, München 1999; Heiko Ehrhardt/Michael Landgraf: Beam me up, Scotty!, EZW-Texte, Nr. 157/2001; Lawrence M. Kraus: Jenseits von Star Trek. Die Physik hinter den Ideen der Sciencefiction, Heyne-Verlag, München 2002; »Star Trek-Phänomene«, Skeptiker, Nr. 1/2002

Subliminale Beeinflussung

Im Rundfunkstaatsvertrag steht es Schwarz auf Weiß: »In der Werbung dürfen keine unterschwelligen Techniken eingesetzt werden« (Paragraf 6, Absatz 3). Für viele der Beweis, dass die »geheimen Verführer« tatsächlich unter uns und nun sogar offiziell als existent anerkannt sind.

Doch fragt man bei den Landesmedienanstalten nach, weiß keiner der Verantwortlichen so recht, was dieser Passus eigentlich bedeuten soll. Der Direktor der saarländischen Landesanstalt für das Rundfunkwesen stellt klar: »Dieser Satz ist die wörtliche Übernahme einer Formulierung aus der EG-Fernsehrichtlinie.« Neue eigene Erkenntnisse über subliminale Botschaften, also unhörbare und unsichtbare Suggestionen unterhalb der Schwelle bewusster Wahrnehmung, habe man nicht.

Tatsächlich gehen gesetzliche Initiativen dieser Art auf ein Ereignis in der zweiten Hälfte des vorigen Jahrhunderts zurück. 1957 schockierte der amerikanische Marktforscher James Vicary die Öffentlichkeit mit folgender Behauptung:

In einen laufenden Kinofilm habe er jeweils für Sekundenbruchteile Werbespots für Popcorn und Cola einprojiziert, die von den Zuschauern nicht bewusst wahrgenommen werden konnten. Trotzdem sei an der Kasse der Verkauf von Popcorn und Cola um ein Vielfaches gestiegen. Als »Iss Popcorn/ Trink Cola«-Studie machte Vicarys sechswöchiges Experiment mit angeblich insgesamt 46 000 Kinobesuchern Schlagzeilen und geistert bis heute hin und wieder durch die Medien.

Verständlich, denn wer lässt sich schon gerne zu etwas bewegen, was er eigentlich gar nicht will? Mehr noch: Wenn uns dieser Dreh erfolgreich Süßzeug andient, wieso dann nicht auch Politiker, Ideologien oder sonst irgendwas?

1962 gab Vicary in einem Interview mit der Fachzeitschrift »Advertising Age« zu, der Popcorn-Cola-Versuch sei eine reine Erfindung gewesen, um mehr Aufträge für seine Werbefirma zu bekommen. Doch das Bekenntnis kam zu spät. Ein bis zu diesem Zeitpunkt unbekannter Autor tierpsychologischer Studien namens Vance Packard hatte den »Iss Popcorn/Trink Cola«-Mythos in seinem Bestseller »Die geheimen Verführer« bereits auf der ganzen Welt bekannt gemacht.

Noch bevor der geringste Nachweis für die Wirksamkeit subliminaler (unterschwelliger) Beeinflussung vorlag, verbot der Verband der amerikanischen Rundfunksender eilends den Einsatz solcher Techniken in der Werbung. Unverzüglich zogen andere Nationen nach – nach dem Motto: Dann muss ja wohl etwas dran sein …

Ist es aber nicht.

Der Psychologe Horst Brand von der Uni Köln prüfte in jahrelanger Arbeit sämtliche auf der ganzen Welt bekannt gewordenen Experimente zur unterschwelligen Beeinflussung sorgfältig nach. Und fand nichts, was die These von den geheimen Verführern stützen könnte – nicht einmal jenes Kino in Port Lee (New Jersey), in dem einst der Popcorn-Cola-Versuch stattgefunden haben soll.

Auch Brands Kollege Anthony R. Pratkanis von der University of California in Santa Cruz sammelte mehr als 100 populäre Artikel und 200 wissenschaftliche Arbeiten zum Thema und wertete sie aus. In keinem der Berichte fand er einen empirischen, klinischen oder experimentellen Beweis für Packards Darstellung.

Wenn es »Subliminals« mit der behaupteten Signalwirkung wirklich geben würde – wie kommt es dann, dass »mir noch nie ein Chef-Layouter, Produzent oder sonst ein leitender Agenturangestellter zugeflüstert hat: ›Psst, schauen Sie her, so machen wir das mit dem unterschwelligen Zeugs«, wundert sich der New Yorker Werbefachmann Berton Miller.

Wie kommt es, rätselt der Marketing-Profi, »dass in der langjährigen Geschichte der Werbung nie ein Plappermaul in einem Anfall von Gewissensbissen öffentlich ausgeplaudert hat, was da hinter den verschlossenen Türen der großen Werbeagenturen ausgeheckt wird? Hat es etwa noch nie einen vergrätzten Mitarbeiter gegeben, der in die Maschen und Tricks des Geschäfts eingeweiht war und es seinem Boss irgendwann heimzahlen wollte? Wohl kaum.«

Außerdem scheinen gerade die denkbaren Missbrauchsmöglichkeiten gegen die Existenz von den »Subliminals« zu sprechen. Hätte es z.B. in den ehemaligen Diktaturen des Ostblocks jemals Revolutionen gegeben, wenn die Machthaber über die Möglichkeiten verfügt hätten, mit subliminalen Botschaften im Radio und TV den Menschen einzutrichtern, wie gut es ihnen doch geht?

Kommerzielle »Subliminal-Kassetten« mit unterbewussten Suggestionen zur Raucherentwöhnung, Steigerung des Selbstbewusstseins etc. hat der Psychologe Colin Goldner vom »Forum Kritische Psychologie« nach eingehenden Untersuchungen als simplen »Beschiss« entlarvt. Die meisten von ihm getesteten Bänder enthielten nur Musik – von aufwändigen »Subliminals« keine Spur.

Und selbst wenn: Physiologisch kann nur über die bewusste Dekodierung eines Wortes eine bestimmte Emotion und damit ein Reiz ausgelöst werden. Die Kürze der visuellen und akustischen Reize, mit denen angeblich »subliminal« experimentiert wird (0,0003 Sekunden) macht es jedoch mehr als zweifelhaft, ob sie überhaupt zu erzeugen sind und ob die Versuchspersonen sie auch nur identifizieren, geschweige denn aufnehmen können.

Längere Reize, die etwa 0,3 Sekunden dauern, können von uns erfasst werden. Dann jedoch sind sie bereits bewusst wahrnehmbar.

Dennoch greifen Film- und TV-Produzenten die Angst vieler Menschen vor den unterschwelligen Botschaften immer wieder effektvoll auf – als Spielhandlung wie auch als reale Gimmicks. In der »Akte X«-Folge »Ferngesteuert« treiben unsichtbare Signale aus der Glotze ausgewählte Opfer in Wahnzustände. Und in der Folge »Blut« wird eine Gruppe phobieanfälliger Menschen durch »Subliminals« quasi ferngesteuert.

Der Schreck heiligt die Mittel: In Hitchcocks »Psycho« blitzt am Schluss eine Sekunde lang das Bild des verwesten Gesichts von Norman Bates' Mutter auf, während von Hauptdarsteller Anthony Perkins in seiner Zelle übergeblendet wird auf sein Auto, das die Polizei aus dem Sumpf zieht.

Und in dem Schocker »Der Exorzist« montierte Regisseur William Friedkin mehrfach das Bild einer Grauen erregenden Fratze über eine normale Szene – was allerdings (zumindest in der wiederaufgeführten »Director's Cut«-Fassung von 2001) nicht unbewusst wahrnehmbar, sondern recht deutlich zu sehen ist.

»Gescheitert: Packards Rufmord an der Werbung«, Der Markenartikel, Nr. 7/1987; »Geheime Botschaften werden überschätzt«, Antwort des Parlamentarischen Staatssekretärs Pfeifer vom BMJFG auf eine parlamentarische Anfrage, veröffentlicht im BPS-Report der Bundesprüfstelle für jugendgefährdende Schriften, Nr. 6/1990; Anthony Pratkanis: Subliminale Werbung. In: Gero von Randow (Hrsg.): Mein paranormales Fahrrad, Rowohlt-Verlag, Reinbek 1993; »Sex auf Keksen?«, Leserbrief an den Skeptical Inquirer, Vol. 17, No. 1/1992; Colin Goldner: Subliminal-Kassetten. In: Günter Kern/Lee Traynor (Hrsg.): Die esoterische Verführung, IBDK-Verlag, Aschaffenburg 1996

6. MEDIZIN

Augentraining

Mit Augengymnastik gegen Sehfehler?

Zugegeben, die Idee klingt nicht schlecht. Ein gezieltes Workout löst bekanntlich verhärtete Muskeln und bringt den Körper ins Gleichgewicht. Und doch ist »Eye-Gym«, wie die Augenmuskelübungen nach Dr. Bates in einigen Zeitschriften neudeutsch genannt werden, kein effektiver Fit-Hit. »Es ist genau so, als wolle jemand seine zu groß geratenen Füße durch Zehenübungen verändern«, warnen Mediziner.

1919 brachte der New Yorker Augenarzt William Horatio Bates das Buch »Perfect eyesight without glasses« (Perfektes Sehen ohne Brille) heraus. Darin vertritt er die These, dass Kurzsichtigkeit auf krankhaften Spannungszuständen der äußeren Augenmuskeln beruht. Folgerichtig empfiehlt die »Bates-Methode« Seh- und Augengymnastik statt einer Brille. Die bekannteste Übung ist das Palmieren, das heißt ein Bedecken beider Augen mit den Handflächen.

Durch abwechselndes »Schweifen« oder »Springen lassen« des Blickes soll dann der ganze Sehapparat – insbesondere die äußeren Augenmuskeln – entspannt werden. Diese »Sehschulung« nach Bates hat nichts mit den wissenschaftlich begründeten Übungen zur Schielbehandlung zu tun, die in Augenkliniken angeboten werden und mancherorts ebenfalls kurz »Sehschule« genannt werden.

Dass viele Fehlsichtige ihr »Nasenfahrrad« gerne dauerhaft loswerden möchten, ist verständlich. Dr. Bates und dessen zahllosen Epigonen werden ihnen dabei allerdings keine Hilfe sein. Denn Kurzsichtigkeit und andere Sehfehler haben ihre Ursache in einer zu langen oder zu kurzen Form des Augapfels oder in der fehlenden Anpassung der Linse an den Nah- und Fernbereich (Akkomodation). Und ein einmal so oder so gewachsener Augapfel ist durch keinerlei Kniffe oder Training mehr zu verändern.

Natürlich ist das Sehen kein rein physikalischer Akt, sondern ein sehr komplexer Vorgang mit vielen Einflüssen, die nichts mit organischen Sehfehlern zu tun haben. Und ebenso sind Entspannungsübungen an sich nie von Übel. Aber »Eye-Gym« ist mitnichten in der Lage, Aufbau und Funktion des Auges anatomisch zu beeinflussen. Die zentrale Sehschärfe oder der objektiv messbare Brechwert der Brille sind durch die »Bates-Methode« noch nie verbessert worden.

Das Unschöne an den »Weg mit der Brille!«-Ratgebern ist, dass sie die Batesschen Lehren mit psychologischem Allerlei vermischen und sich so den Zeitgeist zu Nutze machen. Z.B. mit gewagten Behauptungen wie:»Wenn unsere Augen mit einer Realität konfrontiert werden, die wir am liebsten nicht sehen möchten, kann das Gehirn die Augen veranlassen, das Sehvermögen einzuschränken … Wird die Ursache der seelischen Belastung über einen längeren Zeitraum nicht behoben, so können die Augen ihre spontane Beweglichkeit und Anpassungsfähigkeit verlieren.«

Nicht selten suggerieren Augen-Trainer dem Patienten auf solche Weise, sein Sehfehler sei durch ein psychisches Fehlverhalten entstanden – was ihm ein völlig unbegründetes Schuldgefühl vermittelt.

Derartige Schlussfolgerungen sind dagegen in der seriösen Augenheilkunde unbekannt. Und zwar auch unter Ärzten, die bei diffusen Sehstörungen durchaus die Sehgewohnheiten und beruflichen Belastungen ihrer Patienten erfragen und unterstützend zu autogenem Training oder psychotherapeutischer Hilfe raten.

»Wirklich besser sehen ohne Brille?«, Skeptiker, 1/1992; Friedrich Mehlhose: Irrwege in der Behandlung der Kurzsichtigkeit. In: Irmgard Oepen (Hrsg.): Unkonventionelle medizinische Verfahren, Gustav Fischer Verlag, Stuttgart/Jena/New York 1993

Bach-Blüten

Mit Blüten, die am Ufer eines Baches gepflückt werden, hat die Bach-Blütentherapie nichts zu tun. Sie ist nach dem englischen Arzt und Homöopathen Dr. Edward Bach benannt, der sich um 1930 aus seiner Londoner Praxis zurückzog und in der Abgeschiedenheit der unberührten walisischen Landschaft nach »seelisch wirksamen« Pflanzen als Allheilmittel gegen »energetische Schocks« auf feinstofflicher Ebene suchte – bei körperlichen, seelischen und psychosomatischen Krankheiten.

Bach-Blüten sind ein Renner unter den alternativen Heilverfahren. Volkshochschulen und andere Einrichtungen der Erwachsenenbildung verbreiten die Methode und unterrichten Selbstanwender – obwohl die Bach-Blütenessenzen in Deutschland als Arzneimittel nicht zugelassen sind. Apotheken dürfen die Mittel jedoch aus einem EU-Land importieren, wenn ein Kunde danach verlangt.

Für die Verfechter der Bach-Blütentherapie haben Mediziner und Psychologen, die fehlende Wirksamkeitsnachweise und die deutlich esoterischen Züge des Konzepts kritisieren, »mechanistische Bretter vorm Kopf«.

Umgekehrt sehen Skeptiker in der »feinstofflichen Ebene« eine typische Art der Ortsbeschreibung von Pseudowissenschaftlern, wohin viele nicht nachweisbare Phänomene verschoben werden:»Diese Ebene ist physikalisch nicht erreichbar, sodass man ohne weitere Entschuldigung die Existenz dort vermeintlich angesiedelter ›geistiger Kräfte‹ und ›Schwingungen‹ nicht nachzuweisen braucht.«

In der Tat lassen sich weder die Pflanzenauswahl noch die rituelle Herstellung der Blütenessenzen wissenschaftlich begründen. Die Mittel werden aus Pflanzen hergestellt, wie sie zu Dr. Bachs Lebzeiten in dessen unmittelbarem Wohnumfeld wuchsen.

Und zwar nach einem nahezu alchimistisch zu nennenden Verfahren, bei dem es mitnichten um die Extrahierung von Wirkstoffen im üblichen Sinne geht: Die Blüten werden an einem sonnigen Morgen vor neun Uhr gepflückt, in eine Schale mit Quellwasser eingelegt und mit einem Zweig derselben Pflanze wieder herausgefischt. Während dieser Zeit soll das Quellwasser »Heilenergie« aus den Blüten aufnehmen.

Schließlich wird die Flüssigkeit mit der gleichen Menge Alkohol versetzt und dann im Verhältnis 1:240 mit Wasser verdünnt. Das ergibt die Bach-Blütenessenzen. Zum Einnehmen gibt man drei Tropfen in ein Wasserglas.

Das Münchner »Forum Kritische Psychologie« hat eine Prämie in Höhe von 5000 Euro für denjenigen ausgeschrieben, der nach Entfernen der Etiketten von zehn beliebig ausgewählten Bach-Blüten-Fläschchen die darin enthaltenen Essenzen korrekt benennen kann – unter Zuhilfenahme jedes beliebigen

Analyseverfahrens. Bis heute wurde das Geld von niemandem eingefordert. Das verwundert nicht, denn die Mittel enthalten erwiesenermaßen kein einziges Molekül von irgendeiner Wirksubstanz.

Laut Dr. Bach ist das auch gar nicht notwendig. Denn Krankheiten waren für den englischen Arzt die Folge eines »Konflikts zwischen spirituellem Selbst und Persönlichkeit«. Das heißt: Auslöser von Krankheiten sind letztendlich Charakterschwächen. Bevor eine Krankheit sich im Körper zeigt, hat sie sich seelisch vorbereitet, etwa durch Stolz, Habgier, Egoismus, Unsicherheit, Verzweiflung, Übereifer oder Hass.

Genau 38 negative Gemützzustände diagnostizierte Bach, welche angeblich die gesamte Palette an Krankheiten verursachen. Zugleich kreierte er in seinen letzten Lebensjahren 38 pflanzliche Substanzen als Heilmittel.

Stechginster gegen Hoffnungslosigkeit z.B. Oder Stechpalme gegen Eifersucht. Seine Bach-Blüten sollen mit ihren positiven »Schwingungen« diese negativen Gefühle und Gedanken harmonisieren und dadurch zur Gesundung führen. Die Bach-Blütentherapie beruht also nicht auf pharmakologisch wirksamen Substanzen, sondern auf der »geistigen« Kraft der Pflanzen.

Dieses sowie die willkürliche Schubladisierung von Menschen (Dr. Bachs rein »intuitive« Einteilung in genau 38 Seelenzustände sowie die Verknüpfung von vermeintlichen »Charakterschwächen« mit Missbefindlichkeiten) verleihen der Bach-Blütentherapie keine allzu große Glaubwürdigkeit.

Ernst zu nehmende Dokumentationen und Untersuchungen fehlen, etwaige positive Effekte der Mittel beruhen auf Erwartung und Suggestion.

Zur Selbsthilfe bei harmlosen Stimmungsschwankungen mögen Bach-Blüten akzeptabel sein. Wer bei schweren Erkrankungen auf die Blütenmittel vertraut, bringt sich in Gefahr. Mittlerweile steht die Bach-Blütentherapie in erbitterter Konkurrenz zu einer Unzahl eigenständiger Blüten-Systeme, von »Österreichischen Alpenblütenmitteln« über »Green-Man-Tree-Essenzen« bis hin zu »Hawaii-Flowers«.

Krista Federspiel/Vera Herbst: Die andere Medizin, hrsg. von der Stiftung Warentest, Berlin 1996; Colin Goldner: Die Psycho-Szene, Alibri-Verlag, Aschaffenburg 2000; »Bach-Blütentherapie«, Kurzinformationen zu Parawissenschaften – Esoterik – Paramedizin der Gesellschaft zur wissenschaftlichen Untersuchung von Parawissenschaften (GWUP)

Biorhythmus

Erkältet? Nervlich angespannt? Gar durch eine Prüfung gefallen? Oder einen Unfall gehabt? Vielleicht leben Sie nicht im Einklang mit Ihrem Biorhythmus! Dabei ist die Sache doch ganz einfach: Vom Zeitpunkt der Geburt an vollziehen sich unsere Lebensvorgänge in exakten Perioden, das heißt: Unsere körperliche, seelische und geistige Verfassung wird von Rhythmen bestimmt, die bis zum Tod niemals ihren Takt ändern. Die gebräuchliche Biorhythmen-Theorie basiert auf dem Körperrhythmus (23 Tage), dem Seelenrhythmus (28 Tage) und dem Geistesrhythmus (33 Tage).

Das ist gut zu wissen, denn somit sind unsere Befindlichkeit und Leistungsfähigkeit quasi vorprogrammiert. Kennt man die Lage der Rhythmen an einem bestimmten Tag, kann man daraus die persönliche Tagesform ablesen. Vereinfacht ausgedrückt: Die besagten drei Rhythmuskurven verlaufen sinusförmig. Befindet sich die periodische Schwingung über der Null-Linie, haben wir eine Hochphase. Unter der Null-Linie rutschen wir in eine Tiefphase voller Unlust und Trägheit.

Besonders kritisch wird's an Tagen, an denen die Null-Linie geschnitten wird. Dann leben wir einfach, zweifach oder sogar dreifach gefährlich bzw. »instabil«, je nachdem, wie viele der drei Kurven die Null-Linie kreuzen.

Aga Khan soll an einem dreifach kritischen Tag gestorben sein, Rennfahrer Niki Lauda an einem kritischen Tag seinen schweren Unfall gehabt haben. Vermeidbar – denn es stehen Tabellen, Rechenschieber und natürlich zeitgemäße Computerprogramme zur Erkundung der aktuellen Rhythmenlage zur Verfügung, z.B. so genannte Bio-Taschenrechner.

Gewiss ist die Vorstellung verlockend, das Auf und Ab unserer Stimmungslage, Belastbarkeit und Kreativität gründe auf berechenbaren »Biokurven«, die wir uns jeden Tag vom PC ausdrucken können. Die Popularität der Biorhythmenlehre sagt einiges über das Bedürfnis von uns Menschen nach Sicherheit und Kausalzusammenhängen aus – aber leider nichts über die Richtigkeit dieser Lehre, die 1906 von dem Berliner Hals-Nasen-Ohrenarzt Wilhelm Fliess begründet wurde.

Tatsächlich »kann hier – wie selten auf dem Gebiet der Grenzphänomene – ohne Zweifel bestätigt werden, dass nicht die geringste Spur des in Rede stehenden Zusammenhangs auffindbar ist«, urteilt der Physiker Hans-Dieter Betz von der Münchner Ludwig-Maximilians-Universität. Zahlreiche statistische Untersuchungen zu Sterbefällen, Selbstmorden, Autounfällen etc. erbrachten keinerlei periodische Auffälligkeiten. Eine Studie mit 1641 Klinikpatienten zum Vergleich von »biorhythmischer Lage« und Herzinfarkten, die die Berliner Ärztin Silke Langenbach durchführte, entlarvt die Biorhythmenlehre ebenfalls als unsinnig und wertlos.

Faktum ist, dass Infarkte zwischen sechs und zwölf Uhr besonders häufig auftreten. Offenkundig gibt es eine Vielzahl biologischer Rhythmen bei Mensch, Tier und Pflanzen, die äußerst komplex und erst in Ansätzen wissenschaftlich verstanden sind. Mit den real existierenden inneren Uhren von Lebewesen befasst sich allerdings nicht die Biorhythmik, sondern die Chronobiologie.

»Biorhythmus – Leben Sie im Takt?«, Skeptiker, 3/1994; »Die Biorhythmenlehre – Wissenschaft oder numerologischer Humbug?«, Skeptiker, 3/1994; Gerald L. Eberlein (Hrsg.): Kleines Lexikon der Parawissenschaften, C.H. Beck-Verlag, München 1995

Blutgruppendiät

Flirt-Faktor Blutgruppe?

»Welche Blutgruppe hast du?« als Partythema statt »Welches Sternzeichen bist du?« Das gibt es tatsächlich, seit der Amerikaner Peter D'Adamo auf den Blutgruppen eine Art Neo-Astrologie entwickelt hat. Und das geht so:

»Mit der Null fing alles an – das Blut der Urmenschen stand für D'Adamo am Anfang der Blutgruppendifferenzierung. Daher verträgt dieser »Jägertyp« am besten Fleisch. Sein Charakter soll noch dem urzeitlichen Ideal entsprechen: stark, selbstbewusst und durchsetzungsfähig.

Allerdings sollen Menschen mit dieser Blutgruppe laut D'Adamo anfällig für Infektionskrankheiten, Arthritis, Geschwüre und Krebs sein. Typ A dagegen repräsentiert den friedliebenden Landwirt, ein kooperativer und sesshafter Typ, dessen Achillesferse die Disposition zu Herzkrankheiten, Krebs, Anämie sowie Typ-1-Diabetes scheint.

Als Ausgleichender stellt sich Typ B dar, ein flexibler, kreativer und ausgewogener Charakter, den häufig chronische Müdigkeit, MS oder Viruserkrankungen plagen sollen.

Typ AB schließlich ist der geheimnisvolle und charismatische Typ, der mit Verdauungsproblemen, Herzkrankheiten und Krebs kämpft.« (zit. nach www.hausarzt-bda.de)

Gut und schön – aber wieso fallen Gruppe-0-Menschen dann nicht augenblicklich zu Boden, halten sie sich den Bauch und erbrechen, wenn sie einen Weizencracker, Chips oder Schokolade gegessen haben?

Weil der Naturheilkundler D'Adamo wenig mehr als ein Evolutionsmärchen erfunden hat. Seine spezielle Theorie der Blut-Abnahme gründet im Wesentlichen auf den Lectinen. Das sind Eiweißstoffe, die vom Immunsystem des Menschen als eine Art Klebstoff herangezogen werden, um Krankheitserreger einzufangen. Bekanntlich treten auch bei Bluttransfusionen Abwehrreaktionen auf, wenn die Blutgruppe des Spenders nicht mit der des Empfängers harmonisiert.

Denn die vier Blutgruppen unterscheiden sich durch so genannte A-, B- oder 0-Antigene auf den roten Blutkörperchen. In einem solchen Fall werden Antikörper gegen die artfremden Eindringlinge auf den Plan gerufen: Die Blutzellen verklumpen. Auch daran sind Lectine beteiligt.

Die Tatsache nun, dass Lectine auch in unserer Nahrung enthalten sind, bringt D'Adamo zu seinem Diät-Konzept. Seiner Auffassung nach vertragen sich bestimmte Lebensmittel mit bestimmten Blutgruppen nicht. Zum Beispiel: Menschen mit Blutgruppe 0 sollen von Natur aus auf eine fleischreiche Kost programmiert sein, aber kein Getreide vertragen. Milch wiederum soll das Blut von Menschen mit der Blutgruppe A verkleben und dadurch den Organismus schädigen, weil Milch-Lectine vom Antigen des A-Blutes als »Feind« erkannt würden. Allerdings ist in keinem einzigen Fall wissenschaftlich dokumentiert, dass Lectine aus Nahrungsmitteln im Blut zu Verklumpungen führen.

Mehr noch: Unter Ernährungsfachleuten ist sogar umstritten, ob es die Lectine überhaupt in die Blutbahn schaffen oder ob sie in den Darmwänden hängen bleiben. Laut der Deutschen Gesellschaft für Ernährung (DGE) gilt lediglich für bestimmte Lectine aus Tomate, Erdnuss und Weizenkeim als gesichert, dass sie in messbarem Umfang aus dem Verdauungstrakt ins Blut übertreten.

Generell zerstört Erhitzen die Lectin-Aktivität in allen Nahrungsmitteln mit Ausnahme von gerösteten Erdnüssen. Der »A-Typ« etwa müsste also das von D'Adamo für ihn als »riskant« eingestufte Fleisch schon roh verschlingen, um auch nur möglicherweise gefährdet zu sein. Anders gesagt: Wäre die Blutgruppe wirklich so wichtig für die Ernährung und würden alle Lectine das Blut verklumpen, müssten ständig Menschen tot umfallen, weil sie etwas »Falsches« gegessen haben.

Dass man mit der Blutgruppen-Diät abnehmen kann, stellen auch Kritiker nicht in Abrede. Das jedoch liegt weniger im Blut als in der Natur der Sache. Bei den Empfehlungen D'Adamos handelt es sich durchgehend um kalorienarme Kost, garniert mit Tipps für Bewegung und Entspannung – also allgemein gültige Strategien zur Gewichtsreduktion.

Gänzlich kurios wird es, wenn D'Adamo jeder Blutgruppe »besonders geeignete« Sportarten und sogar spezielle Charaktereigenschaften zuweist. Der Bestseller-Autor geht davon aus, dass die Blutgruppen Träger genetischer Botschaften und aus den Ernährungs- und Verhaltensweisen unserer Vorfahren entstanden seien. Doch das ist falsch. Entwicklungsgeschichtlich sind die verschiedenen Blutgruppen eine Reaktion auf Seuchen und Infektionen – und sicherten so das Überleben der Menschheit, da die winzigen Unterschiede auf der Oberfläche von Schleimhäuten und Körperflüssigkeiten gefährliche Krankheitserreger irritierten und deren Wirkung minderten.

Neu oder originell sind D'Adamos Thesen übrigens nicht.

Blut hat in vielen Kulturen eine mystisch-religiöse Bedeutung, und die Hypothese, dass Blutgruppen ursächlich mit verschiedenen Erkrankungen in Verbindung stehen, reicht Jahrhunderte zurück.

Manche Psychiater glaubten einst, Schizophrenie könne dadurch geheilt werden, dass man das Blut mittels Hämodialyse von einem »Schizophrenie-Toxien« reinigt.

Und noch Mitte der 70er Jahre des 20. Jahrhunderts zeigte sich ein Leitartikler im renommierten »British Medical Journal« überrascht, dass sorgfältige Studien keinen Zusammenhang zwischen der Blutgruppe 0 und Patienten mit Zwölffingerdarmgeschwüren erbracht hatten.

»Mit Schnecken gegen Tumore?«, Weltbild-Magazin, Nr. 11/2000; »Diäten im Vergleich«, Saarbrücker Zeitung, 23. Januar 2003

Entschlacken

Fasten entschlackt, heißt es immer wieder. Wirklich?

Schlacken fallen bei der Verbrennung von Kohle an, nicht aber bei der Verwertung von Nährstoffen. Weil der menschliche Körper kein Hochofen ist, braucht er auch keine »Entschlackung«. Außerdem legen Laienheiler, Autoren von Fastenbüchern und Wellness-Journalisten nie verständlich dar, was sie im biochemischen Sinne mit »Schlacken« eigentlich meinen.

Alle molekularen Substanzen im Körper (Mineralien, Aminosäuren, Zucker oder z.B. auch Medikamente) werden entweder unmittelbar im Stoffwechsel benötigt oder aber umgebaut und gespeichert, z.B. Kohlenhydrate als Glykogen beziehungsweise Fett. Irgendwie »störende« Reste bleiben bei einem gesunden Menschen nicht zurück.

Überschüssige oder unbrauchbare Substanzen sowie Stoffwechsel-Endprodukte nehmen den vorgesehenen Weg und werden über Darm und Nieren ausgeschieden. Auch von Giftstoffen befreit sich unser Organismus sofort über Leber und Niere.

»Entschlackungsmittel« sind in aller Regel Abführmittel, die den Mastdarm reizen und den Defäkationsreflex auslösen – damit wird aber praktisch nur der letzte Schritt im perfekt organisierten Selbstentschlackungssystem (um es einmal so zu nennen) des Körpers beschleunigt.

Nur wenn dieses System in irgendeiner Weise gestört ist, können Erkrankungen wie Gicht entstehen. In jedem Fall gilt: Zwei bis drei Liter Wasser täglich sind bei weitem das beste »Entschlackungsmittel«.

»Krank durch Fasten?«, Wellfit, 8/2002

Fünf Tibeter

Wer oder was sind eigentlich die »fünf Tibeter«?

Seit vielen Jahren steht ein Büchlein mit diesem Titel aus der Feder eines mysteriösen »Peter Kelder« in den Bestsellerlisten. Mutmaßlich 1939 unter dem Titel »The Eye of Revelation« erstmalig in den USA erschienen, 1985 neu aufgelegt und seit 1989 auf Deutsch erhältlich, gehört es zu den bekanntesten esoterischen Schriften überhaupt.

Kurz gesagt: Die »fünf Tibeter« sind keine Personen, sondern eine Art Yoga-Übung für Harmonie und Gleichgewicht. Ein Tibet-Reisender namens »Colonel Bradford« will diese »Riten«, wie er sie nennt, in einem geheimnisvollen Kloster in den Hochtälern des Himalaya gelernt haben und teilt seine Erfahrungen dem Ich-Erzähler »Peter Kelder« mit. Die »fünf Tibeter« sollen eine universale Energie im Körper zum Fließen bringen und stark verjüngend wirken, da sie ein angebliches »Todeshormon« blockieren und darüber hinaus die Hormonerzeugung des endokrinen Systems normalisieren.

Die sehr einfachen Übungen (die im Buch auf fast 40 Seiten beschrieben und kommentiert werden) sind gewiss nicht schädlich und können bei kompetenter Anleitung Muskulatur und Organismus stärken. Dass sie täglich genau 21-mal hintereinander durchgeführt werden müssen und gar zur ewigen Jugend führen, gehört indes ebenso ins Reich der Mythen wie besagtes Himalaya-Kloster, das bei Kelder »Quelle der Jugend« heißt und ansonsten unter dem Namen »Shangri-La« durch die Literatur- und Filmgeschichte geistert.

Im Jahr 2002 führte der Münchner Autor und Tantra-Kenner Christian Salvesen den »geheimnisvollen Bruder« des Riten-Quintetts ein – den »sechsten Tibeter«, der schlummernde sexuelle Energien wecken soll und »erotische Höhenflüge« verspricht.

»Die fünf Tibeter«, Materialdienst der Evangelischen Zentralstelle für Weltanschauungsfragen, 1/2001; »Ein echter Lustgewinn«, Wellfit, 4/2002

Geistchirurgie

»Vorsichtig legte der philippinische Heiler Pepito Herrn S. auf seine Liege, und während Herr S. interessiert zuschaute, öffnete er aus zehn Zentimetern mit seiner Hand durch einen psychokinetischen Schnitt sein Scrotum (Hodensack). Pepito führte zwei Finger ein, und gleich darauf holte er aus der Öffnung einige dunkle Blutgerinnsel und hellrotes, menschliches Gewebe heraus und zeigte es allen Beteiligten. Das wenige Blut wurde weggewischt, und Pepito begann, sich für seine Kniegelenke zu interessieren. Unsicher stand Herr S. auf, während Pepito noch betete.«

So schildert Winfried Veldung vom »Arbeitskreis Radionik&Schwingungsmedizin e.V.« in Bad Schwartau einen »geist-chirurgischen Eingriff« an einem deutschen Prostata-Patienten auf den Philippinen. Auch eine Erklärung hat der gutgläubige »Sozialtherapeut und Heilpraktiker« für das Phänomen parat: »Ein nicht operierbarer Tumor wird im Körper dematerialisiert. Durch eine psychoplastische Verschiebung wird dieser Tumor durch den Körper, als ein nicht materieller Vorgang, auf den Bauch expliziert und dort wieder rematerialisiert. Die genauen, technischen Vorgänge dieser paranormalen Operationen sind uns noch unbekannt.«

Bei über 4000 solcher Wunderoperationen (»Logurgie«) will Veldung dabei gewesen sein – »Betrug oder Scharlatanerie« habe er niemals erlebt. Wie auch? »Ein Trickser kann nur durch einen Trickser entlarvt werden«, erklärt der amerikanische Bühnenmagier und Aberglauben-Aufklärer James Randi lapidar. »Für jeden erfahrenen Zauberer liegen die Tricks, mit denen diese scheinbaren Wunder bewirkt werden, klar auf der Hand. Aber unerfahrene Beobachter erkennen den Schwindel verständlicherweise nicht, und wenn sie darauf eingestellt sind, an Magie zu glauben, sind sie auch zu akzeptieren bereit, dass sich etwas Übernatürliches ereignet hat.«

Der Berliner Rouven Schäfer hatte im Sommer 2000 das Vergnügen, während eines USA-Aufenthalts als Statist bei einer illusionistischen »Wunderoperation« Randis fürs Fernsehen mitzuwirken:

»So nahm ich mit freiem Oberkörper meinen Platz auf einer Liege ein, und der ›Wunderheiler‹ wies mich an, einfach ruhig liegen zu bleiben. Mit seinen Händen begann er dann meinen Bauch zu massieren. Während er das weitere Vorgehen für die Kamera mündlich skizzierte und so das Publikum ablenkte, schmuggelte er einen kleinen Beutel, gefüllt mit Rinderblut und Karottenstückchen, in seine linke Hand.

Im richtigen Augenblick durchstach er den Beutel mit einem Fingernagel der rechten Hand. Zugleich simulierte er das Eindringen seines Zeigefingers in meinen Bauch. Dazu bedurfte es nicht mehr als eines geschickten Abknickens der Finger, zumal das Blut bereits eindrucksvoll an meinem Bauch hinunterfloss.

Nach und nach brachte Randi nun die Karottenstückchen zum Vorschein und legte sie vor mir in eine mit Wasser gefüllte, durchsichtige Schüssel. Kein Zweifel, die blutigen Klumpen sahen wirklich schrecklich aus. Auch wenn unsere Zuschauer wussten, dass sie Zeugen eines Tricks waren, verblüffte der Anblick dieser Gebilde sie dennoch. Zum Schluss entsorgte Randi den Blutbeutel als klumpigen Fremdkörper, den er ebenfalls aus meinem Bauch herausgeholt zu haben schien. Anschließend wischte er das Blut etwas ab, und fertig war die Wunderoperation.«

Kann simple Fingerfertigkeit tatsächlich die Erklärung für die Aufsehen erregenden »geist-chirurgischen Eingriffe« von philippinischen oder brasilianischen »Heilern« sein, zu denen jährlich etwa 50 000 Menschen reisen? Für David Hoy, einen professionellen Zauberkünstler, ist das keine Frage:

»Als Trickkünstler war ich beeindruckt … Ein Heiler, der sich einen Moment lang unbeobachtet fühlte, hat zerstreut und wiederholt ein Feuerzeug mit dem Daumen in seiner hohlen Hand verschwinden lassen, fast wie eine Reflexbewegung. In allen Fällen beobachtete ich Techniken, Bewegungen und den Gebrauch verdächtiger Requisiten, die auch von Taschenspielern verwendet werden.«

Das Ausbleiben von Schmerzen, Infektionen und Narben im Zusammenhang mit solchen Operationen deuten die Patienten und viele Beobachter als Beweis für ein paranormales Phänomen. Es wäre natürlicher anzunehmen, dass ein behauptetes Eindringen in den Körper gar nicht stattfindet.

Journalisten wie Hoimar von Ditfurth oder staatliche Untersuchungsbeauftragte konnten immer wieder feststellen, dass angeblich »frische« Knochen- und Gewebeteile aus dem Körper der Patienten in Wahrheit bereits zu verwesen begonnen hatten und es sich dabei um Hundehoden, Tieraugen, Rinderdarm und Ähnliches handelte.

Entfernte »Nierensteine« entpuppten sich als Salz oder Bimsstein, Blutproben stellten sich als tierischen Ursprungs heraus oder wiesen bei der Untersuchung eine andere Blutgruppe auf als die des entsprechenden Patienten. In der Stadt Baguio/Philippinen spotten die Einheimischen, dass an Tagen, an denen die »Heiler« praktizieren, die Hühnerinnereien auf dem Markt ausverkauft seien.

»Betrüger, nicht Heiler«, Skeptiker, 1/1990; Petr Skrabanek/James McCormick: Torheiten und Trugschlüsse in der Medizin, Verlag Kirchheim, Mainz 1993; Gérard Majax: Die Welt der Illusionen, Bastei-Verlag, Bergisch Gladbach 1996; »Flinke Finger und eine Menge Blut«, Skeptiker, 2/2001; James Randi: Lexikon der übersinnlichen Phänomene, Heyne-Verlag, München 2001; »Geist-Chirurgie – Wenn die Gesetze der Physik und Medizin auf den Kopf gestellt werden«, Haus des Erlebnisses, Nr. 3/2002

Haiknorpel

»Haie sind immun gegen Krebs!«
Dieser Werbespruch für Nahrungsergänzungspräparate aus Haifischknorpel hat die Spezies des »Haifisch fressenden Menschen« hervorgebracht, beklagen Meeresforscher und Zoologen. Der Weißhai etwa steht mittlerweile auf der Roten Liste der gefährdeten Tierarten. »Die irrige Annahme, Haifischknorpel sei ein brauchbares Mittel gegen Krebs, ist in einigen Regionen bereits ein Ernst zu nehmendes wirtschaftliches Motiv für die verstärkte Befischung von Haien geworden«, muss Georges H. Burgess von der Artenschutzorganisation der Vereinten Nationen (SSC/IUCN) feststellen.
Dabei ist obige Behauptung barer Unsinn. Das Immunsystem von Haien ist nicht besser als das unsrige, und von Hirn-, Gallen- und Nierenkarzinomen bis hin zu Hodentumoren sind bei Haien eine Vielzahl von verschiedenen Krebsarten dokumentiert.
Und selbst wenn Haie immun gegen Krebs wären: Wieso sollte die Einnahme ihres Knorpels oder anderer Körperteile Krebs vorbeugen oder gar heilen? Schließlich helfen geriebene Rhinozeroshörner oder Tigerzähne auch nicht gegen Impotenz.

Doch die Hintergründe sind etwas komplizierter. Schon in den 1970er Jahren forschten amerikanische Wissenschaftler über den Gebrauch von Knorpel als ein Mittel, um das Wachstum von Krebszellen zu hemmen. In einigen dieser Versuchsreihen an der Harvard Universität und am Massachusetts Institute of Technology wurde Knorpel vom Kaninchen verwendet, in anderen vom Rind und später vom Hai.

Ziel der Experimente war herauszufinden, ob Knorpel die so genannte Angiogenese verzögern könnte – also die Versorgung mit Blut, die massive Tumore benötigen, um weiter anzuwachsen.

Da Knorpel normalerweise keine Blutgefäße enthalten, wurde gefolgert, dass möglicherweise irgendetwas im Knorpel die Angiogenese verhindert.

Und tatsächlich konnte die Studie nachweisen, dass bestimmte Proteine im Knorpel die Blutzufuhr und das Wachstum von Blutgefäßen in Tumoren zum Stillstand kommen lassen oder zumindest – in den meisten Fällen – leicht verzögern.

Diese Ergebnisse riefen einige Geschäftemacher auf den Plan, die mit der kommerziellen Herstellung von Haiknorpel begannen und Krebspatienten mit hohen Dosen des Mittels behandelten. Ein Wirkungsnachweis liegt allerdings noch nicht vor. Seriöse Langzeitstudien wurden erst Mitte der 1990er begonnen. In einer der ersten Untersuchungen mit 47 schwer krebskranken Menschen konnte 1998 bei keinem der Patienten eine Verbesserung durch Einnahme der Hai-Präparate festgestellt werden.

Experten zeigen sich eher skeptisch und raten von einer Haiknorpel-Behandlung als Ersatz für konventionelle Formen der Krebstherapie ab. Viele Fachleute sind der Auffassung, dass oral eingenommener Haiknorpel nutzlos ist, da jene Proteine, die die Angiogenese hemmen, den Verdauungsvorgang nicht überstehen.

Und selbst wenn: Es ist äußerst unwahrscheinlich, dass Haiknorpel auch bei jenen Krebsarten Wirkung zeigt, die nicht auf den Vorgang der Angiogenese angewiesen sind.

Als vorbeugende Maßnahme ist von Haiknorpel-Pillen allemal abzuraten. Denn das Sprichwort »Nützt nix, schadet nix« stimmt hier nicht. Abgesehen von der finanziellen Schädigung des Konsumenten tragen fragwürdige Haiknorpel-Präparate massiv zum Aussterben bedrohter Tierarten bei.

Michael Shermer/Lee Traynor (Hrsg.): Heilungsversprechen, Alibri-Verlag, Aschaffenburg 2000;
»Sind Haie gegen Krebs immun?«, Skeptiker, 2/2000; »Trend zur Naturheilkunde gefährdet Tier-
und Pflanzenbestände«, Skeptiker, 2/2000

Heilsteine/Hildegard-Medizin

Kaum eine andere Gestalt der Kirchengeschichte wird heute von Esoterik und Außenseitermedizin so vereinnahmt wie die Benediktiner-Äbtissin Hildegard von Bingen (1098-1179). Eigentlich verständlich. Denn die Heilige war eine große Mystikerin und Visionärin, die den tiefen Einklang und die enge Wechselbeziehung des Menschen mit der Natur betonte. Als vordringliche Aufgabe ihrer Heilkunde sah sie an, die leib-geistige Harmonie zu fördern.

Offen, anschaulich und unmittelbar sprach Hildegard über Probleme der Pubertät, der Sexualität, der Menstruation und der Menopause. Ihre genaue Beobachtung dessen, was wir heute »psychosoziale Krankheitsursachen« nennen würden, und ihre Lebenserfahrung verdienen auch heute noch Beachtung. Zweifellos kann das Weltbild der heiligen Äbtissin die oft abstrakten Erkenntnisse der modernen Naturwissenschaften ergänzen.

Dennoch war sie aber ganz dem mystischen Denken und Wissen ihrer Zeit verhaftet. Eine Wundermedizin, mit der alle Zivilisationskrankheiten von Migräne bis Krebs geheilt werden können, ist die Hildegard-Heilkunde nicht. Ausschließlich auf sie zu vertrauen, wäre riskant bis lebensgefährlich.

»So heilt Gott« ist der Titel eines populären Buches des österreichischen Arztes Gottfried Hertzka, der die »Hildegard-Medizin« in den deutschsprachigen Ländern propagiert. Wirksamkeitsnachweise oder Erklärungen erachtet Hertzka für überflüssig. Seine Begründung: »Göttliches« sei eben darüber erhaben. Damit entzieht sich der Chef der Vertriebsorganisation »Hildegard AG« jeder kritischen Anfrage an sein Sammelsurium aus Pflanzenpräparaten, Edelsteinen, Nahrungsmitteln und sonstigen Artikeln »für gesundes Leben«. Unerwähnt lassen Hertzka und andere die Tatsache, dass keine Originalschrift des medizinischen Hildegard-Buches »Physika« existiert. Ob es tatsächlich von der Heiligen stammt, ist unklar, da es erst im 16. Jahrhundert in Frankreich auftauchte. Noch mehr Unsicherheit gibt es um die Urheberschaft von Hildegards zweiter medizinischer Abhandlung »Causae et Curae«.

Außerdem: Die mittelalterlichen Namen für Krankheiten und Pflanzen waren vage Umschreibungen. Man kann sie nur selten einer heutigen gebräuchlichen Bezeichnung sicher zuordnen. Aus diesem Grund lassen sich Hildegards therapeutische Empfehlungen nicht ohne weiteres auf die heutige Zeit übertragen – jedenfalls nicht ohne das Risiko von Falschauslegungen.

Warum etwa Steine Gutes bewirken sollen, erklärte die Ordensgründerin mit deren Natur, die »dem Bösen feind« sei. Heutige Bücher zur Edelsteinmedizin vermischen solche magischen Ideen mit physikalischen oder Fantasiebegriffen und behaupten zum Beispiel: »Achat hilft gegen Aggressivität« oder »Beryll macht sanft und verträglich«.

Dabei ist längst bekannt, dass Edelsteine kein heilsames »gewaltiges Energiepotenzial« oder »konstante Schwingungsfrequenzen« oder »feinstoffliche Wirkungen« in sich bergen.

Gewiss, die wunderbare Ordnung, Symmetrie und natürliche Schönheit von Edelsteinen ist faszinierend, und man sollte sich daran erfreuen, genauso wie man sich an einem Blumenstrauß oder einem Sonnenbad erfreut.

Möglicherweise haben »Heilsteine« auch einen Placeboeffekt, können also einen unbewussten Selbstheilungsmechanismus im Körper aktivieren.

Nachweisbar ist darüber hinaus, dass z.B. Quarz unter Druck ein schwaches elektrisches Signal aussendet. Aber weder dies noch der Placeboeffekt sind etwas Rätselhaftes, sondern lassen sich mit grundlegenden physikalischen und medizinischen Begriffen erklären.

Erwiesen ist auch, dass z.B. »Höllenstein« (Silbernitrat) zur Behandlung von Warzen eingesetzt werden kann, da er katalytisch auf Sauerstoff wirkt und die Warzenviren schädigt. Aber wenn Diabetikern geraten wird, ihr Hungergefühl mit einem Diamanten zu lenken, dann ist das gefährlicher Unfug.

Außerdem sollten auch mögliche schädliche Wirkungen von Steinen ernster genommen werden. Das Mineral Rotnickelkies etwa, von Esoterikern gegen Anämie empfohlen, verwittert schon an der Erdoberfläche. Dabei entstehen giftige und Krebs erzeugende Arsenate und Nickeloxide.

Ein anderes Beispiel: so genannte Handschmeichler aus Zinnober. Zinnober ist Quecksilbersulfit, das schon durch schwache Säure wie etwa im Handschweiß gelöst wird, wodurch giftiges Quecksilber über die Haut aufgenommen werden kann. Bekannt sind auch durch Gesteine verursachte Krankheiten wie Silikose oder Asbestose.

Krista Federspiel/Vera Herbst: Die andere Medizin, hrsg. von der Stiftung Warentest, Berlin 1996; »Mineralmagie und schwingende Kristalle: Alter und neuer Glaube an die heilende Kraft von Mineralien«, Skeptiker, 1/2002; »Edelsteintherapie – Kristallmedizin – Lithotherapie«, Kurzinformationen zu Parawissenschaften – Esoterik – Paramedizin der Gesellschaft zur wissenschaftlichen Untersuchung von Parawissenschaften (GWUP)

Homöopathie

Im Jahre 1790 führte der sächsische Arzt Christian Friedrich Samuel Hahnemann einen Selbstversuch durch: »Ich nahm des Versuches halber etliche Tage zweimal täglich jedes Mal vier Quentchen gute Chinarinde ein; die Füse, die Fingerspitzen usw. wurden mir erst kalt, ich ward matt und schläfrig, dann fing mir das Herz an zu klopfen, mein Puls ward hart und geschwind; eine unleidliche Ängstlichkeit, ein Zittern (aber ohne Schauder), eine Abgeschlagenheit durch alle Glieder; dann Klopfen im Kopfe, Röthe der Wangen, Durst, kurz alle mir sonst beim Wechselfieber gewöhnlichen Symptomen erschienen nacheinander, doch ohne eigentlichen Fieberschauder … Dieser Paroxsysmus dauerte zwei bis drei Stunden jedes Mal, und erneuerte sich, wenn ich diese Gabe wiederholte, sonst nicht. Ich hörte auf, und ich war gesund.«
Aus dieser Erfahrung heraus entwickelte Hahnemann die Homöopathie. Sein Lehrgebäude ruht auf drei Säulen:
Ähnliches behandele man mit Ähnlichem (Simile-Prinzip). Hahnemann war davon überzeugt, dass ein Mittel, welches in höherer Dosierung beim Menschen eine Krankheit verursacht, in niedriger Dosierung ebendiese Krankheit heilt. Danach kann Koffein gegen Schlaflosigkeit eingesetzt werden. Oder eben Chinarinde gegen Wechselfieber.
Die Wirksamkeit des Heilmittels wird durch Verdünnen gesteigert (Potenzierung). Zur Herstellung homöopathischer Medikamente werden »Ursubstan-

zen« (getrocknete oder frische Pflanzen, tierische und mineralische Stoffe) mit Alkohol verdünnt oder mit Milchzucker verrieben. Homöopathen verdünnen stufenweise in Zehner- oder Hunderter-Schritten einen Tropfen Urtinktur mit neun Tropfen Alkohol. Bei jedem Verdünnungsschritt wird die Flüssigkeit zehnmal geschüttelt. Das soll die heilende Energie des Mittels freisetzen. Anders gesagt: Je höher die Potenz – das heißt je weniger Wirkstoff das Mittel enthält –, umso stärker sei seine Wirkung.

Die Arzneimittelauswahl richtet sich nach den Symptomen des Patienten und nicht nach den Krankheitsursachen. Die klinische Diagnose spielt für die Auffindung des geeigneten homöopathischen Arzneimittels kaum eine Rolle. Die Kunst des homöopathischen Arztes besteht darin, in den Beschwerden und Symptomen eines Patienten das für ihn geeignete Heilmittel wiederzuerkennen.

Zu diesem Zweck erstellten Hahnemann und seine Schüler ein umfassendes Repertoire von Symptomen, indem sie die Mittel an sich selbst testeten. Sie aßen verschiedene Stoffe von Pflanzen, Tieren oder Mineralien und beobachteten sorgfältig, welche Symptome auftraten. Die Reaktionen oder Symptome fasste Hahnemann in dem Buch »Materia Medica« zusammen. Heute existieren etwa 100 Symptomen-Verzeichnisse (Repertorien).

Homöopathie ist kein Naturheilverfahren, sondern zählt zu den so genannten besonderen Therapierichtungen. Deren Mittel dürfen im Gegensatz zu regulären Medikamenten ohne Wirksamkeitsnachweis auf den Markt gebracht werden. Zur Zulassung genügt ein positiver ärztlich-therapeutischer Erfahrungsbericht nach der Art »Wir haben nur Gutes gesehen«. Eigenständige homöopathische Zubereitungen müssen den Gesundheitsbehörden nicht einmal angezeigt werden, wenn der jeweilige Homöopath weniger als tausend Präparate pro Jahr abgibt.

1997 wiederholten die Pharmakologen Ernst Habermann und Hans-Joachim Krämer an der Uni Gießen Hahnemanns Versuch von 1790. »Es passierte nichts Berichtenswertes«, hielten die beiden Wissenschaftler abschließend fest. »Die Körpertemperatur hatte sich nicht verändert, der Puls blieb unauffällig.«

Anscheinend zeigte Hahnemann bei seinem Experiment vor mehr als 200 Jahren eine seltene allergische Reaktion gegen Chinin, den Wirkstoff der Chinarinde. Das allerdings würde bedeuten: Der Begründer der Homöopathie entdeckte das Simile-Prinzip, weil er ein wissenschaftlich fehlerhaftes Experiment falsch interpretierte. Dann wäre die Homöopathie keine Erfahrungswissenschaft – sondern auf einem Irrtum begründet.

Für diese Annahme gibt es in der Tat gute Argumente:

Homöopathische Mittel sind oft so hoch verdünnt, dass kein einziges Molekül der Urtinktur mehr darin vorhanden ist. Und wo nichts ist, kann eigentlich auch nichts wirken. Homöopathen argumentieren mit einem »stofflichen Gedächtnis« des Lösungsmittels, dessen Moleküle sich durch das Verschütteln mit dem Wirkstoff an die Wirksubstanz »erinnern« – so ähnlich wie bei einem Videoband, das rein physikalisch nur aus Plastik und magnetisierbaren Teilchen besteht, aber unterschiedliche Informationen gespeichert hält. Das sei der Grund, warum auch hohe Verdünnungen noch eine Wirkung zeigten. Doch das »Wassergedächtnis« ist Spekulation: Wie soll das Wasser Strukturen oder »Informationen« speichern, wenn die Bindungen zwischen den H_2O-Molekülen (die so genannten Wasserstoffbrücken) sich im Takt von Milliardstelsekunden umorientieren?

Homöopathen berufen sich gerne auf den französischen Immunologen Jacques Beneviste, der Ende der 1980er mit hoch verdünnten Flüssigkeiten experimentierte, die anscheinend ohne erkennbare Inhaltsstoffe biologische Wirkungen erzielten. Doch wann immer die Befürworter des »gefühlvollen« Nasses Ergebnisse präsentieren, werden diese von der »Scientific Community« bald entzaubert und als methodisch unsauber widerlegt.

Außerdem: Verdünnungsmittel sind nie »rein«. Sie enthalten Verunreinigungen und in Spuren fast alle wichtigen, natürlichen Elemente. Woher »weiß« das Heilmittel, dass nur es allein potenziert werden soll?

Unter den Studien zur Wirksamkeit homöopathischer Hochpotenzen gibt es nur wenige, die den strengen Anforderungen der Schulmedizin genügen. Einige von ihnen zeigten positive Effekte der klassischen Homöopathie. Doch in der Wissenschaft bleiben sämtliche Ergebnisse so lange vorläufig, bis sie durch weitere Studien mit gleichem Versuchsaufbau und anderen Patienten bestätigt werden. Das aber ist der Homöopathie bis heute nicht gelungen.

Kranke allein durch Beseitigen der Symptome heilen zu wollen, erscheint hinreichend absurd. Schmerzen im Handgelenk etwa können eine Überlastung anzeigen – manchmal aber auch einen Herzinfarkt. Krankheiten haben die verschiedensten Ursachen. Und genau dort setzt die Wissenschaftsmedizin an, um gezielt zu behandeln.

Die Homöopathie stellte vor mehr als zwei Jahrhunderten eine vernünftige, weil schonende Alternative zur damaligen Behandlungspraxis mit Drastika, Abführmitteln und Aderlässen dar. Heute entsprechen ihre Prinzipien nicht mehr dem medizinischen Kenntnisstand. Homöopathie ist keine Wissenschaft, sondern Weltanschauung und Glaubenssache. Patienten homöopathisch zu behandeln, entspricht bestenfalls der durchaus klugen Strategie, nichts zu tun, abzuwarten, bis sich der Organismus selbst hilft, und dabei Placeboeffekte optimal einzusetzen. »Die homöopathischen Heilkünstler heilen, aber ihre Arzneimittel sind wirkungslose Scheinmedikamente«, ist der Privatdozent Dr. Rainer Wolf vom Biozentrum der Universität Würzburg überzeugt.

Wieso aber können eigentlich unwirksame Therapien wirken? Auch dafür gibt es eine Reihe von Erklärungen:

Mehr als drei Viertel aller Krankheiten heilen sich von alleine aus. Vorausgesetzt die Beschwerden sind nicht chronisch oder tödlich, stellen die Selbstheilungskräfte des Körpers gewöhnlich die Gesundheit des Kranken wieder her.

Viele Krankheiten, wie etwa Multiple Sklerose, Allergien, Arthritis etc. verlaufen zyklisch. Einen Arzt suchen die Patienten natürlicherweise eher in »schlechten« Phasen auf, sodass die scheinbare Wirkung der Behandlung einige Tage später mit einer »guten« Phase zusammenfällt, die ohnehin gekommen wäre.

Genesungen selbst bei Krebserkrankungen können auf das seltene Phänomen der Spontanheilung zurückzuführen sein.

Bei allen Menschen wirkt der Placeboeffekt. Die intensive Zuwendung eines homöopathisch orientierten Therapeuten kann messbare Veränderungen im Organismus des Patienten bewirken, der unbewusst honoriert, dass hier der Mensch und nicht die Krankheit behandelt wird.

Placebos sind also keine »Medikamente für Dumme«. Und dass sie helfen, ist keine Einbildung. Sie mobilisieren die körpereigenen Selbstheilungssysteme, solange der Patient im Grunde seines Herzens dem Therapeuten vertraut – selbst wenn er dabei Skepsis empfindet. Denn was wir bewusst glauben, kann etwas anderes sein als das, was wir unterbewusst erhoffen.

Auch Kleinkinder (und sogar Tiere, die in engem Kontakt mit Menschen leben) reagieren auf Placeboeffekte, wenn man ihnen Homöopathika unter liebevoller Zuwendung und in Erwartung ihrer Heilkraft gibt.

Kann Homöopathie auch schaden?

Gewiss.

Nämlich da, wo bei ernsten Erkrankungen eine wirksame und notwendige Therapie auf fahrlässige Weise homöopathisch verzögert oder sogar ganz versäumt wird.

Sehr wenig bekannt ist darüber hinaus auch die negative Kehrseite des Placeboeffekts: der Noceboeffekt. Dieser bewirkt unter anderem, dass anerkannte, bestens erprobte Arzneien weniger gut wirken, wenn der Patient Angst hat vor der »schädlichen Chemie« oder er dem Arzt bewusst oder unbewusst misstraut.

Das bedeutet: Wurde jemand von Wissenschaftsmedizinern vergeblich behandelt und gesundete danach während einer medizinischen Außenseiterbehandlung, so haben die »Schulmediziner« bei ihm künftig schlechte Karten, selbst wenn der Patient sie bei erneuten Beschwerden wieder aufsuchen sollte.

»Homöopathie heute«, Skeptiker, Nr. 2/1991; »Ein misslungener Nachweis homöopathischer Wirkprinzipien«, Skeptiker, Nr. 1/1995; Gerald L. Eberlein (Hrsg.): Kleines Lexikon der Parawissenschaften, Beck'sche Verlagsbuchhandlung, München 1995; »Ein Vorlesungsversuch zur Homöopathie«, Deutsches Ärzteblatt, Ausgabe 26 vom 27. Juni 1997; Jürgen Windeler/Rainer Wolf: Erfolge der Homöopathie – Nichts als Placebo-Effekte und Selbsttäuschung? In: Michael Shermer/Lee Traynor: Heilungsversprechen, Alibri-Verlag, Aschaffenburg 2000; Barry L. Beyerstein: Warum falsche Therapien zu wirken scheinen. In: Michael Shermer/Lee Traynor: Heilungsversprechen, Alibri-Verlag, Aschaffenburg 2000; Homöopathie: Fragen und Antworten, Kurzinformationen zu Parawissenschaften – Esoterik – Paramedizin der Gesellschaft zur wissenschaftlichen Untersuchung von Parawissenschaften (GWUP)

Nierenklau

Böses Erwachen: Nach einer durchtanzten Disko-Nacht kommt die attraktive Trisha in einer mit Eiswürfeln gefüllten Badewanne zu sich. Entsetzt stellt sie eine frische, schlecht vernähte Wunde an ihrem Rücken fest. Anscheinend ist die junge Frau mit einem starken Schlafmittel betäubt und dann ihrer rechten Niere beraubt worden …

So beginnt der Teen-Horrorfilm »Düstere Legenden 2«, der eine Reihe der bekanntesten modernen Wandersagen effektvoll in Szene setzt. Darunter eben auch die Schauergeschichte von der unfreiwilligen Organspende.

In der Sammlung des Göttinger Volkskundlers Rolf Wilhelm Brednich (»Die Maus im Jumbo-Jet«) liest sich das Ganze so: Ein Ehepaar aus Bremen fährt nach Istanbul, um dort einige Tage zu verbringen. Die beiden streifen des öfteren durch den Basar, die Frau meistens dem Mann voran, der offenbar älter und nicht mehr ganz so schnell und beweglich ist wie sie. Als sie sich wieder einmal umdreht, um nach ihrem Mann Ausschau zu halten, sieht sie ihn nicht mehr.

Sie geht zurück, sucht ihn, findet ihn aber nicht. Mithilfe von Einheimischen gelangt sie zum nächsten Polizeibüro und versucht dort klarzumachen, dass sie ihren Mann vermisst. Schließlich wird sie an die deutsche Botschaft verwiesen. Dort erkundigt man sich bei der Polizei, aber man findet keine Spur von dem Mann.

Die Frau bleibt im Hotel und stellt täglich Nachforschungen an. Nach einigen Tagen wird sie schließlich angerufen und gebeten, ein Krankenhaus aufzusuchen. Dort sei ein Mann eingeliefert worden, den man bewusstlos am Strand gefunden habe.

In der Tat identifiziert sie den Patienten als ihren Mann. Er befindet sich in schlechtem Zustand. Er wird sofort mit einem Flugzeug nach Bremen zurückgeflogen. Dort wird er untersucht. Der untersuchende Arzt fragt die Frau, ob der Mann in letzter Zeit operiert worden sei. Sie verneint dies.

Es stellt sich heraus, dass er auf der rechten Seite in Höhe der Niere eine frische Wunde hat. Die Frau verlangt, dass man weitere Untersuchungen anstellt. Sie ergeben sehr rasch, dass ihm offensichtlich vor kurzem eine Niere entnommen worden ist.

Nichts verleiht einem urbanen Mythos mehr Stehvermögen als seine Vektorierung (zu Deutsch etwa: verbreitende Wiedergabe) in den Massenmedien. Die Vorstellung vom Organ-Klau inspirierte schon in den 1970ern die Spielfilme »Coma« (USA) und »Fleisch« (Deutschland), später die »Akte X«-Folge »Höllengeld« und eine Episode der TV-Serie »Law and Order«.

Sobald eine Geschichte im Kino, in Zeitungen oder Büchern vektoriert wird, erlebt sie einen gewaltigen Aufschwung. Nicht nur, weil die Anzahl der potenziellen Weitererzähler steigt, sondern auch, weil das Erzählte mit erhöhter Glaubwürdigkeit wieder in den mündlichen Erzählkreislauf eintritt. Es spielt keine Rolle mehr, dass der Erzähler weder Namen noch Daten nennen kann – er hat es im Fernsehen gesehen oder irgendwo gelesen, also muss es auch wahr sein.

Ist es aber nicht.

Die »Kidney Snatchers« gehen mal in Cincinnati um, dann wieder in Los Angeles, New Orleans, Houston, Las Vegas oder New York. Deutsche Touristen fallen ihnen aber nicht nur in Amerika, sondern auch in der Türkei, in Brasilien, Mexiko, Honduras oder Guatemala zum Opfer. Varianten des Mythos finden sich praktisch in der ganzen Welt – sogar hin und wieder in Deutschland.

So beschäftigte sich die offizielle »Polizeiliche Bilanz zur Weiberfastnacht 2002« der Kölner Polizei auch mit dem »Phänomen des Wandermärchens«, mit dem die Beamten des Öfteren zu tun hätten: »Am hartnäckigsten erwies sich das Märchen von den angeblich LSD-getränkten Abziehbildchen *(siehe Eintrag bei »Gesellschaft«)*. Es folgten Gerüchte über eine angebliche Kindesentführung aus einem Möbelhaus *(siehe Eintrag »Ikea-Horror« bei »Gesellschaft«)* sowie einen angeblichen Organklau: Ein Mann sollte in einem Parkhaus aus einer Betäubung aufgewacht sein und die operative Entfernung seiner Niere konstatiert haben.«

Tatsache ist, dass z.B. in Indien ein recht lebhafter und legaler Handel mit Organen ohne kriminelle Handlungen im aggressiven Sinn blüht, obwohl seit 1994 ein strenges Transplantationsgesetz gilt. Angeblich kostet dort eine Niere bis zu 10 000 US-Dollar. Doch das ist nur die Summe, die der Empfänger des Transplantats zu zahlen hat. Der Spender oder Verkäufer selbst (»Donors« genannt) bekommen nur ca. 400 bis 750 Euro. Den Rest teilen sich »Broker« (die Vermittler der Lebendspende) und (Privat-)Klinik. Experten gehen von etwa 100 000 »geheimen« Nierenverpflanzungen in den vergangenen 25 Jahren aus.

Auch in einigen anderen Ländern (Osteuropa, Lateinamerika, Afrika, China) soll ein Schwarzmarkt florieren.

Aber Organdiebstahl wie der krude Nierenklau in »Düstere Legenden«?

Die Entnahme einer Niere ist ein höchst komplizierter Eingriff, der nicht auf die Schnelle in einem Badezimmer oder Hinterhof durchgeführt werden kann – und erhebliche postoperative Risiken birgt. Eine solche Operation erfordert schon im Vorfeld genetische Tests, dauert mehrere Stunden und braucht ein eingespieltes Team von mindestens drei Chirurgen, einem Narkosearzt und zwei bis drei OP-Schwestern. Man darf davon ausgehen, dass medizinische und pflegerische Experten dieser Güteklasse sich wohl kaum massenhaft in die dunklen Machenschaften einer »Organ-Mafia« verwickeln lassen würden.

Im Dezember 1994 legte Todd Leventhal von der »United States Information Agency« in Washington den Vereinten Nationen einen Bericht über seine umfangreichen Nachforschungen in Sachen »Kidney Snatchers« vor.

Darin steht u.a. zu lesen: »Keine Regierung, keine internationale Behörde, keine Organisation außerhalb der Regierung und kein Journalist hat je auch nur den geringsten Beweis vorgelegt, um diese Geschichte zu untermauern.« Auch drastische Ausschmückungen des Stoffs, wonach in Dritte-Welt-Ländern Kinder als menschliche Ersatzteillager »gezüchtet« und gefangen gehalten werden, entbehren jeder Grundlage.

Alles lässt darauf schließen, dass es sich bei dem Gerücht über den Organklau um eine Urbane Legende handelt, die in Form einer Erzählung weit verbreitete Ängste unserer Zeit widerspiegelt.

Allerdings mit realen und durchaus unguten Folgen. Die Aufregung um angebliche Organdiebstähle hat mancherorts schon dazu geführt, dass immer weniger Menschen sich als freiwillige Organspender registrieren lassen. Aus Angst, die dafür gemachten Angaben würden den Verbrechern die Arbeit noch zusätzlich erleichtern.

Jane Goldman: Die wahren X-Akten, Band 2, vgs-Verlag, Köln 1997; »Bitter Harvest – The Organ-Snatching Urban Legend«, Skeptical Inquirer, Vol. 23, No. 3/1999; Jan Harold Brunvand: Encyclopedia of Urban Legends, ABC-Clio, Santa Barbara 2001

Positiv denken

»Positiv denken« löst alle persönlichen Probleme? Im Gegenteil, die Erfolgsversprechungen von »Positiv«-Gurus wie Dale Carnegie, Jürgen Höller, Joseph Murphy u.a. können sogar krank machen. Wohlgemerkt: Hier geht es nicht um eine allgemein lebensbejahende, optimistische Grundhaltung. Das Credo vom »positiven Denken« trichtert uns vielmehr ein, dass man alles erreichen kann, wenn man nur will.

Dass wir alle Fähigkeiten zur Lösung jedes erdenklichen Problems bereits besitzen und nur auf uns selbst bzw. unser Unterbewusstsein vertrauen müssen. Dass wir mit simplen Suggestionsformeln jede nur denkbare körperliche oder seelische Störung beheben können. Oder einfach nur reich werden, ohne hart dafür zu arbeiten: »Es ist völlig unnötig, seine Kräfte auf diese Weise zu verschwenden. Wiederholen Sie vor dem Schlafengehen das Wort Reichtum etwa fünf Minuten lang ganz ruhig und mit Gefühl, und Ihr Unterbewusstsein wird Ihre Vorstellung alsbald verwirklichen.« (»Die Macht des Unterbewusstseins« von Joseph Murphy)

Es stimmt natürlich: Manchmal genügt es, das, was man will, einfach zu tun. Manchmal besitzen wir wirklich schon das Talent oder die Fähigkeiten für etwas Bestimmtes und trauen uns nur nicht zu, es mal zu versuchen.

Aber die Behauptung, jeder könne jederzeit alles erreichen, ist barer Unsinn. Es ist nicht wahr, dass nur der Einzelne für sein Schicksal selbst verantwortlich ist. Nicht jeder kann in der deutschen Fußball-Nationalelf kicken, nicht jeder kann an der Börse Millionen machen, und nicht jeder ist bei allen gleichermaßen beliebt, auch wenn er es vielleicht gerne sein möchte.

»Positives Denken« mit simplen Erfolgsformeln wie »Ich bin voller Kraft und Energie« mag in einem kurzfristigen Stimmungs- und Motivationstief einen leichten »Kick« geben und die eigenen Potenziale in Erinnerung rufen. Bei echten Problemen aber hilft kein »Wünsche-werden-wahr-Training« und kein »Tschakkaa«-Geschrei. Fachleute warnen, dass der kurzfristigen Euphorie nach solchen Büchern oder Seminaren oftmals tiefe Ernüchterung bis hin zur Depression folgt. Die »positivdenkerische« Ausblendung und Verdrängung von Problemen trägt in der Regel zu deren Verschärfung bei.

Denn die rosa Brille, die den »Positiv«-Gläubigen verordnet wird, hindert sie daran, Warnsignale rechtzeitig zu erkennen. Der Rat, alles positiv zu sehen, unterbindet eine selbstkritische und objektive Auseinandersetzung mit der eigenen Lebenssituation – und damit auch Lösungsansätze.

Günter Scheich: Positives Denken macht krank, Eichborn Verlag, Frankfurt am Main 1997; »Stichwort: Positives Denken«, EZW-Materialdienst, Nr. 10/1998; »Die Diktatur der Optimisten«, Die Zeit, Nr. 25/2000; Colin Goldner: Die Psycho-Szene, Alibri-Verlag, Aschaffenburg 2000

7. PARANORMALES

Astralreisen

Im Sommer 1968 ergibt sich zwischen dem später heilig gesprochenen Pater Pio vom Kapuzinerkloster San Giovanni Rotondo (Italien) und seinem Mitbruder Pater Onorato ein rätselhaft anmutender Dialog. Onorato erzählt Pater Pio, er werde demnächst nach Lourdes reisen. »Warum kommen Sie nicht mit?«, fragt er Pio. »Sie sind doch schon alt und sind noch nirgendwohin gereist.« Doch der meint nur: »In Lourdes bin ich bereits zum wiederholten Male gewesen.«

Onorato ist verblüfft. »Sie haben doch das Kloster nicht verlassen.« Der Kapuzinermönch entgegnet: »Nach Lourdes kommt man nicht bloß mit dem Zug oder mit dem Auto, sondern auch auf andere Weise.« Nun reagiert Pater Onorato leicht schockiert. Pio unternehme also ohne Erlaubnis des Ordens schöne Reisen und riskiere damit, exkommuniziert zu werden? Pater Pio schüttelt den Kopf.

»Ein Narr, ein Narr sind Sie!«, sagt er unwirsch. »Haben Sie mich jemals das Kloster verlassen sehen? Ihr könnt mich alle Tage und Nächte bewachen und wisst, dass ich mich nicht entferne. Mir scheint, dass Sie nichts begreifen.«

Was begreifen?

Wir kommen nicht umhin, Verständnis für den verwirrten Pater Onorato aufzubringen. Denn wovon der im Jahr 2002 heilig gesprochene Kapuziner hier so kryptisch spricht, ist eines der seltsamsten Phänomene im Bereich des Paranormalen: nämlich die so genannte Astralprojektion, auch Bilokation genannt.

Damit ist die Fähigkeit von bestimmten Menschen gemeint, sich zur gleichen Zeit an zwei verschiedenen Orten aufzuhalten, die weit auseinanderliegen. Wie Pater Pio sollen auch andere berühmte Heilige zu dieser Gabe des »astralen«, körperlosen Reisens und der »Verdopplung« ihrer Persönlichkeit befähigt gewesen sein, darunter Alfons von Ligurien oder Ludwina von Schiedam.

Heutzutage ist das Thema noch immer so populär, dass mehrere Folgen der TV-Serie »Akte X« davon handeln. Eine trägt den Titel: »Der zweite Körper«. Wie er auf die Idee zu dieser Episode kam, erklärt der Drehbuchautor John Shiban so: »Ich kenne ein paar Leute, die mir davon berichtet haben. Eine davon ist meine Frau. Sie hat mir erzählt, dass sie als junges Mädchen einmal sehr krank war und mit ihrer Schwester sprechen wollte, aber nicht einmal mehr genug Kraft hatte, nach dem Telefonhörer zu greifen. Da spürte sie auf einmal, dass sie im Zimmer ihrer Schwester war. Sie fand das ausgesprochen unheimlich und dachte, es wäre ein Traum oder so etwas. Aber dann hörte sie, wie ihre Schwester sie fragte: ›Geht es dir nicht gut? Ich dachte eben, du wärst in meinem Zimmer.‹ Sie war aufgewacht, weil sie plötzlich das Gefühl hatte, meine Frau sei zu ihr ins Zimmer gekommen.«

Abgesehen von solchen spontanen »außerkörperlichen Erfahrungen« (»Out-of-Body-Experience«, OBE) behaupten einige Personen sogar, sie könnten in einer Art selbsthypnotischer Trance willkürlich ihren Körper verlassen und den Astralleib auf Reisen schicken.

Allerdings: Kontrollierte Experimente mit Astralprojektionen haben bislang noch nie zu einem anerkannten, positiven Ergebnis geführt.

Die englische Psychologin Susan Blackmore von der University of the West in Bristol war überzeugt davon, selbst eine Astralreise gemacht zu haben: »Ich war Studentin im ersten Semester in Oxford. Nach einer Konferenz war es nachts sehr spät geworden. Ich war wirklich sehr, sehr müde und ich rauchte etwas Dope – nicht viel – und saß nur so da und hörte Musik. Da fragte mich jemand: ›Wo bist du, Sue?‹ Und plötzlich schwebte ich unter die Zimmerdecke und schaute herunter.

Ich bekam das volle Programm mit allen Schikanen: einen schönen, weißen, irgendwie luftigen und flauschigen, durchsichtigen, nebelhaften Körper. Ich fand heraus, dass ich mit meinem Astralkörper alles machen konnte, was ich wollte. Ich flog aus dem Fenster über die Dächer von Oxford.«

Doch die berauschende Wirkung dieser mysteriösen Erfahrung hielt nicht lange an. Blackmore weiter: »Schon bald bekam ich Zweifel an den paranormalen Aspekten meines Erlebnisses. Ich schaute mir am nächsten Tag die Dächer von Oxford genauer an, die Form der Dachrinnen und Schornsteine, und mir wurde klar, dass sie nicht so aussahen, wie ich sie gesehen hatte. Das legte bei mir die Saat der Skepsis.«

Nachdem Susan Blackmore ihren Doktortitel erworben hatte, begann sie Menschen zu testen, die behaupteten, zu Astralprojektionen fähig zu sein. Das funktioniert in der Regel so: Die Versuchsperson muss »außerkörperlich« zu einem bestimmten Ziel reisen und anschließend dort platzierte Gegenstände oder Zahlenkombinationen beschreiben. Blackmore: »Vor kurzem habe ich einen Mann getestet, der ganz fantastische Dinge behauptet hat. Sechs Wochen lang haben wir eine Versuchsreihe mit Objekten in meinem Haus durchgeführt. Es waren zwölf Objekte, und zwei davon bekam er richtig heraus. Eins könnte man schon der normalen Zufallsverteilung zuschreiben. Nicht besonders gut.«

In Medienberichten über Astralreisen ist immer wieder zu lesen, eine Studentin habe einen derartigen Test geradezu sensationell bestanden. Die junge Frau lag zu Hause in ihrem Bett und konnte die Zahl 25 132 vorlesen, die auf einem Zettel in einem Regal hoch über ihr stand. Doch dieses Experiment ist für ungültig erklärt worden, weil nicht zweifelsfrei ausgeschlossen werden konnte, dass die Versuchsperson in Wirklichkeit die Zahl als Reflexion in einer Glasscheibe gesehen hat.

Möglicherweise also finden Astralreisen oder außerkörperliche Erfahrungen nur in unserem Kopf statt. Wissenschaftler wollen mittlerweile sogar die Gehirnregion entdeckt haben, die für solche »schwerelosen« Trugbilder zuständig ist: Es handele sich um den »gyrus angularis«, einen Hauptknotenpunkt innerhalb eines größeren Nervenschaltkreises.

PSI-Gläubige ficht das nicht weiter an – wofür Susan Blackmore Verständnis aufbringt: »Ich denke, da die Erfahrung so intensiv ist, da man selbst derartig überzeugt ist, sich außerhalb des eigenen Körpers zu befinden, hat man eben kein großes Interesse an der Wissenschaft.« Die Psychologin dagegen ist nach zahlreichen Versuchen überzeugt, dass das menschliche Gehirn in der Lage ist, verschiedene Wahrnehmungsweisen von Realität zu konstruieren und auf einen entsprechenden Auslöser hin von unserer normalen Sichtweise auf eine andere umschalten kann: »Was wir sehen, ist immer ein von uns selbst konstruiertes Bild davon, was wir erwarten oder überzeugt sind zu sehen.«

Blackmore erzählt ein Beispiel: Eines Nachts sah ein Mann, der davon überzeugt war, Astralreisen unternehmen zu können, dabei auf sein eigenes Bett hinunter. Alles sah wie gewohnt aus, selbst das Muster auf seinem Kopfkissenbezug. Am nächsten Morgen aber fiel ihm auf, dass seine Frau die Bettwäsche noch am Abend gewechselt hatte. Er hatte die Bezüge gesehen, die er erwartet hatte.

Josef Hanauer: Der stigmatisierte Pater Pio von Pietrelcina, Bock&Herchen-Verlag, Bad Honnef 1979; Susan Blackmore: Beyond the Body. An Investigation of Out-of-the-Body-Experiences, Academy Publishers, Chicago 1992; Arni Décorte: Pater Pio aus Pietrelcina, Parvis-Verlag, Hauteville 1993; Susan Blackmore: Dying to Live – Near-Death-Experiences, Prometheus-Books, Amherst/New York 1993; Jane Goldman: Die wahren X-Akten, Band 2, vgs-Verlag, Köln 1997

Der Fluch des Pharao

»Der Tod wird auf schnellen Schwingen zu demjenigen kommen, der die Ruhe des Pharaos stört!« – So lautet angeblich der Fluch des Tutenchamun, dessen Ruhestätte im Tal der Könige bei Luxor im November 1922 von Archäologen gefunden wurde.

Und wirklich: Der Finanzier der Ausgrabungen, Lord Carnarvon, starb nur fünf Monate später an einer Infektion infolge eines Insektenstichs. Als Nächsten traf es 1926 Georges Bénédicte, einen Mitarbeiter des Pariser Louvre. Danach war der New Yorker Museumsarchäologe Arthur Mace (1928) an der Reihe. Bis 1934 waren sechs der bei der Graböffnung Anwesenden gestorben. Schauerlich – wenn da nicht die Tatsache wäre, dass »der Fluch des Tut-ench-Amun sich in Wirklichkeit als ein Segen für diejenigen entpuppte, die am engsten mit ihm befasst waren«, stellen die englischen Altertumsforscher Peter James und Nick Thorpe richtig. Denn: Von den insgesamt vier Personen, die als erste ihren Fuß in das Grab gesetzt hatten und daher einem besonderen Risiko ausgesetzt gewesen wären, blieben drei völlig unberührt.

Nämlich der Expeditionsleiter Howard Carter (der wohl das Hauptziel des Fluchs hätte sein müssen), sein Assistent A.R. Callender und Lord Carnarvons Tochter, Lady Evelyn Herbert. Der Anatom Dr. Douglas Derry, der die Mumie des Pharao auswickelte, lebte danach noch 44 Jahre. Und nicht nur er.

In akribischer Recherche fand der Mediziner Mark Nelson von der Monash Universität in Melbourne heraus, dass die 25 direkt an der Graböffnung beteiligten Forscher durchschnittlich 70 Jahre alt wurden. Zugleich ermittelte Nelson als Kontrollgruppe elf weitere Personen, die sich zur gleichen Zeit in Ägypten aufgehalten, aber der Graböffnung nicht beigewohnt hatten.

Beim Vergleich der Lebenserwartung der Ägypten-Reisenden fand er keine bedeutsamen Unterschiede. Diejenigen, die dem »Fluch« nicht ausgesetzt waren, erreichten im Durchschnitt ein Alter von 75 Jahren.

Der britische Sergeant Richard Adamson, der sieben Jahre lang in dem Pharaonengrab schlief, um es zu bewachen (und dabei nach eigener Aussage oft laut Grammofonmusik laufen ließ) war noch 57 Jahre nach diesem Sakrileg gesund und munter.

Mehr noch: Weder am Eingang noch an anderer Stelle des Grabes wurde eine Drohformel entdeckt. »Tatsächlich finden sich Inschriften mit Bannflüchen nur selten in ägyptischen Gräbern, und wenn, dann nur in Privatgräbern, nicht in denen der Pharaonen. In der Zeit Tutenchamuns waren sie ganz ungebräuchlich«, erklären James und Thorpe.

Vermutlich ist der »Fluch« eine reine Erfindung der Presse und der Wachleute gewesen. »Um Grabräuber fern zu halten, kam uns die Sache mit dem Fluch gelegen«, vertraute Sergeant Adamson später der »Daily Mail« an: »Journalisten hatten sich die Sache ausgedacht, weil sie in anderen Gräbern Flüche an der Wand gefunden hatten. Wir haben die Zeitungsleute – äh – nicht darin entmutigt.«

Die schaurige Sentenz von den »Schwingen des Todes« stammt aus der Feder der schwärmerisch veranlagten schottischen Schriftstellerin Minnie McKay, die unter dem Pseudonym »Marie Corelli« unter anderem eine gespenstische Mumien-Geschichte verfasste.

1982 verklagte ein gewisser George LaBrash die Stadt San Francisco auf Invalidenrente, weil er bei einer Ausstellung die Maske Tutenchamuns bewacht und dabei einen Schlaganfall erlitten hatte. Begründung: Der Schlaganfall sei ein Arbeitsunfall gewesen, den der alte Fluch bewirkt habe.

Die Klage wurde abgewiesen.

»Der Fluch der Killerkeime«, Facts, Nr. 16/1999; »Endlich Ruhe im Sarkophag«, Süddeutsche Zeitung, 15.9.2001; Peter James/Nick Thorpe: Halley, Hünen, Hinkelsteine, Sanssouci-Verlag, Zürich 2001; James Randi: Lexikon der übersinnlichen Phänomene, Heyne-Verlag, München 2001; »Der Fluch des Pharao – Vom Ende einer Legende«, www.wissenschaft-online.de

Geister

Ein kopfloser Mann und eine weibliche Gestalt in Weiß. Blitzende Lichter, Glockengeläut, schleppende Schritte. Lautes Klopfen und mysteriöse Botschaften an den Wänden und auf Zetteln, die überall verstreut auftauchten: Das Pfarrhaus von Borley ist als Englands bekanntestes Spukhaus in die Geschichte eingegangen.

Die winzige Gemeinde Borley liegt in einer einsamen, dünn besiedelten Gegend in der Grafschaft Essex, nicht weit von der Grenze zu Suffolk entfernt. »Borley Rectory«, ein großes, düsteres Ziegelgebäude, wurde 1863 für den Geistlichen der Gemeindekirche errichtet. Von Anfang an sollen die Bewohner des Anwesens von gespenstischen Erscheinungen und Geräuschen belästigt worden sein. Mehr als 2000 solcher Vorfälle sind dokumentiert.

Der berühmte Geisterjäger Harry Price, Gründer des »National Laboratory of Psychical Research«, untersuchte das Haus 18 Jahre lang und adelte es in einem Buch zum »Most Haunted House in England«.

1944 wurde »Borley Rectory« abgerissen. Unter dem Kellerboden fanden sich einige Knochenteile, die, wie sich herausstellte, von einer jungen Frau stammten. Genauer gesagt von einer ermordeten Nonne, schloss Harry Price aufgrund seiner Recherchen in alten Schriften. Und betrachtete damit das Rätsel um den Geist von Borley als gelöst. Etwas voreilig – denn der wahre Sachverhalt sollte erst ein halbes Jahrhundert später ans Licht kommen.

Im Sommer 2000 lüftete ein ehemaliger Hausangestellter von »Borley Rectory« das ganze Geheimnis. Louis Mayerling, der von 1918 bis 1938 in dem Pfarrhaus lebte, war für den exzentrischen Borley-Pfarrer Harry Bull gleich in mehrfacher Hinsicht als dienstbarer Geist tätig gewesen: Mit einem Schürhaken zupfte er durch ein Loch in der Wand an Klaviersaiten. Mit Mantel und Kragen ging er als kopfloser Mönch um und schrieb Botschaften an die Wände, die wegen der Feuchtigkeit bald von selbst wieder verschwanden.

Hinter den mysteriösen Geräuschen steckten die 14 Kinder des Reverend sowie andere Hausdiener. Das Ganze sei ein Spaß gewesen, schreibt Mayerling in seinem Bekenntnis »We Faked the Ghosts of Borley Rectory«. Später half er Bulls Nachfolger Lionel Foyster beim Anlocken zahlender Gäste. Laut Mayerling kamen täglich »dutzende von Kutschen voller Geisterjäger«.

Unlängst kündigte der Psychologe Dr. Richard Wiseman von der Universität Hertfordshire an, ein Gruselhaus zu bauen, in dem es »echt« spuken soll. Etwa mit blitzenden Lichtern, Glockengeläut, schleppenden Schritten, lautem Klopfen und mysteriösen Botschaften an den Wänden?

Nicht ganz. Wiseman setzt auf hinter Bildern angebrachte elektrische Windungen, Luftabzugslöcher in den Fußbodenleisten, versteckte Lautsprecher, aus denen Infraschall kommt, eine verstörende innen- wie außenarchitektonische Gestaltung und, last but not least, eine abgefeimte Lichtregie.

Wieso dieses?

2003 blies Wiseman zur größten Geisterjagd aller Zeiten: Hunderte von Freiwilligen verbrachten dafür eine gewisse Zeit an einigen der unheimlichsten Orte Großbritanniens.

So gingen allein 462 Testpersonen den »Spuk-Korridor« von Schloss Hampton Court bei London ab. Dieser Gang soll von Catherine Howard, der 1542 hingerichteten fünften Frau von Heinrich VIII., heimgesucht werden. Unzählige Menschen wollen der Erscheinung in den letzten 500 Jahren in der Galerie vor dem Zimmer Heinrichs VIII. begegnet sein.

So auch diesmal: Etwa jeder zweite Teilnehmer der Studie berichtete über »ungewöhnliche Erfahrungen«. Manche wollten gespürt haben, dass da noch jemand mit ihnen im Raum gewesen sei. Andere fühlten sich unwohl. An anderen düsteren Orten empfanden sie dagegen nichts Ungewöhnliches, auch wenn sie vorher nicht wussten, welche Lokalität für Gespenster bekannt war. »Spuk existiert in dem Sinne, dass es in der Tat Orte gibt, an denen Leute ungewöhnliche Erlebnisse haben«, folgerte der Wissenschaftler.

Nach seinen Erkenntnissen sind aber keineswegs übernatürliche Erscheinungen für diese Erlebnisse verantwortlich. Das meiste lasse sich auf »Umweltfaktoren« wie Zugluft, eine schlechte Beleuchtung oder elektromagnetische Felder zurückführen. Oder eben auf Infraschall, d.h. auf Basstöne mit einer so niedrigen Frequenz, dass wir sie nicht hören, wohl aber fühlen können. Sie werden vom Wind oder von elektrischen Geräten hervorgerufen – und können sogar Kerzen flackern lassen. In Räumen mit gemessenem hohen Infraschall überfiel die Hampton Court-Besucher gar das Grauen. Sie hörten Stimmen und fühlten sich auch mal schauderhaft betatscht.

»Unsere Ergebnisse deuten stark darauf hin, dass der angebliche Spuk keine Beweise für eine Aktivität von Geistern darstellt«, urteilt »Spooky« Wiseman.

Er sei vielmehr die Reaktion von Menschen, die – vielleicht unbewusst – auf »normale Faktoren in ihrer Umgebung reagieren«.

An den verschiedenen »Cold Spots« in Hampton Court etwa pfeift der Wind ingrimmig durch feine Ritzen und Spalten. »Manchmal kommt es einem vor«, erzählt Wiseman, »als ob man gegen eine kalte Wand läuft«.

Schabernack und falsche Sinnesinformationen – ist damit das Rätsel um die wandelnden Leintücher gelöst?

Vielleicht. Vielleicht auch nicht.

In seiner »Harzreise« schildert Heinrich Heine, wie er nächtens vom Geist des verstorbenen Dr. Saul Ascher heimgesucht wird: »Und nun schritt das Gespenst zu einer Analyse der Vernunft, konstruierte alsdann den problematischen Gespensterglauben, setzte einen Syllogismus auf den andern und schloss mit dem logischen Beweise, dass es durchaus keine Gespenster gibt. Mir unterdessen lief der kalte Schweiß über den Rücken, meine Zähne klapperten wie Kastagnetten, aus Seelenangst nickte ich unbedingte Zustimmung bei jedem Satz, womit der spukende Doktor die Absurdität aller Gespensterfurcht bewies: ›Die Vernunft ist das höchste – …‹, da schlug die Glocke eins, und das Gespenst verschwand.«

Time Life-Books: Geisterphänomene. In der Reihe »Geheimnisse des Unbekannten«, Amsterdam 1989; Norbert Borrmann: Lexikon der Monster, Geister und Dämonen, Lexikon Imprint Verlag, Berlin 2000; Louis Mayerling: We Faked the Ghosts of Borley Rectory«, Pen Press Publishers, London 2000; »Geister sehen ist normal«, Skeptiker, Nr. 4/2000; »Die Geister, die ich rief«, www.telepolis.de

Uri Geller

»Ja, er ist praktisch der Beckenbauer der Magie, nicht, das ist ganz einfach«, verheddderte sich die »übersinnliche Fachfrau« Penny McLean, als sie in der TV-Reihe »PSI« das Phänomen Uri Geller erklären sollte: »Er ist insofern eine Ausnahme, als er alle Fähigkeiten, die ein Mensch haben könnte auf diesem Gebiet, in sich vereinigt. Man könnte es vergleichen damit, dass man sagt: Wenn heute ein Lichtstrahl durch eine Fensterscheibe geht, dann passiert noch gar nichts am Sonnenstrahl, ja? Aber wenn sich diese Fensterscheibe etwas biegt, dann kriegt der Sonnenstrahl eine andere Kraft. Und genau das macht er. Er kann willentlich Energie so in sich verändern und auf den Punkt bringen, dass sie eine Wirkung hat, die für uns natürlich unverständlich stark ist.«

So auch im Frühjahr 2004, als der »Beckenbauer der Magie« seine Kräfte bei »Stern TV« wirken ließ, live Löffel verbog, kaputte Uhren wieder zum Ticken brachte und die Nadel eines großen Schiffskompasses, ohne sie zu berühren, zu heftigen Drehbewegungen veranlasste. Bis in die Wohnstuben der mehr als drei Millionen Zuschauer hinein reichten die rätselhaften Phänomene: Anrufer berichteten noch während der Sendung von ähnlichen Manifestationen bei sich zu Hause. Wieder einmal brach in Deutschland die »Gellermanie« aus – genau 30 Jahre, nachdem der charmante Israeli in der ZDF-Quizsendung »3x9« mit »psychokinetischen Kräften« erstmals eine Gabel zerbrochen hatte. Der damalige Moderator Wim Toelke war ratlos, Günther Jauch drei Jahrzehnte später ebenso. Ist Uri Geller also der Superstar unter den Sensitiven?

»Ich überrasche die Leute«, überraschte Geller bei »Stern TV« mit einer seltsam vagen Einlassung: »Und wenn die Leute mich fragen, ob das ein Trick ist oder mentale Kraft, dann sage ich: Das soll ein Mysterium bleiben. Denn solange es ein Geheimnis ist, wird es interessant sein – und die Leute neugierig.«

Das ist die Argumentation eines Entertainers, eines Illusionisten. Und genau das ist Uri Geller nach Meinung seiner zahlreichen Kritiker auch.

Was kaum jemand weiß: Schon als kleiner Junge hatte der telegene Überbieger Zauberkünstler bei ihren Darbietungen beobachtet. Mit 22 Jahren jobbte er als »telepathisches« Berufsmedium im Zarkor-Theater von Tel Aviv.

Als er plötzlich behauptete, echte übersinnliche Fähigkeiten zu besitzen, publizierten Zeitungen wie die »Jerusalem Post« oder »Haolam Haz« vernichtende Artikel über Gellers Gaukeleien. Dennoch stieg Geller im Ausland unaufhaltsam zum PSI-Star auf – obwohl eine Einzelbildauswertung der »3x9«-Show zeigt, dass die Gabel vorpräpariert war. Die Bruchstelle ist bereits vor dem Abknicken des Stiels deutlich zu sehen.

13 Jahre später erklärte Gellers ehemaliger Manager Jasche Katz dem »Spiegel«: »Geller hatte, als geschulter Magier, die Aufmerksamkeit der Beobach-

ter geschickt abgelenkt und das Metall blitzschnell mit brutaler Kraft gebogen, oder er hatte Gelegenheit gefunden, die Bestecke vorher zu präparieren und die Sollbruchstellen unauffällig bedeckt gehalten.«

Kein Wunder, dass der weltberühmte PSI-Star sich bis heute weigert, vor Experten für Trickbetrug, nämlich professionellen Bühnenmagiern, aufzutreten. Gleichwohl die Zunft neidlos anerkennen muss, dass Geller sein Handwerk versteht. Als er Anfang der 1970er zum Medienliebling avancierte, waren die von ihm vorgeführten Kunststücke mit Bestecken und Schlüsseln in der Szene praktisch unbekannt – ebenso seine Präsentation und Wirkung, also das »Showmanship«.

Auch Wolfgang Hund, Okkultismus-Aufklärer und Zauberkünstler aus dem bayerischen Hersbruck, sagt: »Er macht das wirklich fantastisch.«

Und was ist »das« nun genau?

»Die Erklärung schlechthin gibt es nicht«, meint der Zauber-Profi: »Stellen wir uns einmal vor, ich würde vorgeben, ein ›mentaler‹ Löffelbieger zu sein. Wie würde ich die Effekte bewirken können, ohne wirklich über derartige Kräfte zu verfügen? Das kann einmal mit vorgebogenen Besteckteilen geschehen; ein anderes Mal wird der Löffel mit Krafteinwirkung und unter Ablenkung des Publikums blitzschnell verbogen; drittens gibt es eine ungeheure Vielfalt an Spezialgeräten, die von Zauberhändlern angeboten werden. Ich würde ferner mit Helfern arbeiten, die mir versteckte Hilfestellung geben.« Und Ähnliches mehr.

Und die kaputten Uhren?

Dieses Phänomen beruht nicht einmal auf einem Trick – sondern schlicht auf der Tatsache, dass alte Uhren, die längere Zeit gelegen haben und wieder hervorgeholt werden, bei diesem Vorgang unweigerlich geschüttelt und erwärmt werden und dadurch wieder eine Zeit lang funktionieren, u.a. weil »ranziges« Fett und Schmieröl sich wieder verflüssigen.

Die Kompassnadel? Ein starker Magnet unter der Kleidung, versteckt irgendwo im oberen Körperbereich.

Die zahlreichen Erfahrungsberichte der Zuschauer vorm Bildschirm? Darunter die kuriose Geschichte von der Schwiegermutter, die nach acht Jahren endlich das Haus verlassen habe, nachdem Sohn und Schwiegertochter – getreu Gellers Anweisungen – laut »Geh!« gerufen hatten – eigentlich auf eine kaputte Uhr gemünzt.

Könnte es nicht sein, dass viele Zuschauer im Studio anriefen nach dem Motto: »Verarscht ihr uns, verarschen wir euch!«

Daneben führen Skeptiker wie Hund und andere Profilierungssucht ebenso ins Feld wie das »Gesetz der großen Zahl«.

Heißt: Zu jeder Zeit liegen in zahllosen deutschen Küchenschubladen mehr oder weniger verbogene Besteckteile herum. Nur: Im Alltag bemerkt man das höchstens unbewusst und verbiegt beim Essen automatisch, ohne darüber nachzudenken, die Gabel noch weiter, um sie halbwegs wie gewohnt handhaben zu können.

Hund: »Erst letztens erhielt ich bei der Hochzeit unseres Sohnes eine Auswahl von Löffeln zum Verbiegen. Einer davon war eindeutig schon früher mal kräftig mehrmals gebogen worden. Wer das wann zu welchem Anlass gemacht hat, war nicht mehr zu eruieren. Bei Gellers TV-Auftritten ist in erster Linie die Rolle der Massenmedien bedeutsam: die selektive Wahrnehmung der Zuschauer, das Betrachten eines vermeintlichen Phänomens unter dem Blickwinkel des ›Wunderbaren‹, absurde Hypothesen des Moderators und der Beteiligten sowie der quotenfördernde Hype.«

Bleibt allerdings die Tatsache: Dass ein PSI-Phänomen getrickst werden kann, heißt nicht unbedingt, dass es nicht trotzdem das echte Phänomen geben könnte, oder?

Mag sein.

Umgekehrt gilt aber auch: Wenn Zauberkünstler unter den gleichen Bedingungen die gleichen Effekte wie Geller (oder sogar noch erstaunlichere) hervorrufen können, besteht wenig Anlass anzunehmen, dass das bisherige Weltbild überholt ist. Hierfür wären überzeugendere Argumente anzuführen als verbogene Löffel.

James Randi: The Truth about Uri Geller, Prometheus-Books, New York 1982; Uri Geller/Guy L. Playfair: Der Geller-Effekt, Ariston-Verlag, Genf 1986; »Uri Geller und seine Fernsehtricks«, Skeptiker, Nr. 3/1997; Wolfgang Hund: Okkultismus – Materialien zur kritischen Auseinandersetzung, Verlag an der Ruhr, Mülheim 1998

Mühlhiasl, der Waldprophet

Bei den zahllosen Vorverhandlungen des Jüngsten Gerichts rufen Schwarz-maler unverdrossen einen Mann in den Zeugenstand: den niederbayerischen Waldpropheten Mühlhiasl, der 1753 im heutigen Landkreis Straubing/Bogen geboren worden und als Klostermüller in Apoig gelebt haben soll.

»Es geht beim Mühlhiasl immer wieder um das so genannte große Weltab-räumen«, begeistert sich nicht nur der bayerische Historiker und Autor Man-fred Böckl: »Drei große Katastrophen. Nummer eins und zwei kann man mit dem Ersten und dem Zweiten Weltkrieg gleichsetzen.« Mühlhiasl, der mit richtigem Namen Matthias Lang geheißen haben soll, nannte zwar kein Da-tum, aber eine Reihe von Veränderungen, die dann sichtbar werden sollten:

»… wenn im Vorwald draußen die eiserne Straß fertig ist.«

Im Jahre 1914, also zu Beginn des Ersten Weltkriegs, wurde in der Nähe von Mühlhiasls Heimatort die Bahnstrecke von Deggendorf nach Kalteneck voll-endet.

»… wenn in Straubing die Donaubruck baut wird, sie wird aber nimmer fer-tig.«

1939, beim Ausbruch des Zweiten Weltkriegs, war die neue Donau-Über-querung tatsächlich bis auf die Betondecke vollendet.

Sehr eindrucksvoll – wenn da nicht Dr. Reinhard Haller wäre. Der Volks-kundler der Universität Passau spürte dem Mythos um den prophetischen Klostermüller aus dem 18. Jahrhundert akribisch nach – und kam zu dem Schluss, dass es den Mühlhiasl nie gegeben hat. Das, was er angeblich gesagt haben soll, sei eine Melange aus alten Legenden, Wandersagen und Lokal-kolorit, die 1923 ein katholischer Pfarrer namens Johann Evangelist Lands-torfer (1883–1949) produziert habe. Haller führt im Einzelnen aus:

In keinem der einschlägigen Archivalien und Drucke des 18./19. Jahrhunderts lässt sich eine Person mit dem Bei-, Über-, Spitz-, Deck- oder Aliasnamen

»Mühlhiasl« ausmachen, der als Müller in Apoig gelebt hat. Der Vulgoname wurde 1923 erstmals schriftlich fixiert. Alle Indizien sprechen dafür, dass der »Mühlhiasl« eine Erfindung der Volksfantasie ist. Er wird damit zur imaginären Gestalt ohne geschichtlichen Hintergrund, ähnlich dem »Stubenmühl-Hansl«, der das Wetter machen kann, dem »Baumläufi-Bub«, der mit dem Teufel paktiert, dem »Tiroler Bartl«, der sich auf das Bannen versteht, oder dem »Hürter-Annerl«, dem mit 80 Jahren noch Zähne wachsen. Von keiner dieser Figuren wissen wir den wirklichen Namen. Sämtliche sind laut Legende mediativ veranlagt, verfemt und leben am Rande der dörflichen Gesellschaft.

Die ausschließlich mündlich verbürgte Figur »Mühlhiasl« wurde im Laufe von Jahrzehnten im Volksmund zu einem historischen Faktum hochstilisiert. Dieser fiktiven Erscheinung stülpte erst J.E. Landstorfer eine konkrete Existenz über. Er nannte sie Matthias Lang.

Prophetisches Vermögen denkt dem »Mühlhiasl« zuerst einmal das Volk zu. Dafür bringt der Müller alles mit, was ihn zu einem außerordentlichen Wesen prädestiniert. Die Mühle ist ein Ort der Schwarzkunst und der Teufelsbündnerei. In der Einsamkeit der Mühlstube entpuppt sich eine Eigenwelt, die von den Nachbarn beargwöhnt wird. Immer steht der Müller im Verdacht, sich am Getreide der Bauern zu bereichern. Der Müller sei schlau, listig und auf Profit aus.

Die einzelnen Elemente der »Mühlhiasl«-Prophezeiung sind zwar alt, die Weissagung in der von J.E. Landstorfer zugespitzten Form geht allerdings nur 70 Jahre zurück. Sie besteht aus vielen losen »Prophezeiungen«, die Landstorfer gesammelt und nach dramaturgischen Gesetzen angeordnet hat.

Die »Mühlhiasl«-Prophezeiung sieht die kommenden Dinge nur konturenhaft. Festlegungen auf exakte Erfüllungstermine werden vermieden. Dieses Moment der Unbestimmtheit lässt Möglichkeiten, die einzelnen Prognosen aus aktueller Sicht zu interpretieren. Jede Generation legt die Worte anders aus.

Die »Weissagungen des Mühlhiasl«, gleich ob von J.E. Landstorfer notiert oder mündlich weitergegeben, sind janusköpfig. Sie beschreiben rückwärts gewandt geschichtliche Phänomene und »prophezeien« synchron nach vorne in die Zukunft hinein. Immer handelt es sich um Feststellungen post eventum, um vollendete Tatbestände. Deshalb kann »Mühlhiasl« nie irren.

Dass es sich bei den »Mühlhiasl-Prophezeiungen« um Angst machende Elementar-Erfahrungen von den an der Tradition orientierten Zeitgenossen handelt, belegt Dr. Haller u.a. anhand der »Physikatsberichte« aus den Landkreisen in der Gegend von Apoig aus dem 19. Jahrhundert. Das waren schriftliche Analysen der Landgerichte zu den Bereichen Forst- und Landwirtschaft, Gesundheit und Hygiene zu einer Zeit, da es noch keine öffentliche Verwaltung im heutigen Sinne gab:

Mühlhiasl 1923: »*Überall wird übern Glauben predigt, kein Mensch kehrt sich mehr dran, d'Leut werd'n erst recht schlecht!*«

Landgericht Deggendorf 1860: »*Selbstsucht oder Egoismus, Übervorteilungssucht des Nächsten, selbst Betrug, Ausgeburten des seit vielen Jahren grell hervortretenden Materialismus, hat sich auch in unseren Bezirk eingeschlichen, in dem früher Redlichkeit, Nächstenliebe, Sparsamkeit, Friedfertigkeit etc. herrschten.*«

Mühlhiasl 1923: »*Wenn der Hochwald ausschaut wie'm Bettelmann sein Rock.*«

Landgericht Mitterfeld 1860: »*Bei den seit einigen Jahrzehnten selbst in der Waldgegend unverhältnismäßig gestiegenen Holzpreisen geht freilich auch die Devastation der Privatwaldungen gleichen Schritt mit derselben. Auf diese Weise haben sich seit einem zehnjährigen Zeitraum die Wälder auffallend gelichtet.*«

Mühlhiasl 1923: *Wenn sich d'Bauersleut g'wanden wie die Städtischen, und die Städtischen wie d'Narren und d'Affen.*«

Landgericht Deggendorf 1860: »*Seidenstoffe werden häufig vom weiblichen Geschlecht getragen, die der Mode gerne huldigen, z.B. in Deggendorf, wo die früher getragenen golddurchwebten hohen Passauer-Hauben und die zierlichen Münchner Riegelhäubchen dem französischen Hut weichen mussten. Auch die nicht lobenswerten unästhetischen Krinolinen haben nicht bloß bei den Beamtenfrauen, sondern auch bei den Bürgerinnen und Bürgerstöchtern mit Vorliebe Eingang gefunden.*«

Anscheinend teilten die königlich-bayerischen Landgerichte des 19. Jahrhunderts die prophetische Gabe mit dem »Mühlhiasl«. Oder saßen die Richter nur an denselben Stammtischen wie die Bauern und Bürger?
Der überwiegende Teil der angeblichen Vorhersagen ist also den Zeiterscheinungen zwischen 1871 und 1923 nachempfunden. Aus dieser Periode stammen, so der Volkskundler Haller, z.B. die Prophezeiungen über »einerlei Geld kommt auf« (Reichsmark) und »recht G'setze werden gemacht« (Reichsgesetze). Auch die Eisenbahn wurde von den Menschen im Bayerischen Wald nicht unbedingt als Fortschritt begrüßt, sondern vielmehr als Verfallszeichen und Instrument des Antichristen, das nahezu zwangsläufig das »Bänkeabräumen« einleiten müsse.
Vor diesem Hintergrund sind auch die berühmten Weltkriegs-Prophezeiungen des »Mühlhiasl« zu sehen. Der vollständige Wortlaut:

»An dem Tag, an dem zum ersten Mal der eiserne Wolf auf dem eisernen Weg durch den Vorwald bellen wird, an dem Tag wird der große Krieg angehen.«

Haller fand heraus: In J.E. Landstorfers Veröffentlichung von 1923 existiert diese Weissagung noch gar nicht. Sie ist erst später mündlich hinzugewachsen, als die Bahneröffnung längst Vergangenheit war. (Die Teilstrecke Deggendorf-Hengersberg und Eging-Kalteneck war bereits 1913 fertig gestellt worden, 1914 wurde die Verbindung Hengersberg-Eging geschlossen.) Erstmals tauchte sie 1948 als »Mühlhiasl«-Ausspruch in den »Niederbayerischen Nachrichten« auf. Analog steht die Sache mit der Donaubrücke:

»Wenn's in Straubing über die Donau die große Brücke bauen, so wird's fertig, aber nimmer ganz, dann geht's los«,
soll der »Mühlhiasl« gesagt haben. Aber auch dieses Orakel findet sich erst ab 1950 in dem einschlägigen Schrifttum.

Reinhard Haller: Mühlhiasl. Vom Leben und Sterben des »Waldpropheten«, Morsak-Verlag, Grafenau 1993; »Wann ist Weltuntergang?«, Esotera, Nr. 1/1999; »Die Irrwege der Interpreten«, Esotera, Nr. 3/1999; »Die Welt steht auf kan' Fall mehr lang ... – Ein Essay zu Millenniums-, Weltuntergangs- und Endzeitprophezeiungen«, im Internet unter http://www.t0.or.at/~psi/endzeit/millenni.html; »Nostradamus und der Mühlhiasl«, Augsburger Volkskundliche Nachrichten, Nr. 2/1999

Nostradamus

Als der französische Arzt und Gelehrte Michel de Notredame (latinisiert: Nostradamus) 1566 starb, hinterließ er 942 kryptische Vierzeiler, angeordnet in Gruppen zu je 100 (»Centurien«). Mehr als 450 Deuter haben seither jedes weltbewegende Ereignis aus den »Centurien« herausgelesen, von der Französischen Revolution bis zum 11. September – stets allerdings erst im Nachhinein. Die verschwommene, symbolhafte und unkonkrete Sprache des dunklen Propheten, zudem in den Setzerstuben verstümmelt, und der quälende Stil erlauben heutigen Anhängern jede beliebige Deutung.

Dabei dürfte spätestens 1999 klar geworden sein, dass der überfließende Schreiber mitnichten der »Prophet der Weltgeschichte« war. Ebenso wenig jedoch sind seine Texte inhaltsleerer Mischmasch.

Im Vers 72 der zehnten Centurie heißt es:

Im Jahr 1999, im siebten Monat,
kommt vom Himmel ein großer Schreckenskönig.
Er wird den großen Herrscher von Angolmois zur Macht bringen.
Vor und nach einem Krieg wird er zu guter Stunde regieren.

Fast alle »Nostradamisten« sahen hier den dritten Weltkrieg oder zumindest eine verheerende Katastrophe wie einen Asteroideneinschlag prophezeit. Doch an diesem Vers zeigt sich, dass der Pestarzt aus dem 16. Jahrhundert ganz und gar ein Mann seiner Zeit war – und immer dann gefragt, wenn Orientierung gesucht wurde, Bedrängnis und Veränderungen in der Luft lagen.

Die Metapher vom »großen Schreckenskönig« gehört zu den so genannten Prodigien (Vorzeichen, Omen), denen die Menschen damals große Bedeutung zumaßen, und meint eine Sonnen- oder Mondfinsternis. Hier die totale Sonnenfinsternis vom 11. August 1999, die Nostradamus mithilfe astronomischer Tabellen (den Saros-Zyklen) vorausberechnen konnte. Das mathematische Rüstzeug der Zeit reichte für solche Kalkulationen allemal aus. »Angolmois« ist eine Anspielung auf das Adelsgeschlecht Angoulême-Valois, das zu Nostradamus' Lebzeiten den König von Frankreich, Heinrich II., stellte. In diesem berühmten Vierzeiler bringt der Künder die Hoffnung zum Ausdruck, ein mächtiger und weiser Herrscher möge alle Krisen und Bedrohungen des wirren Spätmittelalters wie Glaubenskriege, Hungersnöte und Pestseuchen beenden und eine goldene Dekade des Friedens und des Glücks heraufführen.

Die Jahreszahl 1999, nahe am heraufdämmernden dritten Jahrtausend, steht bei ihm rein symbolisch für die erhoffte Zeitenwende. Dieser prophetische Mythos vom großen Endzeit-Kaiser kursierte zu dieser Zeit in ganz Europa und lässt sich in vielen anderen Schriften nahezu wortgleich nachweisen.

Nostradamus bündelte in seinen Centurien die Ängste, Hoffnungen und Erwartungen, die mit dem Niedergang der alten Ordnung und dem Aufbruch der Denker und Entdecker vor 500 Jahren verbunden waren. Ihm wie einer Handelsmarke für geheimes Wissen ein Kursbuch des zukünftigen Weltgeschehens zu soufflieren, ist kaum mehr als willkürliche Deutungsmanie. Oder?

Dass »ein recht finsteres Jahrhundert« bevorsteht (II.,10) oder »alles drüber und drunter« geht (X.,98), solcherlei Vorhersagen sind kurz und verständlich auch in »Murphys Gesetz« zusammengefasst: Man muss einfach nur pessimistisch genug sein – schon gibt einem die Zukunft Recht.

Aber gilt das auch für die »prophetische Visitenkarte« des Gelehrten aus Salon-de-Provence, zu der immer wieder Vers 35 der II. Centurie gestempelt wird:

Der junge Löwe wird den alten überwinden,
auf kriegerischem Feld im Einzelstreit.
Im goldenen Käfig wird er ihm die Augen spalten.
Von zwei Flotten setzt sich eine durch, der Besiegte stirbt einen grausamen Tod.

Angeblich geht es hier um König Heinrich II. von Frankreich, der 1559 bei einem Ritterturnier unglücklich von der Lanze seines Gegners über dem Auge getroffen wurde und zehn Tage später starb.

Merkwürdig ist nur, dass zu Nostradamus' Lebzeiten niemand auf diese Interpretation verfiel. Selbst in der ersten Nostradamus-Biografie, die sein Schüler und Sekretär Jean-Aimé Chavigny 1594 herausbrachte, findet sich kein Wort davon. Warum auch? Es gab keinen »jungen« und »alten« Löwen, denn beide Kämpfer waren etwa gleichaltrig.

Außerdem hatte Nostradamus vier Jahre vor dem Unglück die Centurien ausdrücklich Heinrich II. gewidmet und seinen König im Vorwort mit allerlei Huldigungen und guten Wünschen für die Zukunft bedacht. Es scheint kaum ein Zweifel möglich, dass er mit einer langen Regentschaft seines Monarchen rechnete.

Auch hier führt ein Blick ins Geschichtsbuch zur Wahrheit: Mit einem »goldenen Helm« ist auf vielen zeitgenössischen Darstellungen der deutsche Kaiser Karl V. abgebildet – Heinrichs Erzfeind, der sich mit den Franzosen heftige Kriege lieferte. Auch in II.,35 geht es letztendlich um die symbolisch verklausulierte Darstellung eines Wunsches oder einer Hoffnung: nämlich dass Heinrich II. recht bald über den alten Gegner triumphieren möge.

Auch mit der Behauptung, Nostradamus habe Hitler vorausgesagt, ist es nicht weit her. Nirgendwo in den Centurien findet sich das Wort »Hitler«, sondern nur »Hister«, z.B. im Vers 24 der zweiten Centurie. Dies als »Hitler« zu deuten, ist fragwürdig. Denn »Hister« war der lateinische Name für die Donau und wurde genau in dieser Bedeutung häufig von Nostradamus verwendet.

Was bleibt, ist der Wunsch auch seiner heutigen Käufer nach geordneten Verhältnissen, nach Plan und kalkulierbarem Ziel.

James Randi: The Mask of Nostradamus, Prometheus-Books, New York 1990; Pierre Brind'Amour: Les premières centuries où prophéties, Librairie Droz, Genf 1996; Roger Prévost: Nostradamus – Le mythe et la réalité, Editions Robert Laffont, Paris 1999; Frank Rainer Scheck: Nostradamus, dtv-Verlag, München 1999; »Der Prophet, der den Untergang predigte«, P.M.-History, Nr. 6/2001; Elmar R. Gruber: Nostradamus, Scherz-Verlag, Bern 2003; Frank Ochmann: »Der Schwarzseher«, Stern 50/2003

Die Papst-Weissagungen des Malachias

Der übernächste Papst nach Johannes Paul II. ist der letzte. Danach sei entweder die Kirche am Ende – oder gleich die ganze Welt gehe unter. Das behaupten jedenfalls zahlreiche Autoren von spekulativen Katastrophen- und

Endzeitbüchern. Dabei berufen sie sich auf die so genannten Papst-Weissagungen des Malachias.

Dieser irische Bischof soll im 12. Jahrhundert in insgesamt 112 Orakelsprüchen eine Vorausschau der Päpste vom Hochmittelalter bis zum ersten Jahrhundert des neuen Millenniums gegeben haben. Jeder künftige Pontifex ist dabei nicht namentlich, sondern mit einem kurzen, charakterisierenden Ausdruck beschrieben. So heißt z.B. der 102. Papst »Licht am Himmel« (Lumen in coelo).

Damit wäre, seit Beginn der Aufreihung, Leo XIII. gemeint gewesen. Und tatsächlich fällt es dem bekannten bayerischen Prophezeiungsforscher Manfred Böckl nicht schwer, das »Licht am Himmel« mit Leo XIII. in Einklang zu bringen: »In der Tat erschien dem Papsttum mit Vincenzo Gioacchino Pecci noch einmal ein Silberstreif am Horizont.«

In diesem Stil geht es weiter bis zu Papst Johannes Paul II., der von Malachias mit dem Sinnspruch »Von der Bedrängnis der Sonne« bedacht worden sein soll. Böckl kommentiert: »Der Pole Karol Wojtyla wurde am 18. Mai 1920 geboren, und an diesem Tag ereignete sich eine totale Sonnenfinsternis.« Dessen Nachfolger ist Nummer 110 in der Liste und »Der Ruhm des Ölbaums«. Mit der Nummer 111 (»Petrus der Römer«) endet die angebliche Weissagung aus dem Mittelalter.

Doch die Aufzählung stammt gar nicht von dem Benediktiner St. Malachias. Das Ganze ist eine reine Zweck-Prophetie, eine politische Tendenzschrift aus dem späten 16. Jahrhundert, die nur zu einem Ziel verfasst wurde: nämlich die Papstwahl von 1590 zu Gunsten eines Kardinals Simoncelli zu beeinflussen, der aus Orvieto stammte. Weshalb dem zu wählenden Papst die Devise »Ex antiquitate urbis« (Aus dem Altertum der Stadt) zugeordnet wurde.

Allerdings, wie öfter bei solchen Machenschaften, verfehlten die »Papst-Weissagungen« ihre Absicht. Der neue Papst kam aus Mailand und hieß Gregor XIV.

Hansjörg Hemminger: Seher, Schwärmer, Bibeldeuter, Gütersloher Verlagshaus, Gütersloh 2001

Parapsychologie

Nein, in Freiburg kann man nicht – und konnte man nie – Parapsychologie studieren.

1954 wurde am Psychologischen Institut der Universität Freiburg ein Extraordinariat (außerordentliche Professur) für Grenzgebiete der Psychologie gegründet und 13 Jahre später in ein Ordinariat für »Psychologie und Grenzgebiete der Psychologie« umgewandelt.

Lehrstuhlinhaber war bis 1975 der berühmte »Spukprofessor« und Nestor der deutschen Parapsychologie, Hans Bender. Nachfolger wurde 1991 sein Schüler Johannes Mischo. Zum Aufgabenbereich des Lehrstuhls gehörten die normalen Pflichtveranstaltungen für das Grund- und Hauptstudium der Psychologie; allenfalls fand pro Semester je eine Vorlesung und ein Seminar über Parapsychologie/Grenzgebiete der Psychologie statt.

Studenten im Hauptfach Psychologie konnten ferner eine Diplom- oder auch Doktorarbeit mit einer parapsychologischen Fragestellung anfertigen sowie als freiwilliges Zusatzfach »Parapsychologie/Grenzgebiete der Psychologie« für die Hauptdiplomprüfung wählen.

Mit Mischos Emeritierung 1998 wurde aus der Abteilung für Psychologie und Grenzgebiete der Psychologie die »Abteilung für pädagogische Psychologie«. Heute rät die Uni Freiburg allen Studenten, die sich für Parapsychologie interessieren: »Die beste Voraussetzung für eine Arbeit und eine Beurteilung des Forschungsstandes auf diesem Gebiet ist im Allgemeinen ein abgeschlossenes Studium der Sozial- oder Naturwissenschaften.« Und weiter: »Es erscheint unrealistisch, eine alleinige Tätigkeit auf diesem Gebiet in den eigenen Lebensplan einzubeziehen.«

Ein Berufsbild des »Parapsychologen« gibt es also gar nicht – und schon gar keine smarten Helden des Übersinnlichen, die mit Blaulicht durch die Straßenschluchten von New York brettern und schöne Mädchen aus den Fängen schleimiger Spukgestalten retten – so wie Venkman, Stantz und Spengler in »Ghostbusters«.

Was es gibt: Menschen, die außergewöhnliche Erfahrungen machen.

Zum Beispiel: »Der Opa stirbt, und sein Bild fällt von der Wand«, erklärt lapidar der zweifach promovierte Physiker und Psychologe Walter von Lucadou, der in Freiburg eine »Parapsychologische Beratungsstelle« leitet – und der noch am ehesten »Parapsychologe« genannt werden kann.

Daneben gibt es in der schönen Stadt im Breisgau das »Institut für Grenzgebiete der Psychologie und Psychohygiene«, das aus privaten Stiftungsmitteln finanziert wird und mit rund 30 Mitarbeiterinnen und Mitarbeitern »Anomalien« wie außersinnliche Wahrnehmung oder Psychokinese erforscht. Mit welchen Ergebnissen?

Darüber sind sich Fans und Gegner der Parapsychologie bemerkenswert uneins:

Wird von den eifrigen Forschern ein signifikantes (überzufälliges) Ergebnis berichtet – führen Gegner dies auf Betrug oder methodische Fehler zurück.

Antwort der Parapsychologen: »Du behauptest einfach, es gibt noch unentdeckte Fehler, ohne dass du das nachweisen kannst.«

Antwort der Gegner: »Man kennt die Fehler halt erst, wenn man sie gefunden hat.«

Erbringt ein Experiment null Resultate – haben die Forscher das Argument parat, Paranormales sei eben grundsätzlich »beobachtungsscheu« und »elusiv« (flüchtig, ausweichend).

Antwort der Gegner: »Ah ja. Und die Alpen bestehen wohl in Wirklichkeit aus Schokoladenpudding, aber immer dann, wenn ein Skeptiker ein Stück abbeißen will, verwandeln sie sich blitzschnell in Stein.«

Parapsychologie ist deswegen keine anerkannte Wissenschaft, weil die Parapsychologen selbst gar nicht genau wissen, was oder wonach sie eigentlich suchen. Die bislang mehr als 1500 parapsychologischen Forschungsarbeiten werden von der Masse der »normalen« Psychologen nicht als Beleg für die Existenz von PSI zur Kenntnis genommen, weil mit diesen Befunden keine zufriedenstellenden Erklärungen oder auch nur Theorien verbunden sind.

Den Unterschied zu etablierten Sozial- und Naturwissenschaften erklärt der Wiener Psychologieprofessor Andreas Hergovich so: »Natürlich war zum Beispiel der elektrische Strom oder der Magnetismus den Menschen im Altertum unbekannt. Aber ab dem Zeitpunkt, ab dem diese Kräfte bekannt waren und man die auf ihnen beruhenden Phänomene erzeugen konnte, war ihr kontrollierter Einsatz zuverlässig möglich.«

Der Faktor »PSI« dagegen (ein Sammelbegriff für paranormale Phänomene, abgeleitet vom 23. Buchstaben des griechischen Alphabets) scheint weder kontrollierbar noch erlernbar oder in irgendeiner Weise praktisch anwendbar – so es ihn überhaupt gibt. Angebliche oder auch getestete »PSI-Begabte« gewinnen nicht häufiger im Lotto, sind nicht gesünder oder leben länger als Normalsterbliche.

Aber was ist mit den »außergewöhnlichen Erfahrungen«, von denen zahllose Menschen immer wieder sehr glaubhaft berichten?

Manche Parapsychologen bringen Phänomene wie »Der Opa stirbt, und sein Bild fällt von der Wand« mit der Quantenphysik in Verbindung – mit der Welt der allerkleinsten Elementarteilchen, wo sogar ernsthafte Physiker mitunter »spukhafte Fernwirkungen« konstatieren. Allerdings scheint es einigermaßen gewagt, die Merkwürdigkeiten der Quantenphysik, die nur im Atom wirken, auch auf Tische, Stühle, Bilder oder den gesamten Menschen zu beziehen.

Parapsychologie-Kritiker Hergovich ist denn auch überzeugt: »Wenn der ›außersinnliche Informationstransfer‹ weder metaphysisch noch empirisch nachweisbar ist (da die vorliegenden Daten gegen die Existenz paranormaler Phänomene sprechen bzw. keine Erklärungen für vorhandene Datenanomalien geben können), dann bleibt nur die Möglichkeit, dass paranormale Erscheinungen in erster Linie das Resultat eines sozialwissenschaftlichen, psychologischen Phänomens sind.«

Womit wir z.B. wieder beim Löffelbiegen sind.

Oder der Tatsache, dass Fernsehzuschauer berichten, während einer Sendung mit Uri Geller sei ein dort absichtsvoll platzierter Löffel ganz von allein und in hohem Bogen von ihrem TV-Gerät gehüpft.

Mag sein. Mag nicht sein.

Kritiker können sich bei solchen Geschichten relativ gelassen zurücklehnen, denn beweispflichtig ist nun einmal der, der so etwas Außergewöhnliches behauptet. Wer das allerdings kann, unter wissenschaftlich kontrollierten Testbedingungen, sollte sich an den amerikanischen Skeptiker und Trickexperten James Randi wenden. Seine »James Randi Educational Foundation« (201 S.E. Davie Boulevard, Fort Lauderdale, FL 33316 – 1815, USA; im Internet unter www.randi.org) lobt eine Million Dollar für ein echtes paranormales Phänomen aus.

Andreas Hergovich: Der Glaube an PSI, Verlag Hans Huber, Bern 2001; Martin Lambeck: Irrt die Physik? Beck-Verlag, Berlin 2003

Pendeln

»Wenn Sie schnelle Antworten suchen, ist Pendeln sicher die erste Wahl«, rät eine Frauenzeitschrift ihren Leserinnen.

Und so geht's: »Sie brauchen nur ein handliches Gewicht, etwa ein Senkblei oder Schmuckstück, zur Not tut's auch ein Schlüssel oder leerer Deo-Roller. Das Gewicht binden Sie an eine 25 bis 30 Zentimeter lange Schnur – fertig. Jetzt stellen Sie eine Frage, die sich mit Ja oder Nein beantworten lässt. Sie nehmen das Ende der Schnur zwischen Daumen und Zeigefinger, konzentrieren sich auf Ihre Frage und beobachten, wohin das Pendel ausschlägt. Obwohl Sie sich bemühen, es ruhig zu halten, setzt Ihr unterbewusstes Wissen kleine Muskelgruppen in Bewegung – und die wiederum das Pendel. Sie erhalten somit Zugang zu Ihren verborgenen Wünschen und Kenntnissen.« Ein bemerkenswerter Artikel.

Wieso? Weil die Autorin es fertig bringt, die gar nicht so geheimnisvollen Kräfte hinter dem Pendel-Phänomen richtig zu erklären – aber sie dennoch die falsche Empfehlung daraus ableitet.

In der Tat funktioniert Pendeln genauso wie Gläserrücken: Früher oder später führt das Pendel eine gedachte Bewegung des Pendlers aus. Jeder, der schon einmal auf dem Rummelplatz mit einem Luftgewehr auf eine Scheibe angelegt hat, weiß warum. Auch mit größter Willensanstrengung ist es unmöglich, die Muskeln völlig ruhig zu stellen.

Um bei dem Beispiel zu bleiben: Je länger man sich vor dem Abdrücken konzentriert und zielt, umso mehr zittert der Lauf der Waffe, und umso schwieriger wird ein sauberer Schuss. So auch beim Pendeln. Sobald man das okkulte Hilfsmittel von der Hand herunterhängen lässt, wirken verschiedene Kräfte.

Auch wenn es kurios klingt: Die Bewegungslosigkeit von Hand und Arm kommt durch aktive Muskelarbeit zu Stande, denn die »Ruhe« erfordert ständiges, unmerkliches Aussteuern der Kräfte. Und dieses Anspannungszittern genügt, um ein Pendel zum Schwingen zu bringen. Sogar die Atembewegungen des Pendlers und die Wellen des Pulsschlags in den Fingerspitzen übertragen sich nach und nach auf die Pendelschnur und verstärken den Ausschlag immer mehr.

Soweit ist der besagte Zeitschriftenartikel also korrekt.

Jetzt muss der Pendler sein Hilfsmittel nur noch instruieren, welcher Ausschlag »Ja« bzw. »Nein« bedeutet. Also etwa: Schwingt das Pendel von links nach rechts, heißt das »Nein«. Schwingt es vom Körper weg und wieder zu ihm hin, nickt es sozusagen »Ja«.

Wo ist der Haken dabei? Da das Pendel nicht von einer übernatürlichen Macht gesteuert wird, sondern vom Unterbewusstsein des Pendlers selbst, sind die Antworten praktisch nutzlos. Denn das Pendel richtet sich in der Tat bloß nach den »verborgenen Wünschen« des Anwenders.

Das aber bedeutet: Beim Pendeln kann man nicht die »Wahrheit« finden, sondern nur das enthüllen, was ohnehin der Selbsteinschätzung oder den eigenen Gedankengängen entspricht. Aus der persönlichen »Betriebsblindheit« findet man auf diese Weise nicht heraus.

Eine Frau beispielsweise, die ihren Traumpartner auspendeln will, wird so immer bei ihrem unbewussten Favoriten landen.

Das kann die richtige Wahl sein – muss es aber nicht. Ein offenes Gespräch mit einer guten Freundin bringt meist mehr als diverse Okkultpraktiken.

Susan Blackmore/Adam Hart-Davis: Testen Sie Ihre übernatürlichen Kräfte, mvg-Verlag, Landsberg 1998; »Die neue Lust am Übersinnlichen«, Woman, Nr. 5/2003

Poltergeister

Sommer 1994: In einem Reihenhaus in der Nähe von Aurich in Ostfriesland fallen ohne ersichtliche Ursache plötzlich Bilder von den Wänden. Knarrende und ächzende Geräusche zerren an den Nerven der Bewohner.

Eine Kaffeetasse schwebt wie von unsichtbarer Hand bewegt durch den Raum und zerschellt an der Wand. Als die verängstigte Familie am Abend Mehl im Wohnzimmer ausstreut, zeichnet sich am nächsten Morgen deutlich ein seltsamer Fußabdruck mit sechs Zehen in dem weißen Staub ab.

»Schaurig!«, findet das die »Bild«-Zeitung und komponiert unter dieser balkendicken Überschrift ein nebelverhangenes Grusical um die spukgeplagte Familie.

Der Artikel fällt auch drei damaligen Mitgliedern der Gesellschaft zur wissenschaftlichen Untersuchung von Parawissenschaften (GWUP) in die Hände. Als der Psychologe Lee Traynor, der Biologe Rudolf Henke und der Soziologe Edgar Wunder das Spukhaus betreten, weht sie völlig unvermittelt bereits die erste »Geistererscheinung« an: ein unheimlicher Gestank, wie nach Spiritus, behauptet aufgeregt eine Nachbarin. Das Ermittler-Trio rümpft kurz die Nase. Dann ist der Fall klar. Bei dem »teuflischen Duft« handelt es sich um das unangenehm intensive Rasierwasser des ältesten Sohnes der Familie.

Auch in der Nacht erleben die drei Skeptiker wenig Be-geisterndes. Die geheimnisvolle Fußspur im Mehlstaub weist verdächtige Ähnlichkeit mit der Form des Fußes vom Gestell der Toilettenbürste auf.

Ein unheimliches Klopfen kommt von der Heizung im Nachbarhaus. Als Henke in mühevoller Kleinarbeit die angeblich von der Wand gefallenen Bilder wieder zusammenklebt, stellt er fest, dass diese gleich mehrere deutliche Bruchstellen aufweisen.

So, als wenn die Bilder zuerst von der Wand abgehängt und dann durch kräftige Tritte zerstört worden wären. Außerdem findet die GWUP auf einem Schrank Porzellanscherben, die zweifelsfrei nicht von der Tasse stammen, die geisterhaft durch den Raum geflogen sein soll.

Ganz offensichtlich waren schon häufiger Tassen und Gläser an der Wand zu Bruch gegangen. Über die Gründe dafür lässt sich spekulieren.

Die drei Wissenschaftler führen lange Gespräche mit allen Familienmitgliedern und mit den Nachbarn. Dann reisen sie wieder ab. Ihr Fazit: Kein Spuk im Reihenhaus. Die meisten der unheimlichen Phänomene konzentrierten sich um das jüngste Familienmitglied, den 16 Jahre alten Sohn, herum. Er war es auch, der als Erster von dem angeblichen Poltergeist berichtete: Nachts habe ihm jemand die Bettdecke weggerissen. Die GWUP erfuhr, dass dem Jungen kurz zuvor die Lehrstelle gekündigt worden war.

Auch der Vater war bereits seit längerer Zeit arbeitslos. Die sozialen Spannungen in der Familie schaukelten sich anscheinend zu einer Art Hysterie hoch. Die »schwebende Tasse« war vermutlich vom Vater unter Alkoholeinfluss selbst zerschlagen und später zum übersinnlichen Phänomen erklärt worden.

Im Gegensatz zum so genannten ortsgebundenen Spuk in alten Schlössern oder Häusern (siehe Eintrag »Geister«) spricht man bei Poltergeist-Fällen von »personengebundenem Spuk«. Fast immer stehen dabei Jugendliche in der

Pubertät im Mittelpunkt der erschreckenden Ereignisse. Anders als die nicht greifbaren Geister machen Poltergeister massiv auf sich aufmerksam: Glühbirnen platzen, Aschenbecher und andere Gegenstände fliegen durch den Raum, Möbel verschieben sich wie von selbst.

Das Wort »Poltergeist« suggeriert, dass ein Geist für den unheimlichen Schabernack wie Klopfgeräusche, fliegende Steine oder von der Wand fallende Bilder verantwortlich ist. Doch diese Theorie wird nur noch von überzeugten Spiritisten (*siehe Eintrag*) vertreten. Andere, wie zum Beispiel einige Parapsychologen (*siehe Eintrag*), glauben zwar an die Realität des Poltergeist-Spuks, nicht aber an Geister.

Stattdessen nehmen sie eine noch unbekannte Kraft der Tiefenschichten der menschlichen Psyche an, die sich destruktiv gegen das soziale Umfeld des Spukauslösers richtet – »RSPK« genannt (»Recurrent Spontaneous Psychokinesis«), zu Deutsch etwa: »wiederkehrende spontane Bewegung von Gegenständen durch Gedankenkraft«.

Der Parapsychologe Dr. Walter von Lucadou ist überzeugt: »Ein Spuk hat fast immer einen Auslöser, eine so genannte Fokusperson.« Diese Person sei meist jung, zeige psychologische Auffälligkeiten sowie dissoziative Fähigkeiten und besitze eine unterdrückte psychische Energie. Lucadou vergleicht den Spuk mit einem »Hilfeschrei«. Er sei ein Zeichen dafür, dass der oder die Betreffende mit sich selbst nicht zurechtkomme.

Diese Idee greift auch der Horror-Autor Stephen King in seinem verfilmten Bestseller »Carrie« auf: Als die junge Heldin beim Abschlussball von ihren Mitschülern übel gemobbt wird, richten ihre aggressiven Gedanken ein vernichtendes Inferno im Ballsaal an.

Etwa einmal im Monat melden sich bei Walter von Lucadou ratlose Bürger, um zu berichten, dass es in ihrer Umgebung spuke. Doch die Frage, ob es wirklich seelische Energien gibt, die physische Ereignisse hervorrufen können, ist überaus umstritten.

Täuschung oder RSPK? Bewusst inszenierter Betrug oder Poltergeister?

Der Bremer Jurist und ehemalige Kriminaldirektor Dr. Herbert Schäfer ist Experte für Okkultkriminalität. Auch er hat zahlreiche Poltergeist-Fälle untersucht und mit Poltergeist-Kids gesprochen. Seiner Meinung nach gibt es »keinen einzigen Grund, solchen Unfug mit ›Spuk‹ zu bezeichnen und fantasievoll eine unbekannte Kraft der Erklärung wegen zu erfinden«.

Poltergeist-Fälle seien mit relativ schlichten kriminalistischen Ansätzen aufzuklären. Wo die Aufklärung erfolglos blieb, habe sich bei der Nachbearbeitung der Ereignisse stets gezeigt, dass die Ermittler selbst abergläubisch oder befangen waren oder dass »Parapsychologen verantwortlich an der Fallaufklärung beteiligt waren«.

In allen geklärten Fällen hätten sich stets Kinder und Jugendliche als vorsätzlich handelnde Täter ermitteln lassen.

So auch im berühmten Fall »Chopper«. Der trieb sein Unwesen 1982 in der Zahnarztpraxis eines gewissen Dr. Bachseitz in dem niederbayerischen Städtchen Neutraubling. Doch schließlich wurde die 16-jährige Arzthelferin Claudia als »Chopper« enttarnt. Der entscheidende Hinweis kam von einem Polizeibeamten. Der hatte zufällig im Spiegel beobachtet, wie Claudia die Lippen bewegte, als der »Chopper« Unflätigkeiten wie »Nun mach endlich dein Maul auf und spuck aus!« durch die Behandlungsräume raunzte.

»Dem Pubertierenden wird's irgendwann einmal zu viel«, erklärt Dr. Schäfer. »Er protestiert auf seine unbeholfene Weise aus der Heimlichkeit und aus der Deckung des Unterlegenen heraus. Er erzielt dadurch eine Bombenwirkung, da er weder die Zusammenhänge kennt, auf die er stößt, noch die Wirkung seiner meist nur auf vordergründige Effekte abgestellten Handlungen zu berechnen weiß.«

Die Ereignisse setzen sich nach den Erfahrungen des Kriminalisten so lange fort, bis dem jugendlichen »Poltergeist« in einem vertrauensvollen Gespräch, das auf seine Probleme eingeht, die Aussichtslosigkeit weiterer Tricks klargemacht wird.

Zugleich muss ihm auch die Möglichkeit zu einem fairen Rückzug in die Normalität angeboten werden. Bei der Untersuchung von Poltergeist-Fällen will Schäfer daher weniger auf Parapsychologen oder selbst ernannte »Geisterbanner« setzen, sondern auf erfahrene Sozialarbeiter.

Allan/Herbert Schiff/Gert G. Kramer: Von falschen Geistern und echten Schwindlern, Goldmann-Verlag, Wien/ Hamburg 1969; Herbert Schäfer: Poltergeister und Professoren, Fachschriftenverlag Dr. Herbert Schäfer, Bremen 1994; Walter von Lucadou/Manfred Poser: Geister sind auch nur Menschen, Herder-Verlag, Freiburg 1997; »An Spuk glaubt jeder – wenn er ihn selbst erlebt hat«, P.M.-Perspektive, 1999; »Gratwanderung zwischen Wissenschaft und Esoterik«, EZW-Materialdienst, Nr. 3/2003

PSI-Agenten

Ihr Code-Name: Stargate (»Sternentor«).

Ihre Aufgabe: Spionageaktionen der CIA zu unterstützen.

Ihre Mittel: PSI-Energie.

Was wie der Plot eines Sciencefiction-Films klingt, beschäftigte in den 1980ern und 1990ern ernsthaft das US-Verteidigungsministerium. Kriegsführung mittels übersinnlicher Phänomene – zugegeben, die Vorstellung muss sich für Militärs faszinierend ausnehmen: U-Boote bräuchten nur einen Telepathen mit an Bord zu nehmen und wären damit im Ernstfall von herkömmlichen Kommunikationswegen wie Funk etc. unabhängig.

Stattdessen könnte der Einsatzbefehl direkt von Gehirn zu Gehirn übertragen werden. Gegnerische Waffensysteme könnten ausgeschaltet werden, indem man deren Bauteile von Ferne zum Verbiegen anstiftet. Feindliche Militärbasen könnten gefahrlos per »Remote Viewing« (Fernwahrnehmung) ausgekundschaftet werden.

20 Millionen Dollar investierten die USA in das »Stargate«-Programm. 1995 wurden die Versuche, Hellseher nach Plutonium in Nordkorea oder nach dem Aufenthaltsort von Libyens Staatschef Gaddafi spähen zu lassen, eingestellt. Die Ergebnisse ließ das Pentagon von zwei unabhängigen Experten überprüfen.

Das Resümee zeitigte ein gewohntes Bild: Parapsychologen und Skeptiker waren über den Erfolg des Projekts konträrer Ansicht. Die Gutachterin Jessica Utts vom Fachbereich Statistik der Universität von Kalifornien zog aus dem zugänglichen Material den Schluss, dass PSI-Spionage »durchaus viel versprechend und effektiv« sei, wenn sie »mit herkömmlichen Methoden kombiniert« arbeite.

Der Psychologieprofessor Ray Hyman von der Universität von Oregon hingegen bestritt, dass die »Stargate«-Datensammlung irgendetwas Sinnvolles beinhalte. Die Verantwortlichen schlossen sich Hymans Auffassung an. Der operative Wert des Hellsehens sei auch nach den ein Jahrzehnt währenden Versuchen »nicht verfügbar«, verlautbarte schließlich das Pentagon.

Das hinderte den Ex-»Stargate«-Agenten David Morehouse nicht daran, seine Seher-Erlebnisse »zwischen Größenwahn und Psychose« (»Geo«) in Buchform herauszubringen – mit allen Facetten eines Agententhrillers bis hin zum angeblichen Mordkomplott gegen den Autor. Der Titel: »Psychic Warrior«.

Auch in TV-Serien wie »Akte X«, »Profiler«, »Twin Peaks« oder »Millennium« sind »übersinnliche Ermittler« nach wie vor ein Faszinosum. In der Realität tappen die Polizei-Hellseher allerdings meist im Dunkeln. »Auch der 175. Hinweis von Wahrsagern hat die Sonderkommission bei der Suche nach der vermissten Peggy Knobloch nicht weitergebracht«, erklärte im November 2002 die Polizei im bayerischen Hof, nachdem ein »Medium« die Aufmerksamkeit der Ermittlungsbeamten auf eine Wiese zwischen Issigau und Marxgrün gelenkt hatte.

Ähnliche Erfahrungen sind aus dem Ausland bekannt. Als 1983 der reichste Mann der Niederlande, der »Bierkönig« Alfred Heineken, entführt wurde, gingen bei der Polizei 3000 Hinweise von Hellsehern ein, denen die Ermittler auch tatsächlich nachgingen. Etwas wirklich Brauchbares war nach Angaben der Behörden jedoch nicht dabei.

Der Direktor der Abteilung für Verhaltensforschung im Police Department von Los Angeles, Martin Reiser, wollte es genau wissen. Er legte zwölf Hellsehern, zwölf Kriminalbeamten und zwölf Studenten die Akten von zwei gelösten und zwei ungelösten Fällen vor und bat die drei Gruppen um Hinweise. Die Hellseher »sahen« in den Unterlagen zwar weitaus mehr als die Polizisten und Studenten. Zur Lösung der Fälle trugen sie aber dennoch nichts bei.

Trotzdem behaupten viele Wahrsager in ihrer Eigenwerbung, den Behörden bei der Suche nach Tätern oder nach vermissten Personen zu helfen oder geholfen zu haben. Tatsache ist, dass ein Hellseher noch nie den entscheidenden Hinweis zur Aufklärung eines Verbrechens lieferte, sondern – im besten Fall – ein Mosaiksteinchen unter hunderten.

In Wirklichkeit behindern »Medien« mit ihren angeblichen Einsichten die Ermittlungen eher. Der Berliner Gerichtsmediziner Otto Prokop weiß: »Schon allzu oft wurden von gewissenlosen Hellsehern völlig Unschuldige mir nichts, dir nichts schwerster Verbrechen bezichtigt.«

Auch in Kriminalistik-Handbüchern wird aus drei Gründen ausdrücklich vor »übersinnlichen Ermittlern« gewarnt: Erstens gibt es bisher keine belegten Erfolge mit deren Methode. Zweitens ist das Verfolgen falscher Spuren Zeitverschwendung und belastet unnötig die dünne Personaldecke der Polizei.

Und nicht zuletzt können die »mystischen Visionen« von Hellsehern und Wahrsagern bei Angehörigen von Verbrechensopfern oder Vermissten trügerische Hoffnungen wecken.

»PSI ist keine Geheimwaffe«, *Zeitschrift für Parapsychologie und Grenzgebiete der Psychologie, Jahrgang 27/1985;* »Mit Gedankenkraft ins Herz des Gegners«, *P.M.-Perspektive: Die Welt der Geheimdienste, 1998;* »An Assessment of the Evidence for Psychic Functioning«, *http://anson.ucdavis.edu/~utts/air2.html;* »Evaluation of Programm on Anomalous Mental Phenomena«, *http://mceagle.com/remote-viewing/refs/science/air/hyman.html; www.parascope.com/ds/dossier03.htm*

Spiritismus

Sind wir von Geistern (lat. »Spiritus« = »Geist«) umgeben, die Tassen, Tische oder Bilder bewegen (*siehe Eintrag »Poltergeister«*) und mit denen wir via rückendem Glas, Quija-Brett oder Pendel (*siehe Eintrag »Pendeln«*) kommunizieren können? Davon sind zahllose Menschen überzeugt, seit vor 150 Jahren die Fox-Schwestern mit dem Jenseits in Kontakt traten.

In der Nacht zum 31. März 1848 wollten die beiden 12 und 15 Jahre alten Mädchen Katherine (Kate) und Margaret Fox in Hydesville im US-Bundesstaat New York durch geheimnisvolle Klopfgeräusche aus dem Schlaf geschreckt worden sein. Als sich die nächtlichen Störungen wiederholten, deuteten die Fox-Schwestern dies als Versuch eines Geistwesens, Kontakt mit ihnen aufzunehmen.

Über einen Klopf-Code (zweimal Klopfen bedeutete »Nein«, dreimal Klopfen »Ja«) begannen sie, mit ihrem unsichtbaren Hausgast zu kommunizieren. Auf diese Weise setzten Kate und Margaret Stück für Stück die Lebensgeschichte des Geistes zusammen. Es handele sich um einen fahrenden Händler namens Charles P. Rosma, der vor langer Zeit im Haus der Familie Fox wegen seines mitgeführten Geldes ermordet und im Keller begraben worden sei.

Bald darauf zogen Kate und Margaret nach Rochester zu ihrer verheirateten Schwester Ann Leah Fish, und ihre sensationellen öffentlichen Séancen begannen immer mehr Zuschauer anzuziehen. Ab 1851 konnten sie im nahe gelegenen Buffalo schon einen Dollar Eintritt pro Person verlangen.

Ihre öffentlichen Vorführungen weckten das Interesse dreier Mediziner von der Universität Buffalo. Austin Flint, Charles A. Lee und C.B. Coventry besuchten eine der spiritistischen Veranstaltungen und berichteten in einem Leserbrief an den »Buffalo Commercial Adviser« sowie in der Fachzeitschrift »Buffalo Medical Journal« darüber:

»Nachdem uns die Neugier zu einem Besuch in jenem Raum in Phelps House veranlasst hat, in dem zwei Frauen aus Rochester (Mrs. Fish und Miss Fox) behaupten, deutliche Manifestationen der Geisterwelt zu zeigen …, und nachdem wir zu einer physiologischen Erklärung der Phänomene gekommen sind …, meinen wir, dass eine öffentliche Stellungnahme notwendig ist, die vielleicht helfen kann, weitere Vergeudung von Zeit, Geld und Glaubensbereitschaft in Zusammenhang mit dieser so lange erfolgreichen Behauptung zu verhindern.«

Nachdem das Ärzte-Trio seine Beobachtungen im Detail beschrieben und verschiedene Erklärungsmöglichkeiten diskutiert hatte, wies es abschließend auf einen Fall hin, in dem »eine hoch angesehene Dame dieser Stadt die Fähigkeit besitzt, Geräusche zu entwickeln, die in ihrem Charakter sehr denjenigen ähneln, die von den Betrügern angeblich aus der Geisterwelt hervorgerufen werden« – nämlich mit ihrem Knie.

»Nachdem uns erlaubt worden war, diesen Mechanismus zu untersuchen«, stellten die Mediziner fest, dass jene besagte Dame durch eine bewusste Bewegung ihr Kniegelenk dehnen konnte. Bei der Rückkehr in die normale Lage schlugen die Knochen aufeinander und erzeugten einen deutlich vernehmbaren Knacklaut.

Die Fox-Schwestern reagierten schon am nächsten Tag. In einem Zeitungsartikel erklärten sie: »Da wir nicht willens sind, mit dem Urteil, Betrüger zu sein, ruhen zu können, sind wir sehr gerne bereit, uns einer ordentlichen und anstandsgemäßen Untersuchung zu unterwerfen, vorausgesetzt, wir können drei männliche und drei weibliche Freunde auswählen … Da von Seiten der Öffentlichkeit viel Interesse an diesem Thema aufgebracht zu werden scheint, vermerken wir, dass die Unterzeichnenden den frühestmöglichen Untersuchungstermin akzeptieren.«

Die Untersuchung wurde auf den 19. Februar 1851 festgesetzt. Nach einer einführenden Kontaktaufnahme mit dem Geist wurden den Damen Kissen unter die Hacken gelegt. »Das Ziel dieses Experiments war es, eine Haltung zu sichern, in der die Bänder des Kniegelenks gespannt sind. ... Die Gesellschaft wartete schweigend für mehr als eine halbe Stunde, aber die Geister, die sonst so geräuschvoll waren, blieben jetzt stumm.«

Als die Schwestern ihre übliche Haltung wieder einnahmen, ließen sich bald wieder Klopfgeräusche vernehmen. Weiter heißt es in dem Bericht der Ärzte: »Das Experiment, das nun gewählt wurde, war, dass die Knie der beiden Frauen kräftig mit den Händen gehalten wurden, sodass jede seitliche Bewegung der Knochen durch die Berührung wahrnehmbar sei.«

Dieser Versuch dauerte etwa eine Stunde, »mit negativen Ergebnissen, genauer gesagt, es gab hinreichend viele Klopfer, wenn die Knie nicht gehalten wurden, aber keinen einzigen, wenn die Hände auflagen, mit Ausnahme eines Males, als der Druck absichtlich verringert wurde (Dr. Lee war der Haltende) und zwei oder drei schwache Klopfer gehört wurden, wobei Dr. Lee unmittelbar bestätigte, dass die Bewegung des Knochens für ihn deutlich wahrnehmbar war.«

Auf ein weiteres geplantes Experiment (Bandagieren der Knie) verzichteten die drei Mediziner, schien doch »die Schlussfolgerung klar, dass die Klopfgeräusche vom Kniegelenk ausgingen«.

Die Anhänger der beiden Teenager ließen sich dadurch nicht verdrießen. Einer Schätzung zufolge gab es in den USA 1855 schon anderthalb Millionen Spiritisten, bis 1870 soll die Zahl auf elf Millionen gestiegen sein. 1888 nahm das Klopf-an-Klopf-Rennen der Fox-Schwestern mit ihren Kritikern ein Ende, als Margaret in einem Artikel des »New York Herald« den Schwindel zugab.

Der spiritistischen Bewegung jedoch konnte selbst das nichts mehr anhaben. Zu groß war der Wunsch vieler Menschen nach einer Wiederverzauberung der Welt als Reaktion auf den unaufhaltsamen Übergang der amerikanischen Kultur in die Moderne.

»Die Fox-Schwestern: eine skeptische Untersuchung«, Skeptiker, Nr. 2/2002; »Der US-amerikanische Spiritismus an der Schwelle zur Moderne«, Skeptiker, Nr. 2/2002

Spontane menschliche Selbstentzündung

Tragen wir alle einen unsichtbaren Brandsatz in uns, der jederzeit aktiv werden kann?

»In der Nacht des 1. Juli 1951 verbrennt die 67-jährige Witwe Mary Hardy Reeser aus St. Petersburg in Florida in ihrem Zimmer.
Von der 85 Kilo schweren Frau ist außer ihrem Schädel, einem Fuß, der in einem unbeschädigten Pantoffel steckt, und ihrer Leber nur ein Häufchen Asche übrig geblieben. Die grässlichen Überreste liegen in einem Kreis von etwa 1,20 Meter Durchmesser. Außerhalb dieses Zirkels ist nichts beschädigt.«

So fasst der Sensationsautor Viktor Farkas den wohl berühmtesten Fall von »spontaner menschlicher Selbstentzündung« zusammen. Mittlerweile kenne man hunderte Fälle von SHC (Spontaneous Human Combustion). Was man nicht kenne, sei eine Erklärung dafür, »wieso Menschen schlagartig auflodern«.

Auch die Angehörigen von Mary Reeser beschäftigt der Fall nach mehr als fünf Jahrzehnten immer noch – wenn auch in entgegengesetzter Hinsicht. Die Familie fühlt sich durch das große Interesse, das der ungewöhnliche Sterbefall heute noch erregt, belästigt: »Mein Mann und ich, wir haben das wirklich gehasst«, erklärte anno 2000 Ernestine Reeser, Mary Reesers 88-jährige Schwiegertochter, der amerikanischen Presseagentur »apb-news«: »Er versuchte den Leuten immer klarzumachen, dass sie langsam und auf ganz natürliche Weise verbrannt war. Es war ein ganz natürlicher Tod, nur die Situation war ungewöhnlich. Es gab da überhaupt nichts Übernatürliches.«
Sehen wir uns die Fakten an:
Am 1. Juli 1951 nahm die 67-jährige Mary Reeser Schlaftabletten, weil sie sich darüber aufgeregt hatte, dass ihre Pläne, wieder nach Pennsylvania zu ziehen, sich verzögerten. Sie setzte sich dann in einen Sessel, um eine Zigarette zu rauchen. Das tat sie gewöhnlich sonst auch. An diesem Abend aber mit tragischen Folgen.
Etwa um acht Uhr am nächsten Morgen kam Reesers Vermieterin Patsy Car-

penter mit einem Telegramm. Als die den Türgriff anfasste, war dieser heiß. Sie trat in die Wohnung und erblickte eine Szenerie, die St. Petersburg erschütterte.

In einer Ecke des Wohnzimmers lag auf einem verbrannten Sessel die Asche von Mary Reeser, außerdem Zähne, Knochen und ein kleiner Rußklumpen, den einige Beobachter für Mary Reesers geschrumpften Kopf hielten.

Die 67-Jährige war so stark verbrannt, dass die Lokalzeitung sie »die Aschefrau« nannte. Nur ihr linker Knöchel und Fuß, der noch im Schuh steckte, waren erhalten. Zudem hatte das Feuer, das stark genug gewesen war, einen Menschen vollständig zu verbrennen, mehrere Gegenstände, die sich nur wenige Zentimeter von der Toten entfernt befanden, unversehrt gelassen.

Darunter etwas so leicht Brennbares wie ein Stapel Zeitungen. Und der einzige Schaden, den der Brand im Zimmer angerichtet hatte, war ein leicht angeschmorter Teppich und eine Fett- und Rußschicht an den Wänden.

Nach Ansicht der SHC-Gläubigen sind entweder »explodierende Zellen« oder ominöse subatomare Teilchen namens »Pyrotrone« oder eine »ungewöhnliche Kohlenmonoxidakkumulation« oder eine unbekannte Krebsart oder gar eine extreme Form von Autoaggression dafür verantwortlich, dass Menschen plötzlich in Flammen aufgehen.

In der berühmten Charles Dickens-Novelle »Bleak House« erleidet der Geizhals und Trinker Krook den Feuertod als himmlische Strafe für seine Trunksucht. Daraufhin verbreitete die Abstinenzler-Bewegung im 19. Jahrhundert den SHC-Mythos, weil sie hoffte, die Menschen vom Alkoholkonsum abhalten zu können. Die Aktivisten behaupteten, Bier oder Schnaps könne den Körper so stark mit Alkohol durchtränken, dass Menschen leicht entzündbar würden.

Ein weiterer spektakulärer SHC-Fall ist der Feuertod des Dr. Irving Bentley. Ein Gruselfoto, das fast jeden einschlägigen Artikel ziert, zeigt nur noch seinen unversehrten Beinstumpf, der aus einem Haufen Asche und Verbranntem in einem Badezimmer herausragt. Der Arzt im Ruhestand starb am 5. Dezember 1966 im Erdgeschoss seines Appartementhauses in Coudersport, Pennsylvania.

»Die Feststellung des Untersuchungsbeamten – Tod durch Ersticken – empfanden viele als nicht ausreichend«, munkelt das Zeitschriftensammelwerk »Rätselhafte Phänomene«. Um wen genau es sich bei diesen »vielen« handelt, wird nicht recht deutlich. Anscheinend geht es dabei primär um die Enthusiasten für das Paranormale. Denn der Researcher der amerikanischen Skeptiker-Organisation CSICOP, Joe Nickell, fand eine durchaus einleuchtende Erklärung für das Mysterium.

Zahlreiche Brandflecke auf Bentleys Garderobe geben Zeugnis davon, dass dem 90-jährigen, gehbehinderten Mann oft Streichhölzer und heiße Asche von seiner Pfeife auf die Kleidung fielen.

Als an jenem 5. Dezember der Stoff Feuer fing, schleppte sich Dr. Bentley in Panik ins Bad, wo er zu Boden fiel. Sein brennender Körper entflammte das Linoleum des Fußbodens. Kalte Luft vom darunter liegenden Kellergeschoss strömte herbei und ließ wie in einem Kamin das Feuer sehr heiß werden.

Im Fall der »Aschefrau« Mary Reeser schickte die Ortspolizei von St. Petersburg am 7. Juli 1951 ein Amtshilfeersuchen an das FBI. Die Antwort der Bundesbehörde war recht einfach. Die FBI-Spezialisten folgerten, dass der Tod von Mary Reeser durch den so genannten Kerzendocht-Effekt verursacht worden war. Dabei wird eine kleine schwelende Flamme, die z.B. durch eine Zigarette entfacht werden kann, so heiß, dass das Fett des Körpers zum Brennstoff wird.

Das Körperfett durchtränkt die Kleidung des Opfers und brennt so wie eine Petroleumlampe. So wird zwar eine große Hitze in der unmittelbaren Umgebung des Opfers erzeugt, doch steigt diese senkrecht nach oben und verschont daher Gegenstände, die sich in der Nähe befinden – etwa wie bei einem Camper, der relativ gefahrlos direkt neben einem Lagerfeuer schläft.

»Wenn der Körper erst einmal brennt«, schrieben die Beamten in ihrem Bericht, »gibt es genug Fett und brennbare Stoffe, die zur Zerstörung führen. Manchmal erreicht dieses zerstörerische Feuer eine Intensität, die fast den ganzen Körper vernichtet.«

Anders gesagt: Vermutlich fiel Mary Reeser die Zigarette aus dem Mund und entzündete den leicht brennbaren Morgenmantel. Da sie unter der Wirkung starker Medikamente stand, bemerkte sie nicht, was mit ihr geschah. Dann stand sie in Flammen, und das Körperfett der korpulenten Frau verflüssigte sich und diente den Flammen als Brennstoff.

Mary Reeser verwandelte sich in eine riesige Kerze in der Mitte des Zimmers. Die Hitze stieg nach oben und versengte die Zimmerdecke.

Und dennoch breitete sich die Hitze, die unmittelbar am Körper äußerst intensiv war, kaum im Zimmer aus. Dann war der Brennstoff aufgebraucht.

Dieses grausige Szenario, das FBI-Wissenschaftler vor mehr als 50 Jahren be-schrieben, ist nach wie vor die beste Erklärung für das Phänomen der angeb-lichen Selbstentzündung.

»X-Akte gelöst. Das FBI und der Mythos von der spontanen Selbstentzündung«, Skeptiker, Nr. 4/2000; »Spontane menschliche Selbstentzündung – Ein Kriminalbiologe auf heißer Spur«, Skepti-ker, Nr. 4/2000

Tonbandstimmen

Auch Geister gehen mit der Zeit.

Eine moderne Variante der Kontaktaufnahme mit dem Jenseits wird von ih-ren Anhängern »Instrumentelle Transkommunikation« genannt. Das klingt schön wissenschaftlich, ist aber nur ein anderer Name für die Tonbandstim-menforschung – die im Hightech-Zeitalter natürlich auch auf TV-Geräte und Computer ausgeweitet worden ist.

Als ihr Begründer gilt der baltische Filmproduzent Friedrich Jürgenson. 1959 nahm er im Garten seines Hauses im schwedischen Stockholm Vogelgezwit-scher auf. Beim Abhören der Bänder glaubte er plötzlich die Stimme seiner toten Mutter zu vernehmen: »Friedel, mein kleiner Friedel, kannst du mich hören?« Nach einiger Zeit offenbarten ihm die Jenseitigen, Jürgenson künftig per Radio ansprechen zu wollen.

Im so genannten weißen Rauschen einer nicht vergebenen Frequenz melde-te sich angeblich u.a. die verstorbene Jugendfreundin des Filmproduzenten. Seine »Einspielungen« – einzelne Wörter und kurze Sätze – veröffentlichte Jür-genson 1967 in dem Buch »Sprechfunk mit Verstorbenen«. Seither gilt die »Jürgenson-Welle« auf 1480 Kilohertz seinen Anhängern als heißer Draht ins Jenseits. Der lettische Schriftsteller Konstantin Raudive führte Jürgensons Ar-beit fort.

»Unsere derzeitige Physik hat für die millionenfach praktizierte Überbrückung zwischen unserer Raumzeitwelt und Bewusstseinswesenheiten in einer hö-herdimensionalen Nachwelt keine Erklärung«, erschaudert der deutsche Sensationsautor Ernst Meckelburg wohlig. Die graue Eminenz der ITK-Forschung, der emeritierte Physikprofessor und esoterische Grenzgänger Ernst Senkowski, fabuliert von »Resonanzen ähnlicher informatorischer Muster«, von »biogravitativen« bis hin zu »biokybernetischen« Funktionsmodellen. Diese Argumentation erscheint indes weit weniger »tief schürfend«, wie Kollege Meckelburg applaudiert, sondern lupenrein pseudowissenschaftlich.

Der gesamte Äther ist voll mit Rundfunkwellen und mit dem Funkverkehr von CB-Funkern, Polizei, Taxi- und Busleitstellen, Rettungsdiensten, der Flugüberwachung etc. Sogar eine Heimorgel sendet gelegentlich streuende Funksignale aus.

Schlecht abgeschirmte Empfangsgeräte können immer mal wieder Wort- oder Satzfetzen davon einfangen. Bei einer entsprechenden gläubigen Erwartungshaltung ist daraus leicht irgendeine »Jenseitsbotschaft« herauszuinterpretieren.

Bei einem Treffen von organisierten Tonbandstimmenforschern spielte ein Mann ein Band vor, auf dem der Satz »Dankeschön, wir können sprechen« zu hören sei. Tatsächlich war neben einem starken Rauschen und einer weit entfernt klingenden, russisch sprechenden Stimme recht deutlich zu hören: »Dankeschön, wir können sprechen.«

Dann aber gab der Mann zu bedenken, dass der Satz auch so lauten könnte: »Ein bisschen wir könnten sprechen.« Er ließ die Stelle erneut laufen. Und diesmal hörten alle Anwesenden: »Ein bisschen könnten wir sprechen.« Ein Journalist ging noch einen Schritt weiter und spielte den Ausschnitt anderen Personen vor, ohne ihnen vorher etwas über den Inhalt zu sagen. Außer Rauschen und Stimmengewirr konnten diese Hörer gar nichts verstehen.

»Wer sich von seiner Wahrnehmung täuschen lässt, ist selber schuld!«, liest man auf der Internetseite eines Vereins für Tonbandstimmenforschung. Doch das ist wenig mehr als ein frommer Wunsch – und offenbart zugleich einige Unkenntnis über den Forschungsstand der Wahrnehmungs- und Kognitionspsychologie.

Psychologen wissen, dass unsere Sinneswahrnehmung längst nicht so perfekt und objektiv ist, wie wir meinen. Sondern sie wird sehr stark von unseren Erwartungen beeinflusst.

Einfach ausgedrückt: Man sieht das, was man sehen will. Man hört das, was man hören will. Man glaubt das, was man glauben will.

Sicherlich kommt den meisten Menschen folgende Situation bekannt vor: Man erwartet einen wichtigen Anruf. Ständig schaut man von der Hausarbeit oder vom Fernseher kurz auf, um zu hören, ob nicht vielleicht jetzt gerade der Apparat klingelt. Das geht eine ganze Weile so. Und irgendwann wissen wir nicht mehr: Hat es jetzt geläutet oder nicht? Obwohl das Telefon nach wie vor stumm bleibt.

Wie weit dies gehen kann, zeigt ein ähnlich gelagertes Beispiel, das die Journalistin Inge Hüsgen in der Zeitschrift »Skeptiker« schilderte:

Als Lokalreporterin besuchte sie eine ältere Dame, die in der Überzeugung lebte, als Retterin der Welt vor dem nuklearen Overkill auserwählt zu sein.

Wieso? Aus einem englischsprachigen Radiomitschnitt hörte sie statt »World Trade« und »Country« heraus: »Waltraud« (ihr Name) und »kein Krieg«. Ihre subjektive Deutung: Der Geist des verstorbenen sowjetischen Staatschefs Leonid Breschnew habe ihr via Rundfunk aus dem Jenseits die Botschaft übermittelt: »Waltraud, du bist lieb, darum gibt es keinen Krieg.«

Ist besagte Waltraud nun »selber schuld«, weil sie sich von ihrer akustischen Wahrnehmung hat täuschen lassen? »Vergessen wir nicht, dass durchaus Fälle von Menschen bekannt sind, deren irreale Weltkonstrukte hohe Lebensqualität vermitteln«, schrieb Hüsgen abschließend. »Waltraud G. zumindest hinterließ den Eindruck eines zufriedenen Menschen.«

»Die Bestätigungstendenz. Warum wir (subjektiv) immer Recht behalten«, Skeptiker, Nr. 3/2000

Wahrsagen

»Unglaublich!«, wunderte sich eine Reporterin der Zeitschrift »Young Lisa«, als sie für einen Wahrsager-Test das Kölner Medium Carla besuchte: »Sie spricht genau das aus, was ich fühle.«

Nämlich?

»Seien Sie mutiger«, orakelte Carla, »es steckt viel Potenzial in Ihnen. Das will raus. Und verlieren Sie sich nicht zu sehr in Ihrer Arbeit. Gönnen Sie sich ab und zu eine Pause. Sie müssen wieder lernen, auf Ihren Körper zu hören …

Ihr Job ist für Sie ein Spielfeld, bei dem Sie viel für sich selbst lernen. Sie hungern nach Veränderungen, wollen neue Menschen und Orte kennen lernen.« Und was rät die Wahrsagerin schließlich? »Trauen Sie sich. Leben Sie Ihre Träume aus.«

Die Journalistin ist erklärtermaßen »verblüfft«.

Doch nüchtern betrachtet sieht Carla wohl eher gut als »hell«. »Die meisten Menschen sind sich nicht sicher darüber, wie sie wirklich sind«, weiß der Bamberger Psychologe Christoph Bördlein. »Bin ich introvertiert oder in Wirklichkeit extrovertiert? Das kommt natürlich auf die Situation an. Aber ein Mensch, der sich seiner selbst nicht sicher ist, wird den Aussagen einer Person, die überzeugend als Wahrsager auftritt, tendenziell glauben. Insbesondere, wenn der Wahrsager in der Lage ist, die unwillkürlichen Reaktionen auf seine Äußerungen zu deuten und aus dem Erscheinungsbild dieses Menschen, seiner Gestik und Mimik Rückschlüsse auf dessen Persönlichkeitseigenschaften zu ziehen.«

Auf der Suche nach einem lukrativen Studentenjob kam dem jungen Amerikaner Ray Hyman das Handlesen einst gerade recht. Er selbst glaube zwar keineswegs an übersinnliche Kräfte, aber er mimte den Überzeugten, wie es zu einer guten Vorführung gehört. Und seine Deutungen stimmten fast immer, wie ihm Klienten versicherten.

Vielleicht gab es so etwas wie Hellsehen ja doch? Nach mehreren Jahren Handlesen war Hyman davon überzeugt. Bis ihm der Bühnenmagier Dr. Stanley Jaks ein Experiment vorschlug. Hyman erinnert sich: »Ich sollte das Gegenteil dessen voraussagen, was die Handlinien nach dem üblichen Interpretationsschema bedeuteten, und beobachten, was dann geschieht.« Und was geschah? Die Aussagen kamen bei den Klienten genauso treffsicher an wie immer.

Nach diesem Erlebnis studierte Hyman Psychologie.

Heute, Jahrzehnte später, ist Hyman Professor und Experte für »Cold Reading« – kurz gesagt: »Wahrsagen« ohne okkulte Kräfte. In seinen Seminaren erfahren die Teilnehmer zum einen, wie viel Kleidung und Körpersprache verraten. Wirkt das Gegenüber extrovertiert oder zurückhaltend, sportlich oder gemütlich? Ist die Kleidung leger oder elegant? Aus vielen solcher Details setzen die Teilnehmer ganze Charakterprofile zusammen. Und entdecken dabei auch verschiedene Hilfsmittel wie Schmeicheleien (»Sie sind eine starke Persönlichkeit«) und vage Aussagen, die mit ihrer breiten Trefferwahrscheinlichkeit auf viele Menschen zutreffen (»Mir scheint, Sie sind kein Marathonläufer«).

Sinn und Zweck der Übung: kein Schnellkurs für künftige Hellseher, sondern eine anschauliche Demonstration, dass mitnichten paranormale Kräfte beim »Wahrsagen« am Werk sind.

Für eine englische Dokumentarsendung agierte Hyman sogar als vermeintlicher Telefon-Hellseher. Mit verblüffendem Erfolg. Denn Wortwahl, Syntax, Aussprache und emotionale Färbung der Stimme verraten auch am Hörer vieles, was über das inhaltlich Gesagte hinausgeht. Professionelle Telefon-Hellseher eröffnen deshalb ihre Sitzungen mit einem kurzen Geplauder.

Seinen wichtigsten Helfer aber findet der Wahrsager direkt gegenüber. Denn der Kunde arbeitet aktiv an der Deutung des Gesagten mit. Selbst bei objektiv völlig falschen Aussagen findet der Zuhörer einen Bezug zu seiner Situation: »Die meisten übertragen das Gesagte dazu in eine andere Zeitebene (Zukunft) oder auf einen nahe stehenden Menschen«, hat Hyman festgestellt.

In aller Regel spiegelt ein Wahrsager oder Hellseher einem also nur die eigenen Wünsche, Hoffnungen, Vorurteile und Befürchtungen leicht umformuliert zurück. Bedeutet: Keinesfalls darf man den Aussagen eines Wahrsagers blindlings vertrauen und sie für bare Münze nehmen. Und schon gar nicht kann man aus dem Zutreffen bestimmter Angaben schließen, dass alles richtig sein muss.

»Cold Reading – Wahrsagen, ganz ohne okkulte Kräfte«, Skeptiker, Nr. 3/03; »Kann diese Frau meine Zukunft sehen?«, Young Lisa, Nr. 3/2003; Christoph Bördlein: Das sockenfressende Monster in der Waschmaschine – Eine Einführung ins skeptische Denken, Alibri-Verlag, Aschaffenburg 2002

Wünschelrute

Der Name sagt eigentlich alles. Die Wünschelrute heißt so, weil sie dort ausschlägt, wo der Rutengänger es unbewusst wünscht oder erwartet – und nicht, weil sie auf »Erdstrahlen« oder »Wasseradern« reagiert.
Beides gibt es nämlich gar nicht.

Unter der Erde fließt Wasser keineswegs in eng begrenzten Adern oder Bächen, sondern durchtränkt flächendeckend den Untergrund über undurchlässigen Schichten von Sand, Kies oder Ton. Und bewegt sich wenig oder gar nicht.

Auch »Erdstrahlen« sind reine Fantasie. Erstmals ins Feld geführt wurden sie 1917, und zwar in dem in München erschienenen Buch »Schlafzimmer-Wahl und Gesundheit – Ein neues Gebiet der Wünschelrutentechnik« von M. Perls. Als ein Gustav Freiherr von Pohl 1932 behauptete, »Krebsbetten« mit der Wünschelrute orten zu können, verbreitete sich die Idee wie ein Lauffeuer. Der Arzt und Rutengänger Dr. Ernst Hartmann behauptete 1951, dass beinahe alle Krankheiten, einschließlich Krebs, auf Erdstrahlen und ein gitterförmiges Netz von »Reiz-« und »Störzonen« (Hartmann-Gitter) zurückzuführen seien.

Heute zieht die Wünschelrute vor allem »Zivilisationskranke mit dem Bedürfnis nach einer privaten und unwiderlegbaren Leidensursache in Bann«, meint der Geologe Michael Link von der Universität Erlangen-Nürnberg. Und rät – »völlig ernst« – Rutengängern (»Mutern«) und anderen selbst ernannten Untergrundforschern: »Machen Sie sich bitte klar: In anderen Kulturen beziehungsweise zu anderen Zeiten hätten ›Berater‹ als Ursache ungeklärter Gesundheitsprobleme mitgeteilt, dass die Nachbarin den bösen Blick hat oder ein Familienmitglied von einem Dämon besessen ist.«

Hart? Aber vertretbar.

Denn was die ominösen Erdstrahlen eigentlich sein sollen, darüber sind sich nicht einmal die Rutengänger (Radiästheten) untereinander einig. Vorzugsweise soll das geheimnisvolle Phänomen von »Wasseradern«, Gesteinsbrüchen und geologischen Verwerfungen ausgehen und wahlweise auf Anomalien des Erdmagnetfelds, Elektrizität, Bodenleitfähigkeit, mikroseismische Bodenschwingungen, Ausdünstungen, Aerosole etc. zurückzuführen sein.

Für Physiker und Geologen fällt die Antwort wesentlich eindeutiger aus. Die große Vielfalt der Strahlungen ist auf nur vier fundamentale Kräfte zurückzuführen:

– Gravitation (fällt als Erzeuger für »Erdstrahlen« weg, denn warum sollte Schwerkraft die Wünschelrute an manchen Stellen ruckartig nach unten ziehen, an anderen nicht?),

– Elektromagnetismus (Magnetismus als Beispiel für eine Erscheinungsform der elektromagnetischen Kraft wirkt auf Eisen, Nickel, Kobalt und einige Legierungen, nicht aber auf Holz),

– starke und schwache Wechselwirkung (Radioaktivität; scheidet ebenfalls aus, weil sie nicht durch meterdicke Erdschichten dringt).

Zwar gab und gibt es immer noch Versuche, eine fünfte Kraft zu finden. Aber als Ergebnis entsprechender Experimente in allen Forschungsbereichen der Physik (speziell der Hochenergie- und Teilchenphysik) steht inzwischen mit sehr hoher Sicherheit fest, dass diese fünfte Kraft wohl nicht existiert.

Und selbst wenn: Mit »Erdstrahlen« hat diese Suche nicht das Geringste zu tun.

Denn nach Ansicht der selbst ernannten Untergrundforscher haben die geheimnisvollen »Strahlen« ja konkrete Auswirkungen auf Gesundheit, Pflanzenwachstum etc.

Es müsste also zwischen den »Störzonen« und den davon beeinflussten Objekten irgendeine Form von Energie wirken, mit einer Reichweitenskala von mindestens zehn bis 100 Metern und einer gewissen Stärke.

Aber nichts deutet darauf hin, dass neben den vier genannten Fundamentalkräften noch weitere Wechselwirkungen existieren.

Erdmagnetfeld-Anomalien z.B. sind weit verbreitet und tägliches Brot der Geowissenschaften. Eine biologische Wirksamkeit, also eine schädliche Interaktion mit Menschen oder anderen Lebewesen wurde bisher nie beobachtet und ist evolutionär sehr unwahrscheinlich – ebenso wenig wie die Berührung des Erdbodens Wahnzustände verursacht oder der Kontakt mit Sandstein Impotenz bewirkt.

Und Umweltreize nicht-physikalischer Natur gibt es nicht – auch wenn das von »sensiblen« Rutengängern mitunter behauptet wird.

Mit den heutigen Instrumenten würden »Erdstrahlen« irgendwelcher Art kaum verborgen bleiben – z.B. mit einem Torsionsmagnetometer zur absoluten oder einem Protonenpräzessionsmagnetometer zur relativen Messung des Erdmagnetfeldes.

Zusammengebastelte »Erdstrahlenspürer« oder »-entstörer« dagegen mögen der individuellen Fantasie des Muters entsprechen; aber sie besitzen keine objektiv reproduzierbare Messfähigkeit, sondern liefern Werte nach dem Zufallsprinzip.

Tatsache ist freilich: Die Wünschelrute schlägt wirklich aus.

Aber nicht durch äußere Einwirkungen.

Der Carpenter-Effekt (*siehe Eintrag »Pendeln«*) und das so genannte Kohn-stamm-Phänomen der nervösen Nacherregung machen es möglich. Ruten-gänger halten ihr traditionell Y- oder V-förmiges Instrument aus Holz oder Leichtmetall nicht locker zwischen den Fingern, sondern in einem ver-krampften Spannungszustand. Diese angespannte Haltung der Hände und Arme löst nach kurzer Zeit ein krampfartiges Zittern der Armmuskeln aus – und entlädt sich früher oder später in einer unwillkürlichen, heftigen Bewe-gung.

Wieso aber kann man mit der Wünschelrute hin und wieder tatsächlich Was-ser finden? Erfahrene Rutengänger achten – meist unbewusst – auf feinste In-dizien in der Bodenbeschaffenheit und an der Bepflanzung. Oft ist schon am Pflanzenwuchs erkennbar, ob das Grundwasser höher oder tiefer steht.

Außerdem: Würde ein dankbarer Klient, anstatt klaglos das Honorar zu ent-richten, eine Kontrollbohrung fünf Meter weiter nördlich, zwei Meter weiter südlich usw. durchführen, würde er in aller Regel dort auch Wasser finden.

Ein Skeptiker startete einmal ein interessantes Experiment. Er ließ seine Woh-nung von sechs verschiedenen Rutengängern untersuchen. Die Radiästheten wussten voneinander nichts – und auch nichts davon, dass ihr Auftraggeber vor jeder Untersuchung sein Bett an eine andere Stelle geschoben hatte.

Nachdem die Strahlensucher im Durchschnitt zwei Stunden geblieben waren (und dafür über 200 Euro kassierten), lieferten sie sechs völlig verschiedene Ergebnisse. Nur eines blieb immer gleich: Wo auch immer das Bett gestan-den hatte, gerade dort machte der jeweilige Rutengänger eine besonders ge-fährliche »Störzone« aus.

Bei kontrollierten Experimenten fallen Rutengänger denn auch regelmäßig durch, wenn sie ihre besondere Fühligkeit demonstrieren sollen.

Otto Prokop/Wolfgang Wimmer: Wünschelrute – Erdstrahlen – Radiästhesie, Enke-Verlag, Stutt-gart 1985; Herbert König/Hans-Dieter Betz: Erdstrahlen? Der Wünschelruten-Report, Selbstverlag, München 1989; Hans-Dieter Betz: Radiästhesie. In: Gerald. L. Eberlein (Hrsg.): Kleines Lexikon der Parawissenschaften, Beck-Verlag, München 1996; »Wünschelruten-Test in Kassel«, Skeptiker, Nr. 1/1991; »Kurzes Glück«, Der Spiegel, Nr. 38/1995; Jürgen Moll: Wünschelruten und Erdstrahlen. In: Gerhard Kern/Lee Traynor: Die esoterische Verführung, IDBK-Verlag, Aschaffenburg 1995

8. PROMINENTE

AC/DC

Sie singen Lieder wie »Highway to Hell« (»Schnellstraße zur Hölle«) oder »Hell ain't a bad place to be«, zu Deutsch etwa: Die Hölle ist gar kein so übler Ort zum Leben. So mancher Kritiker vermutet hinter den Songtexten der fünf australischen Hardrocker denn auch ein »offenes Bekenntnis zu Satanismus und Gewalt«. Da liegt natürlich auch der Schluss nahe, dass der Bandname AC/DC für »Antichrist/Death to Christ« steht.

Doch diese Unterstellung aus der religiös-fundamentalistischen Ecke wird auch durch die x-te Wiederholung nicht richtiger. 1973 wurde die Schwester der beiden Gitarristen Angus und Malcolm Young, Margaret, auf der Rückseite des Staubsaugers von Mama Young der Buchstaben »AC/DC« gewahr – die Abkürzung für »alternating current/direct current« (Wechselstrom/Gleichstrom).

Damit war der Gruppenname gefunden.

Auch Alben-Titel wie »High Voltage« oder »Powerage« verweisen auf das Motiv der elektrisierenden Energie, zudem pflegen »AC/DC« den Diagonalstrich im Bandlogo als Starkstromblitz darzustellen. Zwar impliziert das Kürzel »AC/DC« durchaus einen Subkontext; indes keinen satanischen, sondern »Bisexualität«.

Mit dem Teufel hat die Band nichts am Hut. Die »Hölle« ist für das Quintett wenig mehr als eine coole Gegenwelt, in der es keine Vorschriften gibt und alles erlaubt ist, was Spaß macht.

Auch der am meisten umstrittene Song »Highway to Hell« ist keine satanistische Laudatio, sondern versucht in geeigneten Sprachbildern auszudrücken, wie sich das berauschende Leben eines Rockstars vollzieht.

Christliche Anti-Okkultisten meinen, man könne das Wirken des Teufels eindämmen, indem man Verbotslisten mit Dingen erstellt, die »okkult belastet« seien wie CDs von »Teufelsrockern« wie AC/DC, Bücher oder Spiele. Das ist indes kaum mehr als eine kindische Verharmlosung des Bösen.

»Im Grunde«, erklärt der baden-württembergische evangelische Weltanschauungsbeauftragte Dr. Hansjörg Hemminger, »unterscheiden sich die christlichen Anti-Okkultisten gar nicht so sehr von den anti-christlichen Okkultisten in ihrer überheblichen Art, mit der sie meinen, die unsichtbare Welt verstehen, berechnen und manipulieren zu können ... Die christlichen Anti-Okkultisten meinen, sie wüssten, welche Hebel der Satan benutzt, um Menschen zu zerstören – und wie man diese Hebel blockiert. Sie haben keine Ahnung, wovon sie überhaupt reden.«

Hansjörg Hemminger: »Geister, Hexen, Halloween«, Brunnen-Verlag, Gießen 2002; Gisela Esser: Mit Musik die Welt zertrümmern. In: Musik gegen Gewalt 2, hrsg. von der Arbeitsgemeinschaft Musik in der evangelischen Jugend, 1993; Bettina Roccor: Heavymetal – Kunst, Kommerz, Ketzerei, I.P.-Verlag Jeske/Mader, Berlin 1998; Reto Wherli: Verteufelter Heavy-Metal, Telos-Verlag, Münster 2001

Christina Aguilera

»Elf Piercings. Vergrößerte Oberweite. Verlängerte Haare. Aus dem Mickey-Mouse-Teen wurde ein Dirty Old Girl«, schrieb »Maxim« über die Sängerin Christina Aguilera – in Anspielung auf das Video zur Hit-Single »Dirrty«. »Das ist ein versautes Video!«, wird Christina selbst in dem Artikel zitiert.

Mag sein. Doch die schöne »Schmutzkampagne« in eigener Sache und ihr Imagewechsel gehen dann doch nicht so weit, wie auf diversen Internetseiten behauptet wird: Christina Aguilera ist kein »Pop-Star«.

Ein angebliches Porno-Video der Sexy-Sirene (»Genie In A Bottle«) ist ein Fake. Das im Netz kursierende Machwerk zeigt die Hauptdarstellerin nur von hinten, die einzige Ähnlichkeit mit Christina sind die blonden Haare.

»Das Mädchen ist nicht Christina«, erklärt ihre Mutter Shelly Aguilera. »Wir haben von diesen Websites erfahren. Der Mensch, der dieses Video anbietet, war niemals Mitglied des Christina Aguilera-Managements. Christinas Anwälte gehen gegen diesen Mann vor.«

Die »dreckige« Web-Lüge ist indes kein Einzelfall. Ähnliche Gerüchte ranken sich auch um Anna Kournikova, Barbra Streisand, Teri Hatcher, Christina Applegate und viele andere weibliche Stars (und um einen männlichen – *siehe Eintrag »Sylvester Stallone«*).

Darüber hinaus ist das weltweite Datennetz voll von Sex-Seiten mit Fotomontagen von angeblichen nackten Promis (»Star Fakes«). Hier kann jeder Webkünstler Promiköpfe auf entblößte Körper montieren und männliche Träume in individuell ungeahnte Höhen steigen lassen.

Wer aber dem Ganzen einen Riegel vorschieben wollte, müsste einige tausend Juristen auf kleine, große und Briefkasten-Firmen auf der ganzen Welt hetzen. Aussichtslos.

»Krasstina«, Maxim, Nr. 2/2003; www.laut.de

Blondie

Ein Albtraum: In den frühen 1970ern hält eine junge Frau in der Lower East Side von Greenwich Village (New York) vergeblich nach einem Taxi Ausschau. Es ist spät. Und es ist gefährlich, um diese Zeit allein durch die dunklen Straßen zu laufen.

Plötzlich hält ein weißes Auto neben der einsamen Nachtschwärmerin. Der Fahrer fragt, wohin sie will. Die Frau nennt als Ziel einen bekannten Musik-Club, nur einige Blocks entfernt. Er bietet ihr an, sie mitzunehmen. Nach einigem Zögern steigt sie ein. Der Wagen fährt los, und die Frau bemerkt, dass trotz der Sommerhitze die Fenster allesamt fest geschlossen sind – bis auf einen kleinen Spalt auf der Beifahrerseite. Sie will die Scheibe weiter herunterkurbeln. Aber da ist weder ein Fenster- noch ein Türgriff.

Die junge Frau ist gefangen.

In Panik zwängt sie ihren rechten Arm durch den Spalt, drückt die Scheibe mit aller Kraft weiter nach unten und erreicht schließlich mit der Hand den Türgriff außen. Als der Fahrer bemerkt, was sie vorhat, drückt er das Gaspedal voll durch. Ohne nachzudenken reißt die Frau die Tür auf und lässt sich auf die Straße fallen.

Das Auto verschwindet in der Dunkelheit.

Die junge Frau ist niemand anderes als Debbie Harry, Sängerin und wasserstoffblonder Blickfang diverser New Wave-Bands. Etwa 15 Jahre später, als sie mit dem Quartett »Blondie« längst zur Pop-Berühmtheit aufgestiegen ist, liest Debbie Harry in der Zeitung von der Hinrichtung des berüchtigten Serienmörders Ted Bundy. Sie sieht ein Foto des als gut aussehend und charmant beschriebenen Superkriminellen. Und ist plötzlich sicher: Es war dieser Mann, dem sie damals in Greenwich Village nur um Haaresbreite entkommen konnte.

Debbie Harry selbst hat die Geschichte jener schlimmen Nacht einem Journalisten erzählt, der sie 1989 in drei großen Zeitungen veröffentlichte. Doch wer immer der Fahrer des weißen Autos gewesen war – es konnte sich nahezu unmöglich um Ted Bundy gehandelt haben. In den frühen 1970ern hielt sich der nekrophile Serientäter nachweislich in Seattle auf, wo er für die Telefonseelsorge arbeitete und dann einen Platz als Assistent in der Abteilung für Strafprävention im Polizeidienst bekam.

Seine ersten Morde beging Bundy in der Gegend rund um Seattle. 1974 zog er nach Salt Lake City im US-Bundesstaat Utah, später lebte er in Idaho, Colorado und Oregon. 1989 wurde der bestialische Frauenmörder hingerichtet. In New York war er wohl zeit seines Lebens nie gewesen. Er fuhr stets einen unauffälligen cremefarbenen Volkswagen mit normaler Innenausstattung, kein eigens präpariertes »Mord-Mobil«.

Kurz nach seinem Tod auf dem elektrischen Stuhl titelte die Presse nach besagtem Debbie-Harry-Interview: »Blondie Blunts Bundy« (zu Deutsch etwa: Blondie vermasselte Bundy die Tour). Doch mit einiger Sicherheit irrte sich die »New Wave-Göttin«, was den Protagonisten ihrer unheimlichen Begegnung im nächtlichen Greenwich Village angeht.

Harry Lieber: Serienmörder. Bertler und Lieber-Verlag, München 2000; Richard Roeper: Hollywood Urban Legends. The Career Press, Franklin Lakes 2001; www.snopes.com

Mariah Carey

»Mir kommen wirklich fast die Tränen, wenn ich im Fernsehen Bilder von all den armen, hungernden Kindern auf der Welt sehe ... Ich meine, ich wäre natürlich auch gerne so schlank wie sie – aber ohne den Dreck, die Fliegen und das ganze Zeug.«

Sogar in renommierten Journalen und Zeitungen wie »Face«, »Ms.«, »San Francisco Chronicle« oder »The Independent« ist die Sängerin Mariah Carey mit diesem Ausspruch zitiert worden. Zynisch, menschenverachtend oder einfach nur gedankenlos-dumm?

Weder noch. Sondern gefakt. 1996 stellte das Internet-Satiremagazin »Cupcake« ein frei erfundenes Mariah Carey-Interview mit dieser und weiteren pikanten Aussagen ins Netz. Die englische Musikzeitschrift »VOX« stieg unwissentlich auf den derben Joke ein, und alsbald rauschte die Geschichte durch den Blätterwald.

Kleiner Exkurs: Das deutsche »MAD«-Magazin druckte vor vielen Jahren einen gezeichneten Witz, in dem eine beleibte Frau im Pelzmantel vorm Juwelierladen auf einen Bettler trifft. »Bitte, ich habe seit drei Tagen nichts gegessen«, sagt der Mann und hält seine Hand auf. Woraufhin die Dame im Weitergehen antwortet: »Wirklich? Ich bewundere Ihre Disziplin.«

Dass solche satirischen Storys zum Dauerbrenner-Thema »Arm und Reich«/ »Dick und Dünn« ungleich besser funktionieren, wenn man sie einem Prominenten unterschiebt, wussten natürlich auch die Macher von »Cupcake«.

www.snopes.com

Cher

Gewiss, Cherilyn Sarkisian alias Cher gilt Lästerern wie dem TV-Kritiker Oliver Kalkofe als »singender Frauenbaukasten«. Ehrgeizig hat die Sängerin und Schauspielerin ihren Körper zum Markenzeichen stilisiert. Schönheitsoperationen, bei denen ihr Busen angehoben und gestrafft und ihre Nase verkürzt wurden, waren Gegenstand öffentlichen Interesses. Talkmaster Jay Leno ließ sich in seiner »Tonight Show« zu dem Kalauer hinreißen: »Ausbesserungsarbeiten an Cher dürfen künftig nicht mehr vor acht Uhr morgens beginnen, damit die Nachbarn nicht gestört werden.«

Einer öffentlichen Frau zwischen Anspruch und Rummel traut man anscheinend alles zu – sogar, dass sie sich eine oder gar mehrere Rippen hat entfernen lassen, um ihre Wespentaille zu erhalten.

Eben dieses behauptete im November 2000 Dr. Miriam Stoppard in der Zeitung »London Daily Mirror«: »Cher, even when she was young, slender, and incredibly beautiful, had ribs removed because she thought her waist needed narrowing.«

Doch die Medizin-Kolumnistin käute lediglich eine Legende wieder, die schon 1988 das Magazin »Paris Match« aufgebracht hatte. Damals klagte Cher gegen diese Unterstellung. Und bekam Recht. Die französische Zeitschrift musste einen Widerruf drucken.

Cher selbst erklärte dazu: »Wenn jemand behauptete, Whitney Houston habe sich ihre Rippen herausnehmen lassen, würden die Leser das lächerlich finden. Erzählt man aber dasselbe von Cher, ist jeder sogleich überzeugt, dass es stimmt.« Und weiter: »Die Logik sagt einem doch eigentlich, dass diese Geschichte nur barer Unsinn sein kann. Aber wenn das Publikum irgendjemandem eine so wahnwitzige und groteske Prozedur zutraut, dann natürlich nicht Marie Osmond – sondern Cher.«

Natürlich weiß die Oscar-Preisträgerin genau, dass sie in der Öffentlichkeit nach wie vor das Image eines ordinären Sexsymbols verfolgt. So empörten sich auch deutsche TV-Zuschauer über ihre freizügige Garderobe bei einem »Wetten, dass …?«-Auftritt. Doch gerade ihren ausgefallenen Look bei solchen Anlässen führt Cher als Argument dafür an, dass es sich bei dem »Rib Removal«-Gerücht tatsächlich um eine Urbane Legende handelt:

»Wenn das stimmen würde, müsste mein Körper mit großflächigen Operationsnarben übersät sein. Davon abgesehen ist ein solcher Eingriff medizinisch gar nicht möglich.« Das ganze Geheimnis ihrer makellosen äußeren Erscheinung liege schlicht und einfach in »härtester Schinderei im Fitness-Studio«. Dies zu akzeptieren, falle offenkundig vor allem solchen Zeitgenossen schwer, denen genau diese Selbstdisziplin fehlt – und die stattdessen aus

Neid heraus »dummes Zeug« über bizarre Schönheitsoperationen verbreiten würden.

Kleiner Trost: Cher ist nicht der einzige Star, dem »Rib Removal« nachgesagt wird. Auch Lara Flynn Boyle, Calista Flockhart, Tori Spelling, Pamela Anderson u.a. stehen im Ruf, der erste Mensch seit Adam zu sein, dem eine Rippe entnommen wurde.

Besonders bizarre Formen nimmt dieses Gerücht an, wenn es um den amerikanischen Bürgerschreck und Schockrocker Marilyn Manson geht.

»Marilyn Manson hat sich drei Rippen herausnehmen lassen, damit er seinen eigenen Schwanz lutschen kann«, zitiert Manson in seiner Autobiografie »The long hard road out of hell« absichtsvoll eine im Internet vagabundierende Difamierung.

Mehr noch: »Ich habe auch gehört, dass seine Musiker bei einem der letzten Konzerte mit zwei Rippen auf die Bühne gekommen sind, die er sich angeblich hat wegoperieren lassen, und sie dann als Drumsticks (Schlagzeugstöcke; Anm. d. Autors) benutzt haben. Ist das wahr?«

Natürlich nicht.

Richard Roeper: Hollywood Urban Legends. The Career Press, Franklin Lakes 2001; www.snopes.com; Marilyn Manson: The long hard road out of hell, Hannibal-Verlag, Höfen 2000

Jamie Lee Curtis

Ein langes, spitzes Gesicht, ein hoch aufgeschossener, sehr schlanker Körper mit vollem Busen und nicht enden wollenden Beinen ... Die Schauspielerin Jamie Lee Curtis strahlt herbe Kühle und zugleich eine eigentümliche androgyne Schönheit aus. In Filmen wie »Ein Fisch namens Wanda« verkörpert sie den Typus einer modernen Frau, die sich in der Männerwelt behaupten kann, ohne dabei ihre Weiblichkeit zu verlieren. Gelingt ihr das deswegen so perfekt, weil Jamie Lee Curtis bei ihrer Geburt eigentlich ein Junge war?

Eines der hartnäckigsten Hollywood-Gerüchte rankt sich um die angebliche Intersexualität der Tochter von Janet Leigh und Tony Curtis.

Darunter versteht man das seltene Phänomen, dass sich das Geschlecht eines Neugeborenen nicht eindeutig bestimmen lässt. Bei durchschnittlich zwei von 1000 Geburten gibt es auf die klassische Frage »Junge oder Mädchen?« keine spontane Antwort. Bis vor wenigen Jahren wurde in solchen Fällen möglichst früh eine geschlechtsangleichende Operation vorgenommen, um aus dem Kind ein »richtiges« Mädchen oder einen »richtigen« Jungen zu machen.

Da verweiblichende Operationen funktionell und kosmetisch bessere Ergebnisse zeigen als vermännlichende, werden sie bei intersexuellen Säuglingen (Hermaphroditen) häufiger durchgeführt. Ob das aufgrund der hormonellen Situation jedoch immer die richtige Entscheidung ist, wird zunehmend angezweifelt. Heute sucht man daher nach einer individuellen Lösung für die Betroffenen, die auch eine ausschließlich hormonelle Behandlung einschließen kann.

Bekannte Persönlichkeiten, die vermutlich Intersexuelle waren, sind z.B. Jeanne d'Arc, Königin Elisabeth I. von England und der indische Heilige Ramakrishna. Der tschechischen 800-Meter-Weltrekordlerin Zdenka Koubkawa wurde 1943 rückwirkend der Olympiasieg von 1934 aberkannt, weil eine Untersuchung zu Tage brachte, dass sie intersexuell männlich war.

Und Jamie Lee Curtis?

Der Hollywood-Star hat sich zu diesem Gerücht nie selbst geäußert. Als Anhaltspunkt wird immer wieder ihr seltener Vorname ins Spiel gebracht, der angeblich darauf hindeute, dass die Eltern von Jamie Lee Curtis bei deren Geburt im Jahr 1958 bewusst offen lassen wollten, ob sich das Kind zum Mann oder zur Frau entwickelt.

Dagegen erklärte Janet Leigh: Sie habe sich für »Jamie« entschieden, weil sie schon während ihrer Schwangerschaft dem Ungeborenen einen Namen geben wollte – also suchte sie sich einen aus, der in jedem Fall passen würde, egal ob Junge oder Mädchen.

»Lee« wiederum klingt in gesprochenem Englisch wie der Familienname der Mutter, ohne das Kind mit einem unschönen Doppel-Nachnamen »Leigh-Curtis« zu belasten. Jamie Lees Schwester, geboren 1956, heißt übrigens »Kelly Lee« – also ebenfalls ein Name, der nicht eindeutig männlich oder weiblich ist.

Hollywoods Klatschreporter und Society-Experten vermuten, dass der Mythos um die angebliche Intersexualität der talentierten Aktrice von Neidern in die Welt gesetzt worden ist, die es nicht ertragen können, dass zwei überaus attraktive und erfolgreiche Menschen wie Janet Leigh und Tony Curtis auch noch eine »perfekte« Tochter bekommen haben, die 1985 sogar zu einem der »10 Best Bodies in America« gewählt wurde.

Meinhof Zurhorst: Die neuen Sexgöttinnen, Heyne-Verlag, München 1990; www.snopes.com

John Denver

Angenommen, Sie hassen Country-Musik. Und verabscheuen insbesondere den sanftmütigen Brillenträger John Denver. Was tun Sie?

Besuchen Sie ein Konzert des Sängers und werfen mit Tomaten nach ihm? Verunzieren Sie seine Werbeplakate mit aufgemalten Giftzähnen, Warzen und Schnurrbärten?

Wozu die Mühe? Einfacher und ungleich effektiver: Eine Geschichte ausdenken und in Umlauf bringen, die sein öffentliches Image komplett ins Gegenteil verkehrt und John Denver zu einer Art kaltblütigem Monster stilisiert.

So geschehen in Amerika, wo nicht wenige Zeitgenossen davon überzeugt sind, dass der schmächtige Country-Star einst im Vietnam-Krieg zahllose Feinde aus dem Hinterhalt erledigt hat – als Scharfschütze (»Sniper«). Von wem dieses Gerücht aufgebracht worden ist, weiß niemand.

Die Tatsachen: Denvers Vater, Henry John Deutschendorf, war hoher Offizier bei der US-Air Force. Sein Sohn John wollte eine Zeit lang Jetpilot werden; allerdings machten ihm seine schlechten Augen einen Strich durch die Rechnung.

1964 sollte John Denver trotzdem eingezogen werden. Weil er aber mittlerweile beim Hantieren mit dem Rasenmäher im häuslichen Garten zwei Zehen verloren hatte, wurde er gleich wieder ausgemustert. Damit war die militärische Laufbahn des Sängers beendet, noch ehe sie überhaupt begonnen hatte.

www.snopes.com

Mel Gibson

In »Der Mann ohne Gesicht« (1993) spielt Hollywood-Smartie Mel Gibson einen Lehrer, der bei einem Autounfall schwere Gesichtsverletzungen davonträgt und fortan ein Außenseiterdasein fristet. Der Film war Gibsons erste Regiearbeit – und nährte in den USA Gerüchte, dass der Actionstar und Frauenschwarm darin seine eigene Lebensgeschichte erzählt.

Vor vielen Jahren, heißt es nämlich in einer weit verbreiteten E-Mail, ließ eine New Yorker Familie ihre bescheidenen Verhältnisse hinter sich und wanderte nach Australien aus. Dort wurde der jüngste Sohn, »Paul Harvey«, von Straßenräubern so übel zugerichtet, dass er nur noch in der Freak-Show eines Wanderzirkus als »Man Without a Face« auftreten konnte. Ein katholischer Priester erbarmte sich schließlich des Jungen.

Gegen das Gelübde, ein mustergültig gläubiges Leben zu führen, brachte er ihn zu den besten plastischen Chirurgen Australiens. Nach zahllosen Prozeduren, die sich über fünf Jahre hinzogen, konnte der junge Mann am Ende als »Sexiest Man Alive« in den Spiegel blicken. Denn »Paul Harvey« sei in Wahrheit Mel Gibson gewesen, der besagten Titel 1995 von dem Magazin »People« verliehen bekam.

Bekannt ist, dass Mel Gibson in Peekskill im US-Bundesstaat New York geboren wurde und 1968 mit seinen Eltern und Geschwistern nach Australien kam. Der damals zwölfjährige Mel besuchte ein katholisches College und wollte Priester werden, ehe er sich am National Institute for Dramatic Art der University of New South Wales in Sydney der Schauspielerei zuwandte.

Kurz bevor Gibson Mitte der 1970er für den Film »Mad Max« vorsprach, geriet er in eine Kneipenschlägerei, bei der sein Gesicht vorübergehend in Mitleidenschaft gezogen wurde. Diesem Umstand hatte er es wohl mit zu verdanken, dass er die Brutalo-Rolle bekam, die sein Leben verändern sollte.

Darin erschöpfen sich jedoch auch schon die Parallelen zwischen Mel Gibson und »Paul Harvey«. Die ganze Herz-Schmerz-Story ist frei erfunden, und der Film »Der Mann ohne Gesicht« adaptiert in Wahrheit einen Roman der Autorin Isabelle Holland.

Oscar-Preisträger Mel Gibson selbst nannte die Paul-Harvey-Story in der Zeitung »USA Today« vom 14. Dezember 2000 »völligen Quatsch«. In Umlauf gebracht worden ist die Geschichte vermutlich von Christen aus dem evangelikalen oder pfingstlerisch-charismatischen Umfeld, die das Renommee des strenggläubigen Abtreibungs- und Feminismus-Gegners Gibson für ihre Zwecke instrumentalisieren wollen.

»Wunder geschehen«, ist wohl die Botschaft der Geschichte um den fiktiven »Paul Harvey« – wenn man sich nur seine Rechtschaffenheit und den Glauben bewahrt.

Richard Roeper: Hollywood Urban Legends. The Career Press, Franklin Lakes 2001; www.snopes.com

Kiss

Blitz und Donner eröffnen die Show. Gitarren gehen in Flammen auf und entschweben gen Himmel. Unter Rauch und Feuer werden vier wild bemalte, schrill kostümierte Herren per Riesen-Rampe über die Köpfe der Zuschauer bis zur Mitte der Halle gefahren: Vampir, Spaceman, Katzenmensch und Sternenjunge. »Kiss« waren und sind eine Symbiose aus durchschnittlicher Hardrock-Musik, außergewöhnlicher Zirkusnummer und einzigartiger Bühnen-Performance.

Ist das US-Quartett darüber hinaus als »Ritter in Satans Diensten« auf Seelenfang?

»Knights in Satan's Service« soll der Bandname »Kiss« angeblich bedeuten. Doch dieses Gerücht ist von ähnlicher Faktizität, als wenn jemand hinter der Abkürzung EKD (Evangelische Kirche in Deutschland) »Evil Kings and Devils« vermuten würde. Das spektakuläre Light&Sound-Theater der Glamour-Rocker mag auf Außenstehende befremdlich wirken – etwa wenn »Vampir« Gene Simmons bei dem Song »God of Thunder« Ströme von Kunstblut aus seinem Mund sprudeln lässt, bevor er wie eine Fledermaus durch die Luft fliegt (ein Seilzug macht's möglich).

Aber sind »Kiss« deswegen Teufelsbeschwörer und Satansanbeter?

Es gibt keine einzige Äußerung der Bandmitglieder, die eine derartige Geistes- und Sinneshaltung untermauern würde. Auch im gesamten Song-Repertoire von »Kiss« findet sich keine Erwähnung des Teufels.

Bei den vier Kult-Stars geht es nicht um Drogen, Depression, Düsternis und Tod, sondern um Spaß. Ihr Lebens- und Bühnenmotto dürfte mit dem Songtitel »Rock 'n' Roll All Night ... And Party Every Day« hinreichend beschrieben sein.

Wie kamen die Musiker bei der Gründung ihrer Band in den frühen 1970ern auf den Namen »Kiss«? Gene Simmons erinnert sich: »Eines Tages fuhren wir im Auto ziellos durch die Gegend und überlegten uns einen Bandnamen. Ich hatte einige Ideen, z.B. ›Albatross‹, aber mit keiner war ich so richtig glücklich. Wir stoppten vor einer roten Ampel, und plötzlich sagte Paul Stanley: ›Wie wär's mit Kiss?‹ Ich nickte, und das war es. Das machte Sinn.«

»Kiss« passte perfekt zum Glam- und Fantasy-Image, das die vier anstrebten. Und der Name ließ sich international vermarkten, weil er einfach und eingängig war. Darüber hinaus rief er verkaufsfördernde Assoziationen an Superhits wie »Then He Kissed Me« von den »Crystals« oder »Kiss Me Baby« von den »Beach Boys« hervor.

Gene Simmons: Kiss and Make-up, Crown Publishers, New York 2001; Reto Wherli: Verteufelter Heavy-Metal, Telos-Verlag, Münster 2001; »Heavy-Metal in der Kritik christlicher Fundamentalisten und selbst ernannter Jugendschützer«, MIZ – Politisches Magazin für Konfessionslose und AtheistInnen, Nr. 3/2002

Jennifer Lopez

Eigentlich ist der Spitzname nicht unbedingt sehr schmeichelhaft: »der Po«. Für Jennifer Lopez jedoch ist er zum Markenzeichen geworden. Die Sängerin und Schauspielerin kokettiert eifrig mit ihrem ebenso üppigen wie wohlgeformten Hinterteil, und die männlichen Fans schauen begeistert zu. Es heißt gar, Jennifer Lopez habe den teuersten Po der Welt. Die Klatsch-Presse munkelt von einer Versicherungssumme in Höhe von mindestens 1,5 Millionen US-Dollar.

Doch als »Wetten, dass …?«-Moderator Thomas Gottschalk wissen wollte, ob ihr sensationeller Po tatsächlich eine Extra-Versicherung brauche, klimperte J-Lo empört mit den Wimpern. Alles nur ein Gerücht, wie so viele …

Auch in verschiedenen Zeitungsinterviews wird der Superstar stets mit dem Quasi-Dementi »funny« (»sehr spaßig«) zitiert, wenn die Rede auf das heikle Thema kommt. In der Tat fällt es schwer zu sagen, wie der Wert ihres Hinterteils wohl taxiert wird, nach welchen Kriterien und wer dafür zuständig ist.

Andererseits: Dass Stars ihr Verdienstausfall-Risiko minimieren und die Werte versichern, mit denen sie ihr Geld machen, ist ein offenes Geheimnis. So haben etwa auch Fußballerbeine ihren Preis: Oliver Bierhoff wurde vor der WM 1998 mit 58 Millionen Mark für den Invaliditätsfall abgesichert.

Sophia Loren soll ihre Oberweite für bescheidene 125 000 Dollar, Rockröhre Tina Turner ihre Stimme für 3,5 Millionen Dollar versichert haben. Ausbezahlt wird das Geld, wenn z.B. durch einen Unfall einer der versicherten Körperteile verletzt wird.

Zurück zu Jennifer Lopez: Alles in allem soll der Ausnahme-Körper der Latino-Diva nach Medienberichten einen monetären Gegenwert von annähernd einer Milliarde Dollar darstellen. Mit 200 Millionen Dollar hafte die Versicherung allein für ihren Busen, mit über 300 Millionen für die Beine und mit 306 Millionen für die Stimme. Ist das wahr? Die Lopez leugnet standhaft, ihrem Agenten kommt bei dieser Frage bloß ein gepresstes »kein Kommentar« über die Lippen.

Wie auch immer: Sollten die hier genannten Größenordnungen auch nur annähernd stimmen, wäre im Vergleich zu Bein und Busen J-Los Po eindeutig unterversichert.

»306 Millionen für die Stimme«, Hamburger Abendblatt, 17. Oktober 2002; »Der Po«, Positionen Nr. 9/2002; www.snopes.com

Paul McCartney

Paul McCartney ist tot.

Seit 1966. Wieso konnte der Ex-Beatle im Sommer 2003 einige Konzerte in Deutschland geben? Ganz einfach: Der Mann war ein Doppelgänger, der nach Pauls Ableben eingesprungen ist. Dessen wirklicher Name: William Campbell, Gewinner eines Paul-McCartney-Ähnlichkeits-Wettbewerbs im Jahr 1967.

Unglaublich?

Eine eingeschworene Beatles-Fan-Gemeinde ist fest davon überzeugt, dass Paul McCartney am 9. oder 10. November 1966 nach einem Streit mit den übrigen Bandmitgliedern aus den Londoner Abbey Road-Studios stürmte, in sein Auto sprang, mit überhöhter Geschwindigkeit davonbrauste und tödlich verunglückte.

Manager Brian Epstein gelang es, die Tragödie zu vertuschen und mit Campbell als Double die Fassade der erfolgreichen Supergruppe aufrecht zu erhalten. Die drei verbliebenen Beatles bewahrten Stillschweigen. Aber um das Geschehene seelisch zu verarbeiten, versahen sie zahlreiche Songs, Texte und Cover mit verschlüsselten Hinweisen.

Nämlich: An einem Mittwochmorgen um fünf Uhr (»Wednesday morning at five o'clock when the day begins« – aus *She's leaving home*) übersieht Paul McCartney eine Ampelphase (»He didn't notice that the lights had changed« – aus *A day in the life*), weil er durch eine vorbeigehende Frau abgelenkt ist (»When I caught a glimpse of Rita – aus *Lovely Rita*).

Ihm ist nicht mehr zu helfen (»Nothing to do to save his life« – aus *Good morning, good morning*«), er stirbt noch im Wagen (»He blew his mind out in a car« – *A day in the life*). Schnell bildet sich eine Menschenmenge (»A crowd of people stood and stared, they'd seen his face before« – *A day in the life*).

Ein Zeitungsartikel wird geschrieben, die Zeitung jedoch zurückgehalten (»Wednesday morning papers didn't come« – aus *Lady Madonna*).

Besonders eindeutig erscheint den Anhängern dieser Theorie das Cover des Albums »Abbey Road«, das 1969 als letztes Beatles-Album erschien. Die vier Männer, die über einen Zebrastreifen gehen, stellen eine Beerdigungsprozession dar. Lennon in Weiß ist der Priester, Starr in Schwarz symbolisiert die

Trauergemeinde, Harrison in Arbeitskleidung den Totengräber. McCartney (oder Campbell oder wer auch immer) geht als einziger barfuß und nicht im Gleichschritt mit den anderen – er ist der Tote.

Obwohl Paul Linkshänder war, hält dieser Mann seine Zigarette in der rechten Hand. Auf dem Nummernschild des Käfers im Hintergrund steht »LMW 28 IF«. Entschlüsselt: »Linda McCartney weeps (oder auch: »widow«)«. Das »28 IF« soll bedeuten: Würde Paul zu diesem Zeitpunkt noch leben, wäre er 28. (Allerdings lautet die Nummer korrekt gelesen nicht 28 IF, sondern 281 F, und überdies wäre Paul erst 27.)

Auf ungezählten Internetseiten werden die Beatles-Cover und -Songs auf Hinweise abgeklopft und einschlägige Textstellen mit Hörbeispielen verlinkt. Die Anzahl der Hinweise (»clues« genannt) soll bei etwa 230 liegen.

Wann und wo aber nahm diese Geschichte ihren Anfang?

In den meisten Veröffentlichungen heißt es: Das Gerücht, Paul McCartney sei 1966 bei einem Autounfall ums Leben gekommen und 1967 durch einen Doppelgänger ersetzt worden, verbreitete sich 1969.

Russell Gibb, Moderator der Radiostation WKNR-FM in Detroit (USA), erhielt am 12. Oktober während einer Live-Sendung einen Anruf. Ein gewisser Tom erzählte von seiner Befürchtung, Paul McCartney sei gestorben. Der Anrufer forderte Gibb auf, das »White Album« aufzulegen und den Song »Revolution #9« rückwärts abzuspielen. Zu hören war etwas, das wie »Turn me on, dead man« klang.

Kurz darauf kam ein in der Nähe der WKNR-Studios lebender Zuhörer in den Aufnahmeraum, der behauptete, den tatsächlichen Beweis für Pauls Ableben zu haben. Konkret ging es um die letzte Passage von »Strawberry Fields Forever«, wieder rückwärts gespielt. Gibb tat ihm den Gefallen – und viele Hörer waren überzeugt, am Ende des Stücks John Lennons Worte »I buried Paul« zu vernehmen. *(siehe Eintrag »Medien«/Backward-Masking)*

In Wahrheit allerdings sagt John Lennon »Cranberry Sauce«. Und der »Paul-is-dead«-Hoax entstand schon einen Monat früher. Tim Harper, Redakteur der Studentenzeitung »Times-Dephic« der Drake University (Iowa), veröffentlichte die Mutmaßung als Erster, und zwar in der Ausgabe vom 17. September 1969. Harpers Quelle war der Student Dartanyan Brown, der in einer häufig von Musikern frequentierten Pension wohnte und deren Storys und Gerüchte aufnahm und weitererzählte.

Harpers Zeitungsartikel über Browns Fantasiegeschichte inspirierte den Rundfunkmoderator Russ Gibb zu besagtem Joke mit »Revolution #9«, den er mit einem Kumpel namens Headly Westerfield inszenierte. Und alle vier – Brown, Harper, Gibb und Westerfield – registrierten bass erstaunt, dass überregionale Medien ihren kleinen Fake aufgriffen und immer weiter pushten – bis hin zu renommierten Zeitschriften wie »Rolling Stone« oder »Life«. Sir Paul McCartney ist indes nicht der einzige Totgesagte unter den Stars. US-Rapper Eminem etwa soll am 17. Dezember 2000 bei einem Autounfall ums Leben gekommen sein. Mitte Juni 2001 ging die Schreckensnachricht um die Welt, Britney Spears und ihr Ex-Lover Justin Timberlake seien ebenfalls nach einem Verkehrsunfall in Los Angeles gestorben. Als Reaktion auf diese und viele andere Falschmeldungen und Gerüchte über das plötzliche gewaltsame Ableben von Promis ist im Internet ein »Dead People Server« entstanden (www.deadpeople.info). Hier können sich besorgte Fans über den Wahrheitsgehalt von Todes-»Enten« informieren.

Warum und von wem solche makabren Scherze wie »Paul/Eminem/Britney-is-dead«-Meldungen in die Welt gesetzt werden, beschäftigt mittlerweile sogar die Wissenschaft. Einige Soziologen sehen darin eine Form von Protest – eine Art Selbstverteidigung gegen das multimediale Dauerfeuer, mit dem uns Stars und Sternchen über TV, Radio, Kino, Internet, Zeitschriften, Commercials und Comics angedient werden.

www.recmusicbeatles.com/public/files/faqs/pid.html; www.hns-de/da-draussen/Glauben/mccartney.html; www.loq12.at/conspiracy/_01_paulisdead/con_gstory.ihtml; »Celebrities cope with rumors of death that just won't die«, Las Vegas Sun, 7. April 2000; Jan Harold Brunvand: Encyclopedia of Urban Legends, ABC Clio Inc., Santa Barbara 2001

Eddie Murphy

Eine Touristin aus dem ländlichen Amerika fährt nach New York – nicht ohne Sorge wegen der hohen Kriminalitätsrate dort. In ihrem Hotel betritt sie den Fahrstuhl. Darin steht ein großer schwarzer Mann mit einem großen schwarzen Hund. Die Türen schließen sich, und der Aufzug ruckelt los. Plötzlich sagt der Mann kurz und energisch »Down!«, worauf sich die Dame völlig verängstigt auf den Boden wirft.

Der Unbekannte, der seinen Hund gemeint hatte, entschuldigt sich und lädt seine Lift-Gefährtin zu einem Essen ins Hotelrestaurant ein. Dort erfährt die Dame vom Kellner, dass es sich bei dem Schwarzen um den Filmstar Eddie Murphy handelt. Oder um den Sänger Lionel Ritchie. Oder um den Basketballspieler Wilt Chamberlain. Oder um O.J. Simpson. Oder um Mike Tyson. Oder, oder, oder …

Diese klassische Wandersage geht seit Jahrzehnten mit wechselnden Protagonisten um die Welt. Als Initialzündung gilt eine Episode der US-Sitcom »The Bob Newhart Show«, die im Dezember 1973 ausgestrahlt wurde. Darin betritt ein schwarzer Patient (kein Promi) mit seinem Hund Whitey die Praxis von »Dr. Bob«. Als er »Sit, Whitey!« ruft, lässt ein Weißer sich hastig auf einen Stuhl im Wartezimmer fallen.

Im Laufe der Zeit wurde in der Nacherzählung das Geschehen in einen Lift verlagert und mit verschiedenen bekannten Persönlichkeiten aufgepeppt.

In einer neueren E-Mail-Version von 1998 spielt das Ganze in Las Vegas. Es ist kein Hund mehr im Fahrstuhl, dafür drei schwarze Männer. Einer sagt »Hit the floor …«, und die Dame geht unverzüglich zu Boden. Dabei wollte der Wortführer bloß seinen Begleiter anweisen, den Liftknopf für die richtige Etage zu drücken.

Als die Frau ausgestiegen ist, hört sie, wie das Trio sich vor Lachen ausschüttet. Am nächsten Morgen bringt ihr der Zimmerservice einen riesigen Blumenstrauß mit einer Karte: »Danke für den größten Spaß, den wir seit Jahren hatten – von Eddie Murphy und seinen Bodyguards.«

»Großstadtangst, Klaustrophobie, rassische Vorurteile, Angst vor Hunden und weibliche Angst vor Männern vereinen sich in dieser kleinen Geschichte zu einem fast schon klassischen psychologischen Lehrbeispiel«, kommentiert der Göttinger Volkskundler Rolf Wilhelm Brednich.

Rolf Wilhelm Brednich: Die Maus im Jumbo-Jet, Beck'sche Reihe, München 1991; Jan Harold Brunvand: Encyclopedia of Urban Legends, ABC-Clio, Santa Barbara 2001; www.urbanlegends.about.com

Ozzy Osbourne

Ozzy Osbourne? Ist das nicht der Typ, der mal einer Fledermaus den Kopf abgebissen hat?

Längst ist der Ex-Black-Sabbath-Sänger mit der MTV-Reihe »The Osbournes« zum Kultstar avanciert. In dem kuriosen Mix aus Rockvideo, Big Brother und Lindenstraße ärgert sich Ozzy über seinen hässlichen Köter Lola, der auf die neue Couch pinkelt, verpetzt Tochter Kelly wegen eines Tattoos oder führt brummelige Selbstgespräche. Die Fans lieben den Alt-Rocker, wenn er trotz eines gebrochenen Beins der Hauskatze hinterherjagt oder den Nachbarn verflucht, weil der nachts um zwei laut »Kumbaya Mylord« anstimmt. Kann es wirklich sein, dass Ozzy einst einer Fledermaus …?

Ja, es kann sein.

So geschehen während der »Bark at the Moon«-Tour 1982, bei einem Konzert in Des Moines, Iowa.

Damals war es üblich, dem Ex-Black-Sabbath-Frontmann und gefeierten »Prince of Darkness« allerlei Plastik- und Gummi-Getier wie Mäuse, Ratten etc. auf die Bühne zu werfen. Irgendjemand brachte es fertig, einen echten Fledermauskadaver mit in die Halle zu bringen.

In der Annahme, eine Attrappe in den Händen zu halten, steckte Ozzy Osbourne sich das tote Flattertier in den Mund und biss kräftig hinein. Nach dem Auftritt wurde der Horror-Heavy-Metaller erst einmal zur Tollwutimpfung ins nächste Krankenhaus gebracht.

Und seitdem hält sich hartnäckig die Geschichte von Osbournes Appetit auf lebende Tiere. Möglicherweise nicht völlig zu Unrecht: Für eine MTV-Dokumentation plauderte Gemahlin Sharon aus, ihr Ozzy habe in jungen Jahren während eines Meetings mit Plattenbossen einer lebenden Taube den Kopf abgebissen, als Promotion-Gag.

Legende oder Wahrheit? »Remains a mystery«, singt Ozzy in dem Song »Little Dolls«.

www.laut.de; Richard Roeper: Hollywood Urban Legends. The Career Press, Franklin Lakes 2001

Sylvester Stallone

Er war jung und brauchte das Geld ...

Kein Gerücht, sondern Tatsache: Sylvester Stallone debütierte in einem Porno. Das war 1970, und der spätere Hollywood-Superstar verdingte sich u.a. als Putzkraft für Raubtierkäfige im Zoo, während er den Einstieg ins Filmgeschäft suchte. Für 200 Dollar durfte der damals 24-Jährige schließlich in dem Sexfilmchen »Party at Kitty and Stud's« erstmals seinen muskulösen Körper in die Kamera halten. Als Regisseur zeichnete ein gewisser Morton Lewis verantwortlich, in der Rolle der »Kitty« dilettierte Henrietta Holme.

Sechs Jahre später, als Stallone mit »Rocky« Weltruhm erlangt hatte, titelten die Produzenten von »Party at Kitty and Stud's« das unterirdisch schlechte Machwerk um in »The Italian Stallion« (Der italienische Hengst) – in Anspielung auf »Rockys« Kampfnamen im Boxring. Sehen wollte die Zelluloid-Leiche von 1970 trotzdem keiner.

In Deutschland kursiert der Streifen als DVD mit dem Titel »Bocky – Ein Mann steckt einen weg«.

www.snopes.com

9. RELIGION

Der Bibel-Code

Der dritte Weltkrieg hätte eigentlich im Jahr 2000 ausbrechen sollen. Vielleicht aber auch erst 2006. Ausgelöst wird er jedenfalls durch einen atomaren Terroranschlag auf Jerusalem. Zur völligen Zerstörung der Erde kommt es aber erst 2010. Dann nämlich wird ein gigantischer Komet mit unserem Planeten kollidieren.

Wo das steht? In der Bibel.

Das jedenfalls behauptet der amerikanische Journalist und Buchautor Michael Drosnin – der schon für den 13. September 1996 einen »atomaren Holocaust« für Israel angekündigt hatte. Natürlich finden sich in der Heiligen Schrift keine Wörter wie »Weltkrieg«, »Atombombe« oder »Terrorismus«. Für Drosnin kein Problem. »Die Bibel ist nicht bloß ein Buch, sondern auch ein Computerprogramm«, schreibt der ehemalige »Washington Post«-Reporter in seinem Bestseller »Der Bibel-Code«: »Erst in Stein geritzt, dann handschriftlich auf Pergamentrollen festgehalten und schließlich in Buchform gedruckt, wartete sie auf die Erfindung des Computers. Nun sind wir in der Lage, sie so zu lesen, wie es immer beabsichtigt war.«

Kennedys Ermordung wie Clintons Präsidentschaft, die Mondlandung wie das verheerende Erdbeben im japanischen Kobe, die Nahostkriege wie das Attentat auf Yitzhak Rabin samt dem Namen des Täters – all das und noch viel mehr hat Drosnin aus der Bibel extrahiert: »Sie ist wie ein riesiges Kreuzworträtsel aufgebaut und von Anfang bis Ende in Worten codiert, die eine verborgene Botschaft enthalten.«

Die Deutsche Bibelgesellschaft vergleicht den »Bibel-Code« mit gekonntem Kaffeesatzlesen und reagierte auf Drosnins Behauptungen mit folgendem Kommentar: »Ist es glaubhaft, dass Gott 3000 Jahre codiert mit seinem Volk gesprochen hat und erst der Computer und Herr Drosnin kommen mussten, um herauszufinden, was eigentlich gemeint war?«

Nein, ist es nicht.

Zwar hat Michael Drosnin durchaus Recht: Es gibt den »Bibel-Code« – »seinen, meinen, irgendeinen. Jeder kann ihn sich so zurechtbasteln, wie er möchte«, analysiert der Schweizer Historiker und Papyrologe Carsten Peter Thiede. In der Tat. Denn das Spiel »Wir basteln uns einen Bibel-Code« funktioniert bei Drosnin so:

Der geschäftstüchtige Journalist gab erst einmal die 304 805 hebräischen Buchstaben, aus denen die ersten fünf Bücher des Alten Testaments (Pentateuch) bestehen, fortlaufend ohne Leerzeichen und Zeichensetzung in den Computer ein. Dazu ist anzumerken, dass das Hebräische eine reine Konsonantenschrift ist, in der es keine Vokale gibt. Das bedeutet, die Silben sind mehrdeutig. Deshalb stehen die Chancen, sinnvoll erscheinende »Botschaften« zu erkennen, ungleich größer als beispielsweise im Deutschen oder Englischen.

Diesen durchgehenden Buchstabenblock sucht Drosnin nun waagerecht und senkrecht, von rechts nach links ebenso wie von unten nach oben, diagonal oder vertikal, nach sinnvollen Wörtern ab. Indem er diese dann mit anderen kombiniert, die in der Nähe stehen, kreiert er »Botschaften«. Etwa: »William Gates, agitator, leader« (»William Gates, Agitator, Führer«) – obwohl ohne Selbstlaute eigentlich nur »WLLMGTOGTTRLDR« aus der Textmasse aufscheint.

Eine zweite »Codierungsmethode« besteht darin, in den Computer ein bestimmtes Suchwort einzugeben, das es aus der Thora herausfiltern soll. Etwa den Namen des 1995 ermordeten israelischen Ministerpräsidenten Rabin. Zusammenhängend und als solchen findet der Computer diesen natürlich nicht.

Er entdeckt das Gewünschte erst, wenn er jeweils einen oder zwei oder fünf oder 20 oder 1000 Buchstaben überspringt und den jeweils zweiten oder dritten oder zehnten oder 1001. Buchstaben aneinander reiht. Im Fall von Yitzhak Rabin muss man nur jeweils 4772 Buchstaben überspringen, und dann hat man den Namen.

Auf diese haarsträubende Weise findet man in der Bibel tatsächlich alles, was man finden will.

Aber eben nicht nur dort.

Jeder beliebige Text mit einem genügend großen Buchstabenvorrat birgt »Botschaften«, wenn man ihn nach Drosnins Methode bearbeitet. Skeptiker fanden z.B. in dem Buch »Moby Dick« mühelos die Morde an Indira Gandhi, Leo Trotzki, Martin Luther King und John F. Kennedy »vorhergesagt«. Auch der Unfalltod von Prinzessin Diana lässt sich dem Wal-Roman entnehmen.

Als am 13. September 1996 der »atomare Holocaust« in Israel ausblieb, zeigte Drosnin sich nach eigenem Bekunden »erleichtert, aber auch ratlos«. Seine nachgeschobene Erklärung: »Die Antwort scheint darin zu liegen, dass es in der Zukunft nicht nur diese eine, sondern viele Möglichkeiten gibt ... Wir bestimmen den Verlauf der Ereignisse nach unserem Willen. Insofern stehen wir dort, wo wir uns schon immer befunden haben.«

Ah ja.

Überflüssig zu erwähnen, dass Drosnin auch »die schrecklichen Ereignisse des 11. September« 2001 der Bibel entnommen und veröffentlicht hat. Und zwar in »Bibel-Code 2 – Der Countdown«, erschienen mehr als zwölf Monate nach den Anschlägen von New York und Washington, zum Jahresende 2002.

Richtiger scheint da schon eher der Forscher Carsten Peter Thiede zu liegen. Er entnahm der Bibel genau nach Drosnins Pseudo-Verfahren die berückend schlichte Botschaft: »Der Code hält dumm.«

Carsten Peter Thiede: Bibelcode und Bibelwort, Brunnen-Verlag, Basel 1998; »Der Bibel-Code ist tot«, Süddeutsche Zeitung, 27. Juli 1999; Alexander Schick/Uwe Gleßmer: Auf der Suche nach der Urbibel, Oncken-Verlag, Haan 2000; www.biblecodesplus.com

Blut- und Tränenwunder

Neapel am 19. September, dem Festtag des Heiligen Januarius.

Mehr als 3000 Gläubige drängen sich in der Kathedrale. Draußen auf den Stufen wachen säbelbewehrte Carabinieri und bewaffnete Polizisten.

Es ist neun Uhr, als der Kardinal in Begleitung des Bürgermeisters einen verborgenen Schrein hinter dem Altar der Seitenkapelle aufsperrt, eine silbergefasste Ampulle entnimmt und sie in einer Monstranz birgt.

Eine Gruppe von Sänftenträgern schultert derweil die silberne Büste des Hl.

Januarius, die Teile vom Schädelknochen des Stadtpatrons birgt. Andächtig zieht die Prozession zum Hauptaltar. Zahllose Hände recken sich den Reliquien entgegen.

Der Gottesdienst beginnt.

Nach der Predigt holt ein Priester die Ampulle aus der Monstranz und reicht sie dem Kardinal. Das Fläschchen enthält einen festen schwarzen Klumpen. Es soll sich um das Blut des Hl. Januarius (in Italien: San Gennaro) handeln. Der Bischof und Märtyrer wurde vermutlich im Jahr 305 im Amphitheater von Pozzuoli bei Neapel enthauptet. Der Legende zufolge füllte eine Frau namens Eusebia sein Blut in ein gläsernes Behältnis und versiegelte es. Seit 1497 wird es im so genannten »tesero« der Kathedrale von Neapel aufbewahrt.

Zweimal im Jahr, am 19. September und am Tag vor dem ersten Mai-Sonntag, warten die Bürger der Stadt ungeduldig auf das Blutwunder des Hl. Januarius. Dabei wird während eines feierlichen Gottesdienstes das eingetrocknete Blut flüssig.

Der Kardinal hält die Phiole in der Hand. Immer wieder nimmt er die Brille ab, um sich zu vergewissern, ob das Blut noch immer stockt. Wenn das Wunder nicht geschieht, gilt das als böses Omen für die Stadt und ihre Bewohner.

»Evviva!«, schallt es plötzlich durch das Kirchenschiff. Es ist kurz nach halb elf. Der Schatzmeister des »Vereins vom heiligen Gennaro« schwenkt ein weißes Taschentuch zum Zeichen, dass die Verflüssigung geschehen ist. Dröhnender Applaus brandet auf. Vor der Kathedrale explodieren Feuerwerkskörper.

Mehr als 190 »Blutreliquien« wie die des Hl. Januarius soll es allein in Italien geben. Darüber hinaus werden auch weinende, blutende, schwitzende Statuen oder Heiligenbilder regelmäßig vor allem aus den katholischen Ländern Europas, aber auch aus den USA gemeldet.

»Die Madonna weint, weil sie getröstet werden will«, soll Papst Johannes Paul II. einem Vertrauten erklärt haben, als 1995 in Civitavecchia – 60 Kilometer vor den Toren des Vatikan – die blutigen Tränen einer Muttergottes aus Gips Schlagzeilen in der Weltpresse machten.

Öffentlich reagierte die Kirche auf das Mysterium abgewogen: »Der Glauben gründet sich nicht nur auf Zeichen und Wunder«, kommentierte der oberste Glaubenshüter Kardinal Joseph Ratzinger die Aufsehen erregenden Ereignisse in der mittelitalienischen Hafenstadt.

Dagegen konvertierte der zuständige Ortsbischof, Monsignore Girolamo

Grillo, vom Zweifler zum leidenschaftlichen Befürworter des Phänomens. Sichtlich bewegt bekannte er öffentlich in einer Nachrichtensendung: »Die Madonnina hat in meinen Händen geweint.« Ein Betrug sei ausgeschlossen. Das sah der Staatsanwalt in Civitavecchia anders. Er ließ die Terracotta-Statue kurzerhand beschlagnahmen und die rätselhaften Absonderungen im rechtsmedizinischen Labor untersuchen. Ergebnis: echtes Blut – aber das eines Mannes.

Ist diese Tatsache nun als noch größeres Wunder zu verstehen? Oder spielt sie den Skeptikern in die Hände, die darauf hinweisen, dass der Besitzer der Statue einen DNA-Vergleichstest standhaft verweigerte?

Die »geborenen Sachverständigen« für solche Fälle seien nicht Theologen, sondern »Rechtsmediziner, Biologen, Chemiker, Physiker und kriminalistische Trickexperten«, ist der Mannheimer Jurist, Strafrichter und Okkultismus-Experte Dr. Wolfgang Wimmer überzeugt. Und zählt einige Erklärungen für vermeintlich Übernatürliches auf:

»Bei einer Madonna in den Niederlanden waren die Blutränen das Harz, welches als Klebstoff für die Kunstaugen diente und im Sonnenlicht schmolz. In anderen Fällen entpuppten sich vermeintliche Tränen und Schweißabsonderungen als Wasser, das durch ein defektes Dach eingedrungen war, oder als Kondenswasser. Manchmal gaukeln auch optische Täuschungen, die z.B. flackerndes Kerzenlicht auf glänzenden Lasuren als glitzernde Tränen erscheinen lassen, den Gläubigen ein Wunder vor.«

Den Großteil aller »weinenden, schwitzenden oder blutenden Ikonen« hält Wimmer jedoch für »absichtliche Schummelei«.

Luigi Garlaschelli, Professor für Organische Chemie an der Universität Pavia bei Mailand, hat gar eine »mysteriös weinende« Statue als Labor-Kuriosität hergestellt, um zu demonstrieren, wie leicht solche Phänomene nachgestellt werden können.

Benötigt wird dafür eine hohle Statue aus porösem Material wie Gips oder Keramik. Sie muss glasiert oder mit einer undurchlässigen Beschichtung überzogen sein. Wird die Statue danach mit einer Flüssigkeit gefüllt (heimlich durch eine winzige Öffnung am Kopf zum Beispiel), saugt das poröse Material diese auf.

Durch die Glasur kann sie allerdings nicht wieder austreten. Wird diese aber unmerklich auf den Augen oder um sie herum abgeschabt, treten tränenartige Tropfen aus. Ist der Hohlraum hinter den Augen klein genug, werden auf der Statue praktisch keine Spuren zu sehen sein, nachdem die ganze Flüssigkeit ausgeronnen ist. Garlaschelli: »Als ich einen Versuch durchführte, war diese Methode sehr erfolgreich, und das Ergebnis erstaunte alle Zuseher.« Daneben hat sich der Chemiker eingehend mit dem Blutwunder des Hl. Januarius beschäftigt. Obwohl »einfache, zerstörungsfreie Tests« an der Reliquie in Neapel möglich seien, hat die Kirche einer wissenschaftlichen Untersuchung bislang nicht zugestimmt. Daher kann Garlaschelli nur Mutmaßungen anstellen. »Wahrscheinlich enthält die Phiole eine tixotrope Flüssigkeit« – also eine Mischung, die sich wie Gelee in einem halbfesten Zustand befindet und sich durch Schütteln oder leichtes Klopfen verflüssigt. Die nötige Bewegungsenergie könnte durch das wiederholte Umdrehen der Flasche während der kirchlichen Zeremonie aufgebracht werden.

Das würde allerdings zugleich bedeuten, dass das »Blut« des Stadtheiligen von Neapel mitnichten Blut ist, sondern eine Mischung einfacher Chemikalien, die auch schon im Jahre 1389 zur Verfügung gestanden haben, als die Reliquie das erste Mal auftauchte, nämlich: Eisenchlorid, Kalk und Kochsalz.

Im Gegensatz zum Erzbistum Neapel gaben die Kirchenväter der Stadt Amaseno Garlaschelli die Erlaubnis, das Gefäß mit dem Blut des Hl. Lorenzo zu untersuchen. Diese Reliquie ist normalerweise in einem kleinen silbernen Tabernakel verschlossen. Am 10. August jeden Jahres wird sie zum Altar gebracht und in einer Glasvitrine ausgestellt.

Dort können die Gläubigen mit eigenen Augen verfolgen, wie die klumpige, braune Schicht flüssig wird, obwohl die Ampulle nicht bewegt wird. Tixotropie scheidet also als Erklärung aus. Das Ganze erscheint noch rätselhafter als das Blutwunder von San Gennaro.

Garlaschelli stellte aber fest, dass die Substanz unmöglich Blut sein kann, sondern aus Wachs, verschiedenen Fetten und roter Farbe besteht.

Dieses Gemisch schmilzt, wenn es von dem kühlen Reliquienschrein zum Altarraum gebracht wird, »in die Nähe von brennenden Kerzen und inmitten einer inbrünstigen, glühenden Menschenmenge.« Mithilfe eines Föhns und eines Eiswasserbads ermittelte der Chemiker einen Schmelzpunkt von 29 Grad Celsius.

»Blutig« scheinende Hostien wiederum, wie sie ebenfalls seit Jahrhunderten immer wieder berichtet werden, dürften in aller Regel ein Produkt des seltenen Bakterienstammes »Serratina marcescens« sein, der ein rotes Pigment namens Prodigiosin (»Wunderzeichen«) absondert.

Der »Boom an solchen Phänomenen« soll ausschlaggebend dafür sein, dass der Vatikan demnächst neue Richtlinien zur Beurteilung der Echtheit von Blutwundern, Stigmata, Marienbotschaften etc. herausgeben will. Denn auch einige religiöse Denker halten »Wunder« dieser Art für frivol und Gottes nicht würdig.

Karl Shuker: Weltatlas der rätselhaften Phänomene, Gondrom-Verlag, Bindlach 1996; Josef Hanauer: Wunder oder Wundersucht? Karin Fischer-Verlag, Aachen 1997; »Wucher und Wunder – Wie der heilige Gennaro dem Erzbischof von Neapel mit seinem Blut geholfen hat«, Berliner Zeitung, 21. September 1998; Luigi Garlaschelli: Chemie der Wunder. In: Chemie in unserer Zeit, 33. Jahrgang, 1999/Nr. 3, Wiley-VCH-Verlag, Weinheim

Das dritte Geheimnis von Fatima

Im vorletzten Jahr des Ersten Weltkriegs, 1917, soll im portugiesischen Fatima die Gottesmutter Maria wiederholt drei Hirtenkindern erschienen sein: Lucia Santos und den Geschwistern Jacinta und Francisco Martos. Erst von 1935 bis 1944 schreibt Lucia Santos auf Drängen der kirchlichen Obrigkeit in vier »Erinnerungen« ihre damaligen Visionen auf.

Dabei enthüllt sie mehrere »Geheimnisse«.

Darunter eine Schauung der Hölle sowie das (längst stattgefundene) Ende des Ersten Weltkrieges und den (zum Zeitpunkt der Niederschrift ebenfalls schon erfolgten) Beginn eines »anderen, schlimmeren Krieges unter dem Pontifikat von Papst Pius XI.«.

Außerdem geht es um die »Irrtümer des Kommunismus« und um die Bekehrung Russlands, welche mit der Weihe der damaligen UdSSR an das unbefleckte Herz Mariens durch den Heiligen Vater eingeleitet werden solle.

Den dritten Teil des »Großen Geheimnisses von Fatima« zeichnet Lucia Santos Ende 1943 auf. Über den Ortsbischof gelangt das Schriftstück zum Kardinal von Lissabon und von dort schließlich nach Rom. Lucia, die 1948 ins Kloster der Unbeschuhten Karmeliterinnen von Coimbra eintritt, erklärt, im Jahr 1960 werde das dritte Geheimnis entschleiert, »weil die Heilige Jungfrau es so will«.

Doch die angekündigte Veröffentlichung unterbleibt. Gerüchte kommen auf: Papst Johannes XXIII. sei über den Inhalt so entsetzt gewesen, dass er den Text unter Verschluss halte.

Während der Kuba-Krise jedoch habe er den Staatschefs der USA und der Sowjetunion zur Warnung eine »diplomatische Version« des dritten Geheimnisses von Fatima zukommen lassen. Diese Fassung wird 1963 von der deutschen Zeitung »Neues Europa« unter Berufung auf angebliche vatikanische Insiderquellen veröffentlicht.

Die Leser erfahren von einer »großen Züchtigung in der zweiten Hälfte des 20. Jahrhunderts«: »Die Menschheit hat sich nicht so entwickelt, wie Gott es erwartete ... Die Kirche wird sich verfinstern, und die Welt gerät in große Bestürzung. Feuer und Rauch werden vom Himmel fallen, und die Wasser der Ozeane werden verdampfen, und die Gischt wird gen Himmel zischen und alles wird umstürzen, was aufrecht steht.

Und millionen und abermillionen von Menschen werden von einer zur anderen Stunde ums Leben kommen, und die, welche dann noch leben, werden diejenigen beneiden, welche tot sind. Drangsal wird sein, wohin man schaut, und Elend auf der ganzen Erde und Untergang in allen Ländern.«

Daneben werden heftige Auseinandersetzungen innerhalb der katholischen Kirche prophezeit: »Kardinäle werden gegen Kardinäle und Bischöfe gegen Bischöfe sein. Satan tritt mitten in ihre Reihen.«

Traditionalistische Katholiken interpretieren diese Botschaft flugs dahin gehend, die mit dem Zweiten Vatikanischen Konzil begonnene Öffnung der Kirche sei ein schwerer Fehler gewesen. Verschiedene Seherinnen, wie z.B. 1954 im süditalienischen Cosenza und im deutschen Heroldsbach, greifen die angeblichen Drohungen der Gottesmutter auf und warnen vor Katastrophen apokalyptischen Ausmaßes. Monsignore Corrado Balducci, Prälat der »Kongregation für die Evangelisierung der Völker«, lässt in der Esoterik-Zeitschrift »Magazin 2000« verlauten, der Artikel im »Neuen Europa« gäbe »mehr oder weniger« den Inhalt des dritten Geheimnisses wieder, das wohl offiziell »gar nicht mehr publiziert« werde.

Dann die Sensation:

Während eines Besuchs von Papst Johannes Paul II. in Fatima im Mai 2000 gibt Kardinal Angelo Sodano völlig überraschend das dritte Geheimnis der Seherin Lucia preis. Vor dem Hintergrund der blutrünstigen Spekulationen nimmt sich der wirkliche Inhalt nahezu farblos und banal aus:

»Nach den zwei Teilen, die ich schon dargestellt habe, haben wir links von Unserer Lieben Frau etwas oberhalb einen Engel gesehen, der ein Feuerschwert in der linken Hand hielt; es sprühte Funken, und Flammen gingen von ihm aus, als sollten sie die Welt entzünden.

Doch die Flammen verlöschten, als sie mit dem Glanz in Berührung kamen, den Unsere Liebe Frau von ihrer rechten Hand auf ihn ausströmte: den Engel, der mit der rechten Hand auf die Erde zeigte und mit lauter Stimme rief: Buße, Buße, Buße!

Und wir sahen in einem ungeheuren Licht, das Gott ist: etwas, das aussieht wie Personen in einem Spiegel, wenn sie davor vorübergehen; einen in Weiß gekleideten Bischof, wir hatten eine Ahnung, dass es der Heilige Vater war. Verschiedene andere Bischöfe, Priester, Ordensmänner und Ordensfrauen einen steilen Berg hinaufsteigen, auf dessen Gipfel sich ein großes Kreuz befand aus rohen Stämmen wie aus Korkeiche mit Rinde.

Bevor er dort ankam, ging der Heilige Vater durch eine große Stadt, die halb zerstört war und halb zitternd mit wankendem Schritt, von Schmerz und Sorge gedrückt, betete er für die Seelen der Leichen, denen er auf seinem Weg begegnete.

Am Berg angekommen, kniete er zu Füßen des großen Kreuzes nieder. Da wurde er von einer Gruppe von Soldaten getötet, die mit Feuerwaffen und Pfeilen auf ihn schossen. Genauso starben nach und nach die Bischöfe, Priester, Ordensleute und verschiedene weltliche Personen, Männer und Frauen unterschiedlicher Klassen und Positionen.

Unter den beiden Armen des Kreuzes waren zwei Engel, ein jeder hatte eine Gießkanne aus Kristall in der Hand. Darin sammelten sie das Blut der Märtyrer auf und tränkten damit die Seelen, die sich Gott näherten.«

Die vatikanische Kongregation für die Glaubenslehre und Papst Johannes Paul II. selbst deuten diese Bilder auf »Geschehnisse, die nunmehr der Vergangenheit anzugehören scheinen«, wie etwa die Glaubensverfolgung im Ostblock und das Attentat auf den Heiligen Vater am 13. Mai 1981 in Rom.

Ist das verwirrende Vexierspiel um das berüchtigte dritte Geheimnis von Fatima damit beendet? Mitnichten.

Nicht nur das traditionalistische »Fatima Center« in Kanada – offensichtlich tief enttäuscht vom Inhalt der Veröffentlichung – weigert sich anzunehmen, dass sich die Vision »nur« auf die Vergangenheit beziehen soll. Die schweren Kirchenverfolgungen, so glaubt man, stünden erst noch bevor. Auch sei keinesfalls davon auszugehen, dass Russland bereits bekehrt sei. Die hohe Abtreibungsrate dort beweise schließlich das Gegenteil.

Zudem beklagen die Mitglieder des »Fatima Center«, dass der verlautbarte Text keine Worte Mariens enthalte.

Auch der randständige Internetdienst »etika.com« hält die Vatikan-Version des dritten Geheimnisses für »verkürzt« und »widersprüchlich«, während der viel gelesene Esoterik- und Ufo-Autor Peter Fiebag gar von »gezielter Desinformation« spricht. Und selbst die seriöse »Saarbrücker Zeitung« verbreitete, Schwester Lucia sei angeblich »verärgert über die päpstliche Darstellung«.

Und das, obwohl die letzte noch lebende Seherin in Fatima zu ihrem 95. Geburtstag am 22. März 2002 noch einmal öffentlich bekundete, dass das dritte Geheimnis, welches Papst Johannes Paul II. veröffentlichen ließ, in vollem Umfang dem entspreche, was ihr 1917 von der Jungfrau Maria anvertraut worden sein.

Für Kardinal Joseph Ratzinger, den Vorsitzenden der Glaubenskongregation, geht es in den von der Kirche anerkannten Privatoffenbarungen – also auch in Fatima – darum, »uns die Zeichen der Zeit verstehen zu helfen und auf sie die richtige Antwort im Glauben zu geben«.

Der Regensburger katholische Priester und engagierte Aberglaubenaufklärer Dr. Josef Hanauer führt diesen Gedanken fort; allerdings nicht ohne ironische Tönung: »Die ›richtige Antwort‹ kennen wir. Sie steckt im Schlüsselwort des dritten Geheimnisses: Buße! Buße! Buße! Mehr als siebzig Jahre lang hat die Welt gebetet und gebüßt. Es war nicht umsonst. Russland hat sich bekehrt und in der Welt herrscht seitdem eitel Friede. Wenigstens die Fatima-Freunde glauben es – vielleicht.«

Christa Kramer von Reisswitz: Das letzte Geheimnis von Fatima. Pattloch-Verlag, München 2000; Josef Hanauer: Das »Dritte Geheimnis von Fatima« kommentiert und demaskiert, Selbstverlag, Regensburg 2001

Shaolin-Mönche

Eine mystische Aura unbesiegbarer Superkämpfer umgibt die legendären Shaolin-Mönche – nicht zuletzt aufgrund zahlloser »Eastern«.

Bei ihren Deutschlandtourneen demonstrieren die jungen Männer aus der chinesischen Provinz Henan neben rasanten Kampfszenen und vollendeter Körperbeherrschung auch »das Außerkraftsetzen der Gesetze der Materie«, wie es in der Vorankündigung heißt. Aber ist es wirklich möglich, mit dem ungeschützten Kopf eine Platte aus Stahl zu zerschlagen?

Dieser scheinbar unglaubliche Höhepunkt der Shaolin-Show wird dem staunenden Publikum mit dem Wirken der geheimnisvollen Energie »Qi« erklärt. Die beiden Ingenieure und Metall-Physiker Gerhard F. Hubmer und Gottfried Hribernig vom österreichischen Stahlkonzern Voest-Alpine wollten es genau wissen.

Es gelang ihnen, zerbrochene Eisenstücke für eine Untersuchung ausgehändigt zu bekommen. Dabei stellten sie fest: Es handelt sich mitnichten um Stahl, sondern um weißes Gusseisen – durchaus hart, aber sehr spröde. Bei der Erstarrung nimmt dieses Material eine hohe Eigenspannung an, sodass es schlag- und stoßempfindlich wird.

Bei der makroskopischen Untersuchung der vermeintlichen »Stahlplatte« wies die Oberfläche eine starke Rauigkeit bis hin zu Dellen auf, welche bei starker Belastung als Kerben wirken und so die Brucharbeit weiter herabsetzen. »Unterstützend für einen sehr kleinen Wert der Bruchfähigkeit sind auch die sehr hohen Gehalte an Schwefel und Phosphor«, erklärt Hubmer.

»Ein Bruchstück wurde von uns zu Versuchszwecken noch einmal auf eine Tischkante geschlagen. Es entstand ein Riss, der bis zu drei Viertel der Dicke quer durch das Material lief, ohne dies zu entzweien. Es konnte leicht angefasst und herumgereicht werden, zerbrach dann aber bei Biegung mit minimaler Kraftanstrengung durch Daumen und Zeigefinger.«

Fazit der beiden Metall-Experten: »Der Laie assoziiert mit Eisen außerordentlich harte und massive Gebrauchsgegenstände wie Schraubenzieher oder Bewehrungsstahl im Hausbau. Das bewusste Vergessen Jahrhunderte langer Erfahrung ergibt bei der Fertigung aber nach wie vor ein extrem sprödes Stück Eisen, das bei einiger Übung von jedem entzweit werden kann. Dazu bedarf es viel Zeit und Muße, scheinbar Verrücktes oder Unmögliches auszuprobieren. An beidem fehlt es den Menschen in der westlichen Welt.«

»Der Eisenplattentrick der Shaolin-Mönche«, Berg- und Hüttenmännische Monatshefte, Nr. 11/2000

Bill Gates, Antichrist

»Massensklavenhalter«, »Menschenverblöder«, »Rechnerinfektion« – das sind nur drei von zahllosen Schimpfwörtern, mit denen Microsoft-Gründer Bill Gates im World Wide Web bedacht wird. Der vermutlich reichste Mann der Welt ist zugleich der mit Abstand unbeliebteste. Keiner zieht mehr »Hass-Seiten« im Internet mit Hetztiraden, Karikaturen, Witzen und bösen Unterstellungen auf sich als Gates.

Ein Großteil der Internetgemeinde steht seit jeher mit dem Sonnenkönig der Softwarebranche auf Kriegsfuß – vermutlich aus Frust über die Abhängigkeit von den Microsoft-Betriebssystemen. Da gehört es fast schon zur Etikette, seiner Microsoft-Aversion zu jeder Gelegenheit Luft zu machen.

Ein Beispiel: »Bill Gates ist gar nicht so schlimm«, ist da z.B. auf einer Web-Seite zu lesen, »jedenfalls nicht schlimmer als Pest, Cholera, AIDS, Caught In The Act und alte Männer in kurzen Hosen«. Und während der Besucher der Seite diese Zeilen liest, kann er gleichzeitig ein Foto beobachten, das sich allmählich verändert: Da wachsen Bill Gates langsam kleine Hörner.

Dass Gates, der mit vollem Namen William Henry Gates III. heißt, »nicht menschlich, sondern der Anti-Christ« ist, sogar davon sind nicht wenige fest überzeugt. Wieso? Ein anonymes Rechengenie will nachgewiesen haben, dass sowohl die Buchstabenfolge »Bill Gates III« als auch »Windows 95« in der gängigen Computer-Codierung ASCII »666« ergibt – die Zahl des Teufels in der biblischen Johannes-Offenbarung.

Nämlich: B (66) – I (73) – L (76) – L (76) – G (71) – A (65) – T (84) – E (69) – S (83) – I (1) – I (1) – I (1) = 666.

Sehr eindrucksvoll.

Allerdings: »In numerischen Experimenten wie auch im täglichen Leben gibt es immer wieder Fälle von Koinzidenz«, erklärt der niederländische Atomphysiker Cornelis de Jager: »Wer nicht begreift, dass solche zufälligen Übereinstimmungen gar nicht ›selten‹ sind, verwendet sie entsprechend unangemessen und inkorrekt, um die Existenz paranormaler Vorgänge zu beweisen.« Um dies zu verdeutlichen, rief Jager in seinem Heimatland spaßeshalber eine neue Religion namens »Radosophie« ins Leben. Diese gründet sich auf seinem Holland-Fahrrad. Jager: »Ich vermaß die Durchmesser des Pedalwegs, der die vorwärts schreitende Dynamik symbolisiert; des Vorderrads, das meinen Weg in eine unbekannte Zukunft lenkt; der Lampe, die mir meine Pfade erleuchte; der Klingel, die nur zur Kommunikation mit Entgegenkommenden dient.«

Diese seine »Fahrradparameter« brachte Jager mittels komplizierter Rechenvorgänge exakt mit fundamentalen Formeln wie z.B. der Gravitationskonstanten, der Lichtgeschwindigkeit oder der Entfernung zwischen Erde und Sonne in Einklang. Sein Fazit: »Ich könnte mein Fahrrad zu jeder willkürlich gewählten Zahl in Relation setzen – vom Alter des Weihnachtsmannes bis zur Anzahl der Blumen in meinem Garten. Alle Rechnungen würden aufgehen.«

Die des namenlosen Bill Gates-Hassers nicht.

»Windows 95« in ASCII-Schreibweise stellt sich so dar: W (87) – I (73) – N (78) – D (68) – O (79) – W (87) – S (83) – 9 (57) – 5 (53). Ergibt als Summe nur 665.

Und eine Bestätigung der Erkenntnis, dass »die Amerikaner mehr als jedes andere Volk in der Geschichte von der Idee besessen sind, den Antichristen zu identifizieren«, merkt der Kultautor und Verschwörungs-Experte Robert Anton Wilson an. Vermutlich komme dies von der nationalen Gewohnheit, das Leben zu mythologisieren und biblische Metaphern hinter allen Ereignissen zu sehen.

Gero von Randow: Mein paranormales Fahrrad, Rowohlt-Verlag, Reinbek bei Hamburg 1993; »Hass-Gemeinde freut sich über Abgang des Lieblingsfeindes«, Die Welt, 15. Januar 2000; www.snopes.com; www.firstsurf.com/t_billgates.htm; http://www.antims.dgerth.com; Robert Anton Wilson: Das Lexikon der Verschwörungstheorien, Eichborn Verlag, Frankfurt am Main 2000

Die Hölle angebohrt?

Irgendwo in Sibirien: Ein Geologen-Team aus Norwegen und der Sowjetunion bereitet eine wissenschaftliche Tiefenbohrung vor. Die Forscher ahnen nicht, dass ihnen ein grauenvolles Erlebnis bevorsteht, das ihr ganzes Weltbild ins Wanken bringt.

In etwa 14 Kilometern Tiefe stoppt der Bohrkopf plötzlich seinen Vorstoß in die Erdmassen und dreht sich mit hoher Geschwindigkeit im Leeren. Anscheinend ist er auf einen Hohlraum gestoßen.

Die Gruppe lässt ein hoch empfindliches Mikrofon in die mutmaßliche Höhle herab – da schallen ihnen infernalische Laute entgegen.

»Wir hörten Menschen, die vor Schmerz heulten, die Stimmen von Millionen«, berichtet später der Projektleiter Dr. Azzacov. Messungen ergeben eine Temperatur von über 1000 Grad Celsius in dem Bohrloch. Als die Wissenschaftler den Bohrkopf bergen wollen, schießt eine giftige Gaswolke aus der Erde.

»Ich glaube nicht an Gott und nicht an den Himmel«, wird Dr. Azzacov nach diesen gespenstischen Ereignissen von 1989 in einigen christlichen Magazinen zitiert. »Aber jetzt glaube ich an die Hölle. Wir sind davon überzeugt, dass wir die Decke der Hölle durchbohrt haben.«

Erzählforscher sind dagegen überzeugt, es hier mit einer typischen christlich-evangelikalen Erbauungsgeschichte zu tun zu haben, die nahezu frei erfunden ist. Zwar berichtete die Wissenschaftszeitschrift »Scientific American« im Dezember 1984 über eine Tiefenbohrung des russischen Geologen Y.A. Kozlovsky; doch die »Schreie der Verdammten« und weitere Ausschmückungen tat erst fünf Jahre später das christliche »Trinity Broadcasting Network« (TBN) in einem fantasievollen Rundfunkbeitrag mit dem Titel »Forscher stoßen auf die Hölle« dazu.

Ein norwegischer Lehrer, der gerade in Kalifornien Urlaub machte, hörte die Sendung und verbreitete die hanebüchene Story nach seiner Heimkehr auch in Skandinavien. Seither rauscht der »Höllen«-Hoax durch den religiösen Blätterwald, von »Christianity Today« bis »Praise the Lord«, und neuerdings durchs Internet (in Deutschland z.B. in »freenet«-Foren).

Die amerikanische Jux- und Sensationspostille »Weekly World News« setzte

1992 noch eins drauf und behauptete, in Alaska seien bei einer Ölbohrung 13 Arbeiter getötet worden, als aus der Tiefe eine »grauenhafte Kreatur mit wüster Fratze und Krallen« aufgetaucht sei.

Wissenschaftler der Technischen Universität (TU) Chemnitz haben derweil – vermutlich eher spaßeshalber – nachgewiesen, dass es in der Hölle keinesfalls 1000 Grad heiß sein kann. Begründung: »In der Offenbarung, Kapitel 21, Vers 8, liest man: ›Aber die Furchtsamen und Ungläubigen sollen ihren Platz in dem See finden, der von Feuer und Schwefel brennet.‹ Ein See aus geschmolzenem Schwefel bedeutet, dass seine Temperatur unterhalb des Siedepunktes liegen muss, der 444,6 Grad Celsius beträgt, denn oberhalb dieser Temperatur wäre der See Dampf und nicht flüssiger See. Wir haben somit die Maximaltemperatur der Hölle mit cirka 445 Grad Celsius bestimmt.«

www.snopes.com; www.freenet.de; http://www-user.tu-chemnitz.de/~fhl/fhl2/witz/hihoe.html

Die Jedi-Religion

»Möge die Macht mit euch sein!«
Das ist das Leitmotiv der »Star Wars«-Filme, bis zum Endziel kosmischer Harmonie und versöhnter Ganzheit in einem erlösten Universum.
Die Leinwand-Saga spielt »irgendwann in ferner Zukunft«. Doch warum nicht versuchen, schon jetzt die Welt ins Gleichgewicht zu bringen und zu diesem Zweck den Jedi-Glauben zur Religion auszurufen?
Im Jahr 2001 kursierte im Vorfeld großer Volkszählungen in England, Australien und Neuseeland eine Ketten-E-Mail, in der die Empfänger aufgefordert wurden, sich zur »Jedi-Religion« zu bekennen. Sobald mehr als 10 000 Menschen dies täten, würde der Jedi-Glaube offiziell anerkannt.
Jux oder ernsthaftes Anliegen? Das konnte nicht genau geklärt werden. Wie auch immer: Ob bei einer Volkszählung nun 10 000 oder 100 000 oder zehn Millionen Bürger ihre Gesinnung äußern, an die »Macht« zu glauben – dies wird von den Behörden automatisch in der Kategorie »not defined« abgelegt, also als »nicht angegeben« gewertet.

Das sei so ähnlich, erklärt ein Sprecher des britischen Amts für Statistik, wie wenn jemand seinen Lieblings-Fußballclub als Religion angebe. Etwa »Manchester United« oder »Chelsea«, was gar nicht so selten vorkomme. Denn eine offiziell anerkannte Religionsgemeinschaft muss neben der gemeinsamen Glaubensüberzeugung auch eine formale Organisationsstruktur aufweisen. Nüchtern betrachtet mangelt es den zahllosen Jedi-Fans auf der ganzen Welt nicht nur an Letzterem, sondern auch an der geforderten Geschlossenheit, was die Motive und Begründungen ihres »Glaubens« angeht. Religion wird in der »Star Wars«-Reihe vor allem als typisch postmoderner, beliebig mischbarer Cocktail verabreicht.

»Einige Anmerkungen zur Star-Wars-Saga«, EZW-Materialdienst, Nr. 1/2000; Heiko Erhardt/Michael Landgraf: »Beam me up, Scotty«. Religiöse Elemente in populärer Science-fiction, EZW-Texte 157/2001 ; http://spezial.tvspielfilm.de; www.snopes.com; www.urbanlegends.about.com; »Das Evangelium nach Lukas«, Chrismon, Nr. 5/2002

Der Jesus-Klon

»Die Wiederauferstehung von Jesus Christus ist nicht mehr weit. Wenn alles gut geht und die Technik weiterhin so rasante Fortschritte macht, dann wird es demnächst möglich sein, den Sohn Gottes zu klonen. Von IHM besitzen wir zahlreiche heilige Relikte, wie etwa das Schweißtuch der Veronika, auf denen nicht nur die Umrisse oder Abdrücke SEINES Leichnams zu sehen, sondern sehr wahrscheinlich auch Spuren SEINES Blutes zu finden sind. Vorausgesetzt, diese Relikte sind echt, sollte sich daraus SEINE DNA gewinnen lassen. Sie wäre in eine unbefruchtete und entkernte menschliche Eizelle einzusetzen, und diese wiederum einer Jungfrau einzupflanzen – den Rest würde dann die Natur besorgen … SEINE Geburt würde uns – mitsamt eines gentechnologischen Gottesbeweises – ein neues Kalendarium bescheren.«

Mit dieser Ankündigung erregte zum Millenniumswechsel 2000/2001 eine nicht näher ausgewiesene Nonprofit-Organisation in Berkeley, Kalifornien, namens »The Second Coming Project« (zu Deutsch etwa: »Projekt Wiederkunft«) weltweit Aufsehen.

Eine »nicht untypische amerikanische Mischung aus uneingeschränkter Technologiegläubigkeit und christlichem Fundamentalismus«, wie z.b. der Medizinprofessor Fred Sinowatz in einem deutschsprachigen Internet-Expertenforum das »merkwürdige Unterfangen« kommentierte. Blasphemie?

Weder noch. Sondern eine scherzhaft gemeinte Provokation, die schnell zur Wandersage mutierte. Auf der Web-Seite von »The Second Coming Project« stößt man als Urheber auf den amerikanischen Buchverleger Kristan Lawson aus Berkeley, der u.a. das berüchtigte »Manifest« des Öko-Terroristen Theodore Kaczynski herausgebracht hat, der als »Unabomber« traurige Berühmtheit erlangte.

Sonderlich originell ist die Idee vom »Jesus-Klon« übrigens nicht. Sowohl der John Case-Roman »The Genesis Code« von 1997 als auch eine Episode von »Star Trek: The Next Generation« (1993) und der Mystery-Serie »The Outer Limits« von 1999 spielten bereits mit dieser Vorstellung.

»Seine eingeborene DNA«, Berliner Zeitung, 12. März 2001; www.snopes.com; www.meome.de

Lichtkreuze

Nur noch wenige Wochen dauert es – dann kommt Christus auf die Erde zurück, verkündeten 2002 auch die Mitglieder einer neureligiösen »Transmissionsgruppe« in Hamburg. Schließlich gebe es doch diese »mysteriösen Lichtzeichen« auf Häusern. Ein Phänomen, das zuerst in den USA, später in Asien, Afrika und schließlich in Europa aufgetreten sei, auch in Berlin und Süddeutschland.

Und wirklich: Auf einem Film, den die »Transmissionsgruppe« Zweiflern vorführte, waren sehr helle Lichtkreuze innerhalb eines viel lichtschwächeren Kreises mit einem hellen Rand zu sehen. »Vorausgesetzt, die Sonne scheint.« Des Rätsels Lösung: Bei einer rechteckig eingespannten Fensterscheibe, die unter Druck gerät, ergibt sich aus geometrischen Gründen eine ausgeprägte

Einbuchtung längs der Diagonalen der Scheibe. Eine derart verformte Scheibe reflektiert das auftreffende Licht an den konvexen Krümmungsabschnitten (den Tälern) divergierend und an den konkaven Krümmungsabschnitten konvergierend.

Die Scheibe fokussiert demnach an den inneren Flanken der diagonalen Täler das Licht und defokussiert es an dessen äußeren Rändern. So entsteht bei tief stehender Sonne und einem Nord-Süd-Straßenverlauf auf der gegenüberliegenden Häuserwand ein deformierter Lichtreflex, bei dem ein zentrales Kreuz im Innern eines lichtschwächeren Kreises erscheint.

Kommentar der Hamburger »Transmissionsgruppe« zu dieser unprosaischen physikalischen Erklärung: »Alles Unsinn.«

»Fensterkreuze mit Licht gemalt«, Physik in unserer Zeit, Nr. 31/3 (2000); »Die geheimnisvollen Lichtzeichen«, Hamburger Morgenpost, 28. Januar 2002

Procter&Gamble und die Satanskirche

Profitiert von jedem Euro, den wir für »Ariel«-Waschmittel oder »Blendax«-Zahnpasta ausgeben, die amerikanische Satanskirche?

Immer wieder werden dem Lebens- und Reinigungsmittelkonzern Procter&Gamble Verbindungen zum organisierten Satanismus nachgesagt. In einem auch in Deutschland weit verbreiteten Flugblatt wird unter Bezugnahme auf eine E-Mail aus den USA behauptet, der Präsident des Unternehmens habe in einer Talkshow erklärt, ein Großteil des Gewinns von Procter&Gamble komme der »Church of Satan« zugute.

Das mutet einigermaßen befremdlich an. Welcher Geschäftsmann würde so etwas im Fernsehen an die große Glocke hängen? Außerdem ist Procter& Gamble eine Aktiengesellschaft, und auch der Präsident der Firma kann durchaus nicht nach Lust und Laune über die Gewinne verfügen.

Trotzdem fordert besagtes Flugblatt, das sich »an alle Christen« richtet, dazu auf, auch andere über diese »Hintergründe« zu informieren und Procter& Gamble-Produkte zu boykottieren. Die deutsche Pressestelle des Unternehmens sieht darin »Teil einer schon jahrelangen Verleumdungskampagne, deren Urheber wir nicht kennen, deren geschäftsschädigende Zielsetzung jedoch offensichtlich ist«.

Das ist wohl wahr, denn der P&G-Chef ist nachweislich nie in jener US-Talksendung (»Phil Donahue-Show«) aufgetreten. Die Evangelische Zentralstelle für Weltanschauungsfragen (EZW) in Berlin reagierte auf die zahlreichen »besorgten Briefe und Faxe, die bei uns eingingen«, mit folgender Stellungnahme:

»Seit 1976 sieht sich der internationale Konzern wiederholt dem Gerücht ausgesetzt, Unterstützer der Satanskirche zu sein. In der Vergangenheit war das Firmenlogo, das den Mann im Mond und Sterne zeigt, wiederholt Anlass für wüste Spekulationen.

An diesem neuerlichen Beispiel lässt sich erkennen: Böswillige Gerüchte können sich über einen längeren Zeitraum halten, und sie können im Einzelfall für ein Unternehmen zu verhängnisvollen Konsequenzen führen.«

Weltanschaulich betrachtet handele es sich bei diesem Gerücht um eine Ausdrucksform eines regelmäßig wiederkehrenden Anti-Satanismus, der sich mit Verschwörungstheorien mische, aber auch wahnhafte Züge annehme. Leichtgläubige könnten einer böswilligen Unterstellung aufsitzen und durch Weitergabe dieser erwiesenermaßen falschen Behauptungen – wenn auch unbewusst – zu aktiven Unterstützern einer Verleumdungskampagne werden.

Für diffuse Ängste in unserer Zeit böten leichtfertige Satanismus-Unterstellungen allemal eine willkommene Projektionsfläche. Man meint, das Böse zu identifizieren und durch Boykottmaßnahmen aus dem Feld schlagen zu können.

»Anti-Satanismus und jüngstes Gerücht«, EZW-Materialdienst, Nr. 1/2000; Jan Harold Brunvand: Encyclopedia of Urban Legends, ABC-Clio, Santa Barbara 2001; www.snopes.com

Das 6. und 7. Buch Mosis

Im Kleinanzeigenteil diverser Heftromane und Esoterik-Blätter wird es immer wieder marktschreierisch feilgeboten. Oder besser gesagt: ein Buch, das diesen Titel trägt. Mit dem biblischen Moses, dem die ersten fünf Bücher des Alten Testaments zugeschrieben werden, hat die Spuk-Schwarte jedoch absolut nichts zu tun.

Nachweislich tauchte das »6. und 7. Buch Mosis« erst im 18. Jahrhundert im deutschen Sprachraum auf. Und zwar in einer Verkaufsanzeige im »Allgemeinen Literarischen Anzeiger« vom 18. März 1797. Kurz gesagt handelt es sich dabei um einen zugkräftigen und publikumswirksamen Titel, unter dem der Stuttgarter Antiquar und Verleger Johannes Scheible verschiedene magische und abergläubische Schriften zusammenfasste. Inhaltlich griff er vorwiegend auf alte Volksbräuche zurück. Vor Albdrücken etwa »schütze man sich, indem man sein Taschenmesser halb zugeklappt unter das Kopfkissen legt, oder wenn man die Schuhe so vor das Bett stellt, dass sich ihre Spitzen berühren«.

Oder: »Will man es anstellen, dass ein Mann ein Mädchen zu lieben aufhöre, so bestreiche man die Türschwelle des Hauses, in dem das Mädchen wohnt, auf der einen Seite mit dem Herzen, auf der anderen Seite mit der Leber oder der Lunge eines Igels und vergrabe selber zuletzt die gebrauchten Fleischstücke unter der Schwelle.«

Moses musste als Namensgeber für diesen Nonsens herhalten, weil man den Empfänger der Zehn Gebote bereits im Altertum im Besitz geheimer Kenntnisse wähnte und er mit der okkulten Tradition Ägyptens in Verbindung gebracht wurde.

Mittlerweile haben Geschäftemacher auch ein »8. und 9. Buch Mosis« und ein »10. und 11. Buch Mosis« herausgebracht.

Christoph Daxelmüller: Zauberpraktiken. Eine Ideengeschichte der Magie, Patmos-Verlag, Düsseldorf 2001

Stigmata

Dünne Blutfäden rieselten seine Finger entlang, wenn Pater Pio am Altar mit beiden Händen die heilige Hostie erhob. Selbst braune, wollene Halbhandschuhe und die steif gestärkten Ärmel seines Messhemdes konnten das Mysterium nicht vor den Augen der Gottesdienstbesucher verbergen. Fast 50 Jahre lang zelebrierte der Kapuzinermönch Pater Pio im süditalienischen Kloster San Giovanni Rotondo täglich um fünf Uhr die Frühmesse. Und vollzog dabei das Leiden Christi nicht nur im katholisch-mystischen Sinne nach – sondern für alle sichtbar an seinem eigenen Körper.

»Er ist wirklich der Schmerzensmann, der mit dem Tode ringt«, schilderte 1955 eine Buchautorin tief beeindruckt ihre Begegnung mit dem Ordenspriester. »Sein Schritt ist schwerfällig und strauchelnd. Mit durchbohrten Füßen geht es sich nicht gut. Seine Reflexe sind durchweg die der Handverletzten, die sparsam sind mit ihren Gebärden. Vom Sanctus an strömen dicke Schweißtropfen von seiner Stirn, überschwemmen das von Seufzern verzerrte Gesicht. Pater Pio hebt die Hostie mit flehender Gebärde hoch. Hierbei kommen die Wunden seiner Hände, rot und blutig, zum Vorschein.«

Fünf Wundmale an Händen, Füßen und Seite. Wie der gekreuzigte Jesus Christus. Schon zu Lebzeiten galt Pater Pio von Pietrelcina bei seinen frommen Verehrern deswegen als Heiliger. Im Sommer 2002 erhob ihn die Kirche vor einer halben Million Gläubigen auf dem Petersplatz in Rom ganz offiziell zur Ehre der Altäre.

Den Aspekt der Stigmata klammerte die vatikanische Behörde für Heilige und Selige dabei aus. Heilig sei der Kapuziner seines heroischen Tugendlebens wegen. Und doch: Es waren fraglos die mysteriösen Verletzungen, welche die Faszination des Mönches ausmachten, der am 23. September 1968 im Alter von 81 Jahren starb.

Aktuell soll es etwa 25 Stigmatisierte auf der Welt geben – also Männer und Frauen, die Wundmale ähnlich den Nagel-, Stich- und Geißelwunden Jesu Christi am Körper tragen.

Einer von ihnen ist der ehemalige Bäcker Johannes Hellmer aus Pöcking am Starnberger See. Zu Ostern 2000 präsentierte er in TV-Magazinen wie »taff« oder »SAM« bereitwillig seine blutenden Wunden an Händen, Füßen und Stirn.

Am Karfreitag 1993 sei dem damals 33-Jährigen eine »Lichtgestalt« erschienen, »die aus Händen und Füßen blutete«, erzählt Hellmer. Anschließend will er in Ohnmacht gefallen sein. Am nächsten Tag habe auch er selbst Wundmale gehabt. »Meine Gliedmaßen waren geschwollen, bluteten, ich hatte wahnsinnige Schmerzen.«

Hellmers Hausärztin attestierte ihm, dass Blut und Wunden echt seien, ein Aufkratzen aber nicht ausgeschlossen werden könne. In der RTL-Sendung »Life« präsentierte Johannes Hellmer sich als »Heiler«, der angeblich einer halbseitig gelähmten Kranken geholfen habe. Eine Untersuchung an der Dermatologischen Klinik der Uni München hat der Ex-Bäcker bislang kategorisch abgelehnt. Für das Bischöfliche Ordinariat München-Freising ist Hellmer ein »geschäftstüchtiger Mensch«, der religiöse Motive lediglich vorschiebt.

In den USA machte 1999 die Bolivianerin Katya Rivas Furore, die in der TV-Sendung »Signs from God« (»Göttliche Zeichen«) ihre Stigmata zeigte. Allerdings beobachtete die Kamera Rivas Blutungen und die Bildung der Wunden nicht unmittelbar, sondern zeigte nur »Vorher«- und »Nachher«-Bilder. Nach der Ausstrahlung von »Signs of God« lud der Sender den Trickexperten Joe Nickell zu einer Diskussion ein. Problemlos konnte Nickell auf scheinbar wundersame Weise die gleichen blutenden Male wie Katya Rivas produzieren – mit Hilfe einer versteckten Rasierklinge.

Für Skeptiker, die mit dem so genannten »Sparsamkeitsprinzip« argumentieren (nach dem die nahe liegendste Erklärung in aller Regel die beste sei) ist damit der Fall klar: Stigmatische »Wunderwunden« sind ausschließlich Schwindel und Betrug.

Viele Gläubige dagegen empfinden eine solche Erklärung als Blasphemie. Nicht nur in Italien zählt Pater Pio zu den am meisten verehrten Volksheiligen. Ein Schwindler?

Tatsächlich verwischen sich in den meisten Fällen von Stigmatisation nahezu unentwirrbar die Grenzen zwischen einer zumindest denkbaren wundersamen Ursache, Betrug, echten Verklärungszuständen, religiöser Hysterie, psychosomatischen Störungen und einer fragwürdigen Frömmigkeitspraxis, die das Leiden Christi nachzuahmen sucht.

Ein Reporter des »Zeit-Magazins« berichtete 1999 über einen Stigmatisierten namens George Hamilton in Ruchazie, einem grauen Sozialwohnungsviertel im katholischen Osten der schottischen Stadt Glasgow.

Hamilton ist ein schwer kranker Mann. Wegen einer Störung im Nervengeflecht des Verdauungstrakts kann er keine feste Nahrung zu sich nehmen. Zum Essen muss er einen Pumpcontainer an einen Schlauch anschließen und sich diesen durch die Speiseröhre bis in den Magen schieben. Gegen Ende der 1980er sei er morgens aufgewacht und dachte, er habe Nasenbluten. Doch das Blut an der Bettdecke kam aus kleinen Wunden auf seinem Handrücken und in seinen Handflächen.

Dann entdeckte er Wundmale auch an seinen Füßen.

Ein anderes Mal strömte Blut über sein Gesicht, als habe man ihm »eine Dornenkrone aufgesetzt«. Hamilton ist katholisch, aber nicht inbrünstig religiös. Ein Vertreter der schottischen Bischofssynode hält den Stigmatisierten von Glasgow schlicht für »ein bisschen plemplem.« Sein Hausarzt Dr. John Spence ist der Überzeugung, Hamiltons Leiden habe psychosomatische Ursachen.

Hamiltons Schilderungen decken sich fast genau mit der Krankengeschichte der englischen Skakespeare-Expertin Katherine Duncan-Jones aus Oxford. Der »Zeit«-Reporter: »Ihre Hände und Füße begannen zu bluten, als ihre Tochter aus dem elterlichen Heim auszog. Sie nennt jeden Schritt ein ›Gehen auf Messern‹. Hamilton spricht von ›Teppichnägeln und Glasscherben‹ unter seinen Sohlen. Auch eine ›Lanzenwunde‹ brach bei Duncan-Jones auf. Ihre Symptome wurden schließlich als Psoriasis diagnostiziert, eine vermutlich durch Stress mitverursachte Autoimmunreaktion der Haut.«

Jeder hat schon einmal die Erfahrung gemacht: Die Haut ist ein Spiegel unserer Seele. Wir bekommen eine Gänsehaut, wenn wir uns unbehaglich fühlen oder werden blass vor Schreck. Die Haut übersetzt also gewissermaßen seelische Empfindungen nach außen. Wird dieser Vorgang krankhaft, sprechen Mediziner von einer psychogenen Dermatose. Der deutsche Psychiater Dr. Alfred Lechler wies schon in den 20er Jahren des vorigen Jahrhunderts in einer langen Reihe von Versuchen nach, dass einfache Stigmata durch Hypnose erzeugt werden können.

Einer tief gläubigen Hausangestellten namens Elizabeth suggerierte er, dass wie bei Jesus Christus Nägel durch ihre Hände und Füße gebohrt werden. Jedes Mal erschienen die entsprechenden Wunden. Die meisten Mediziner und Psychologen erklären die Entstehung von Stigmata denn auch mit einem Mechanismus, der im Rahmen des organisch Möglichen verläuft.

Fest steht jedenfalls: Die geistigen Vorstellungen der Betreffenden spielen eine große Rolle beim Phänomen der Stigmata. Denn es ist erwiesen, dass die Römer bei Kreuzigungen die Nägel stets durch die Gelenke der Hände und Füße getrieben haben. Das bedeutet: Die Nagelwunden der meisten Stigmatisierten in den Hand- und Fußflächen stimmen nicht mit der historischen Wirklichkeit überein, haben also zu den Wundmalen Jesu allenfalls eine symbolische Beziehung. Anscheinend neigen Stigmatisierte dazu, ihre Wunden nach ihrem jeweiligen Lieblingskruzifix zu gestalten.

Und so bleibt es letztendlich eine Frage des persönlichen Glaubens, ob man »Stigmata« – was nichts anderes als »Zeichen« (aus dem Griechischen) bedeutet – eine neutrale, eine negative oder eine positive Sinngebung einräumt. Warum solche mystischen Chiffren auch heute noch faszinieren und in Filmen wie »Stigmata« oder TV-Serien wie »Akte X« weidlich ausgeschlachtet werden, liegt indes auf der Hand: Stigmatisierte wie Franz von Assisi (13. Jahrhundert), Pater Pio (20. Jahrhundert) oder Therese Neumann aus dem oberpfälzischen Konnersreuth (20. Jahrhundert) verkörpern den Wunsch vieler Gläubigen nach einer weniger bürokratischen Kirche, einer volksfrömmigen Kirche der Wunder und des Undurchschaubaren, ohne schwer zu verstehende theologische Erklärungen und Abwägungen.

Josef Hanauer: Der stigmatisierte Pater Pio von Pietrelcina, Bock&Herchen-Verlag, Bad Honnef 1979; Ian Wilson: The Bleeding Mind. An Investigation into the Mysterious Phenomenon of Stigmata, Weidenfeld and Nicholson-Verlag, London 1988; Ted Harrison: Stigmata. A Medieval Mystery in a Modern Age, Harper/Collins-Publishers, London 1994; »Der Stigmatisierte«, Zeit-Magazin, 13. März 1999; Christoph Daxelmüller: »Süße Nägel der Passion«, Patmos-Verlag, Düsseldorf 2001

Das Turiner Grabtuch

Jesus war 1,81 Meter groß, wog 80 Kilogramm und hatte die Blutgruppe AB. Das jedenfalls meldete das Nachrichtenmagazin »Focus« zu Ostern 1998. Woher bezogen die Journalisten dieses sensationelle Wissen über den Gottessohn? Vom so genannten Turiner Grabtuch. Dessen eingehende Analyse lasse laut »Focus« solch detaillierte Schlussfolgerungen durchaus zu.

Tatsächlich?

Das etwa fünf Quadratmeter große Leinen bietet seit Jahrhunderten eine willkommene Projektionsfläche für Spekulationen, Hoffnungen, Wunschvorstellungen und Fantastereien jeder Art.

Für die einen ist der vergilbte Stoff mit dem aufgeprägten Antlitz Jesu Christi heilig, mindestens aber die kostbarste Reliquie der Christenheit. Andere sehen darin eine Fälschung aus dem Mittelalter, entstanden »im Interesse des kirchlichen Kommerz«.

Sehen wir uns die historischen Fakten an:

Frankreich, im Jahre 1389: In der Gemeinde Lirey, südöstlich von Paris, geht etwas Ungeheuerliches vor sich. Pilger in großer Zahl besuchen den Ort, um das »wahre Grabtuch Jesu« zu bestaunen. Ausgestellt ist es in der Stiftskirche Maria Verkündigung, die von dem angesehenen Ritter Geoffroy von Charny erbaut wurde.

Doch beim zuständigen Bischof von Troyes, Pierre d'Arcis, ruft das mysteriöse Leinen nur ungläubiges Kopfschütteln hervor. D'Arcis stellt Nachforschungen an. Er findet heraus, dass die Charnys das Tuch seit etwa 35 Jahren öffentlich herzeigen. Und dass sich bereits sein Amtsvorgänger, Bischof Henri de Poitiers, mit der Angelegenheit befasst hatte.

D'Arcis ist empört ob der Unverfrorenheit der Stiftsherren von Lirey – und verfasst schließlich ein Memorandum an Papst Clemens VII.:

»Die Sache, Heiliger Vater, verhält sich so: Vor einiger Zeit hat in dieser Diözese von Troyes der Dekan einer gewissen Stiftskirche, und zwar der von Lirey, fälschlich und betrügerisch, von der Leidenschaft der Habsucht verzehrt und nicht aus einem Motiv der Frömmigkeit, sondern nur des Gewinns für seine Kirche wegen, ein mit Schlauheit gemaltes Tuch angeschafft, auf dem durch geschickte Kunst das zweifache Bild eines Mannes gemalt wurde, das heißt die Rück- und Vorderseite, wobei er fälschlich erklärt und vorgibt, dass dies das wirkliche Grabtuch sei, in welches unser Heiland Jesus Christus im Grab eingehüllt war und auf welchem das ganze Bildnis des Heilands zusammen mit den Wunden, die Er trug, auf diese Weise abgedrückt wäre ...«

Papst Clemens VII. reagiert auf das wortmächtige Schreiben seines Bischofs mit einem salomonischen Urteil. Er verbietet die Ausstellung nicht, verlangt jedoch, es müsse öffentlich erklärt werden, dass es sich »nur um ein Bild oder eine Darstellung« des Grabtuchs handele.

Davon gibt es übrigens viele. Nach heutigen unsystematischen Recherchen kursieren zu jener Zeit zwischen 40 und 130 »echte« Grabtücher Jesu, vor denen fromme Wallfahrer um Hilfe in ihren Anliegen beten. Auch im Domschatz von St. Stephan zu Wien befinden sich Reliquien »vom Leintuche und Schwamme Christi«.

Der französische Priester und Gelehrte Cyr Ulysse Chevalier trägt mehr als 50 Dokumente und Berichte aus dem 14. Jahrhundert zum Grabtuch zusammen und wertet sie akribisch aus. Seine »Etude critique sur l'origine du Saint Suaire de Lirey-Chambéry-Turin« (Kritische Studie über den Ursprung des heiligen Grabtuches von Lirey-Chambéry-Turin) offenbart einiges über die »irre Begeisterung des Mittelalters für Relikte«. Aber nichts, was für die Echtheit des Turiner Grabtuchs sprechen könnte.

1898 wird das Tuch anlässlich der Hochzeit von Victor Emmanuel III. von Savoyen mit Helena von Montenegro wieder öffentlich ausgestellt. An den Turiner Ratsherrn, Rechtsanwalt und Hobby-Fotografen Secondo Pia ergeht die Erlaubnis, ein Foto davon zu schießen. Als Pia die Platten in seiner Dunkelkammer entwickelt, enthüllt er eine Sensation. Auf dem Negativ erscheinen nicht die verschwommenen Konturen, wie das Tuch sie zeigt, sondern deutlich das ausgeprägte Bild eines Mannes.

Anders gesagt: Auf Fotos oder mit bloßem Auge kann man das eingeprägte Bild des unbekleideten bärtigen Mannes nur schwach und ohne starke Kontraste ausmachen. Auf einem Foto-Negativ mit Hell-Dunkel-Umkehrung treten dagegen Gesicht und Körper unerwartet sehr viel deutlicher, nahezu lebensgetreu, hervor.

Muss man daraus schließen, dass das Negativ das eigentliche (Positiv-)Bild abgibt, also das Abbild auf dem Grabtuch selbst eine Art Negativ ist? Das wiederum würde ein Fälschung ausschließen, denn: »Sollte ein Maler des 13. Jahrhunderts ein Negativbild gemalt haben – ein halbes Jahrtausend vor der Erfindung der Fotografie?«, argumentiert der Jesuit und Grabtuchexperte Werner Bulst. »Eine absurde Vorstellung!«

Also: Wie käme ein Maler im 14. Jahrhundert dazu, ein fotografisches Negativ zu gestalten? Die Antwort ist recht simpel und widerlegt zugleich die gesamte These vom geheimnisvollen und unerklärlichen »Negativ«: Der Abdruck auf dem Turiner Grabtuch ist nämlich mitnichten ein echtes Negativ. Wieso nicht?

Wenn das Abbild auf dem Tuch ein Negativ wäre, dann würden wir auf dem Negativ vom Negativ – also auf dem Foto von Secondo Pia – erkennen, wie es richtig aussieht.

Die berühmte Aufnahme des Turiner Hobbyfotografen zeigt aber den Mann auf dem Tuch mit weißen Haaren und weißem Bart. Und so hat Jesus Christus als Jude im Nahen Osten gewiss nicht ausgesehen.

Dafür passt das Motiv auf dem Turiner Grabtuch ziemlich genau zum Versuch eines Malers, einen liegenden Körper dreidimensional zu zeichnen. Wenn als Vorlage ein Flachrelief benutzt worden wäre (oder aber ein »Body-Double«, also ein echter männlicher Körper, was auch die zahlreichen korrekten anatomischen Details wie die Nagelwunden in den Handgelenken oder die Anordnung der Geißelspuren erklären würde), ist ein solches Abbild durchaus mit den damaligen Mitteln machbar gewesen.

Das belegen Selbstversuche des amerikanischen Skeptikers Joe Nickell, dem mit verschiedenen Techniken (u.a. Relief-Durchrieb) nahezu identische Ergebnisse gelungen sind.

Dass das Bildnis des bärtigen Mannes nicht durch verdampfende Öle und Körperschweiß noch durch einen wie auch immer gearteten radioaktiven »Blitz« im Moment der Auferstehung entstanden sein kann, ergibt sich aus zahlreichen Details. Einige davon listet Amardeo Sarma von der »Gesellschaft zur wissenschaftlichen Untersuchung von Parawissenschaften« (GWUP) auf: Ein Tuch, das auf dem Körper liegt, fällt an den Seiten entsprechend den Konturen ab. Demnach müsste der Abdruck an den Seiten, z.B. des Gesichts, vergrößert und durch das entstandene Bild entsprechend verzerrt sein. Das Turiner Grabtuch zeigt keine solchen Seitenverzerrungen.

Auch unter idealen Bedingungen und bei einem noch unbekannten Abdruck-Verfahren müsste das Tuch wie ein hartes Brett über den Körper gespannt werden, um ein unverzerrtes Bild in zwei Dimensionen aufzunehmen. Außerdem müssten die Stoffe, die einen solchen Abdruck verursachen, senkrecht nach oben steigen, ohne zu verlaufen. Auf natürliche Weise könnte so allenfalls ein verschmiertes Bild entstehen.

Der Fußabdruck auf dem Tuch passt geometrisch nicht zur Stellung des Beines. Die Füße eines liegenden Menschen zeigen gewöhnlich mit den Zehenspitzen nach oben. Da aber die Füße mit den Sohlen auf dem Tuch stehen, müssten die Beine angewinkelt gewesen sein.

Verzerrungen und fehlende Stellen, wie sie durch Falten in einem Tuch hätten entstehen müssen, fehlen gänzlich. Das Abbild ist schlicht zu gut, um echt zu sein.

Die Haare des abgebildeten Mannes auf dem Turiner Grabtuch fallen nicht nach hinten, wie es bei einem liegenden Menschen zu erwarten wäre, sondern sie bleiben steif an der Seite des Kopfes, wie bei einer Malerei.

Die beiden Arme und Finger sind unterschiedlich lang. Dass ein Arm mehr als zehn Zentimeter länger ist als der andere, muss zumindest als äußerst ungewöhnlich bezeichnet werden.

Das Blut fließt wie bei einer Malerei in kleinen Rinnsalen und verklebt nicht, wie es zu erwarten wäre. Wer schon einmal Blut auf seiner Kleidung hatte, erinnert sich vielleicht an die hässlichen Flecken, die entstehen. Mit der Zeit werden diese schwarz. Das »Blut« auf dem Tuch schimmert immer noch rot. Kein Wunder: Denn der angebliche Nachweis von menschlichem Blut erbrachte in Wirklichkeit lediglich das Vorhandensein von Eisen, Eiweiß und anderen Substanzen, die auch im Blut vorkommen.

Der US-Chemiker Walter McCrone (ehemaliges Mitglied im STURP = »Shroud of Turin Research Project«) geht davon aus, dass es sich bei den rötlichen Flecken auf dem Turiner Grabtuch um Temperafarbe handelt, die im Mittelalter aus tierischen Substanzen wie Knochen etc. gewonnen wurde und deshalb Elemente von Blut enthält. Entscheidend ist aber, dass bislang ein wesentlicher Bestandteil von menschlichem Blut nicht auf dem Stoff identifiziert werden konnte: Kalium, das in der dreifachen Konzentration wie Eisen im Blut vorkommt.

Als jüngstes Indiz wird nun stattdessen der Nachweis von DNA auf dem Grabtuch angeführt. Das ist zwar durchaus möglich, aber wenig aussagekräftig. Nachdem im Laufe der Jahrhunderte so viele Menschen mit dem Tuch in Berührung gekommen sind, wäre es eher eine gelinde Überraschung, kein menschliches Erbgut darauf zu finden.

1973 erhielt der Schweizer Kriminologe Max Frei-Sulzer als Berater einer Untersuchungskommission für das Grabtuch die Erlaubnis, eine Pollenstudie vorzunehmen. Er presste schmale Streifen Klebeband auf die Oberfläche des Leinens und zog sie vorsichtig wieder ab. Die Streifen mit den daran haftenden Partikeln untersuchte er unterm Mikroskop.

Drei Jahre nahm Frei-Sulzers Analyse in Anspruch. Dann veröffentlichte er in dem Fachblatt »Naturwissenschaftliche Rundschau« die Ergebnisse: Er habe auf dem Grabtuch Pollen gefunden, die charakteristisch seien für zwei türkische Regionen, und zwar um Istanbul (früher Konstantinopel) und in der anatolischen Steppe in der Nähe von Urfa (das ehemalige Edessa).

Erstaunlicher ist indes, dass andere Experten – darunter auch Befürworter der Echtheit des Tuches – bei eigenen Forschungen nur sehr wenige Blütenpollen auf dem Stoff fanden, die bei weitem nicht für eine Datierung oder gar für eine Rekonstruktion der »Reiseroute« des Grabtuchs ausreichen.

Außerdem lassen Frei-Sulzers Mikro-Fotografien in der »Naturwissenschaftlichen Rundschau« Pollen erkennen, die »frisch« aussehen und ganz sicher keine Hunderte von Jahren alt sind.

Der Kriminologe starb 1983. Von dem Verdacht, dermaßen von der Echtheit des Grabtuchs überzeugt gewesen zu sein, dass er einfach finden musste, was er für seinen Glauben benötigte, konnte Frei-Sulzer sich zeitlebens nicht überzeugend reinwaschen.

Wie alt ist das Turiner Grabtuch also wirklich?

Endgültige Klarheit schafft 1988 ein Radiocarbon-Test – eine gebräuchliche naturwissenschaftliche Datierungsmethode, bei welcher der allmähliche radioaktive Zerfall eines Kohlenstoff-Isotops zur Altersbestimmung archäologischer Objekte genutzt wird.

Proben des Grabtuchs werden entnommen, mit verschiedenen Verfahren (z.B. Ultraschall) gereinigt und von drei unabhängigen Labors untersucht. Die Ergebnisse stimmen exakt überein: Das Leinen stammt aus dem Mittelalter. Verdächtigungen, eine »bioplastische Schicht«, also etwa Bakterien, hätten die Analyse verfälscht, erweisen sich als haltlos. Um eine derart starke Fehldatierung zu bewirken, hätten die Bakterien zweimal soviel wiegen müssen wie das 4,36 Meter lange und 1,10 Meter breite Tuch selbst. Der Physiker Thomas Pickett von der University of Southern Indiana: »Man hätte dann lieber sagen sollen, die Bakterien seien durch ein wenig Leinen verunreinigt.«

Bedeutsam bleibt das Turiner Grabtuch auch für eingefleischte Skeptiker dennoch. Bietet es doch die Möglichkeit zu untersuchen, wie Glaubensbereitschaft entsteht und trotz eindeutig widersprechender Beweislage fortbestehen kann.

Eine spannende Aufgabe.

Werner Bulst: Betrug am Turiner Grabtuch. Der manipulierte Carbontest, Knecht-Verlag, Frankfurt am Main 1990; Josef Dirnbeck: Jesus und das Tuch: die »Echtheit« einer Fälschung, Edition Va Bene, Wien-Klosterneuburg 1998; Joe Nickell: Inquest on the Shroud of Turin – Latest Scientific Findings, Prometheus-Books, Amherst/New York 1998; »Das Turiner Grabtuch als Forschungsgegenstand«, Skeptiker, Nr. 2/2000; Roman Laussermayer: Meta-Physik der Radiokarbon-Datierung des Turiner Grabtuches: Kritische Analyse und neue Deutung der Datierungsergebnisse, Verlag für Wissenschaft und Forschung, Berlin 2001; Arabella Martinez Miranda: Das Turiner Grabtuch. Echtheitsdiskussion und Forschungsergebnisse im historischen Überblick, Diplomarbeit am Institut für Geschichte der Universität Salzburg, im Internet unter www.huinfo.at/grabtuch/grabtuch.htm

Unverweste Leichname

Sein Gesicht schimmerte pergamentfarben, die Lippen waren leicht geöffnet, das weiße, golddurchwirkte Seidengewand wirkte gänzlich unversehrt: Als Vatikan-Experten am 16. Januar 2001 das Grab von Johannes XXIII. in der Krypta der Peterskirche öffneten, um den Heiligen Vater umzubetten, glaubten sie sich einem Schlafenden gegenüber.

»Der Körper war intakt, als wäre er am Vortag beerdigt worden«, berichtete Kardinal Vigilio Noe später. »Keine Spur vom Triumph des Todes war zu sehen« – und das 38 Jahre nach dem Dahinscheiden des Reformpapstes am 3. Juni 1963.

»Ein Wunder!«, meldeten italienische Zeitungen.

Wirklich?

Tatsache ist: Rund 100 Fälle sind bekannt, bei denen die Körper von Heiligen auf scheinbar mysteriöse Weise dem »Schrecken des Grabes« (so der Kirchenhistoriker Pater Herbert Thurston) widerstanden – also dem natürlichen Verwesungsprozess. Ihre sterblichen Überreste wurden viele Jahre oder Jahrzehnte nach der Beisetzung exhumiert und unversehrt aufgefunden.

So wie in Lucca, Italien. In einer Seitenkapelle der Kathedrale San Frediano ruht der unverweste Leichnam der Heiligen Zita. Gläubige wie Neugierige verharren in ergriffenem Schweigen vor dem Schrein aus Glas und Gold. Die Schutzpatronin der Hausangestellten und Dienstboten trägt auf dem Totenbett ein Kleid aus grünem Samt. Ihre Gesichtszüge sind ebenmäßig, die Hände wirken mehr als 700 Jahre nach ihrem Tod noch geschmeidig.

»Es ist ein sonderbares Phänomen«, gibt der Pathologe Ezio Fulcheri von der Universität Genua zu. Aber ein Wunder? Nein.

Fulcheris Interesse an unvergänglichen Körpern wurde 1986 geweckt, und zwar vom Vatikan. Im offiziellen Auftrag der katholischen Kirche wirkte der Mumien-Experte an der Konservierung der Leiche des ukrainischen Kardinals Josef Slipyj mit – ein möglicher Kandidat für eine Heiligsprechung. Fulcheri und sein Team entnahmen Slipyjs Leichnam das Gehirn und die inneren Organe und präparierten den Körper in einer viermonatigen Prozedur mit chemischen Bädern. Fulcheri begann sich zu fragen, ob in der Vergangenheit nicht vielleicht ähnlich mit den sterblichen Hüllen von Heiligen verfahren worden war.

Seine Vermutung sollte schon bald zur Gewissheit werden.

Kardinal Slipyj ruhte bereits wieder in seiner Krypta im ukrainischen Lviv, als die vatikanische »Kongregation für die Selig- und Heiligsprechungsprozesse« ein weiteres Mal an Fulcheri herantrat. Diesmal sollte er den unverwesten Leichnam der Margarete von Cortona untersuchen, die am 22. Februar 1297 »mit Jubel und leuchtendem Antlitz als Heilige« gestorben war, wie gläubige Zeitgenossen bezeugten.

Als die Pathologen, Chemiker und Radiologen den Körper in einer Gruft in der Kathedrale von Cortona vorsichtig entkleideten, hob erstauntes Raunen an. Die Wissenschaftler sahen sofort die tiefen Schnitte entlang der Oberschenkel, im Unterleib und in der Magengegend. Offenkundig waren der Heiligen diese Wunden nach ihrem Tod beigebracht und anschließend grob vernäht worden. Die inneren Organe, besonders anfällig für Verwesungsprozesse, fehlten. Der Körper war federleicht und trocken – also einbalsamiert worden. Aber wieso? Ein frommer PR-Trick etwa, um Gläubige in die Kirche zu locken und die Sehnsucht nach Wundern zu befriedigen?

Beim Aktenstudium macht Fulcheri eine erstaunliche Entdeckung. Die Bewohner von Cortona hatten seinerzeit die Kirche mit großem Nachdruck darum gebeten, den Körper der hoch verehrten Wohltäterin vor dem Weg alles Irdischen zu bewahren.

Vermutlich geschah dies mit einfachen Mitteln wie Salz und Natron, um die natürliche Austrocknung der Leiche künstlich zu beschleunigen, ähnlich wie im alten Ägypten. Außerdem konnten die Untersucher Spuren von Salben, duftenden Gewürzen und Pflanzenextrakten auf dem Körper der heiligen Margarete feststellen. Darunter Myrrhe und Aloe, die das Entstehen von Fäulnisbakterien verhindern – und darüber hinaus auch den oft zitierten Wohlgeruch der heiligen Toten erklären könnten.

Der Pathologe ist davon überzeugt, dass die Juden bei ihrem Auszug aus Ägypten ins Gelobte Land das alte Wissen mit nach Palästina genommen haben. Von dort kam es dann mit den ersten Christen nach Rom und ins restliche Europa. Denn schon beim Evangelisten Johannes lesen wir über die Grablegung Jesu: »Sie nahmen nun seinen Leichnam und banden ihn mit Leinenbinden samt wohlriechenden Beigaben.« (Joh 19,40) Fulcheri folgert: »Anscheinend gingen die frühen Christen davon aus, dass ähnlich wie Jesus selbst auch alle Heiligen balsamiert, zumindest aber mit bewahrenden Ölen, Salben und Substanzen wie Weihrauch, Myrrhe, Aloe oder Harz behandelt werden sollten.«

Der Mumien-Experte von der Universität Genua ist nach vielen weiteren Untersuchungen sicher, dass darin auch das Geheimnis der Unvergänglichkeit von Clara von Montefalco, Katharina von Siena, Bernhardin von Siena, Rita von Cascia und der seligen Margarete von Metola liegt. In den vergangenen 15 Jahren sind an die 30 »Unvergängliche« in aller Stille aus ihren Sarkophagen geholt und wissenschaftlich inspiziert worden.

Dabei wurde auch festgestellt: So wie nicht jeder Heilige unverwesbar ist, so ist nicht jeder ein Heiliger, dessen Körper erhalten bleibt.

»Auch der Leichnam von Papst Bonifaz VIII. war nicht verrottet«, beschied der römische Kardinal Vigilio Noe bei der Umbettung von Johannes XXIII. die Medien. »Und den hält nun wirklich niemand für heilig.«

Ganz gewiss trifft dies z.B. auch auf Christian Friedrich von Kahlebutz zu. Seit fast 300 Jahren liegt seine Leiche unverwest in einem Anbau der Dorfkirche zu Kampehl im westlichen Brandenburg, etwa eine Autostunde von Berlin entfernt. Jedes Jahr besichtigen 100 000 Neugierige die wenige Quadratmeter große Gruft, denn bis heute weiß niemand genau zu sagen, warum der Ritter zur Mumie wurde und nicht zu Staub.

Oder lastet ganz einfach ein Fluch auf ihm?

1690 soll der »Kahlebutz« einen Schäfer erschlagen haben, dessen schöne Braut dem adligen Feudalherren das »Recht der ersten Nacht« versagte. Da es keine Zeugen und keine Beweise für das schändliche Verbrechen gab, konnte Christian Friedrich von Kahlebutz sich durch einen so genannten Reinigungseid vor Gericht freisprechen: Wenn er der Mörder sei, dann »wolle Gott, dass mein Körper nie verwese«.

Und so geschah es.

Ob das nun wenig mehr als eine gruselige Legende ist oder nicht – nach heutigen Erkenntnissen kann man Folgendes annehmen: Der Ritter plagte sich zu Lebzeiten mit einem Leiden, das eine völlige Abzehrung bewirkte, wie Krebs, Muskelschwund oder Tuberkulose. Für letztere Krankheit spricht die Überlieferung, nach der Christian Friedrich von Kahlebutz am eigenen Blut erstickt sei, also einem Blutsturz erlag, wie er bei schweren Lungenkrankheiten auftreten kann.

Die Leiche wurde in einem dichten Eichen-Doppelsarg beigesetzt. Und wurde eine Mumie. Und nicht nur der Kahlebutz. Allein in den fünf ostdeutschen Bundesländern zählt man rund 200 Mumien.

Bestimmte Luft- und/oder Bodenverhältnisse können einem Leichnam z.B. das Gewebswasser entziehen und damit für lange Zeit konservieren. Auch dicht geschlossene Eichensärge können natürliche Mumien entstehen lassen – oder ständig bewegte trockene Luft, was sehr häufig bei Selbstmorden auf zugigen Dachböden vorkommt.

Der Kölner Medizinwissenschaftler und Forensiker Mark Benecke erklärt: »Die Austrocknung ist deshalb so wichtig, weil dann keine bakterielle Fäulnis und auch kein Schimmel entstehen kann. Außerdem verhindert sie, dass Insekten den Körper schnell fressen, da die meisten wegen ihrer kleinen Beißwerkzeuge ledriges Gewebe nicht annagen können.«

Häufiger als Trockenmumien sind in unseren Breiten die so genannten Fettwachsleichen. Vor einiger Zeit wurde etwa bei Balingen am Rande der Schwäbischen Alb das Grab eines Fliegers geöffnet, der in den letzten Tagen des Zweiten Weltkriegs angeschossen worden war. Zum Schrecken aller Anwesenden war die Leiche gut erhalten. »Er hatte sich in den mehr als 50 Jahren unter der Erde kaum verändert«, berichteten die Grabgärtner.

Kein Einzelfall – und auch unter Insidern ein heikles Thema. Denn in manchen Regionen Deutschlands verhindern luft- und wasserdichte Tonböden sowie hoch stehendes Grundwasser den Verwesungsprozess der Toten auf den Friedhöfen. Wenn Gräber neu belegt werden sollen, bietet sich den städtischen Bediensteten häufig ein schauriges Bild: »Aus halb verfaulten Sarghölzern starren ihnen unverweste Tote entgegen, bleich und wachshart wie Figuren aus dem Kabinett der Madame Tussaud«, beschrieb »Der Spiegel« einmal ein solches Szenario.

Aber wie kann es sein, dass manche Körper von Heiligen unversehrt blieben, obwohl sie direkt neben anderen Leichnamen lagen, die sich normal zersetzten?

»So etwas ist durchaus denkbar«, meint Forensiker Benecke. »Etwa wenn im einen Grab mehr luftiges Material wie trockener Sand auf den Sarg gefüllt wurde, und im anderen Lehm. Oder wenn das eine Grab aus irgendeinem Grund ständig mit Sickerwasser durchsetzt ist, das andere direkt daneben aber nicht. Oder wenn die eine Person im verlöteten Zinksarg liegt, die andere im billigsten Holzsarg.«

Zurück zum eingangs erwähnten »gütigen Papst« Johannes XXIII. An dessen Heiligkeit zweifelt niemand – aber von einem Wunder kann man auch hier nicht sprechen, sagt Professor Gennaro Goglia, Anatom an der Katholischen Universität Rom. Und er muss es wissen.

Am 3. Juni 1963 stieg Goglia gegen 22 Uhr in eine vatikanische Limousine, die vor der Uni-Klinik auf ihn wartete. Wenig später stand er am Totenbett des Oberhauptes der katholischen Kirche. An der rechten Hand ritzte er einen drei Millimeter langen Schlitz in die Haut des Verstorbenen. Vorsichtig führte er eine Kanüle ein, durch die er zehn Liter einer Konservierungsflüssigkeit in den Leichnam pumpte.

»Formalin in etwa zehnprozentiger Verdünnung« sei darin gewesen und andere Substanzen, die Goglia bis heute nicht preisgeben will. Überhaupt sprach der römische Mediziner später nie mehr über seinen Eingriff. Erst als er von dem vermeintlichen Wunder bei der Graböffnung las, fühlte er sich in seiner Ehre als Wissenschaftler getroffen und fragte beim Vatikan nach, ob er befugt sei, über jene Nacht im Sommer 1963 öffentlich Auskunft zu geben.

Heute sorgt modernste Technik für den Erhalt des toten Körpers: Über mehrere Ventile wird der kugelsichere, 450 Kilogramm schwere Sarg des Reform-Papstes mit einem hoch giftigen Stickstoffgemisch belüftet, das Bakterien und Schimmel abtötet. Des Weiteren sorgt eine Kühlung dafür, dass auch Außentemperaturen von mehr als 36 Grad keinen Schaden mehr anrichten können.

Joan Carroll Cruz: The Incorruptibles, Tan Book and Publishers, Rockford, Illinois 1977; »Europas heilige Mumien«, P.M., Nr. 11/2001; »Keine Spur vom Triumph des Todes«, Skeptiker, Nr. 3/2001; Heather Pringle: Der Mumien-Kongress. Reise in die Welt des ewigen Todes, Droemer-Knaur-Verlag, München 2002

10. SEX

Akt im All

Der Weltraum. Unendliche (Ober-)Weiten? Zum Thema »Sex im All« ist selbst Sciencefiction-Experten bislang wenig mehr eingefallen als Leinwand-Klamotten wie »Stoßtrupp Venus bläst zum Angriff«, »Barbarella« oder »Galaxina«.

Deutlich fantasievoller kommt dagegen der französische Astronom Pierre Kohler zur Sache. Die Missionarsstellung sei im Weltraum »nicht praktikabel«, schrieb der Wissenschaftsautor anno 2000 in seinem Buch »Die letzte Mission«. Denn: Physikalische Prinzipien machen den Akt im All kompliziert. Auf jeden Körper, der eine Kraft ausübt, wirkt eine gleiche Kraft in Gegenrichtung.

Auf der Erde hilft die Haftreibung, diese Gegenkraft zu überwinden. Im All jedoch ist rutschfreies Liegen, Stehen oder Knien oder Liegen ohne Kettverschlüsse oder andere Fesselmethoden nicht möglich.

Eigentlich erzählt Kohler in »Die letzte Mission« bloß die Geschichte des russischen Weltraum-Vehikels MIR. Aber »sex sells«, und so wärmte der Franzose nebenbei einige schlüpfrige Internet-Gerüchte auf.

Zum Beispiel: Insgesamt zehn verschiedene Liebesstellungen mit unterschiedlichen Hilfsmitteln – Haltegurten und aufblasbaren Tunnels – hätten Astronauten und Astronautinnen während der NASA-Shuttle-Mission »STS-75« getestet. Natürlich erstatteten sie über ihre Erfahrungen detailliert Bericht – und zwar in einem offiziellen NASA-Report mit der Nummer 14-307-1792.

Doch der »NASA-Report 14-307-1792« ist ein recht bekannter Internet-Fake (dokumentiert z.B. bei www.snopes.com/sex/tattled/shuttle.htm). Entsprechend gereizt reagierte die amerikanische Weltraumbehörde auf Kohlers Fantastereien und die wüsten Spekulationen der Medien über Miss und Mister Universum.

»Es hat kein derartiges Experiment gegeben«, zitierte das Schweizer Nachrichtenmagazin »Facts« NASA-Sprecher Brian Welch: »Uns frustriert, dass die

Zeitungen und Nachrichtenagenturen offenbar keinen Gedanken daran verschwendet haben, bei der NASA nachzufragen, um die Geschichte zu überprüfen.«

Kohlers gröbster Schnitzer: Die im gefälschten NASA-Bericht beschriebenen Experimente kann es mit ziemlicher Sicherheit gar nicht gegeben haben. Denn Ende der 1980er, als der »STS-75«-Fake verbreitet wurde, hatte die Zahl der Shuttle-Flüge und damit ihre laufende Nummerierung gerade erst die 30 überschritten. Die Mission »STS-75« fand real erst im Februar/März 1996 statt. Die Besatzung bestand aus sieben Männern – aber keiner Frau.

Boulevardblätter wie der britische »Daily Star« gaben trotzdem die Bodenhaftung völlig auf und führten zusätzlich die Britin Helen Sharman in die Story ein, die schon 1991 an Bord der MIR »fantastische Erfahrungen« mit ihren russischen Kollegen gemacht habe. Es existiere sogar ein Video, das Sharman im pinkfarbenen Nachthemd durch die Station schwebend zeige. Angeblich.

Allerdings will auch die NASA nicht bestreiten, dass es sexuelle Handlungen im All gegeben haben könnte; doch das sei eine Privatangelegenheit der Raumfahrer.

»Fesselspiele«, Facts, Nr. 9/2000

Neil Armstrong und »Mr. Gorsky«

Der berühmteste Satz, den Neil Armstrong als erster Mensch auf dem Mond im Juli 1969 sprach? Ganz klar: »Das ist ein kleiner Schritt für einen Mann, aber ein riesiger Sprung für die Menschheit.«

Der zweitberühmteste? »Und nun viel Glück, Mr. Gorsky!« (»Good Luck, Mr. Gorsky!«)

So jedenfalls geistert es seit Mitte der 1990er durchs Internet und einige Zeitungen. Aber wer war jener geheimnisvolle »Mr. Gorsky«?

Etwa ein russischer Kosmonaut, der sich zu jener Zeit hinter dem Eisernen Vorhang ebenfalls auf einen Flug zum Erdtrabanten vorbereitete?

Nein. 1995 packte Neil Armstrong gegenüber einem Reporter aus: Hinter »Mr. Gorsky« verbirgt sich der ehemalige Nachbar der Familie Armstrong. Als Kind spielte Neil mit seinen Freunden Baseball. Der Ball landete in Nachbars Garten, und als der spätere Weltraum-Pionier ihn zurückholte, hörte er aus dem offenen Schlafzimmerfenster der Gorskys eine laute Frauenstimme: »Oral-Sex? Du willst Oral-Sex? Ich will dir sagen, wann ich dazu bereit bin: Wenn der kleine Junge von nebenan auf dem Mond spazieren geht …«

Man ahnt es: Die Geschichte ist zu gut, um wahr zu sein. Den hintergründigen Gruß vom Mond an »Mr. Gorsky« hat es nie gegeben, besagtes Neil Armstrong-Interview ebenso wenig. Nach eigenem Bekunden kam dem weltberühmten Astronauten der »Good Luck, Mr. Gorsky«-Joke erstmals in einer Show des kalifornischen Komikers Buddy Hackett zu Ohren.

Verbürgt ist allerdings folgende Abwandlung: Als die Crew des Spaceshuttle »Columbia« im März 2002 im All das Hubble-Weltraumteleskop reparierte, rief Expeditionsleiter John Grunsfeld »Good Luck, Mr. Hubble!« aus – eine spontane Hommage an die populäre »Mr. Gorsky«-Wandersage.

www.snopes.com

»Bettmann«

»Zur Lachnummer wurde das Liebesspiel eines Bankangestellten aus … Der 50-Jährige wollte als Batman verkleidet von einer Kommode auf seine Freundin springen, um die 26-Jährige aus den Fängen eines fiktiven Bösewichtes zu retten. Doch der liebestolle Banker verfehlte das Bett, brach sich beim Aufprall auf dem Fußboden den Arm und wurde ohnmächtig. Die nackte, ans Bett gefesselte Frau konnte wegen einer Augenbinde nur einen dumpfen Schlag hören. Ihr blieb nichts anderes übrig, als so lange um Hilfe zu schreien, bis die Feuerwehr kam.«

Als diese Story Mitte der 1970er an amerikanischen Highschools aufkam, ließ keiner der Erzähler einen Zweifel daran, dass es sich um einen Joke handelt. 1986 verewigte sie der englische Erzählforscher Paul Smith in seiner Anthologie »The Book of Nastier Legends«. Und seitdem wird die Geschichte um den Retter von der traurigen Gestalt immer wieder neu ausgemalt, von der »Los Angeles Times« ebenso wie von der »Hamburger Morgenpost« und anderen Medien. Mal mit »Batman« oder »Superman«, dann wieder mit »Spiderman« oder »Tarzan« in der Hauptrolle.

Rolf Wilhelm Brednich: Die Maus im Jumbo-Jet, Beck'sche Reihe, München 1991;
www.snopes.com

Liebes-Hummer

Selbstbefriedigung macht taub, blind und dumm – diese Vorurteile früherer Generationen glaubt heute wohl keiner mehr. Dass Sex mit sich selbst zu höchst peinlichen und ekligen Situationen führt – davon handeln zahlreiche Urbane Legenden unserer Gegenwart. Die Botschaft ist immer noch dieselbe: Hände weg!

»Hot Dog Lover«:
Ein junges Mädchen masturbiert mit einem tiefgekühlten Hotdog. Das Würstchen zerbricht dabei in mehrere Teile, und der Teenager muss sich von seinen Eltern ins Krankenhaus fahren lassen, wo ein Arzt das Malheur behebt und die Bruchstücke entfernt.

»Die Erdnussbutter-Überraschung«:
Zum 30. Geburtstag einer Sekretärin, die allein mit ihrem Hund lebt, wollen ihre Kollegen sie mit einer Party überraschen. Sie verschaffen sich Zutritt zu ihrer Wohnung, verstecken sich im Erdgeschoss und warten, bis die junge Frau nach Hause kommt. Bald ist es soweit. Das Geburtstagskind geht gleich nach oben.
Ihre Kollegen warten kurz, dann gehen sie ihr nach und reißen die Schlafzimmertür auf, ein fröhliches »Happy Birthday« auf den Lippen. Doch als sie der Szenerie gewahr werden, stehen sie da wie vom Donner gerührt: Die 30-

Jährige liegt nackt auf dem Boden, an pikanten Stellen mit Erdnussbutter beschmiert, und ihr Hund fährt freudig erregt mit der Zunge über ihren Körper.

»Liebes-Hummer«:
Eine junge Frau wacht am Morgen mit krampfartigen Schmerzen im Unterleib auf. Sie spürt, dass sie anscheinend dringend urinieren muss und schafft es gerade noch auf die Toilette. Nach ihrer Verrichtung bricht sie schreiend im Bad zusammen. Besorgte Nachbarn alarmieren einen Krankenwagen. Als einer der Sanitäter einen Blick in die Toilette wirft, traut er seinen Augen kaum: zahllose winzige Baby-Krabben wimmeln darin. Wie sich herausstellt, hatte die Frau am Abend zuvor mit einem lebenden Hummer masturbiert …

»Aufgespießt«:
Ein hübsches Mädchen ist mit ihrem Freund im Auto zugange. Der Junge steigt kurz aus, um Kondome zu besorgen. Als er zurückkommt, findet er seine Freundin tot vor. Sie sitzt nackt auf dem Schaltknüppel des Wagens und hat sich damit in sexueller Raserei versehentlich selbst gepfählt.

Und so weiter, und so fort.
Neben der dumpfen Betrachtung des Tabuthemas Selbstbefriedigung enthüllen solche Geschichten noch einen zweiten Aspekt: nämlich den kläglichen, oberflächlichen Frauenerfassungsversuch des (zumeist männlichen) verunsicherten oder sehnsüchtigen Erzählers. Ist er zu gehemmt oder wird ihm der Zugriff auf den weiblichen Körper verwehrt, dienen Brachial-Mythen als eine Art Ersatzphallus.

Marianne H. Whatley/Elissa R. Henken: Did You Hear About The Girl Who …? Contemporary Legends, Folklore, and Human Sexuality, University Press, New York 2000; Rüdiger Dirk/Claudius Sowa: Teen Scream. Titten und Terror im neuen amerikanischen Kino, Europa-Verlag, Hamburg/Wien 2000

»Mausen«

Glühbirnen, Haarbürsten, Tischtennisbälle, Pfefferstreuer, Löffel, Shampoo-flaschen, Blitzwürfel, Schraubenzieher … Solche Gegenstände müssen Ärzte tatsächlich hin und wieder aus dem Rektum männlicher Patienten entfernen, die nach einer vermeintlich besonders lustvollen autoerotischen Erfahrung trachteten.

Aber eine lebendige Maus?

Zugegeben, das klingt nach einer bizarr-erregenden Geschichte. Vor allem, wenn der Betroffene kein Geringerer ist als Richard Gere.

Dennoch ist kein wahres Wort an der Behauptung, der Hollywoodstar sei Mitte der 1980er in die Notaufnahme eines Hospitals in Kalifornien eingeliefert worden, weil er mithilfe einer Papröhre einen munteren Nager in seinen Dickdarm geschleust habe.

Mächtigen Auftrieb bekam dieses Gerücht unbekannter Herkunft von einem Witzbold, der im Zuge des Kassenerfolgs »Pretty Woman« gefälschte Presse-mitteilungen der »Association for the Prevention of Cruelty to Animals« ver-schickte, worin er den »Pretty Woman«-Hauptdarsteller Richard Gere der Tierquälerei bezichtigte – wegen des oben skizzierten »Vergehens«.

From Gere to Eternity: Die Wandersage vom »Gerbilling« (von engl. »gerbil« = Wüsten- oder Rennmaus) gehört mittlerweile zu den am weitesten ver-breiteten überhaupt. Obwohl von einer solchen sexuellen Spielart realiter nichts bekannt ist, wie Sexualwissenschaftler, Mediziner und z.B. auch der einflussreiche amerikanische »Gay«-Kolumnist Dan Savage beteuern.

Anscheinend kitzelt diese Fiktion unterschwellige homophile Ängste. Und sie bietet dem Erzähler Gelegenheit, abartige Lustbarkeiten mit den Mitteln der Sprache zu goutieren und sich zugleich davon zu distanzieren.

Es steht zu vermuten, dass Richard Gere als »pleasure-seeking«-Protagonist der »Gerbilling«-Story bald von anderen Stars abgelöst werden wird. Denn was gibt es Schöneres als unglücklich agierende, prominente Beauties?

www.snopes.com; www.urbanlegends.about.com

Mündliche Befriedigung

Zusammenbruch auf der Bühne. Notaufnahme. Und dann eine pikante Entdeckung: Die Ärzte müssen eine große Menge Sperma aus dem Magen des prominenten Patienten pumpen – der mal Rod Stewart, mal Elton John, David Bowie, Mick Jagger, Jon Bon Jovi, Alanis Morissette, Foxy Brown, Britney Spears oder Fiona Apple ist.

Ein etwas unappetitlicher Geisterfahrer auf der Datenautobahn.

»Im Internet, im weltumspannenden Verbund der Freunde und Narren des Computers, kann jetzt jeder zu Millionen sprechen«, beklagt der Journalist und Sprachwächter Wolf Schneider. »Aber nichts und niemand liefert uns mehr ein Indiz, was davon wir glauben sollen.«

In diesem Fall gibt ein Blick in die Mythen-Historie Aufschluss.

In den frühen 1970ern streuten amerikanische Schüler eine ähnliche Legende, die unter dem Schlagwort »The Promiscuous Cheerleader« weithin Popularität erlangte. Statt eines Rockstars stand damals eine Cheerleaderin im Mittelpunkt, die vor einem Footballspiel das gesamte Team oral befriedigt und hernach mit schweren Magenkrämpfen ins Krankenhaus eingeliefert werden muss.

Die Wissenschaftler Gary Alan Fine und Bruce Johnson sammelten allein im US-Bundesstaat Minnesota an die 30 Variationen der Geschichte.

Das untergründige soziale und psychologische Motiv von »The Promiscuous Cheerleader« ist leicht ersichtlich: Cheerleaderinnen repräsentieren in den USA ein Schönheitsideal, entsprechen der Traumvorstellung vom »All American Girl«. Die Mädchen sind für die allermeisten ihrer männlichen Altersgenossen in sexueller Hinsicht unerreichbar und werden doch heiß begehrt. In der Wandersage vom Massen-Fellatio agieren sich Neid, Aggressionen und unterdrückte Sexualität aus. Etwas Rituelles liegt in dieser Geschichte, die das heimliche Objekt der Verehrung verbal erniedrigt und auf pure Geschlechtlichkeit reduziert. Wer will schon etwas mit »so einer« zu tun haben? Der Erzähler gleicht seine Chancenlosigkeit in übersteigertem Maße aus, indem er sich moralisch über die Mädchen erhebt.

Die College-Version der zynischen Story liest sich zumeist so:

Der Biologieprofessor klärt seinen Kurs über die Zusammensetzung von

Sperma auf. Als er unter anderem »Fructose« (Fruchtzucker) nennt, entfährt es einer Studentin unwillkürlich: »Wieso schmeckt dann das Zeug so salzig?« Die junge Frau wird schamrot und wechselt noch am gleichen Tag das College.

Heute, da nach den Lippenbekenntnissen einer Monica Lewinsky und der volkstümlichen Umbenennung des »Oval Office« des US-Präsidenten in »Oral Office« diese sexuelle Spielart viel von ihrer Skandalträchtigkeit verloren hat, müssen schon Berühmtheiten anstelle von Schülerinnen als Projektionsfläche herhalten für die Lust am Ekel und den voyeuristischen Spaß an verstörender Sexualität.

Marianne H. Whatley/Elissa R. Henken: Did You Hear About The Girl Who …? Contemporary Legends, Folklore, and Human Sexuality, University Press, New York 2000

Scheidenkrampf

»Meine Bekannte hatte 'nen Krampf, und jetzt hängen wir fest«, sang schon in den 1970ern Hannes Wader in seiner Ballade vom »Tankerkönig« über ein Paar, dass beim Sex im Auto überrascht wird.

Dem Göttinger Sagen-Sammler Rolf Wilhelm Brednich wurde die Story vom Scheidenkrampf beim Liebesakt so hinterbracht:

»Eine etwas etepetete Frau wohnt mit ihrem Mann in einer Werkswohnung von VW in Baunatal. Als ihr Mann zur Kur weg ist, nutzt sie die Gelegenheit und lädt ihren Liebhaber zu sich ein. Na ja, und als es dann so zum Geschlechtsverkehr zwischen den beiden kommt, überfällt sie plötzlich das schlechte Gewissen, und sie kriegt einen Scheidenkrampf, sodass der Liebhaber aus ihr nicht mehr rauskommt … Im Krankenhaus kann dann der Arzt den Scheidenkrampf mit einer Spritze lösen.«

Scheidenkrämpfe – medizinisch: Vaginismus – gibt es. Allerdings stellt der echte Vaginismus eine komplexe Sexualstörung der Frau in unterschiedlichen Schweregraden dar und macht den Geschlechtsverkehr unmöglich. Der sagenumwobene Fall, dass der Penis zwar in die Vagina eingeführt, dann aber aufgrund einer plötzlichen Muskelverkrampfung quasi festgeklemmt wird, kommt in der Realität nicht vor.

Der »penis captivus«-Mythos geht zurück auf den renommierten kanadischen Mediziner Sir William Osler. Der veröffentlichte am 4. Dezember 1884 unter dem Pseudonym »Egerton Y. Davis« einen Leserbrief in der Fachzeitung »Philadelphia Medical News«, worin er den dramatischen Fall eines so vereinigten Paares schilderte, der sich in England ereignet habe.

Doch die Geschichte war frei erfunden. Osler hatte sich über einen Vaginismus-Artikel eines Dr. Theophilus Parvin im selben Blatt geärgert und wollte seinem Arzt-Kollegen einen Streich spielen.

Die Popularität der Auffassung, dass während des Geschlechtsverkehrs ein Krampf der Scheide auftreten kann, sodass das Paar vereinigt bleiben und Schmach und Spott ertragen muss, sagt einiges über die vorherrschende Sexualmoral aus.

»Die angeblichen Fälle von penis captivus sind fast immer mit außerehelichem Sex verbunden«, hat der »Zeit«-Journalist Christoph Drösser recherchiert. »Und seit der nicht mehr so skandalös ist, gibt es auch weniger entsprechende Berichte. Medizinisch dokumentierte Fälle gibt es überhaupt nicht.« Deshalb könne man getrost davon ausgehen, dass die Geschichte vom untrennbar vereinigten Pärchen ins Reich der Fantasie gehört.

Christoph Drösser: Stimmt's? Neue moderne Legenden im Test, Rowohlt-Verlag, Reinbek 2002; Rolf Wilhelm Brednich: Die Spinne in der Yucca-Palme, Beck'sche Reihe, München 1990; www.snopes.com; www.lovespace.de; www.vaginismus-info.de

11. TIERE

Alligatoren in der Kanalisation

Interessant, spannend und grausig ist sie: die Vorstellung, dass etwas Gefährliches durch die Unterwelt unserer Großstädte kriecht. Kein Wunder, dass auch die Mystery-Serie »Akte X« die bekannte Geschichte vom »Alligator in der Kanalisation« streifte:

»Ich denke, es könnte vielleicht eine Python sein ... oder eine Boa Constrictor. Vielleicht hat jemand seine Hausschlange in der Toilette heruntergespült. Vor Jahren haben wir einmal in den Kanälen einen Alligator gefunden«, erzählt in der Episode »Der Parasit« ein Kanalarbeiter den beiden X-Agenten Mulder und Scully, die eine geheimnisvolle Kreatur tief unten im Dreckwasser jagen. Tatsache oder Urbane Legende?

1963 veröffentlichte der US-Schriftsteller Thomas Pynchon seinen Roman »V«, in dem er u.a. folgende Modetorheit beschrieb: »Letztes Jahr, oder vielleicht in dem Jahr davor, kauften Kinder in ganz Nueva York kleine Alligatoren als Haustiere. Bei Macy's konnte man sie für 50 Cent bekommen. Jedes Kind, so schien es, musste einfach einen haben. Aber schon bald wurden sie den Kindern langweilig ...«

Die Folge: »... und nun krochen sie – große, blinde Albinos – überall durch die Kanalisation.« Dichterische Fantasie?

In den 1930ern tummelten sich angeblich wirklich Alligatoren in New York. Der Superintendent der New Yorker Abwasserbehörde, Teddy May, habe die zahlreichen Gruselstorys seiner Arbeiter zunächst selbst nicht glauben wollen – bis er sich mit eigenen Augen von der Anwesenheit großer Schuppenechsen in der Kanalisation überzeugte.

Mit Rattengift und Gewehren sollen May und seine Leute den Reptilien zu Leibe gerückt sein, die recht zahlreich auch den Bronx River bevölkerten, aber um 1937 allesamt erlegt wurden. Das jedenfalls berichtete der Autor Robert Daley in seinem 1959 erschienenen Sachbuch »World Beneath The City«, für das er ein ausführliches Interview mit Teddy May führte.

Kleiner Schönheitsfehler: Der renommierte amerikanische Mythenforscher Jan Harold Brunvand fand heraus, dass Teddy May ein Aufschneider gewesen ist, der nie für die Abwasserbehörde der Stadt New York arbeitete.

Fakt ist, dass die »New York Times« im Zeitraum von 1905 bis 1993 nur 13-mal über Alligatoren, Krokodile oder Kaimane in und um New York berichtet hat. Und nur eines dieser Tiere war direkt in der Kanalisation gesichtet worden. Zuletzt machte im Sommer 2001 »Damon the Caiman« Schlagzeilen, der von der New Yorker Polizei lebend aus einem See im Central Park gezogen wurde.

Das für die Kanalisation zuständige »New York City Bureau of Sewers« verneint Anfragen zu den legendären Gästen im Untergrund routinemäßig – vertreibt aber mit großem Erfolg T-Shirts mit entsprechenden Motiven.

Irgendetwas an solchen Storys ist offenkundig publikumswirksam genug, um sie dauerhaft ins Reich der modernen Mythen zu überführen.

»Es ist kaum verwunderlich, dass Abwasseranlagen so gut in die erzählerische Volkstradition passen«, spekuliert die Wissenschaftsjournalistin Jane Goldman: »Sie sind dunkel, stinkend, und nur wenige bekommen sie zu Gesicht. Sie sprechen unsere Urängste an, unsere Faszination für das verborgene Unbekannte, das unter der zivilisierten Oberfläche lauert.«

Loren Coleman: Alligators in the Sewers. In: Mysterious America, Faber&Faber-Verlag, Boston 1983; Jane Goldman: Die wahren X-Akten, Band 2, vgs-Verlag, Köln 1997; »New York City's Alligator Population«, im Internet unter www.cryptozoology.com/opinions/new_york_gators.asp; Jan Harold Brunvand: Encyclopedia of Urban Legends, ABC-Clio, Santa Barbara 2001; www.snopes.com; www.urbanlegends.about.com

Bigfoot

Am 20. Oktober 1967 reitet der Farmer Roger Patterson in der Gegend von Bluff Creek in Nordkalifornien an einer Flussbiegung entlang, als er am gegenüberliegenden Ufer eine riesige, behaarte Gestalt bemerkt. Als das Wesen sich aufrichtet, entpuppt es sich als ein schwerfälliges, gorillaähnliches

Monster mit dunkelbraunem Zottelfell, sehr langen Armen und spitz zulaufendem Kopf.

Augenblicke später macht sich das seltsame Geschöpf mit Riesenschritten davon – wendet sich aber noch einmal kurz dem verblüfften Patterson zu, der die Szene geistesgegenwärtig mit einer Schmalfilmkamera auf 16 mm-Farbfilm einfängt.

Der Bigfoot?

Jener geheimnisvolle Tiermensch, der in zoologischen Lehrbüchern nicht zu finden ist, sondern nur von »Kryptozoologen« ernst genommen wird, die nach »verborgenen« Lebewesen suchen?

Nein, sondern bloß eine Erfindung des Amerikaners Ray Wallace, ehemaliger Betreiber eines Wildtierzoos im Bundesstaat Washington.

Das jedenfalls gab dessen Sohn Michael Wallace der »Seattle Times« zu Protokoll, nachdem sein Vater im November 2002 im Alter von 84 Jahren gestorben war.

Durch selbst gelegte Spuren habe Ray Wallace in den späten 1950ern mit 40 Zentimeter großen Holzfüßen den anhaltenden Bigfoot-Wirbel ausgelöst. In der Folgezeit präsentierte der Exzentriker immer wieder neue »Beweise« für die Existenz des Affenmenschen, darunter unscharfe Fotos und Audiobänder mit den angeblichen Geräuschen der Kreatur.

1967 steckte Wallace Roger Patterson, wo er den Bigfoot filmen könne. Und prompt schlurfte der aufrechte Hominide dem Rodeoreiter vor die Linse.

Was bleibt, ist die Frage nach dem Darsteller des Zotteltiers. Frau Wallace, behauptet Michael. Sein Vater habe jedoch manchmal auch von mehreren Personen gesprochen, die den Waldmenschen mimten.

Das Kostüm lieferte höchstwahrscheinlich der Hollywood-Designer John Chambers, der u.a. die Schauspieler der Sciencefiction-Reihe »Planet der Affen« ausstaffierte und die Make-up-Effekte der TV-Serie »The Outer Limits« kreierte.

Sowohl der berühmte Regisseur John Landis (»American Werewolf«) wie auch Howard Berger von der Firma »KNB Effects Group«, Hollywood, berichteten dem Journalisten Mark Chorvinsky, es sei innerhalb der Filmszene allgemein bekannt gewesen, dass Chambers für einen Streich verantwortlich zeichnete, der den Bigfoot-Mythos in einen weltweiten Kult verwandelte.

Und der bis heute starke Unterstützung seitens der Massenmedien erfährt.

Die großen Unterschiede in Gestalt und Erscheinungsform des Wesens, wie sie bei kritischen Untersuchungen und Zeugenbefragungen augenfällig werden, deuten mittlerweile auf mehrere unabhängige Scherzbolde hin.

Trotz der Eingeständnisse der Wallace-Familie werden eingefleischte Anhänger des haarigen Monsters wohl nicht so schnell vom Glauben abfallen. Schließlich gibt es da noch Sasquatch, das kanadische Pendant zum Bigfoot ...

» The Makeup Man and the Monster: John Chambers and the Patterson Bigfoot Suit«, Strange Magazine, Nr. 17/1996; Janet und Colin Bord: Der amerikanische Yeti, Moewig-Verlag, Rastatt 1998; »Bigfoot at 50«, Skeptical Inquirer, Vol. 26, Nr. 2/2002; »Bigfoot ist gerade gestorben«, Der Spiegel vom 7.12.2002

Bonsai-Katzen

Bonsai?

Klar, darunter versteht man Methoden, wie man ein Lebewesen, das zu größerem Wuchs bestimmt ist, erstens klein hält und zweitens in eine Form bringt, die sich der jeweilige Kunde wünscht.

Bonsai-Katzen?

Man presse ein Jungtier in ein enges Glasgefäß, ernähre es rektal über eingeführte Schläuche, bohre ein paar Atemlöcher – und heraus kommt eine höchst ungewöhnlich, manchmal fast quadratisch geformte Katze, die allenthalben Bewunderung und Neid erweckt. Süß.

Oder? Die in »Katzenformungs-Gläsern« gezüchteten Bonsai-Kätzchen riefen nicht nur die amerikanische Bundespolizei und zahlreiche Tierschutzorganisationen auf den Plan, sondern schoben auch weltweit kursierende Protest-E-Mail-Aktionen an.

Viel Aufregung um nichts.

»Spiegel online« entlarvte die Domain www.Bonsaikitten.com als studentische Jux-Website, die in der Tradition berühmter Internetseiten wie die der »Gummibärchen-Quäler« stehe.

Die in tierquälerischer Weise behandelten Tiere stecken nicht wirklich in Gläsern; eine Fotobearbeitungs-Software beförderte sie dorthin: »Die angeblich angebotene Dienstleistung, im Kundenauftrag Bonsai-Katzen nach Wunsch zu produzieren, findet sich nirgendwo auf der Web-Seite. Es gibt weder Bestelladressen noch Preislisten. Das einzige, was fehlt, wäre ein grell-neongrün flackernder Schriftzug: »Vorsicht, (fiese) Satire!«

Ob das helfen würde? Wenn es um Tiere geht, verstehen die meisten Zeitgenossen keinen Spaß. Das musste auch ein nach eigenen Angaben »frustrierter Scherzkeks« erfahren, der sich auf seiner Webseite einen unsensiblen Joke erlaubte: »Entweder Ihr spendet«, nötigte er seine Besucher, »oder ich esse mein Kaninchen!« Die Folge des »Reich durch Rammler«-Gags: Wüste Beschimpfungen und Morddrohungen gingen bei ihm, Anzeigen wegen Erpressung und Tierquälerei bei der Polizei ein. Dabei existierte weder das Karnickel namens »Paulchen« noch das angegebene Spendenkonto.

Oder: Die zählebige Legende von der Geflügel-Kanone. Angeblich verwenden Flugzeugbauer und Eisenbahningenieure spezielle Katapulte, mit denen sie Hühner mit hoher Geschwindigkeit gegen die Cockpitscheiben ballern, um deren Festigkeit unter realistischen Bedingungen zu testen.

Der »Rooster-Buster« – ebenfalls bloß ein Windei.

»Katzen in Gläsern«, www.spiegel.de; www.hoax-info.de; www.snopes.com; www.urbanlegends. about.com

Geisterkatzen

Sie sind pechschwarz wie die Nacht oder beigefarben. Sie haben ein glänzendes, glattes Fell und einen langen Schwanz. Ihre Augen glühen gelb. Man kann sie weder fangen noch fotografieren. Und doch streifen sie angeblich durch unsere Wälder und Großstädte: geheimnisvolle Riesenkatzen, die von Augenzeugen abwechselnd als Panter, Löwe oder Puma identifiziert werden.

So wie in Berlin. Am 23. August 2000 erreicht gegen 10.30 Uhr ein ungewöhnlicher Notruf die Polizei. In einem Gewerbegebiet treibe sich ein »großes, dunkelbraunes Tier, größer als ein Schäferhund« herum. 60 Polizeibeamte, 15 Feuerwehrleute, ein Jäger und ein Tierarzt durchsuchen das Gebiet südwestlich des Stadtteils Krummensee bis zur Autobahn A13. Zwei Hubschrauber versuchen, das Raubtier aus der Luft zu orten – alles ohne Ergebnis.

Und doch melden sich auch weiterhin Augenzeugen. Die mysteriöse Erscheinung habe braunes Fell und einen »gelassenen«, katzenartigen Gang, aber keine Mähne.

Drei Tage zuvor in Bayern: Polizei und Jäger im Landkreis Pfaffenhofen sind – zum Teil mit Maschinenpistolen bewaffnet – auf Großwildjagd, seit mehrere Bürger gemeldet haben, einer schwarzen Raubkatze begegnet zu sein. Etwa 1,80 Meter lang soll sie sein, womöglich ein Panter. Ein Hubschrauber sucht die Umgebung mit Wärmebildkameras ab, ohne das Rätsel erhellen zu können.

Derweil berichtet eine Pfadfindergruppe von einem »großen Tier« in der Nähe des Klosters Steinerskirchen. Auch eine ältere Dame meldet sich auf dem Pfaffenhofer Polizeirevier. Sie habe beim Gassi gehen mit ihrem Hund gegen 7.10 Uhr am Morgen das Hinterteil eines »großen schwarzen Tieres mit einem langen Schwanz« erspäht.

Wenn Kanadier am flackernden Kaminfeuer sitzen, schottische Wissenschaftler im Schein ihrer Computerbildschirme diskutieren oder Nomaden im Himalaya beim Rinderhüten plaudern, dann haben sie alle ein Thema: die gefährlichen Monster ihrer Heimat, genannt Bigfoot, Nessie und Yeti.

Und in Deutschland? Ist hier bei uns der Panter los?

Eine einzige Großkatze benötigt etwa 250 Rehe pro Jahr als Futter. Doch bisher fand man keine Anzeichen dafür, dass sich die Rotwildpopulation derart auffällig verkleinert hätte.

Ein Panter »muss sich ernähren, hinterlässt Kadaver der getöteten Tiere und Exkremente, plündert Mülltonnen und wird wahrscheinlich irgendwann einmal fotografiert«, zeigt sich der Mythenexperte und Anomalistik-Forscher Ulrich Magin skeptisch.

All dies geschieht jedoch nie.

Weder in Berlin noch in Pfaffenhofen.

Und auch nicht in Saarbrücken. Dort hielt 1992 eine geheimnisvolle schwarze Raubkatze wochenlang die Bevölkerung in Atem. Sogar einen Namen bekam die Erscheinung von der Lokalpresse verpasst: Gustav – »weil sie sich so eisern versteckt hält«.

Im Sommer 1999 spürten die Behörden einem Panter bei Bad Camberg nach. »Panter fressen keine Hessen«, amüsierten sich die Medien über die erfolglose Aktion.

»Ein schwarzer Panter streift durch den Harz!«, meldete die »Bild«-Zeitung dann im September 2001. Besonders »Kinder und Pilzsammler« seien in höchster Gefahr.

Doch mit einiger Sicherheit können wir an dieser Stelle Entwarnung geben. Ulrich Magin jedenfalls sieht sich wie die berühmte Romanfigur Alice ins »Wunderland« versetzt, wenn er Zeitungsmeldungen liest über exotische Raubkatzen in unserer einheimischen Wildbahn.

Wieso?

»Irgendwo da draußen, im dunklen Wald, packt manchen die Angst vor der Begegnung mit einer Natur, in der wir ohne Maschinen oder sonstige Errungenschaften der Zivilisation nicht mehr überleben könnten«, deutet der Skeptiker den Panter-Mythos.

»Und hin und wieder faucht diese feindliche Natur aus dem Gebüsch, wie sie schon vor 500 Jahren unsere Vorfahren bedroht hat. Wo sie Werwölfe sahen, sehen wir heute Panter und Pumas. Ein Stück der in Zoos gebändigten Wildnis, das uns wieder entglitten ist.«

Mag sein. Eine gefährliche Großkatze im Wald direkt vor unserer Haustür – das hat etwas. Etwas Gruseliges. Aber eben irgendwie auch etwas Romantisches.

Janet und Colin Bord: Unheimliche Phänomene des 20. Jahrhunderts, Heyne-Verlag, München 1990; Ulrich Magin: Trolle, Yetis, Tatzelwürmer. Rätselhafte Erscheinungen in Mitteleuropa, Beck'sche Reihe, München 1993; »Sommer-Jagd auf Schnappi und Co.«, Bild am Sonntag, 18. August 2002; Sarah Hartwell: The Cat in Urban Mythology, im Internet unter www.messybeast.com/urbancat.htm

Godzilla und Co.

Haarige, schuppige oder schleimige Monster bevölkern auch die Fantasie von Filmemachern. Und zumeist werden sie ins Riesenhafte fantasiert. In Streifen wie »King Kong«, »Godzilla« oder »Tarantula« sind es Affen, Reptilien oder Insekten, die durch Atomversuche oder Umweltgifte zu Städte zertrampelnden Großwesen mutieren.

Kann es solche Riesenmonster überhaupt geben?

Nein, sagt der Saurierforscher Professor Paul Sereno von der University of Chicago. Für ihn markieren die Urzeitechsen mit ihren 50 Metern Länge eindeutig die Obergrenze. Selbst mit zwei Herzen hätten noch größere Tiere das Blut nicht mehr in Kopf und Schwanzspitze pressen können.

Dass es auf der Erde ein gigantisches Reptil wie Godzilla oder einen Affen à la King Kong von der Größe eines Hochhauses gibt, verhindert allein schon die Schwerkraft: »Wenn man sich einen Gorilla um das Zehnfache vergrößert vorstellt und die Proportionen beibehält, bedeutet dies, dass die Abmessungen – Länge, Breite und Höhe – um das Zehnfache wachsen«, erklärt uns das Magazin »Bild der Wissenschaft«: »Das Volumen dieses Riesen stiege entsprechend mit der dritten Potenz an und würde das Gewicht auf das Tausendfache erhöhen. Die Querschnittsfläche der Knochen, die das Gewicht tragen, würden aber nur quadratisch zunehmen, als um das Hundertfache wachsen. Der Druck würde sich demnach bei einer Verzehnfachung aller Abmessungen ebenfalls verzehnfachen. Ergebnis: King Kong könnte nicht etwa zehnmal schneller laufen als sein kleiner Bruder, sondern er würde schon nach dem ersten Schritt zusammenbrechen.«

Auch eine Fliege von einem Meter Größe würde am Boden kleben wie ein Felsklotz: »Die Flügelflächen hätten sich zwar um das Zehntausendfache vergrößert, dafür aber wäre das Insekt um eine Million Mal schwerer geworden.« Die Monsterechse Godzilla könnte in Wirklichkeit ebenfalls nicht buchstäblich in den Himmel wachsen: »Denn mit zunehmender Größe wandert der Schwerpunkt eines Körpers nach oben. Ein großes Lebewesen, das sich auf zwei Beinen fortbewegt, benötigt daher einen feinen Gleichgewichtssinn und motorische Fähigkeiten, damit es nicht stürzt.

Außerdem braucht es ein Herz, das noch den höchsten Punkt – normalerweise das Gehirn – mit Blut versorgt. Große Tiere laufen daher meist auf vier Beinen. Damit ist einerseits ihre Körperachse horizontal ausgerichtet, was die Pumpleistung des Herzens weniger beansprucht, und andererseits haut sie nichts so leicht um.«

»King Kong unter Druck«, Bild der Wissenschaft, Nr. 10/1999

Nessie

Das Ungeheuer von Loch Ness ist etwa dreißig Zentimeter groß und besteht aus einer Kunststoffmasse, die auf ein Spielzeug-Unterseeboot montiert wurde. Irgendwo in der Nähe des Seeufers ist es untergetaucht, wahrscheinlich in nur geringer Tiefe.

Die beliebteste hypothetische Wasserkreatur der Welt – bloß eine Gallionsfigur aus Kunstholz auf einem Blech-U-Boot?

1934 veröffentlichte die »Daily Mail« einen sensationellen Schnappschuss: Er zeigt im Profil einen dicken Schlangenhals mit einem kleinen Kopf, der aus dem Wasser lugt. Das so genannte Chirurgen-Foto des schottischen Arztes Robert Kenneth Wilson wurde seither über 6000-mal abgedruckt und galt als eindeutiger Beweis für die Existenz irgendeiner Art von Ungeheuer im Loch Ness.

Bis 1994 jedenfalls. Dann stellte sich heraus, dass Dr. Wilson 60 Jahre zuvor mit drei erfinderischen Freunden ein Nessie-Modell abgelichtet und anschließend in dem See versenkt hatte.

Ist das Ungeheuer von Loch Ness damit gestorben?

Nicht unbedingt. Monster-Fans, Abenteurer und Forscher versuchen auch weiterhin, das mysteriöse Wesen ausfindig zu machen. Mit Filmkameras, Radar, Echolot, Sonar und Mini-Tauchbooten. Zuletzt 2003 durchkämmten Wissenschaftler im Auftrag der britischen BBC mit 600 Sonargeräten und Satellitennavigations-Ausrüstung das kühle Nass – fanden aber kein Monster, nicht einmal ein größeres Tier. Dafür entdeckten Kollegen am Ufer des Loch Ness die fossilen Wirbel eines Raubsauriers. Vielleicht also doch …?

In mehr als 500 Seen auf allen fünf Kontinenten der Erde sollen mysteriöse Ungeheuer hausen. Doch keines ist so bekannt wie »Nessie« in Schottland.

Als Gewährsmann wird sogar ein echter Heiliger in den Zeugenstand gerufen: Schon der Heilige Columban soll um das Jahr 580 eine unbekannte Wasserbestie mit dem Kreuzzeichen und mit Gebeten in die Flucht geschlagen haben. So richtig berühmt wurde Nessie erst ab 1933.

Der Student Arthur Grant fuhr am 5. Januar 1933 mit seinem Motorrad von Inverness nach Glen Urquhart, am Nordufer des Loch Ness entlang. Plötzlich sah er im Scheinwerferlicht ein massiges eidechsenähnliches Wesen, das sich von der Straße hinunter zum See bewegte. Grant fertigte eine Zeichnung von der Kreatur an. Nessie-Fans wollen darin einen Plesiosaurier erkennen, der vor 60 Millionen Jahren ausgestorben ist. Andere sehen in der Beschreibung des Studenten lediglich eine große Robbe.

Neben der Grant-Zeichnung gibt es zahllose weitere Belege für die Existenz des Ungeheuers von Loch Ness. Doch wie überzeugend sind diese?

Obwohl der größte Süßwassersee Großbritanniens seit über einem halben Jahrhundert von Einheimischen, Touristen und Wissenschaftlern umlagert wird, gibt es nur etwa 45 Fotos von dem geheimnisvollen Wesen und 20 Filme bzw. Videoaufnahmen. Einige davon sind Fälschungen, die meisten der übrigen Aufnahmen lassen sich schnell als etwas Bekanntes identifizieren: hauptsächlich eigentümliche Wellenformationen, die dem Betrachter ungeheuerliche Wesen vorgaukeln. Oder aber Otter, Vögel, Aale, Störe, Baumstämme, Gasblasen, Algenteppiche und Ähnliches mehr.

Mit Sonargeräten wurde Nessie stets nur dann geortet, wenn die Forscherteams mit ihrer Ausrüstung zum ersten Mal am See waren oder wenn neue Geräte erprobt wurden. Heißt: Die Wahrscheinlichkeit, das Loch Ness-Monster mit Sonar zu finden, nimmt proportional zur Vertrautheit mit Gerät und Umgebung ab.

Nach Einschätzung von Zoologen ist Nessie eine biologische Unmöglichkeit, weil der nur vier bis sechs Grad kalte, trübe und vom Meer abgeschlossene Loch Ness nicht genügend Biomasse enthält, um eine Herde Riesenviecher zu ernähren. (Experten für Populationsgenetik haben ausgerechnet, dass Nessie fortpflanzungstechnisch nur mit mehreren Dutzend Tieren die Jahrhunderte überlebt haben könnte.) Abgesehen davon bevorzugen Wasserreptilien subtropische Gewässer.

Für den deutschen Mythenforscher und Nessie-Experten Ulrich Magin ist das berühmte Ungeheuer ein Produkt psychosozialer Prozesse: »Weil die Zeugen wissen oder erwarten, dass der See ein Monstrum birgt, sind sie fähig, in vagen Formen (dem Kielwasser von Booten, Seehunden, Lachsen, den Schatten von Wolken auf der Wasseroberfläche) die Umrisse des Tieres genau zu erkennen.«

Übrigens erging es Magin selbst ganz genauso wie den etwa 2000 aufrichtigen Augenzeugen: Im Sommer 1982 stand der Anomalistik-Forscher am Ufer des Loch Ness, als sich »lautlos und wie in Zeitlupe ein gewaltiger schwarzer Hals aus dem Wasser hob, sich feucht glänzend langsam drehte, um dann senkrecht und genauso allmählich wieder in die Tiefen des Sees zu tauchen«.

Richard Ellis: Seeungeheuer, Birkhäuser-Verlag, Basel 1997; Werner Fuld: Das Lexikon der Fälschungen, Eichborn Verlag, Frankfurt am Main 1999; »Die Wissenschaft der Kryptozoologen. Oder: Wie der Schlaf des Mythos Ungeheuer gebiert, Skeptiker, Nr. 3/1999; Lothar Frenz: Riesenkraken und Tigerwölfe, Rowohlt-Verlag, Berlin 2000; »The Case for the Loch Ness Monster: The Scientific Evidence«, Journal of Scientific Exploration, Vol. 16, No. 2/2002

Yeti

Dunkle Strähnen hängen dem Wesen im Gesicht. Urgewaltig bleckt es sein Gebiss. In der Antarktis und auf den Gipfeln des Himalaya wurde es gesichtet. Behende läuft es auf drei Zehen, und wenn es Laute von sich gibt, klingt es fast wie Hochdeutsch. Richtig, das ist der Reinhold Messner …

So spöttelte »Der Spiegel« 1998 über den Extrem-Bergsteiger aus Südtirol, als der mit einer Sensation vor die Weltpresse trat. Nach zwölf Jahren Suche und 30 Expeditionen hatte Messner endlich das Rätsel um den sagenumwobenen Schneemenschen Yeti gelöst. Als das Wesen ihm endlich zwischen Indien und Pakistan wie der Leibhaftige gegenüberstand und Messner den Auslöser seiner Kamera drückte, wähnte sich der Bergfex schon im zoologischen Olymp. Doch auf den Gesichtern der versammelten Reporter zeichnete sich nur Irritation ab. »Herr Messner, wo ist denn in Ihrem Buch das Foto vom Yeti?«, wollte eine junge Frau bei der Präsentation auf Schloss Juval in Südtirol wissen. »Das werden Sie darin nicht finden«, klärte der bärtige Obersteiger sie lachend auf. »Da sehen Sie nur Bären.«

Und wirklich: Die Fotos, die Messner in seinem Buch »Yeti. Legende und Wirklichkeit« und auf seiner anschließenden Vortragsreise präsentierte, erinnerten eher »an den niedlichen Teddy aus der Bärenmarke-Reklame« als an ein mystisches Ungeheuer, fand nicht nur die »Weltbild«-Journalistin Stefanie Schweitzer. Auch »Focus« lästerte über »Des Bergsteigers Märchenstunde«, während die »Süddeutsche Zeitung« die Schlagzeile vom »Bär zum Aufbinden« kreierte.

Solche geballte Ignoranz verdross den erfolgsverwöhnten Bergextremisten nicht wenig: »Gute Geschichten sind immer banal«, verteidigte er sich lahm. Dabei sei die Sache ganz einfach: »Der Yeti ist eine Summe aus Fantasie, Wunschdenken, Legende und einem real existierenden Tier. Wenn ich diesen Bären im Zoo sehe oder auch untertags ansehe, so ist er nichts als ein einfacher Bär. Aber wenn mir dieses Tier nachts in der Wildnis auf zwei Beinen gegenübersteht, wird es zum Yeti.«

Die Berichte von dem bislang unbekannten Tibet-Bären (die Einheimischen nennen ihn »Chemo« oder »Dremo«) hätten wohl schon vor Jahrtausenden eine Eigendynamik bekommen, durch die das Wesen mehr und mehr von der Realität weggeschoben worden sei. Trotzdem sei der Yeti lediglich die kulturell beeinflusste Erinnerung an den Bären, der den Einheimischen zur Vorlage für eine Sagengestalt und damit zur Legende wurde.

Aber erst in den Köpfen des »Westens« mutierte der Yeti endgültig zum Mythos – zum »abscheulichen Schneemenschen«.

In Deutschland trieb im März 1990 ein Yeti-ähnliches Ungeheuer sogar vor laufender Fernsehkamera sein Unwesen.

Allerdings war es nur der TV-Moderator Kurt Felix, der sich für seine Show »Verstehen Sie Spaß?« im Orang-Utan-Kostüm zum Affen machte und auf dem Rhonegletscher Touristen erschreckte.

Hin und wieder berichtet die Presse auch von angeblich echten Yetis und Schneemenschen, die in den Alpen oder in den deutschen Mittelgebirgen aufgetaucht seien.

Was früher der Berggeist Rübezahl war, verkörpert heute anscheinend der Yeti: nämlich eher unscheinbare Begegnungen und Erlebnisse in der urwüchsigen Natur, die von den Beobachtern mit Moden und Denkmodellen des Zeitgeistes neu gedeutet werden.

»Hausten in den vergangenen Jahrhunderten Faune, Waldschrate, Kobolde oder Wolfsjungen in den Wäldern und abgelegenen Bergregionen, vermutet man dort heute eher Urmenschen«, erklärt der Biologe Lothar Frenz diesen psychosozialen Mechanismus.

Ulrich Magin: Trolle, Yetis, Tatzelwürmer. Rätselhafte Erscheinungen in Mitteleuropa, Beck'sche Reihe, München 1993; Reinhold Messner: Yeti – Legende und Wirklichkeit, S. Fischer-Verlag, Frankfurt am Main 1998; Die großen Rätsel unserer Welt, ADAC-Verlag, München 1999; Lothar Frenz: Riesenkraken und Tigerwölfe, Rowohlt-Verlag, Berlin 2000; Michael Shermer: The Skeptic – Encyclopedia of Pseudoscience, ABC-Clio, Santa Barbara 2002

12. WISSENSCHAFT UND TECHNIK

Benzinspar-Mythen

Wer träumt beim Auf und Ab der Spritpreise nicht von einem Wundermittel, das – simsalabim – den Verbrauch schlagartig verringern könnte? Monat für Monat tauchen mindestens zwei neue »Zaubertränke« auf, die Sprit sparen, Leistung steigern und Abgase sauberer machen sollen. Seriöse Institutionen wie der ADAC haben es aus Kostengründen längst aufgegeben, alle zu testen. Zumal die Branche penetrant alte, völlig nutzlose »Sparwunder« entmottet und mit neuem Namen zu teuren Preisen immer wieder auf den Markt wirft.

Als die wohl älteste Mogelpackung gilt der »elektronische Zündverstärker«. In billigen Plastikröhrchen soll eine offene Funkenstrecke für mehr Motorleistung durch bessere Verbrennung sorgen. Was ist davon zu halten?

»Eine Funkenstrecke sorgt zwar für höhere Zündspannung, dafür magert aber der eigentliche Zündfunken deutlich ab«, befand das Fachblatt »Auto Bild«. »Und damit wird das Sparwunder gar noch richtig gefährlich, es kann zu einem Kolbenschaden kommen.« Auch DEKRA-Ingenieure stellten fest, dass die Wunder-Kerze keine handfesten Vorteile bringe. Allenfalls Emissionsveränderungen in der zweiten Stelle hinterm Komma.

Ebenfalls eine beliebte Spar-Idee: Ölzusätze. Einfach dem Motoröl beimixen, und schon würde sich der Verbrauch um 10 bis 20 Prozent verringern, die Leistung dabei im Durchschnitt um bis zu 10 PS steigen.

Doch bei Verbrauchstests – z.B. bei Professor Norbert Brückner an der Dresdner Hochschule für Technik und Wirtschaft – rasseln die Additive regelmäßig gnadenlos durch: keine messbare Spritersparnis.

Eine unsystematische Auflistung des dubiosen Spargeräte-Sammelsuriums kann man dem »Auto Bild«-Archiv entnehmen – nebst humorig-erhellenden Kommentaren:

Australische Baumsäfte sollen den Motor sparsamer machen: »Da kichert das Känguru.«

Flach-, Permanent-, »Booster«- oder Sparmagnete, die, irgendwo um die Spritleitung geklemmt, die Kraftstoffmoleküle beeinflussen sollen: »Materialwert wenige Cents, Preis hoch, absolut unbrauchbar.«

Ionisator, der Kraftstoffmoleküle elektrostatisch aufladen soll: »Das zündet, wenn überhaupt, mächtig in der Herstellerkasse.«

Röhrchen, an die Spritleitung gebunden, in denen sich wundersame Kristalle befinden und die Kraftstoffmoleküle zum Sparen anregen sollen: »Aladins Wunderlampe ist glaubwürdiger.«

Ventilator, der Wind in den Luftfilter pustet: »Viel Wind um nichts.«

Zündkabelsalat: Farbige Zündkabel mit bunten Kerzensteckern und dicken Spulen sollen aus einem normalen Motor locker bis zu 15 PS mehr herausholen: »Das kann physikalisch gar nicht funktionieren.«

»Es gibt keine Wunder«, Auto Bild, Nr. 11/2002; »Abrakadabra kaputt«, Auto Bild, Nr. 48/2002; »Die so genannten Spritsparer«, Auto Bild, Nr. 13/2003; »Alles nur Müll«, Auto Bild Spezial: TÜV Report 2003

Eis-Bomben

In der Halbzeitpause beim Champions League-Finale 2000 erschrak gegen halb zehn eine Familie in der schwäbischen Stadt Gersthofen über einen dumpfen Knall. Im Garten fanden die Anwohner des benachbarten Regionalflughafens Augsburg einen faustgroßen Eisbrocken, der zu einer gelben Flüssigkeit schmolz.

Fast regelmäßig werden solche kalten Grüße von oben auch aus dem Norden Deutschlands, der Eifel und dem Großraum Frankfurt/Main gemeldet. Die mal »medizinballgroßen«, mal »kindskopfgroßen« Eisbrocken durchschlagen Hausdächer und fordern manchmal sogar Verletzte.

Airport-Sprecher und Fluggesellschaften wehren sich vehement gegen den Verdacht, dass der Inhalt von Flugzeugtoiletten nahezu routinemäßig den Boden bombardiert. Doch selbst das Luftfahrt-Bundesamt spricht nicht mehr von Einzelfällen.

Was hat es mit den unwillkommenen Eis-Bomben auf sich?

Der Inhalt der Flugzeugtoiletten sammelt sich in großen Entsorgungstanks. Diese Tanks werden nach jeder Landung am Boden von speziellen Fahrzeugen entleert.

Wenn nach diesem Service der Entsorgungstank nicht richtig verschlossen wird oder der Verschluss schadhaft ist, kann es vorkommen, dass beim nächsten Flug ganz allmählich Flüssigkeit aus dem Tank tropft. Diese Tropfen gefrieren wegen der Minus-Temperaturen in acht bis zwölf Kilometern Höhe außen an der Flugzeugwand fest.

Über eine Flugzeit von mehreren Stunden können sich so ansehnliche Klumpen bilden.

Bei Turbulenzen oder der Erwärmung beim Landeanflug verabschieden sich diese »Brummer« abrupt nach unten. Wegen der Blaufärbung durch Desinfektionsmittel sprechen die Luftfahrtunternehmen hinter vorgehaltener Hand von »Blue Ice«.

Zweite Möglichkeit: Die Dränageöffnung der Handwaschbecken, deren Abwasser fein versprüht in der Luft von Bord gelassen wird, kann Schmutz ansetzen. Dann bilden sich ebenfalls Tropfen, die immer weiter anwachsen. Dieses sich meist seifig anfühlende, gelbliche Eis besteht aus reinem Wasser, im Gegensatz zu den brisanten bläulichen Mixturen bei Leckagen im WC-Bereich.

Ist das die ganze Wahrheit?

Nicht unbedingt. Denn Volkskundler und Mythen-Forscher können Geschichten von Eisklumpen, die vom Himmel fallen, bis zu einer Zeit zurückverfolgen, da es noch gar keine Flugzeuge gab.

Einige Meteorologen suchen denn auch nach einer anderen Erklärung für das Phänomen, z.B. nach »Eismeteoriten« oder riesigen Hagelkörnern.

»Gelbe Eis-Bomben«, Focus, 24/2000

Graham Hancock und die versunkene Superzivilisation

Die Ägäis und das Mittelmeer kannte Piri Reis wie seine Westentasche. In seinem berühmten Handbuch »Kitabi Bahriye« beschrieb der türkische Admiral Mitte des 16. Jahrhunderts exakt die Küsten, Häfen, Strömungen und Untiefen seiner Heimatgewässer.

Doch woher wusste Reis von der Antarktis?

Als sich 1960 Charles Hapgood, Professor für Wissenschaftsgeschichte am Keene College in New Hampshire, über eine von Kapitän Reis gezeichnete Weltkarte beugte, geriet er fast außer sich vor Verblüffung. Nicht nur, dass diese die Atlantikküste Südamerikas mit erstaunlicher Genauigkeit zeigte; offensichtlich hatte der Seefahrer in der Marine des Ottomanischen Reiches um 1513 auch die Antarktis abgebildet – die erst 1819 offiziell entdeckt wurde.

Hapgood und seine Mitarbeiter kamen aus dem Staunen nicht mehr heraus. Denn die geografischen Details stimmten anscheinend genau mit dem Küstenverlauf vor der Vergletscherung des antarktischen Kontinents etwa 4000 v.Chr. überein.

Kapitän Reis musste demnach eine eisfreie Antarktis vor Augen gehabt haben. Aber wie war das möglich?

Hapgood gab sich die Antwort auf dieses Rätsel selbst – und schockierte damit Archäologen und Historiker: Die Karte des Piri Reis, die man 1929 bei Katalogisierungsarbeiten im Topkapi-Palast in Istanbul entdeckt hatte, sei möglicherweise von den Seekarten einer frühen, untergegangenen Hochkultur kopiert worden.

November 2000:

Bei der Untersuchung 4000 Jahre alter ägyptischer Mumien findet die deutsch-russische Archäologin Swetlana Balabanowa mittels Haaranalyse Spuren von Kokain. Koka-Pflanzen wachsen vor allem in den Andenstaaten Kolumbien, Peru und Bolivien, nicht aber auf dem afrikanischen Kontinent.

Gab es also ungeahnte Kontakte zwischen Amerika und Afrika, lange bevor Christoph Kolumbus die Neue Welt entdeckte?

Weiter gefragt: Ist die Sphinx von Gizeh tatsächlich erst in der vierten Dynastie unter dem Pharao Chephren um 2500 v.Chr. erbaut worden?

Wie sind dann aber die starken Erosionsschäden im Sockel der Löwengestalt zu erklären? Viel geregnet hat es in Ägypten nur in der Zeit vor 10 000 v.Chr. Folgt daraus, dass die Sphinx viel älter ist als bisher angenommen?

»Wenn wir nachweisen können, dass es so viel früher eine Kultur gegeben hat, die so etwas schaffen konnte«, meint der Ägyptologe John A. West, »dann wäre das für die Geschichtsschreibung das, was Einsteins Relativitätstheorie für die bis dahin geltende Physik war«.

In Mythologie, Archäologie und Geologie suchen West, Hapgood und andere Außenseiter-Forscher Bruchstücke, die sich am Ende wie ein großes Puzzle zusammenfügen und eine kollektive Sehnsucht von uns Menschen rekonstruieren sollen: die Vorstellung nämlich von einer fortgeschrittenen maritimen Zivilisation in prähistorischer Zeit.

Bis zu seinem Tod 1982 suchte Charles Hapgood nach jener mysteriösen Kultur, die in der Lage gewesen sein musste, die Küsten der Antarktis irgendwann zwischen 13 000 v.Chr. und 4000 v.Chr. zu kartografieren. Schlussendlich zeigte sich Hapgood von folgendem Szenario überzeugt:

Vor 15 000 Jahren war die Antarktis noch keine Eiswüste, sondern ein Kontinent mit üppiger Fauna und einer Ur-Zivilisation mit fortgeschrittenen wissenschaftlichen, technischen und spirituellen Kenntnissen – der sich während dieser Zeit nicht am Südpol der Erde befand, sondern rund 3200 Kilometer weiter nördlich, »im Einflussbereich eines gemäßigten Klimas«. Doch dann kam die Katastrophe. Eine »Erdkrustenverschiebung« um 10 000 v.Chr. verrückte die Kontinente tausende Kilometer weit.

Die Antarktis verlagerte sich in Richtung Südpol und kühlte allmählich ab, bis ihre blühende Kultur durch Erdbeben und Flutkatastrophen ausgelöscht und unter einer dicken Eisschicht begraben wurde.

In den Antarktis-Kolonien jedoch (Ägypten, Mittel- und Südamerika) gab es Überlebende. Diese lehrten die Kulturen, gigantische Bauwerke in exakter astrologischer Ausrichtung zu errichten; und sie tradierten die antarktische Historie in Mythen vom »Goldenen Zeitalter« oder der großen Sintflut.

Die traditionelle Geschichtswissenschaft datiert dagegen die ersten Staatengebilde auf 3200 bis 2800 v.Chr., als zwischen Mittelmeer und Persien durch Zusammenschlüsse Stadtstaaten mit einem König oder Priesterkönig an der Spitze entstanden. Als erste Hochkultur werden die Sumerer um 3000 v.Chr. im Süden Mesopotamiens angesehen.

Oder ist die Chronologie der menschlichen Vergangenheit falsch?

Der schottische Soziologe und Journalist Graham Hancock sieht sich seit vielen Jahren überall auf der Welt nach den »Fingerabdrücken der Götter« um, so der Titel seines 1995 erschienenen Weltbestsellers, in dem er Hapgoods Thesen popularisierte.

Kritiker nennen seine Behauptungen schlicht »Hancockismus« und sehen in dem 51-Jährigen den hervorstechendsten Vertreter des »modernen Atlantismus«. Wobei sowohl »Atlantis« als auch die »Götter« in Hancocks Buchtiteln irreführend sind. Denn im Gegensatz zu Prä-Astronautik-Anhängern wie Erich von Däniken (*siehe Eintrag »Außerirdisches/Astronautengötter«*) kommen Graham und seine Mitstreiter ohne Außerirdische aus und nennen auch Atlantis nie beim Namen.

Von der Archäo-Astronomie übernimmt Hancock allerdings die Idee, archäologische Aussagen aus der Ausrichtung bedeutender Bauwerke auf den Sternenhimmel abzuleiten. So will der ehemalige »Times«-Redakteur (wie vor ihm schon die bekannten Pyramidenforscher Robert Bauval und Adrian Gilbert) festgestellt haben: Wenn man die Positionen bestimmter ausgewählter Teile des Pyramidenkomplexes von Gizeh auf einer Karte verbindet, würde sich eine Form ergeben, die dem Sternbild des Orion entspricht – und zwar so, wie es um 10 500 v.Chr. am nächtlichen Firmament zu sehen war.

Dies würde darauf hindeuten, dass die drei Pyramiden aus der vierten Dynastie (Cheops, Chephren und Mykerinos, ca. 2550–2484 v.Chr.) nach einem Bauplan errichtet worden sind, der schon 8000 Jahre vorher existierte.

Dieser Orion-Mythos ist seitdem in aller Munde. Doch hält er einer kritischen Nachprüfung stand?

Legt man eine Sternkarte und eine Karte der Pyramidenstandorte übereinander, sieht man sofort, dass es hakt. Die drei Gürtelsterne des Orion passen nur einigermaßen auf die Pyramiden und nicht, wie behauptet, »perfekt«. Das Wissenschaftsmagazin »Quarks&Co« machte die Probe aufs Exempel und zeigte vor laufender Kamera am Beispiel Kölns, dass Sternbilder auf beliebige Karten passen, wenn man nur lange genug nach Übereinstimmungen sucht.

Denn auch die Position des Kölner Doms und der beiden Kirchen Groß Sankt Martin und Maria Himmelfahrt stimmen fast exakt mit den drei Orion-Gürtelsternen überein. Und im Gegensatz zum Alten Ägypten finden in Köln sogar auch die anderen Orion-Sterne ihre perfekte Entsprechung: Beteigeuze, der hellste, erstrahlt genau über einem Hochhaus am Barbarossaplatz. Bellatrix, Rigel und Saiph decken sich mit dem Fernsehturm Colonius, einem Hochhaus am Rheinufer und mit einem Studentenwohnheim der Fachhochschule in Deutz.

Alles nur Zufall also? Oder, schlimmer, »pathologischer Eifer von Experten, jedes sachkundige Interesse an den ungeklärten Rätseln der Vergangenheit als Mystery-Fieber abzutun«, wie Hancock argwöhnt?

Bleiben wir in Ägypten, wo es laut Hapgood/Hancock einen kurzzeitigen Kontakt zwischen der untergegangenen Antarktis-Zivilisation und der einfachen Kultur am Nil gegeben haben soll. Der Ägyptologe und Hancock-Partner John A. West argumentiert, es gäbe »keinen grundsätzlichen Einwand gegen die Vermutung einer Wassererosion« im Sockelbereich der Sphinx. Die letzte schwere Überschwemmung werde auf die Zeit um 10 000 v.Chr. datiert. »Daraus folgt«, so West, »dass die Sphinx vor den Überschwemmungen errichtet worden sein muss, wenn sie durch Wasser erodiert wurde«. Wohlgemerkt: Wenn.

Denn bei der Verwitterung spielen viele Faktoren eine Rolle. Der Geologieprofessor James A. Harrell von der University of Toledo in Ohio geht davon aus, dass die Risse am Sockel des mythischen Mischwesens durch Salzexfoliation entstanden sind: Kleinere Regenfälle gab es um 2300 v.Chr. häufig in Ägypten. Das versickernde Regenwasser löste aus den oberen, weichen Kalksteinschichten Salze, die bei den Nilfluten mit dem Grundwasser wieder an die Oberfläche transportiert wurden.

Kapillare könnten dieses Wasser bis zu zwei Meter hoch in den Sockel der Sphinx geleitet haben, wo sich die gelösten Salze ablagerten und kristallisierten. Dadurch entstand in den Poren des brüchigen Sandsteins Druck – und somit brachen immer wieder kleine Brocken heraus.

Und die Kokain-Mumien?

Besonders gründlich wurde dieses Phänomen in München am Institut für Anthropologie und Humangenetik der Ludwig-Maximilians-Universität untersucht. Ergebnis: Bislang ist nicht bekannt, woher die (sehr geringen) Dosen kokainhaltiger Substanzen in den Haaren der Mumie stammen. Allerdings gibt es in Afrika tausende von Pflanzenarten, deren Inhaltsstoffe noch nicht erforscht sind.

Einige könnten durchaus Kokain enthalten und von den Ägyptern zur Mumifizierung verwendet worden sein.

Sind dies nun »Dobermann-artige Attacken gegen jeden, der versucht, für eine verschollene Zivilisation zu argumentieren«, wie Hancock auf seiner Internetseite klagt?

Oder muss umgekehrt er sich den Vorwurf gefallen lassen, mit seinen Thesen lediglich ein ideales Produkt für den spirituellen Supermarkt zu konstruieren?

Sehen wir uns noch einmal die Piri Reis-Zeichnung aus dem Jahr 1513 an. Zeigt sie wirklich die eisfreie Antarktis-Küste?

Leider existiert heute nur noch ein Fragment der Karte.

Was man darauf sieht, ist eine seltsame Verlängerung der Atlantikküste Südamerikas südlich von Brasilien, die sich ostwärts, Richtung Afrika, fortzusetzen scheint. Die kühne Annahme, dabei handele es sich um einen Teil der antarktischen Küste, ist eine Interpretation Hapgoods. Heute gehen Wissenschaftler davon aus, dass es sich bei diesem »Appendix« Südamerikas um eine rein grafische Fantasie handelt.

»Die ursprüngliche Form des antarktischen Kontinents enthüllt sich nicht, indem man einfach das Eis wegdenkt«, wendet auch der Archäologe Nick Thorpe vom King Alfred's College in Winchester ein: »Die millionen Tonnen schwere Last des Eises presste die Erdkruste erheblich zusammen. Die Küstenlinie hat vorher ganz anders ausgesehen, als sie sich nun unter dem Eis darbietet. Die küstennahen Inseln, die Hapgood mit denen auf Piri Reis' Karte gleichsetzt, müssten somit verschwunden sein. Betrachtet man die Karte unvoreingenommen, dann entsprechen die geheimnisvollen Inseln genau den Falklands.«

Auch Hapgoods Modell der äußeren Erdkruste, die sich »gelegentlich verschiebt und über den weichen Erdmantel gleitet wie die gelöste Schale einer Apfelsine über die Frucht«, gilt durch die Kontinentaldrifttheorie als widerlegt.

Indizien für eine weltweite Flut, Klimaveränderungen oder andere gewaltige Katastrophen um 10 500 v.Chr. gibt es auch nicht.

Was also bleibt übrig von den »Fingerabdrücken der Götter«?

Im Grunde nur die vieldeutigen Mythen alter Völker um Kulturbringer geheimnisvoller Herkunft, denen sie den Keim ihrer Zivilisation verdanken.

Gordon Stein: Encyclopedia of Hoaxes, Gale Research Inc., Detroit/Washington/London 1993;
»Die weißen Götter – Gab es sie wirklich?«, P.M., Nr. 10/2001

Kalte Kernfusion

Eine Utopie zum Schnäppchenpreis? Der Traum von unbegrenzter und nahezu kostenloser Energie für 3,3 Millionen Euro?

Zu diesem Startpreis jedenfalls wird im Internet-Auktionshaus ebay immer mal wieder die Formel für die so genannte Kalte Fusion feilgeboten. »Dies ist kein Scherz!«, betont der Anbieter in schöner Regelmäßigkeit. Doch es steht zu vermuten, dass das Angebot ähnlich reell ist wie die »Luftgitarre in tollem Design« oder die »gut erhaltene Galaxie«, die man bei ebay ersteigern kann. Denn hinter dem Konzept der Kalten Kernfusion verbirgt sich moderne Alchemie.

1989 traten die beiden Chemiker Stanley Pons und Martin Fleischmann von der Universität Utah (USA) mit der Behauptung vor die Presse, die Energie der Kernfusion gebändigt zu haben, in einem Reagenzglas voll Wasser bei Zimmertemperatur. Eine solche Entdeckung würde eine Revolution bedeuten: eine neue, saubere Energiequelle für die Menschheit.

Zum Hintergrund:

Treffen vier Wasserstoff-Atomkerne (Protonen) zusammen, so können sie einen günstigeren Zustand einnehmen, indem sie sich über mehrere Zwischenschritte in einen Heliumkern (zwei Protonen und zwei Neutronen) umwandeln. In der irdischen Natur findet dieser Prozess der Verschmelzung (Fusion) nicht statt, weil die Protonen sich wegen ihrer gleichartigen Ladung abstoßen.

Im Inneren der Sonne jedoch ist wegen der Temperatur von ca. 15 Millionen Grad die Wärmebewegung so stark, dass die elektrische Abstoßungskraft überwunden wird und die Fusion abläuft – wodurch die Sonne leuchtet.

In der Wasserstoffbombe wird die Fusion durch die vorgeschaltete Explosion einer (Spaltungs-)Atombombe erreicht. Wegen der immensen technischen Schwierigkeiten bei der Beherrschung der hohen Temperaturen sind in den vergangenen Jahrzehnten alle Versuche zur kontrollierten Kernfusion erfolglos geblieben.

Daher verhieß die Pressekonferenz von Pons/Fleischmann am 23. März 1989 eine Weltsensation. Hunderte von unabhängigen Forschungslabors machten sich sogleich daran, die überraschend einfachen elektrochemischen Experimente der beiden US-Forscher zu wiederholen und zu bestätigen.

Allerdings ohne Ergebnis.

Die weltweiten Reproduktions- und Kontrollversuche führten nur dazu, dass die Kalte Fusion wenige Wochen nach der Ankündigung durch Pons und Fleischmann praktisch zu Grabe getragen wurde.

Den meisten Physikern gilt die Kalte Fusion seither als Musterbeispiel einer »pathologischen Wissenschaft«, bei der die Befürworter sich durch »subjektive Eindrücke, Wunschdenken oder marginale Effekte in die Irre führen« ließen – neben einer »nahezu religioiden Anhängerschaft von Laien, welche die Kalte Kernfusion gerne in einem Atemzug nennen mit ominösen Nullpunktsenergien, angeblichen Antigravitationsmaschinen, Perpetuum Mobiles und anderen Bonmots pseudophysikalischer Fantasien«.

»Zehn Jahre danach: Was blieb von der Kalten Kernfusion?«, Skeptiker, 1&2/1999; Irmgard Oepen/Krista Federspiel/Amardeo Sarma/Jürgen Windeler: Lexikon der Parawissenschaften, Lit-Verlag, Münster 1999

Kugelblitze

Bis heute existiert keine gesicherte fotografische oder filmische Dokumentation eines Kugelblitzes.

Aufgrund der sehr großen Zahl an Berichten und Beobachtungen wird dennoch allgemein davon ausgegangen, dass es sich um ein reales Phänomen handelt. Hier eine zeitgenössische Schilderung:

»Meine Tante öffnete während eines Gewitters die Hintertür, und ich erinnere mich, wie eine Kugel direkt an ihr vorbeischwebte.

Ich war im Wohnzimmer etwa vier bis sechs Meter entfernt, und sie begann

auf mich zuzuschweben, und ich erinnere mich, wie meine Tante mich an-
schrie, die Kugel nicht zu berühren. Sie schwebte etwa 60 Zentimeter über
dem Boden und legte knapp einen halben Meter in der Sekunde zurück,
schätze ich …

Wenn ich mich auf mein Gedächtnis verlassen kann, dann war sie weiß mit
etwas orange und blau darin.«

Allerdings weisen die mehreren Tausend Augenzeugenberichte (der erste datiert aus dem Jahr 1685) beträchtliche Unterschiede auf, was Größe, Leucht-
kraft und Lebensdauer solcher Feuerkugeln oder die näheren Umstände angeht.

Laborexperimente konnten bislang »bestenfalls Teilaspekte der Erscheinung
von Kugelblitzen demonstrieren und müssen nach wie vor als unbefriedigend
angesehen werden«, erklärt Dr. Alexander Kendl vom Max-Planck-Institut
für Plasmaphysik in Garching.

Nahezu alles Wissen über die sphärischen Leuchterscheinungen von in etwa
Fußballgröße, die meist im Umfeld eines Gewitters lautlos für einige Sekunden durch die Luft schweben, ist anekdotenhaft und unstimmig.

Die Liste der mehr oder weniger durchdachten Ideen und Theorien ist daher
lang. Sie reicht von neurophysiologischen Modellen (Leuchtwahrnehmung
als Auswirkung eines sehr starken elektromagnetischen Impulses auf die Ge-
hirntätigkeit infolge eines Blitzschlags) über Fehldeutungen (Modellheißluft-
ballone, Bolide etc.) bis hin zu chemischen und physikalischen Erklärungs-
versuchen.

Zum Beispiel:

Am Anfang des Phänomens steht ein gewöhnlicher Blitzeinschlag während
eines Gewitters. Die enorme Energie des Blitzes lädt Silizium-Verbindungen
auf, die im Boden in großen Mengen enthalten sind – in Form von Sand oder
Kieselerde.

Winzige Ketten dieser aufgeladenen Silizium-Verbindungen werden in die
Luft geschleudert. Dort bleiben sie als Staubball hängen.

Die zuvor vom Blitz aufgenommene Energie geben die Partikel nun als Wärme und Licht wieder ab: Der schwebende Staubball leuchtet.

Sobald sich die Energie entladen hat, verschwindet die Feuerkugel wieder.

*Janet und Colin Bord: Unheimliche Phänomene des 20. Jahrhunderts, Heyne-Verlag, München
1990; »Kugelblitze. Ein Phänomen zwischen Physik und Folklore«, Skeptiker, 2/2001*

Magnetberge

Wasser fließt niemals bergauf.

Oder doch?

Im Eybacher Tal im tiefsten Schwaben widersetzt sich ein Bach diesem Naturgesetz, fließt einen Hügel hinauf.

Auch andernorts wirkt scheinbar negative Gravitation.

An der Hausener Straße (L 3035 zwischen Hausen und Butzbach) in Hessen trauten sogar Wissenschaftler vom »Institut für Gravitationsforschung« kaum ihren Augen: »Wird das Auto vollkommen zum Stillstand gebracht, so rollt es im Leerlauf bergauf. Auch eine liegengelassene Flasche rollt aus dem Stillstand an und eindeutig bergauf«, schrieben sie in ihrem Bericht.

In Italien, Polen, China, auf den Philippinen und in vielen anderen Ländern sind »magnetische Berge« oder »Antigravitations-Hügel« Touristenattraktionen – allerdings auch in manchen Vergnügungsparks wie dem »Phantasialand« in Brühl bei Köln. Dort steht ein Haus, in dem immer alles schief läuft und die Physik auf den Kopf gestellt wird: die »Casa Magnetica«. Wasser scheint in der »Casa Magnetica« aufwärts zu fließen, als ob es noch nie etwas von der Schwerkraft gehört hätte. Selbst Billardkugeln rollen bergauf und fallen immer in das gleiche Loch.

Gibt es vielleicht ominöse Kräfte in den Tiefen der Erde? Ein unterirdisches Erzlager? Ein starkes Magnetfeld? Eine Verschiebung der Kontinentalplatten? Oder ist das Ganze völlig unerklärlich?

Nein, sondern eine optische Täuschung. Das Haus steht schief, niemand erkennt mehr den wahren Horizont, und diesen Konflikt zwischen Gleichgewichtssinn und Sehsinn löst das Gehirn der Besucher, indem es ihnen eine falsche Perspektive vorgaukelt.

Das fanden auch die Gravitationsforscher in Butzbach heraus: Mit einem Präzisions-GPS (eine Wasserwaage hätte genügt) stellten sie fest, dass das Messinstrument andere Ergebnisse bringt als unsere visuelle Wahrnehmung. Was sich dem Auge als steigendes Straßenstück zeigt, ist in Wirklichkeit ein deutlich abfallendes Straßenprofil.

Die italienischen Wissenschaftler Paolo Bressan, Luigi Garlaschelli und Monica Barracano von den Universitäten in Padua und Pavia haben eine solche

»Antigravitationsstraße« sogar im Modell nachgebaut. Damit konnten sie folgenden Effekt nachweisen: Bei angeblichen »Magnetbergen« stimmen die vom Gehirn üblicherweise verwendeten Orientierungspunkte nicht mit den realen Gegebenheiten überein.

Kurz gesagt: Unser wichtigster Orientierungspunkt ist der sichtbare Horizont. Liegt dieser unterhalb des tatsächlichen Horizonts, wirkt auch eine waagerechte Straße ansteigend. Ebenso entscheidend: die an die Straße angrenzende Landschaft. Wenn etwa die Straßenränder ein starkes Gefälle aufweisen, schätzten die Versuchspersonen der italienischen Forscher sogar leicht abfallende Straßen als ansteigend ein – und schon rollen Bälle, Flaschen, Autos oder Wasser scheinbar bergauf.

Nicht die Schwerkraft schlägt also Kapriolen – sondern unsere fünf Sinne.

Paolo Bressan/Luigi Garlaschelli/Monica Barracano: »Antigravity hills are visual illusions«, Psychological Science Vol. 14, No. 5, Sept. 2003; »Das Rätsel der Magnetberge«, Die Zeit, Nr. 37/2003; »Magnetic Mountains«, Skeptical Inquirer, Vol. 26 (3), May/June 2002; Institut für Gravitationsforschung: »Natürliche Gravitationsanomalien«, www.gravitation.org

Philadelphia-Experiment

Einige brannten lichterloh. Andere wurden verrückt. Oder verschwanden für immer in einer anderen Dimension. Nicht wenige der Besatzungsmitglieder verschmolzen gar mit ihrem Schiff, litten entsetzliche Qualen, als ihre Körper sich auflösten und inmitten fester Materie wieder Gestalt annahmen, etwa in der Außenverkleidung oder den Bodenplanken – schreckliche Folgen des »Philadelphia-Experiments« im Oktober 1943.

Ziel der US-Marine war es, den Zerstörer »USS Eldridge« im Hafen von Philadelphia mithilfe eines starken Magnetfelds unsichtbar zu machen. Aber etwas ging schief. Das Schiff wurde in den weit entfernten Hafen von Norfolk teleportiert – und wieder zurück. Doch als die »USS Eldrige« wieder sichtbar wurde in Philadelphia, stellte sich heraus, dass die Besatzung den Dimensionssprung körperlich und geistig nicht verkraftet hatte …

Dafür allerdings machten die 15 älteren Herren, die im März 1999 in einem Boardwalk-Hotel in Atlantic City zu einem Veteranentreffen zusammenkamen, einen recht fidelen Eindruck. Bill Van Allen etwa, heute weit in den Achtzigern, Executive Officer und später Kapitän der »USS Eldrige«. »Ich habe keine Ahnung, wie diese Geschichte aufgekommen ist«, erzählte Van Allen, der aus der Stadt Charlotte in North-Carolina stammt. Seine Ex-Crew konnte ihm da nur beipflichten. Etwa Ed Wise aus Salem im US-Bundesstaat Indiana: »Eine verrückte Schnapsidee« nennt der End-Siebziger das angebliche »Philadelphia-Experiment«.

Einer der größten Mythen der Parawissenschaft war für die Seeleute bei ihrem ersten Wiedersehen seit dem Ende des Zweiten Weltkriegs kaum ein Thema. »Ich habe den Film gesehen«, erzählte Mike Perlstein aus Warminster, »und der ist gut. Aber es ist kein wahres Wort an der Story.«

1984 setzte Star-Regisseur John Carpenter dem »Philadelphia-Experiment« ein filmisches Denkmal. 1993 kam die Fortsetzung in die Kinos.

»Klar, wenn Leute mich danach fragen, sage ich natürlich, dass ich damals verschwunden bin«, amüsiert sich »Eldrige«-Besatzungsmitglied Ray Perrino. »Aber nach einer Weile merken sie schon, dass ich sie bloß hochnehme.«

Schöpfer des Mythos ist kein Geringerer als der Erfinder des Bermuda-Dreiecks *(siehe Eintrag bei »Außerirdisches«)*, Charles Berlitz. Mit seinem Ko-Autor William L. Moore veröffentlichte er 1979 das Buch »Das Philadelphia-Experiment« mit der eingangs geschilderten Story.

Das Duo berief sich dabei auf den zwielichtigen Ufo-Forscher Marris Ketchum Jessup, der wiederum 1956 einen Brief von einem angeblichen Augenzeugen des »Philadelphia-Experiments« namens Carl Meredith Allen (oder auch »Carlos Miguel Allende«) bekommen haben will. Dieser hatte behauptet, sogar Albert Einstein mit seiner berühmten einheitlichen Feldtheorie sei an dem bahnbrechenden Versuch beteiligt gewesen.

Nüchterne Leser von Berlitz' Buch wandten sogleich ein, es sei mehr als unwahrscheinlich, dass die USA ein solch sensationelles Experiment in einem Hafen am helllichten Tag durchführen würden – vor zahlreichen anderen Schiffsbesatzungen und Hafenarbeitern in unmittelbarer Nähe.

Beim »Eldrige«-Veteranentreffen 1999 konnte sich jedenfalls keiner der 15 Männer erklären, wieso Sensationsautoren sich gerade ihr Schiff aussuchten, um eine mysteriöse Schauermär darumzustricken. Lediglich eine unspektakuläre Anlage zum Entmagnetisieren von Schiffen gab es 1943 in der Marinewerft von Philadelphia.

Als die 15 Ex-»Eldrige«-Besatzungsmitglieder am späten Abend des 24. März 1999 wieder auseinander gingen, rief Ed Tempany aus Carteret, New York, seinen Kameraden zum Abschied noch zu: »Beam me up, Scotty!«

»Vanishing-ship myth keeps reappearing«, The Philadelphia Inquirer, 26.3.1999; Gordon Stein: Encyclopedia of Hoaxes, Gale Research Inc., Detroit/Washington/London 1993

Radarblitz-Mythen

»Blitzableiter«, mit denen man Radarfallen austricksen kann?
Alles Blendwerk.

Eine CD oder eine Christbaumkugel am Innenspiegel mögen dekorativ aussehen; den Fotoblitz reflektiert dieser Glitzerkram nicht, weil der Winkel nie genau stimmt. Wegen der Streuwirkung wird das Gesicht des Fahrers manchmal sogar noch aufgehellt.

Auch Folie oder Haarspray auf dem Nummerschild stören den Schnappschuss vom Straßenrand nicht im Mindesten.

Ebenfalls wirkungslos: ein elektronischer Gegenblitz. Die modernen Bildbearbeitungsgeräte der Polizei zeigen das Kennzeichen trotzdem gestochen scharf.

Der beste Tipp gegen Blitzen: »Vorschriftsmäßig fahren, nicht wie ein Verkehrserzieher mit 45 durch die Ortschaft, sondern flüssig mit dem richtigen Gespür für Messtoleranz und Tachoabweichung.«

»Sieben Blitzableiter im Test«, Auto Bild, Nr. 19/2000

Tachyonen

Zeitreisen sollen sie ermöglichen. »Lebensenergie in höchster Form« wohnt ihnen angeblich inne. Und neuartige Therapiemöglichkeiten zur »ganzheitlichen Heilung« eröffnen sie womöglich ebenfalls.

Die Rede ist von Tachyonen: Teilchen, »die sich schneller fortbewegen als das Licht«, erklärt ein Anbieter von »Tachyonen-Shirts« auf seiner Homepage. Damit befindet er sich durchaus im Einklang mit der heutigen Physik. Um die »Auflösung körperlicher und geistiger Disharmonien« durch die Benutzung von Tachyonen in diversen Produkten wie Oberbekleidung, Fußspray oder Matratzen indes beneiden ihn vermutlich alle Physiker – forschen diese doch bislang erfolglos nach den Super-Teilchen. Auch wenn sich im weltweiten Datennetz zahllose Seiten damit beschäftigen und ihnen die merkwürdigsten Eigenschaften zuschreiben.

Tachyonen (von griechisch: »tachys« = schnell) entspringen lediglich den Rechenblöcken theoretischer Physiker. Diese überlichtschnellen Elementarteilchen ergeben sich als hypothetische Lösungen, »wenn man versucht, verschiedene, eigentlich unverträgliche Theorien in ein gemeinsames Rechensystem zu zwingen«, erklärt der Physiker Dr. Holm Hümmler. Aber beobachtet, nachgewiesen oder gar eingesetzt wurden Tachyonen noch nie.

Tatsache ist natürlich: Theoretische Vorhersagen aufgrund prinzipieller Überlegungen werden in der Physik mitunter tatsächlich irgendwann bestätigt. Elementarteilchen wie zum Beispiel das »Top-Quark« oder das »Tau-Neutrino« waren noch vor wenigen Jahren ebenfalls rein hypothetische Konstrukte.

Der Unterschied zu Tachyonen ist aber: »Man war sich der Theorien so sicher, dass der Nachweis von Quarks und Neutrinos nach gezielter Suche und mit hohem experimentellem Einsatz zwar Beifall, aber wenig Aufsehen auslöste.«

Ganz anders bei den Tachyonen: »Die meisten theoretisch angenommenen Tachyonen hätten, sofern sie existierten, in den bisherigen Messungen allein schon durch ihren Einfluss auf andere Messungen entdeckt werden müssen«, meint Hümmler. »Darüber hinaus haben seit Einstein Generationen von Physikern gezielt nach Tachyonen mit den vorhergesagten oder anderen Eigenschaften gesucht – ohne Erfolg.«

Grob vereinfacht dargestellt ist die Existenz von Tachyonen durch die Relativitätstheorie – den meistbeachteten und in Tausenden von Experimenten bestätigten Grundbausteinen unseres Verständnisses der Welt – ausgeschlossen.

Wieso?

Nach dem heutigen Kenntnisstand folgt aus der Relativitätstheorie, dass die Masse von materiellen Teilchen mit zunehmender Geschwindigkeit steigt. Um Elektronen auf Lichtgeschwindigkeit zu beschleunigen, ist eine unendlich hohe Energie erforderlich, wodurch dann ihre Masse unendlich hoch wird.

Da beides nicht möglich ist, bewegen sich Elektronen immer mit Unterlichtgeschwindigkeit.

Und selbst wenn die Relativitätstheorie falsch oder unvollständig wäre – auch in Kombination mit experimentell nachgewiesenen Tatsachen erzeugen überlichtschnelle Teilchen wie Tachyonen ernst zu nehmende logische Probleme durch mögliche Paradoxien.

Zum Beispiel: Für einen Beobachter, der sich mit Geschwindigkeiten nahe der Lichtgeschwindigkeit bewegt, vergeht die Zeit langsamer (nachgewiesen in Versuchen zur Zerfallszeit hoch beschleunigter Teilchen).

Würde man einem solchen, sich entfernenden Beobachter ein Tachyon hinterherschicken, würde es ihn erreichen, bevor es überhaupt losgeflogen ist.

Anders ausgedrückt: Zwei sehr schnelle Raumschiffe könnten sich mit Tachyonen-Kanonen gegenseitig zerstören, jeweils ehe das andere überhaupt geschossen hat.

Klingt paradox? Ist es auch.

In den modernen Theorien der Teilchenphysik gelten Tachyonen deshalb als eine Art Hypothesen-Sondermüll, der »schwer zu entsorgen ist und daher möglichst nicht anfallen sollte.« Schon gar nicht als nebulöse Worthülse für eine geheimnisvolle Energieform, die man sich angeblich zu Nutze machen kann.

Gegen Bares, versteht sich.

Irmgard Oepen/Krista Federspiel/Amardeo Sarma/Jürgen Windeler: Lexikon der Parawissenschaften, Lit-Verlag, Münster 1999; »Tachyonen: Schnelles Geld mit schnellen Teilchen – oder ohne?«, Skeptiker, 4/2002

Der Zehn-Prozent-Mythos

»Wir nutzen nur zehn Prozent unseres geistigen Potenzials.« – Mit diesem Slogan (und einem Porträt Albert Einsteins) werben diverse Anbieter auf dem Markt der Pseudo-Psychotherapien – natürlich verbunden mit der Aufforderung, die brach liegenden neun Zehntel mit einem teuren Trainingsprogramm zu aktivieren.

Einige PSI-Fans wiederum glauben, in den »ungenutzten« Regionen des Gehirns liege der Schlüssel zu übersinnlichen Fähigkeiten wie Telepathie oder Hellsehen verborgen. Doch wie ist die zu Grunde liegende Behauptung überhaupt gemeint – fragte sich auch der »Zeit«-Journalist Christoph Drösser in seiner Rubrik »Stimmt's?« Denn es bieten sich gleich mehrere Interpretationsmöglichkeiten an:

»Erstens: Zu jedem gegebenen Zeitpunkt ist nur jede zehnte Gehirnzelle aktiv. Da kann man nur sagen: Gut, dass es nicht alle sind, denn das wäre gleichbedeutend mit einem epileptischen Anfall.

Zweitens: Neunzig Prozent der Gehirnzellen liegen nutzlos im Schädel herum und haben keine Funktion. Auch das ist Unsinn. Soweit die Wissenschaft beurteilen kann, sind alle gesunden Zellen in irgendeiner Weise an den Prozessen im Gehirn beteiligt.

Drittens: Wir nutzen nur einen Bruchteil unseres Erinnerungsvermögens, könnten uns also eigentlich viel mehr Dinge merken. Aber das Gehirn hat keine Speicherzellen wie Computer. Erinnerungen sind Muster, an denen viele Zellen beteiligt sind, und die Zahl dieser Muster ist unbegrenzt.«

Moderne Untersuchungsmethoden wie die Positronen-Emissions-Tomografie (PET) zeigen, dass sämtliche Hirnregionen aktiv sind – wenn auch nicht alle zur gleichen Zeit, genauso wenig wie wir sämtliche Muskeln unseres Körpers gleichzeitig anspannen können.

Richtig ist, dass »nur etwa zehn Prozent der 100 Milliarden Neuronen mit Denkprozessen beschäftigt sind«, erklärt der Direktor des Max-Planck-Instituts für Hirnforschung in Frankfurt am Main, Professor Wolf Singer.

Doch die restlichen Nervenzellen liegen mitnichten brach, sondern steuern beispielsweise die vegetativen Funktionen. Die Vorstellung, mehr Hirnaktivität sei gleichbedeutend mit »besserem« Denken, ist also irrig.

www.debatte.zeit.de; Benjamin Radford: The Ten-Percent-Myth. In: Bizarre Cases, hrsg. vom Committee for the Scientific Investigation in Claims of the Paranormal, Amherst 2000

Zombies

Dumpf umherschlurfende, lebende Tote, die seelenlos und mit kalter Mechanik blutrünstigen Horror verbreiten – so werden Zombies von Filmemachern dargestellt.

In der kreolischen Sprache der mittelamerikanischen Inselgruppe der Antillen ist das Wort Zombie die Bezeichnung für ein Phantom, eine ruhelos umherirrende Seele.

Auf Haiti wird das Phänomen wieder anders gedeutet: Ein junger Mensch erkrankt plötzlich und unerklärlich; dahinter steckt Vergiftung oder Zauberei. Das Opfer wird von seiner Familie für tot gehalten und in einer Gruft bestattet.

Im Laufe der nächsten Tage entwendet ein »Bokor« (Voodoo-Priester/ Schwarzmagier) den Körper und führt an einem geheimen Ort eine Wiederbelebung durch, ohne dass das Opfer jedoch voll zu Bewusstsein kommt.

Man erkennt einen Zombie an seinem starren Blick, einem näselnden Tonfall, an stereotypen, sinnentleerten und unbeholfenen Bewegungsabläufen sowie an seiner beschränkten und wiederholungsreichen Redeweise. Er wird nicht gefürchtet, sondern bedauert. Angst hat man nur davor, vom selben Schicksal ereilt zu werden. Nämlich der willenlose Sklave eines »Bokor« zu sein.

1983 reiste der Ethnobiologe Wade Davis vom Botanischen Museum der Harvard Universität nach Haiti, um den Voodookult und die Praktiken des »Bokor« zu studieren. Seine Bücher »The Serpent and the Rainbow« und »Passage of Darkness« trugen ihm einen Hollywood-Vertrag über die Filmrechte und sogar den Doktorhut ein.

In dem Streifen »Die Schlange im Regenbogen«, der schließlich von Grusel-Regisseur Wes Craven (»Scream«) effektvoll in Szene gesetzt wurde, geht es um einen Wissenschaftler, der sich im Auftrag eines Pharmakonzerns nach

Haiti begibt, um ein »Zombiepulver« zu erwerben, das man als Betäubungsmittel verwenden will.

Auch in der Realität wollte Ideengeber Wade Davis die Fachwelt davon überzeugen, dass die »Zombifizierung« durch das Gift Tetrodotoxin aus Kugelfischen verursacht wird – was ihm aber nicht gelang.

Toxikologen halten die gefundenen Konzentrationen in Davis' berüchtigtem »Zombiepulver« für viel zu gering, um eine physiologische Wirkung hervorzurufen. Auch in Tierversuchen konnte keinerlei Effekt beobachtet werden.

Als großes Problem für eine gezielte Untersuchung des Zombie-Phänomens stellte sich bislang das Fehlen geeigneter Studienobjekte heraus. »Richtige« Zombies, also Personen, bei denen nachgewiesen werden kann, dass sie ursächlich durch ein Voodooritual in ihren Zombie-ähnlichen Zustand überführt wurden, sind der Forschung nicht bekannt. Sie leben bisher nur in Erzählungen und Legenden.

Dem Anthropologieprofessor Roland Littlewood (London) und dem Mediziner Chavannes Douyon (Port-au-Prince) gelang es in den späten 1990ern, drei angebliche »Zombies« zu Hause zu untersuchen und ihre Lebensgeschichte zu recherchieren. Die Diagnose der beiden Wissenschaftler lautete indes nicht auf »Zombifizierung« durch Verabreichung diverser giftiger Substanzen, sondern in einem Fall auf katatonische Schizophrenie, im zweiten auf Epilepsie und einen organischen Hirnschaden.

Im dritten Fall kamen Littlewood und Douyon zu dem Schluss, dass es sich bei dem »Zombie« um eine Verwechslung handelte: Die junge Frau namens »M.M.« war offenbar entführt worden oder von zu Hause weggelaufen und schließlich auf einen Mann gestoßen, der in ihr seine verstorbene Schwester wiederzuerkennen glaubte.

Das Fazit der beiden Forscher: »Die Fehlidentifikation herumirrender, geistig verwirrter Fremder dürfte die meisten Fälle abdecken. In Haiti ist es keine Seltenheit, dass Schizophrene, Hirngeschädigte oder geistig Zurückgebliebene in der Gegend umherirren, und da es diesen Menschen oft an Willenskraft und Erinnerungsvermögen mangelt, werden sie oft als typische Zombies angesehen.

Die große Bereitschaft der Haitianer, Menschen wie M.M. als Zombies anzuerkennen und der im Allgemeinen rücksichtsvolle Umgang mit ihnen können als eine Art institutionalisierte Fürsorge verstanden werden, die man Not leidenden Geisteskranken angedeihen lässt.

Wer einen ›Zombie‹ wiedererkennt und in die Familie aufnimmt, wird mit gesteigertem sozialen Ansehen und manchmal auch mit materiellen Zuwendungen belohnt.«

»Klinische Untersuchung dreier haitianischer Zombies«, Skeptiker, 1/2000; Tetrodotoxin – der Zombiemacher?«, Skeptiker, 4/2002

Das darf doch wohl nicht wahr sein!

Werner Bartens
Das neue Lexikon der Medizin-Irrtümer
Noch mehr Kunstfehler, Halbwahrheiten,
fragwürdige Behandlungen
270 Seiten · gebunden/Schutzumschlag
€ 19,90 (D) · sFr 34,90 · € 20,50 (A)
ISBN 3-8218-5635-1

Ist fettarme Enährung gesund? Deuten weiße
Flecken auf dem Fingernagel Eiweißmangel an?
Deckt der jährliche Gesundheitscheck Krank-
heiten auf?

In kaum einem Bereich existieren so viele verblüf-
fende, erschreckende und unglaubliche Halbwahrheiten wie in der Medizin. Bestsellerautor
Werner Bartens klärt die populärsten Irrtümer auf.

»Bartens schreibt witzig und lakonisch, und alles,
was er schreibt, hat Hand und Fuß.«

Münchner Merkur

 **Eichborn**

Kaiserstraße 66
60329 Frankfurt/Main
Tel. 069/25 50 03-0
Fax 069/25 60 03-30
www.eichborn.de

Wir schicken Ihnen gern ein Verlagsverzeichnis.